高等院校经管类专业基础课系列教材

财务管理

（第二版）

谢爱萍　主编

人民邮电出版社

北　京

图书在版编目（CIP）数据

财务管理 / 谢爱萍主编. —2版. —北京：人民
邮电出版社，2010.8
（高等院校经管类专业基础课系列教材）
ISBN 978-7-115-23494-0

I. ①财… II. ①谢… III. ①财务管理–高等学校–
教材 IV. ①F275

中国版本图书馆CIP数据核字（2010）第137302号

内 容 提 要

本教材以企业现代财务活动为主线，吸收了西方财务管理的理论，较系统、全面地介绍了财务管理的原理和方法，内容新颖，深入浅出，体系合理，涉及面较广。主要内容包括资金时间价值观念与投资风险观念、财务分析、财务战略与预算、筹资管理、项目投资与证券投资管理、营运资本与收益分配管理、价值评估、并购与重组、重整与清算等。

本书可作为普通高校经济、管理类专业学生的教材，也可作为企业管理人员、金融机构以及投资管理部门工作人员的培训教材，还可作为参加会计职称考试人员的辅助教材。

高等院校经管类专业基础课系列教材
财务管理（第二版）

◆ 主　编　谢爱萍
　　责任编辑　王莹舟
　　执行编辑　王楠楠

◆ 人民邮电出版社出版发行　　北京市崇文区夕照寺街14号
　　邮编 100061　　电子函件 315@ptpress.com.cn
　　网址 http://www.ptpress.com.cn
　　北京隆昌伟业印刷有限公司印刷

◆ 开本：787×1092　1/16
　　印张：22　　　　　　　　　　　2010年8月第2版
　　字数：310千字　　　　　　　　2010年8月北京第1次印刷

ISBN 978-7-115-23494-0

定　价：39.50元

读者服务热线：（010）67129879　印装质量热线：（010）67129223
反盗版热线：（010）67171154

前　言

随着知识经济和信息经济时代的到来，以及经济全球化趋势的日益凸显，社会对企业的理财能力提出了更高的要求，财务管理的核心地位更加巩固。近年来，我国企业财务管理理论和实践日渐成熟，尤其表现在资本市场的高速发展和企业会计制度的更新与完善上。财务管理作为经济管理类的核心学科，其教材也需要不断更新，以适应新形势发展的需要。

第一版教材推出以来，深受广大读者的喜爱，为许多高等学校选用。2006年至今，国内外经济环境发生了显著的变化，新《企业会计准则》、《企业财务通则》和企业内部控制规范的颁布与实施使得原有教材的部分内容需要更新与完善。财务管理教材更新及时才能满足培养理财人才的需要。本教材在保持原有教材体系、特色和优点的基础上，参考和汲取了一些国内优秀著作和教材的新内容，对原有的结构和内容进行了调整，增加了第四章"财务战略与预算"、第八章"混合性筹资"以及第十四章"企业价值评估"等内容，对原书第三章、第九章等的相关内容作了修改，以适应我国经济发展以及财务制度变化的需要。本教材在博采众长的基础上，力求做到系统性、可靠性、实用性，以适应不同层次读者的需要。

本教材具有以下特点。

1. 内容新颖，体系更加完善。本书以现代财务活动为主线，以新《企业会计准则》、《企业财务通则》以及具体行业会计制度和财务制度的规定为依据，结合财务管理的改革实践和最新研究成果，全面介绍了资金的筹集、投放和分配，以及财务预算、财务分析、企业价值评估等内容，并对并购与重组、重整与清算等作了专题介绍，体现了教材内容的科学性和实践性。

2. 实用性强，应用面广。教材中配有各种形式的练习题，包括简答题、单选题、多选题以及计算分析题，并附有参考答案，既方便教师教学和学生自学使用，也利于相关人员掌握财务知识和在职会计人员参加职称考试复习之用。

3. 继承与创新相结合。本教材修订既保持了原有教材的特色与精华，又注重新法规、新政策、新理论与新方法的充实与完善。

本次修订由南昌工程学院的谢爱萍全面负责，修订过程中万绍玫、邓萍、管静、蔡环宇参与了资料收集工作。

本书可作为普通高校经济、管理类专业学生的教材，也可作为企业管理人员、金融机构以及投资管理部门工作人员的培训教材，还可作为参加会计职称考试人员的辅助教材。

本书在编写过程中参阅了同行编者的有关论著，在此深表感谢。由于编者水平有限，书中难免存在不足之处，敬请读者批评指正。

目　录

第一章

财 务 管 理 总 论

第一节　财务管理概述

一、财务管理的概念

财务管理是企业管理的一个组成部分，它是根据财经法规制度、按照财务管理的原则，组织企业财务活动、处理财务关系的一项经济管理工作。

（一）企业财务活动

企业要进行生产经营活动，就必须具有人力、物力、财力和信息等重要生产经营要素。在这些生产经营要素中，财力是不可缺少的资源要素。财力的货币形态表现为企业的资金。资金是企业生产经营中最基本、最综合的存在形态。如果把企业比作"人体"，那么资金就犹如人体中的血液。企业要生存，就必须有血液。一个人要健康成长，体内不仅要有血液，而且要维持其畅通和充裕。如果人体内血液不畅、供血不足，人就要生病，甚至死亡。同样的道理，一个企业如果资金周转不灵甚至短缺，也必然会发生财务困难。

资金是企业生产经营活动中最活跃的因素。资金总是处于不断的运动之中。一方面，资金表现为物资的不断购进和售出；另一方面，又表现为资金的支出和收回，这就不断产生了资金的收支。企业资金的收支是企业财务活动的主要内容。企业的财务活动可分为以下四个方面。

1. 企业筹资引起的财务活动

筹集资金是企业资金运动的起点，它主要是指企业通过一定的渠道、采用一定的方式筹集生产经营所需资金。企业通过吸收直接投资、发行股票、发行债券等方式筹集资金，表现为企业资金的收入。企业偿还借款、支付利息、股利和各种筹资费用等，表现为企业资金的支出。这种因资金筹集而产生的资金收支，便是由企业筹资而引起的财务活动。

2. 企业投资引起的财务活动

企业将筹集的资金用于生产经营活动，以便取得盈利，不断增加企业的价值。企业投资主要有两个方向：一是用于购买企业内部的经营资产，如购买设备、建造厂房等固定资产方面的投资；二是用于购买材料、燃料等流动资产方面的投资。这两个方向的投资主要是对内投资。企业也可能投资于其他企业的股票或债券等，这就形成企业的对外投资。无论是对内投资还是对外投资，都需要支付资金，当企业转让其对内投资的各种资产或收回对外投资时，就会产生资金的收入。这种因投资而产生的资金收支，便是由投资而引起的财务活动。

3. 企业营运引起的财务活动

企业在生产经营过程中会发生一系列的资金收支。企业因从事生产和销售活动而采购材料或商品，并支付职工工资和其他经营费用。当企业把产品或商品销售出去后，便取得了收入、收回了资金。如果企业出现现有资金不能满足经营的需要时，还要采用短期借款的方式来筹集所需的资金。上述各方面产生的资金收支，便是企业营运活动引起的财务活动。

4. 企业分配引起的财务活动

企业经营过程中取得的收入弥补生产耗费后，其余部分即为企业的利润。企业也可能因对外投资而获得利润。按国家规定缴纳所得税后，企业对利润进行分配。首先，弥补亏损、提取盈余公积金，以便扩大企业积累；然后，向投资者分配利润或暂时留存企业或作为投资者的追加投资，以便获得最大的长期利益。这种因利润分配而产生的资金收支便是由于利润分配而引起的财务活动。

（二）企业财务关系

企业在筹资、投资、营运、分配等财务活动中必然要广泛地与有关方面发生经济关系。企业财务关系就是指企业在组织财务活动中与各有关方面发生的经济关系。财务关系的状况反映了企业理财环境的客观状况。如何协调处理好企业与有关方面的财务关系是财务管理工作的重要内容。在市场经济条件下，企业的财务关系主要有以下几个方面。

1. 企业与所有者之间的财务关系

这种财务关系主要是指企业所有者向企业投入资金、企业向所有者支付报酬所形成的经济关系。企业的所有者包括国家、法人单位、个人和外商。企业所有者按投资合同、协议、章程的约定履行其出资义务，以便及时形成企业的资本金，企业运用其资本金进行经营。实现利润后，按出资比例或合同章程规定向所有者分配利润。

企业与所有者之间的财务关系不仅表现在股息、红利的支付上，还表现在财务权利与财务责任上。一般说来，所有者出资不同，他们承担的责任和享有的权利、利益也不同。一方面，股东根据其所拥有的股权大小对企业财权的运作施以不同程度的影响；另一方面，股东根据其对企业投资额的大小对企业的偿债风险承担有限责任。企业与所有者之间的财务关系体现着所有权的性质，反映着经营权与所有权的关系。

2. 企业与债权人之间的财务关系

这种财务关系主要是指企业向债权人借入资金，并按借款合同规定按时支付利息和归还本金所形成的经济关系。企业的债权人包括向企业贷款的银行、非银行金融机构、企业债券的持有者、商业信用的提供者以及其他向企业拆借资金的单位和个人。企业利用债权人的资金时，要按规定的利息率及时向债权人支付利息；债券到期时，要合理调度资金，按时向债权人归还本金。企业与债权人的财务关系在性质上属于债务与债权的关系。

3. 企业与受资者之间的财务关系

这种财务关系主要是指企业利用闲置资金以购买股票或直接投资的形式向其他单位投资所形成的经济关系。随着市场经济的不断深入发展、企业经营规模和经营范围的不断扩大，这种关系也会越来越广泛。企业向其他单位投资，应按约定履行出资义务，并按其出资额参与被投资单位的经营管理和利润分配。企业与受资者之间的财务关系是体现所有权性质的投资与受资的关系。

4. 企业与债务人之间的财务关系

这种财务关系主要指企业将其资金以购买债券、提供借款或商业信用等形式出借给其他单位所形成的经济关系。企业将资金借出后，有权要求其债务人按约定的条件支付利息和归还本金。企业与债务人之间的财务关系体现的是债权与债务的关系。

5. 企业与内部各单位之间的财务关系

这种财务关系主要是指企业内部各单位之间在生产经营各环节中相互提供产品或劳务所形成的经济关系。在实行内部经济核算制和经营责任制的条件下，对于不同性质的资金，企业应根据其特点和性质分别管理与使用，企业内部各单位都有相对独立的资金定额或独立支配的费用限额，各部门、各单位相互提供产品和劳务要进行计价结算。这样，在企业内部就形成了资金结算关系，它体现了企业内部各单位之间的利益关系。企业要严格分清有关方面的经济责任，以便有效地发挥激励机制和约束机制的作用。

6. 企业与职工之间的财务关系

这种财务关系主要是指企业向职工支付劳动报酬过程中所形成的经济关系。职工是企业的劳动者，企业要用产品的销售收入向职工支付工资、津贴、奖金等，并按职工提供的劳动数量和质量进行分配。企业与职工之间的结算关系体现的是职工个人和集体在劳动成果上的分配关系。

7. 企业与税务机关之间的财务关系

这种财务关系主要是指企业由于要按税法的规定依法纳税而与国家机关形成的经济关系。国家以社会管理者的身份向一切企业征收有关税费。任何企业都要按照国家税法规定缴纳各种税款，包括所得税、流转税和其他各种税费。企业及时足额地纳税是生产者对国家应尽的义务。企业与税务机关之间的财务关系反映的是依法纳税和依法征税的权利义务关系。

二、财务管理的产生和发展

财务管理作为一种独立的职能从企业管理职能中分离出来最初出现于19世纪后期，一般以1897年托马斯·L·格林的《公司财务》一书的出版作为财务管理这门学科独立出现的标志。此后，随着商品经济的不断发展、企业生产经营过程的社会化程度和现代化水平的不断提高，企业的财务活动越来越复杂，企业财务管理也经历了一个由单一到复杂、由低级到高级的发展过程，财务管理在企业管理中的地位与作用也逐渐显现出来，并被人们所认识。

西方财务管理的发展过程大体经历了四个阶段。第一阶段为萌芽阶段，从商品生产和商品交换的产生到19世纪中期以前。在产业革命发生之前，商品生产和商品交换比较简单，财务活动比较单一，企业内外的财务关系也比较单纯，财务管理只是作为生产的一种附带工作而由生产经营者或经理人直接进行的，企业中没有独立的财务管理部门。第二阶段为创建阶段，时间为19世纪末至20世纪20年代。在这一阶段，西方资本主义国家工业化浪潮纷至沓来，科学技术日益发展，企业生产规模扩大，股份公司开始出现。此时，企业仍要自己从事财务管理工作已经不太可能，于是，专门的财务管理工作便应运而生。随着股份公司迅速发展，各公司都面临着如何筹集公司所需资金和股份公司财务制度的立法问题。第三阶段为发展阶段，时间为20世纪30年代至50年代。在这期间，发生了世界性的资本主义经济危机，企业资金周转不灵，支付能力下降，成千上万的企业破产倒闭。此时，企业经理人员和财务人员认识到，为在竞争中保持公司的生存和发展，财务管理工作不能仅限于筹集资金等问题，而应该把重点放在有效的内部控制等问题上。第四阶段为成熟阶段，时间为20世纪60年代至今。在这一阶段，以信息技术为核心的科技革命的兴起和发展以及跨国公司规模化、国际经济一体化趋势的加强，特别是金融市场地位的日趋重要，使得投资风险加大，这对财务管理提出了更高的要求。为达到这一要求，财务管理在管理内容上，逐渐由资金筹集、资金运用扩大到资金分配；在管理手段上，广泛实行财务预测，加强财务控制，进行风险价值分析，参与企业生产经营决策；在管理方法上，普遍运用现代化的计算分析工具，使财务管理的综合性大大加强、财务管理水平不断提高。财务管理已经成为现代企业管理的关键组成部分。

我国企业的财务管理也经历了一个很长的历史发展过程。在漫长的封建社会中，占统治地位的是自给自足的自然经济，商品经济处于从属地位，财务管理也处于一种萌芽状态；到了半封建半殖民地的旧中国，商品经济有了进一步的发展，一些规模较大的企业开始设置专门的财务管理部门，委派专职的财务管理人员，从而产生了独立的企业财务管理工作；新中国成立后，我国建立了集中的计划管理和统收统支的财务管理体制，企业财务管理的任务是完成国家下达的计划指标，企业无自主筹集资金的必要，也无自主使用资金的权力，财务管理工作相对薄弱；改革开放以后，随着我国社会主义市场经济体制的逐步建立，企业成为自主经营、自负盈亏、自我发展、自我积累的经济实体，企业理财的环境和内容均有较大的变化，财务管理的地位和作用也不断加强。

财务管理是商品经济条件下企业最基本的经济管理活动。商品经济越发达，市场经济越发展，财务管理越重要。

三、财务管理的特点

财务管理是企业管理的重要组成部分，与企业的其他管理工作相比有以下三个特点。

（一）广泛渗透性

财务管理渗透到生产经营活动的各个方面和过程。企业的任何一项生产经营活动都离不开资金运动。资金作为企业的财力资源，是生产经营活动的重要物质条件。它随着生产经营活动中价值的运动，渗透到企业的供、产、销和人、财、物、技术、信息等各个部门和各个方面。每一部门都会通过资金的使用与财务部门发生联系，每一部门也都在合理使用资金、节约资金支出等方面接受财务制度的约束，从而保证了企业经济效益的提高。

（二）价值综合性

企业管理是一个系统工程，在这个系统中有存货管理、人力资源管理、技术管理、设备管理、销售管理等，它们是整个系统中不可缺少的组成部分。这些管理的实物形态虽然千差万别，计量单位也各异，但是它们在企业的财务管理中都可借助货币价值的形式得到综合的反映。生产经营活动中资金的流量及流向综合地反映了企业生产经营过程中各种生产要素及其组合的量与质的运动变化和发展。

（三）灵敏反映性

企业在管理过程中，决策是否正确、经营状况是否良好、技术是否先进、产销是否顺畅，都可迅速地在企业财务指标中得到反映。如果企业生产的产品适销对路、质量优良可靠，则可带动生产发展，实现产销两旺，促使资金周转加快、盈利能力增强，这一切均可通过各种财务指标迅速地反映出来。这也说明，财务管理工作既有其独立性，又要受制于整个企业管理工作。财务部门应通过自己的工作，向企业领导及时通报有关财务指标的变化情况，以便把各部门的工作都纳入协助企业提高经济效益的轨道，努力实现财务管理目标。

第二节 财务管理的目标

财务管理的目标又称理财目标，是企业进行财务活动所要达到的根本目的，是企业管理目标的综合表现，它决定着企业财务管理的基本方向。财务管理的目标取决于企业的总目标，并受财务管理自身特点的影响。

一、企业的目标

企业是营利性的经济组织，其出发点和归宿是获利。企业一旦成立，就会面临竞争，并始终处于生存和倒闭、发展和萎缩的矛盾之中。企业必须生存下去才能有活力，只有不断发展才能求得生存。因此，企业的目标可以具体分为生存、发展和获利。

（一）生存

企业生存的"土壤"是市场。在市场中，企业一方面要付出货币，从市场上获得人力、资金、技术等资源；另一方面，企业必须向市场提供商品或劳务，换回货币。企业从市场上获得的货币至少要等于付出的货币，这是维持生存的基本条件。一旦没有足够的货币从市场换取必要的资源，企业就会萎缩。如果长期亏损、扭亏无望，企业就失去了存在的意义。为避免亏损进一步扩大，所有者应主动终止经营。

企业生存的另一个基本条件是到期偿债。为扩大业务规模或满足经营周转的临时需要，企业可以向其他单位或个人借债。国家为维持市场经济秩序，从法律上保障债权人的利益，要求借债企业到期必须偿还本息，企业一旦无法清偿到期债务，就可能被债权人接管或被法院判定破产，实施"破产清算"。

由此可见，企业生存的主要威胁来自两个方面：一是长期亏损，这是企业终止的内在原因；另一个是不能偿还到期债务，这是企业终止的直接原因。各个企业应力求保持以收抵支和偿还到期债务的能力，减少破产的风险，使企业能够长期、稳定地生存下去，这是对财务管理提出的第一个要求。

（二）发展

企业经营如逆水行舟，不进则退。在科技不断进步的现代市场经济中，企业只有不断推出质量更好、款式更新、更受欢迎的产品，才能在市场中立于不败之地。企业如果不能提高产品和服务的质量、不能扩大市场份额，就不能发展，就有可能被其他企业排挤出去。企业的停滞就是死亡的前奏。

企业的发展集中表现为销售收入的增加。实现销售收入增加的根本途径是提高产品质量，扩大市场占有率。这就要求企业不断更新设备、技术和工艺，不断提高各种人员的素质。这些都需要投入更多的人力、物力和资金。因此，企业的发展离不开资金，它要求财务管理能有效地筹集发展所需要的资金，这是对财务管理提出的第二个要求。

（三）获利

企业必须获利才有存在的价值。建立企业的目的在于盈利。盈利是企业最具综合力的目标。盈利不但体现了企业的出发点和归宿，而且可以概括其他目标的实现程度，并有助于其他目标的实现。从财务上看，盈利就是使资产超过其投资的回报。在市场经济中，没有"免费使用"的资金，任何资金的取得和使用都要付出一定的代价，每项资产都是投资，都应得到相应的回报。因此，财务人员要对企业正常经营产生的和从外部获得的资金加以利用，努力提高资金使用效率，这是对财务管理提出的第三个要求。

二、财务管理目标

（一）财务管理目标的概念

财务管理目标是企业进行财务活动所要达到的目的，是评价企业财务活动是否合理的标准。确定合理的财务管理目标对优化理财行为、实现财务管理系统的良性循环具有重要的意义。财务管理目标一般有以下特点。

1. 财务管理目标在一定时期内具有相对稳定性

企业在不同的发展时期，所处的外部环境和内部环境对企业理财的影响是不一样的。财务管理目标实际上是企业在一定的政治、经济环境下的产物。企业的理财环境发生了变化，财务管理的目标也随之变化。我国过去虽然未明确提出过企业财务管理的目标，但在计划经济体制下，由于认识上的偏差，财务管理是围绕国家下达的产值指标来进行的，其目标可概括为"产值最大化"。改革开放后，企业最关心的是利润多少，企业财务管理工作也围绕利润来进行，其目标可概括为"利润最大化"。随着企业改革的不断深化，企业逐渐成为自主经营、自负盈亏、自我完善、自担风险的商品生产经营者，在追求利润的同时，还必须考虑风险的大小，考虑利润同资金占用、成本耗费之间的关系，财务管理的目标可概括为"财富最大化"。企业的理财环境在一定时期或特定条件下是相对不变的，因而，财务管理的目标具有相对稳定性。这一特点要求企业在财务管理中必须把不同时期的经济形势、外界环境的变化与财务管理的内在规律结合起来，适时并坚定不移地抓住企业财务管理的基本目标。

2. 财务管理目标具有多元性

财务管理目标的多元性是指财务管理目标不是单一的，而是适应多因素变化的综合目标群。现代企业财务管理是一个系统，其目标是一个多元的有机构成体系。在这个多元目标中，有一个目标处于支配地位，起主导作用，我们称之为主导目标；其他目标处于被支配地位，对主导目标的实现起着配合作用，我们称之为"辅助目标"。例如，企业财务管理在努力实现"财富最大化"这一主导目标的同时，还必须实行履行社会责任、加速企业成长、提高企业信誉等一系列的辅助目标。这一特点要求企业在财务管理中既要了解各目标之间的统一性，又要了解各目标的差别性，以主导目标为中心，协调各目标之间的矛盾。

3. 财务管理目标具有层次性

财务管理目标的层次性是指财务管理目标按一定的标准可划分为若干层次。企业经营活动的层次性决定了财务决策权具有层次性。投资者、经营管理人员、财务人员有着不同的管理权限，他们在企业总体目标一致的情况下有各自的分部目标。分部目标一般包括筹资管理目标、投资管理目标、营运资金管理目标、收益分配管理目标等。在分部目标下，财务部门可确定从事具体财务活动所要达到的目的，即具体执行目标。比如，企业发行股票要达到的目的、进行证券投资所要达到的目的等。因此，财务管理的目标由整体目标、分部目标和具体目标三个层次组成。这一特点要求企业在财务管理中应把财务管理的共性和财务管理具体内容的个性结合起来，以整体目标为中心，做好各项具体工作。

（二）财务管理目标

改革开放以来，对以提高经济效益为企业的理财目标这一认识并无分歧，但是对如何实现经济效益的最大化这一点，人们的看法并不一致。随着市场经济体制的建立，人们对财务管理的目标有了重新的认识，并日渐重视。根据现代财务管理理论和实践，财务管理目标主要有以下几种观点。

1. 利润最大化

在过去高度集中的计划经济体制下，企业的财产所有权与经营权高度集中，企业的主要任务就是完成国家下达的总产值指标。企业领导职位的升迁、职工利益的多少，均由产值任务的完成程度来决定。虽然当时没有提出财务管理的目标问题，但事实上是以产值最大化作为企业的理财目标的。在产值最大化目标的影响下，企业的各项工作都把保产值放在首位，以低质量、低效益换取产值，结果出现增产不增收，甚至是增产反而减收的现象。这对企业、对国家都是极其不利的。

改革开放后，在企业自主经营的条件下，利润的多少不仅体现了企业对国家贡献的大小，而且与企业职工的利益息息相关。以利润最大化为企业的理财目标有其合理的一面。利润代表企业所创造的财富，利润越多，企业的财富也越多。企业追求利润最大化，就必须讲求经济核算，加强经济管理，改进技术，提高劳动生产效率，降低产品成本。这些措施都有利于资源的合理配置，有利于经济效益的提高。

以利润最大化作为企业的理财目标也存在如下缺陷。一是没有考虑所获得的利润与投入的资本额之间的关系。利润是企业在一定时期实现的利润总额，它是一个绝对数指标，无法与企业自身进行纵向比较，也无法与不同企业进行横向比较，因而无法正确判断企业经济效益的高低。二是没有考虑利润的实现时间，也就没有考虑资金的时间价值。三是没有考虑获得的利润与所承担风险之间的关系。例如，投入相同资金额的企业获得的利润均为100万元，一个企业的获利全部转化为现款，而另一个企业的获利全部为应收账款，并且可能发生坏账损失，此时，根据利润作出的判断就是不准确的；四是片面追求利润最大化会导致企业财务决策带有短期行为的倾向，如存在忽视产品开发、人才开发、生产安全、技术装备水平、履行社会责任等方面的问题。

2. 每股盈余或权益资本净利率最大化

每股盈余是净利润与普通股股数的比值。权益资本净利率（也称股东权益报酬率）是净利润与权益资本的比率。所有者作为企业的投资者，其投资目标是取得资本收益，具体表现为净利润与出资额或股份数的对比关系。这个目标的优点是将企业的利润与投入的资本额联系起来考察，克服了利润最大化目标的第一个缺陷，有利于在资本规模不同的企业或同一企业的不同时期之间进行比较，揭示其盈利水平的差异。但是这个目标仍然没有考虑资金的时间价值，没有考虑获得的利润与其所承担风险之间的关系，也不能避免企业短期片面追求利润的行为。

3. 企业价值最大化或股东财富最大化

作为投资者，建立企业的主要目的是扩大财富，创造尽可能多的财富。这种财富不仅表现为企业的利润，也表现为企业资产的价值。企业价值不是账面资产的总价值，而是企业全部财产的市场价值，是企业所能创造的预计未来现金流量的现值，反映企业潜在或预期的获利能力和成长能力。如果企业的利润增多了，而其资产却贬值了，则潜伏着暗亏，对投资者来说，无异于釜底抽薪。相反，如果企业资产价值增多了，生产能力增大了，则企业将具有持久的盈利能力和抗风险能力。企业价值最大化也就是股东财富最大化或所有者权益最大化，这种理财目标是目前财务管理理论和实践中较具代表性的观点。

以企业价值最大化作为企业财务管理的目标，其优点主要表现在：① 该目标考虑了资金的时间价值和投资的风险价值，有利于统筹安排企业的长期和短期规划、合理选择投资方案、有效筹集所需资金；② 该目标反映了对企业资产保值增值的要求，从某种意义上说，企业价值最大也就是企业资产保值增值；③ 该目标有利于克服经营管理上的片面性和短期行为；④ 该目标有利于社会资源的合理配置。社会资源通常流向企业价值最大化或股东财富最大化的企业或行业，有利于实现社会效益的最大化。

以企业价值最大化作为企业财务管理目标的缺陷主要表现在：① 对于上市企业而言，虽可通过股价的变动揭示企业的价值，但股价是受多种因素影响的结果，其中许多因素是财务管理人员无法控制的，如战争、自然灾害、国家宏观经济政策以及人为的操纵等，尤其是股票的即期价格不一定能够直接揭示企业的获利能力，用某一时刻的股价来衡量企业的价值是不真实的，只有长期趋势才能做到这一点。② 为了控股或稳定购销关系，不少现代企业采用环形持股的方式相互持股。法人股东、长期投资股东对股票市价的敏感程度远不及个人股东，他们对股价最大化目标没有太大的兴趣。③ 对于非上市企业，只有对企业进行专门的评估才能真正确定其价值。而这种对企业资产的评估，由于受评估标准和评估方式的影响，很难做到客观和准确。

4. 相关者利益最大化

现代企业是多边契约关系的总和。股东作为所有者在企业中承担着最大的权利、义务、风险和报酬，但是债权人、员工、企业经营者、客户、供应商和政府等利益相关者也为企业承担着风险。这具体表现在以下方面：① 举债经营的企业越来越多，举债比例和规模也不断扩大，这使得债权人的风险大大增加；② 在社会分工细化的今天，由于简单的体力劳动越来越少，复杂的脑力劳动越来越多，分工越来越细化，职工的再就业风险也不断增加；③ 在现代企业制度下，企业经理人受所有者的委托，作为代理人管理和经营企业，在激烈的市场竞争和复杂多变的形势下，代理人所承担的责任越来越大，风险也随之加大；④ 随着市场竞争和经济全球化的影响，企业与客户以及与供应商之间不再是简单的买卖关系，更多的情况下是长期的伙伴关系，客户、供应商与企业处于一条供应链上，并共同参与同其他供应链的竞争，因而也与企业共同承担一部分风险；⑤ 政府不管是作为出资人，还是作为监管机构，都与企业各方的利益密切相关。

相关者利益最大化目标的具体内容包括如下几个方面：① 强调风险与报酬的均衡，将风险限制在企业可以承受的范围内；② 强调股东的首要地位，并强调企业与股东之间的协调关系；③ 强调对企业代理人，即企业经营者的监督和控制，建立有效的激励机制，以便企业战略目标得以顺利实施；④ 关心本企业普通职工的利益，创造优美和谐的工作环境，提供合理恰当的福利待遇，使职工愿意长期为企业努力工作；⑤ 不断加强与债权人的关系，培养可靠的资金供应者；⑥ 关心客户的长期利益，以便保持销售收入的长期稳定增长；⑦ 加强与供应商的协作，共同面对市场竞争，并注重企业形象的宣传，遵守承诺，讲究信誉；⑧ 保持与政府部门的良好关系。

综上所述，在确定企业财务管理目标时，不能忽视相关利益群体的利益。无论忽视了哪一方的利益，都可能会对企业带来危害，不仅不会使企业价值最大化，甚至会对企业产生致命的伤害。因此，相关者利益最大化目标的基本思想是在保证企业长期稳定发展的基础上，强调在企业增值中满足以股东为首的各利益群体的利益。

以相关者利益最大化为财务管理的目标，具有以下优点。

（1）有利于企业长期稳定发展。这一目标注重企业在发展过程中考虑并满足各利益相关者的利益关系，有利于企业在追求长期稳定发展的过程中，站在自身的角度上进行投资研究，避免只站在股东的角度进行投资可能导致的一系列问题。

（2）体现了合作共赢的价值观念，有利于实现企业经济效益和社会效益的统一。由于兼顾了企业、股东、政府、客户等的利益，企业就不仅仅是一个单纯谋利的组织，还承担了一定的社会责任。企业在寻求其自身发展和利益最大化的过程中，考虑到客户及其他利益相关者的利益，就会依法经营、依法管理，正确处理各种财务关系，自觉维护和确保国家、集体和社会公众的合法权益。

（3）这个目标本身是一个多元化、多层次的目标体系，较好地兼顾了各利益主体的利益。这一目标可使企业各利益主体相互作用、相互协调，并在使企业利益、股东利益达到最大化的同时，也使其他相关者利益达到最大化。

（4）体现了前瞻性和现实性的统一。例如，企业作为利益相关者之一，有其一套评价指标，如未来企业报酬贴现值；股东的评价指标可以使用股票市价；债权人可以寻求风险最小、利息最大；员工可以参考工资福利；政府可以考虑社会效益等。不同的利益相关者有各自的指标，只要合理合法、互利互惠、相互协调，就可以实现所有相关者利益最大化。

三、财务管理目标的协调

按照"相关者利益最大化"财务管理目标的要求，企业的首要任务就是要协调相关者利益的关系，化解他们之间的利益冲突，尽可能使企业相关者的利益分配在数量上和时间上达到动态的协调与平衡。其中，协调股东和经营者、股东和债权人的利益冲突至关重要。

（一）股东与经营者的协调

1. 股东与经营者的利益冲突

两者的利益冲突源于各自目标的不一致。股东的目标是使股东财富最大化。经营者的目标主要有三个方面：一是获得报酬，包括物质和非物质的报酬，如薪酬、获得荣誉和社会地位等；二是增加闲暇时间，包括较少的工作时间、工作时间内较多的空闲、有效工作时间中较小的劳动强度等；三是避免风险，经营者努力工作可能得不到应有的报酬，他们的行为和结果之间有不确定性，经营者总是力图避免这种风险，希望付出一份劳动便得到一份报酬。

2. 经营者背离股东目标的方式

经营者可能为了自身的利益而背离股东的利益，这种背离主要表现为以下两个方面。

（1）道德风险

它是指企业经营者不努力工作，逃避从事冒险的经营活动。对于有风险的投资项目，如果经营成功，投资项目所增加的价值归股东所有；相反，如果经营失败，经营者的"身价"将下跌，甚至被解雇。因此，企业经营者往往放弃风险较大的投资项目，以增加自己的闲暇。企业经营者这样做并不构成法律和行政责任，只是道德问题，股东很难追究他们的责任。

（2）逆向选择

它是指经营者为了自己的目标而损害股东的利益。例如，装修豪华的办公室、购买高档汽车、借工作需要花股东的钱、交易中让企业亏损，而自己从中渔利等。

3. 防止经营者背离股东目标的方法

防止经营者背离股东目标的方法主要是监督和激励。

（1）监督

股东可通过各种途径了解经营者的行为，当发现经营者背离自己的目标时，股东可减少经营者各种形式的报酬，直至解雇他。但对经营者实行全面监督是行不通的，全面监督管理行为的代价是很高的，很可能超过它所带来的收益。监督可以减少经营者违背股东意愿的行为，但不能解决所有的问题。

（2）激励

股东可采用激励报酬计划，使经营者分享企业增加的财富，鼓励他们采取符合企业利益最大化的行为。例如，企业在盈利率或股票价格提高后，给经营者以现金或股票奖励。需要注意的是，若奖励报酬过低，则不足以激励经营者；若奖励报酬过高，则股东付出的激励成本过大，也不能实现企业财务管理目标。激励可以减少经营者违背股东意愿的行为，但不能解决所有的问题。

实际工作中，股东通常将监督与激励两种方法结合起来使用，以协调自己与经营者之间的利益矛盾。尽管如此，经营者仍然可能采取一些对自己有利而不符合股东目标的决策，从而给股东带来一定的损失。增加监督成本和激励成本可以减少因偏离股东目标而造成的损失，而减少监督成本和激励成本可能会增加因偏离股东目标而造成的损失。因此，股东应在监督成本、激励成本和偏离股东目标的损失之间进行权衡，力求三者之和最低。

（二）股东与债权人之间的协调

1. 股东与债权人的利益冲突

两者的利益冲突也源于各自目标的不一致。债权人把资金出借给企业，其目标是到期收回本金，并获得约定的利息收入。企业借款的目的在于扩大经营，投入有风险的生产经营项目，实现股东财富最大化。但是，借款合同一旦成为事实，资金到了企业，债权人就失去了对资金的控制权，股东有可能通过经营者采取背离债权人而有利于自身利益的行为。

2. 股东背离债权人目标的方式

股东背离债权人目标的方式主要有两种。① 股东未经债权人同意，将借入资金投资于风险高于债权人预期的项目，这会增大公司的偿债风险。若高风险的投资侥幸成功，额外的利润归股东独享；若高风险的投资失败，债权人却与股东共同承担因此而造成的损失。对债权人来说，冒险成功的收益得不到，冒险失败的损失却要承担。② 股东未经债权人同意，举借新债。举借新债会使企业的负债比率上升，增加了企业破产和不能足额偿还债务的可能性，增加了原有债务的风险，损害了原有债权人的利益。

3. 防止股东损害债权人利益的方法

债权人为了防止自己的利益受到损害，通常可采取以下三种方法。① 寻求法律保护。在企业破产时，优先接管，优先于股东分配剩余财产。② 在借款合同中加限制性条款。例如，在借款合同中规定企业不得发行新债或限制发行新债，或规定借款的用途等。③ 收回借款或不再借款。当债权人发现企业有损害债权人利益的意图时，可采取提前收回借款或拒绝提供新借款的措施。

第三节 财务管理的内容

财务管理主要是资金管理，其对象是企业的资金及其流转。资金流转的起点和终点都是货币资金，也即是广义上的现金，其他资产是现金在流转中的转化形式。财务管理的对象就是现金及其流转。

一、企业的现金流转

企业在生产经营过程中，首先必须筹集一定数量的现金作为最初投入的资本，然后将现金变为各种经营用的非现金资产。经营用的非现金资产在运营中又陆续通过产品销售变为现金，这种周而复始的流转过程称为现金流转。现金变为非现金资产，然后又回到现金，所需时间不超过一年的流转称为现金的短期循环，所需时间在一年以上的流转称为现金的长期循环。

（一）现金的短期循环

以生产型企业为例，现金短期循环的基本形式如图1-1所示。短期循环中的资产是流动资产，包括用于各项支付的现金、正常周转过程中的存货、应收账款、应收票据、交易性金融资产以及某些预付费用等。

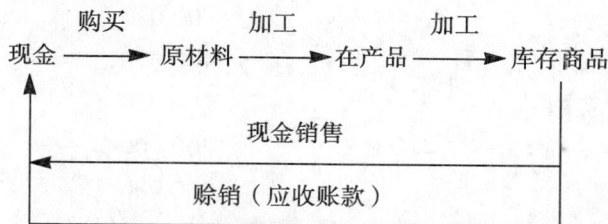

图1-1 现金短期循环基本形式图

图1-1中只反映了现金的运用和流动资产的相互转换。如果将现金的来源和资金的

耗费情况反映出来，那么现金短期循环的基本形式可扩展为如下图1-2所示。

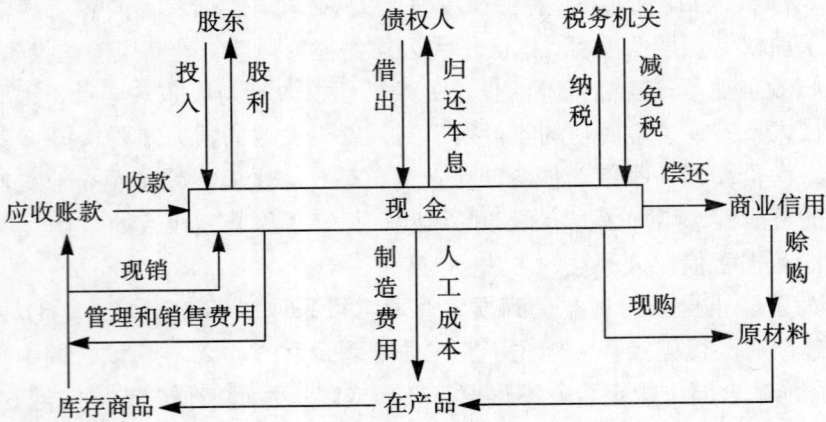

图1-2　现金短期循环扩展形式图

（二）现金的长期循环

现金长期循环的基本形式如图1-3所示。长期循环中的资产是长期资产，包括固定资产、长期投资、无形资产等。

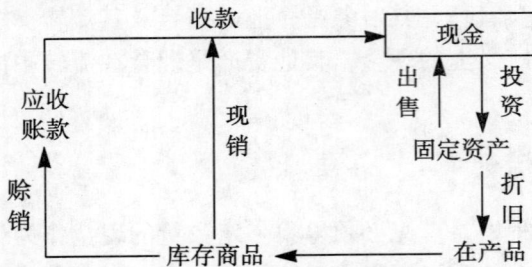

图1-3　现金长期循环基本形式图

现金的长期循环是一个缓慢的过程，尤其是房屋建筑物类固定资产，它们的成本往往需要几十年才能得到补偿。固定资产在使用过程中价值逐渐减少，减少的价值称为折旧费。折旧费与人工成本、原材料成本构成产品成本。

在长期循环中值得注意的是，折旧是本期的费用，但不是本期的现金支出，是企业现金的重要来源。例如，某公司2009年12月的收益情况如下（单位：元）。

营业收入	1 000 000
营业费用	700 000
其中：付现营业成本	400 000
付现期间费用	100 000
折旧	200 000
税前利润	300 000
所得税费用（25%）	75 000
税后利润	225 000

该公司净利润为225 000元，而本期现金增加是425 000元，即净利润225 000元加上折

旧费200 000元。本期现金收入1 000 000元，本期现金支出为575 000元，即付现营业成本400 000元加上付现期间费用100 000元，再加上所得税费用75 000元，不包括非付现的折旧费。除折旧费以外，无形资产的摊销额也属于非付现的现金支出，是现金的重要来源。

现金的长期循环和短期循环之间存在着密切的关系。通过折旧而形成的折旧资金，在更新固定资产之前可用来补充短期循环中现金的不足。如果产品滞销，短期循环受阻，企业的长期循环也会因此而中断，固定资产和无形资产的摊销额虽可计算出来，但得不到补偿。

（三）现金流转的不平衡性

在企业生产经营过程中，现金流入量与流出量经常会出现不平衡状态，表现为收入大于支出或支出大于收入。对于前者，财务人员应尽力做到及时将这些闲置资金从现金流转中抽出，投资到最有利的用途上；对于后者，财务人员应该采取措施积极筹集资金，以补充不足的资金。造成这种不平衡的原因是多方面的，有些原因来自于企业内部，也有些原因来自于企业外部。

1.现金流转不平衡的内部原因

现金流转不平衡的内部原因主要有以下三个方面。

（1）盈利企业的现金流转

盈利企业如果不打算扩充规模，其现金流转一般比较顺畅。税后净利会使企业现金出现多余，折旧、摊销等也会积存现金。但盈利企业也可能由于安排不当抽出过多现金而发生临时流转困难，如支付股利、偿还借款、更新设备等。此外，存货变质、财产失窃、坏账损失、出售固定资产损失等，都会使企业失去现金，从而造成周转的不平衡。

（2）亏损企业的现金流转

从长期来看，亏损企业的现金流转是不可能维持的。从短期来看，可分为两种情况：一种是亏损额小于折旧额的企业，这类企业的亏损导致的现金流失可由折旧所产生的现金流入来弥补，在固定资产重置以前可以维持下去；另一种是亏损额大于折旧额的企业，如不从外部补充资金，企业将很快破产。

（3）扩充企业的现金流转

任何迅速扩大经营规模的企业都会遇到相当严重的现金短缺情况。固定资产投资扩大、存货增加、应收账款增加、销售费用增加等都会使现金流出增多。财务主管人员不仅要维持当前经营的现金收支平衡，而且要设法满足扩大的现金需要，并力求使企业扩充的现金需求不超过扩充后新的现金流入。

首先，应从企业内部寻找扩充项目所需的资金，例如，出售短期证券、减少股利分配、加速收回应收账款等；其次，内部筹集的资金不能满足扩充需要时，应从外部筹集资金。从外部筹集资金，要承担资本成本，将来要还本付息或支付股利，引起未来的现金流出。企业在借款时要注意，将来还本付息的现金流出不应超过将来的现金流入。

2.现金流转不平衡的外部原因

现金流转不平衡的外部原因主要有以下四个方面。

（1）市场的季节性变化

一般说来，企业生产部门总是力求全年均衡生产，以充分利用设备和人力，但由于产品销售有季节性，所以企业往往出现在销售淡季现金不足、销售旺季过后又积存过剩现金的情况。企业用于采购的现金支出也有季节性，尤其是农副产品的收购，采购旺季大量现金流出，而现金流入却不能同步增加。

（2）经济的波动

任何国家的经济发展都会有波动。在经济收缩时，企业销售量下降，生产和采购减少，整个短期循环中的资金减少了，企业有了过剩的现金。如果预知不景气的时间较长，则可推迟固定资产的重置，折旧积累的现金也会增加。当经济"热"起来时，现金需求迅速扩大，积存过剩的现金很快用尽，不仅扩充存货要投入现金，而且固定资产扩充投资所需现金也要超过提取的折旧。此时，银行等债权人一般愿意为盈利企业贷款，筹资不太困难。

（3）通货膨胀

通货膨胀会使企业遭遇现金短缺的困难。由于原材料价格上升，保持存货所需要的现金增加，人工和其他费用的现金支出增加，售价的提高使应收账款占用的资金也相应增加。

（4）竞争

各种类型的竞争都会对企业的现金流转产生不利的影响。例如，价格竞争会使企业立即减少现金流入。在竞争中获胜的一方会通过多卖产品挽回损失，这实际上是靠牺牲别的企业的利益来加快自己的现金周转；失败的一方，不但蒙受价格下降的损失，还要受销量减少的打击，现金周转可能严重失衡。企业增加产品或售后服务项目也会使企业的现金流出增加。

二、财务管理的内容

财务管理的内容应反映企业财务活动的全过程。如前所述，企业的财务活动是由筹资、投资、营运、分配四个方面引起的，所以财务管理的内容包括筹资管理、投资管理、营运资本管理和收益分配管理。

（一）筹资管理

筹资也称融资。筹资管理要解决的问题是如何取得企业所需要的资金，它主要包括四个方面的内容。① 筹集多少资金。筹资是为生产经营服务的，筹资数量的多少要考虑投资的需要。企业应根据经营计划和投资计划预测出一定时期的资金缺口量，以确定筹资量。② 向谁取得资金。目前企业的筹资渠道较广，企业可从企业内部筹资，也可从企业外部筹资。国家、法人、个人都可成为企业资金的提供者。针对不同的提供者采取不同的筹资方式。③ 什么时候取得资金。资金取得的时间应与资金的使用时间相匹配。资金到位不及时会影响项目进度、交货期等，进而带来不能及时抓住市场机会的直接损失和失去信誉的间接损失。④ 获取资金的成本是多少。通过不同渠道、不同方式获取的资金，其付出的成本是不同的。企业在及时、足额地保证资金需要的前提下，应力求降低资本成本，尽可能使企业价值最大化。

（二）投资管理

投资是指以收回现金并取得收益为目的的现金流出。企业投资主要有两个方面：一是长期投资，即对固定资产和长期有价证券的投资，也称资本性投资；二是短期投资，即对短期有价证券、存货、应收账款等流动资产进行的投资。流动资产投资属于营运资本投资，这里主要针对长期投资而言。由于长期投资时间长、风险大，决策时应重视资金的时间价值和投资的风险价值，合理确定投资规模、投资方向和投资方式等，使投资收益较高而风险较低。

（三）营运资本管理

营运资本是指企业在生产经营活动中占用在流动资产上的资金。营运资本管理是指在综合考虑成本、收益和风险的前提下，保证企业日常经营活动对资金的需要。营运资本管理主要包括：合理确定流动资产的占用水平；加强流动负债的管理；研究流动资产与流动负债的合理配置；制定合理的营运资本政策。

（四）收益分配管理

收益分配是指在企业赚得的净利润中，有多少作为股利发放给股东，有多少留在企业用于再投资。收益分配决策直接影响着企业的内部筹资能力。过高的股利支付率必然减少企业的内部积累，影响企业未来的获利能力，导致股价下跌；过低的股利支付率，甚至不做分配，虽然提高了内部积累水平，却可能引起股东不满，股价也会因此而下跌。各个企业应认真分析影响收益分配的各种因素，确定最佳的股利分配政策。

除上述四部分内容外，企业设立、合并、分立、改组、解散、破产等事项的管理也是财务管理的内容，它们构成了财务管理统一体。

第四节　财务管理的原则和方法

一、财务管理的原则

财务管理的原则是组织财务活动和处理财务关系的基本准则，是人们在财务管理的实践中概括出来的、体现财务活动规律性的行为规范，是对财务管理的基本要求。对于如何概括理财原则，人们的认识不完全相同。道格拉斯·R·爱默瑞和约翰·D·芬尼特的观点具有代表性，他们将理财原则分为3类，共12条。

（一）有关竞争环境的原则

1. 自利行为原则

自利行为原则是指人们在进行决策时，按照自己的财务利益行事，在其他条件相同的条件下，人们会选择令自己经济利益最大的行动。自利行为原则的依据是理性经济人假设。该假设认为，人们对每一项交易的可能性都能衡量出其代价和利益，并且选择对自己最有利的方案行动。

自利行为原则的一个重要应用是委托—代理理论。根据该理论，应当把企业看成是各种利益人的集合。企业的各种利益人之间的关系大部分属于委托—代理关系。这种相互依赖又相互冲突的利益关系需要通过"契约"来协调。因此，委托—代理理论是以自利行为原则为基础的。

自利行为原则的另一个应用是机会成本的概念。采用方案A而放弃方案B时，方案B的最大净收益就是方案A的机会成本。机会成本是人们在决策时不能不考虑的重要问题。

2. 双方交易原则

双方交易原则是指每一项交易都至少存在两方，在一方根据自己的利益决策时，另一方也会按照自己的经济利益决策行动。因此，人们在决策时要正确预见对方的反应。双方交易原则建立的依据是商业交易至少有两方、交易是"零和博弈"以及交易各方都是自利的。无论是买方市场，还是卖方市场，买进资产和卖出资产总是一样多。因此，一个人的获利总是以另一个人的付出为基础的：一个高价格的交易使购买者受损，而使出卖者得利；一个低价格的交易使购买者得利，而使出卖者受损。一方得到的与另一方失去的一样多，从总体上看，双方收益为零，故称"零和博弈"。

双方交易原则要求在进行交易时，不能"以我为中心"，在谋求自身利益的同时，要考虑对方的存在或利益，而且要认识到对方也在遵循自利行为原则。否则，交易就很难实现。

双方交易原则还要求注意税收对收益的影响。由于税收的存在，主要是利息的税前扣除，使得一些交易表现为"非零和博弈"。政府是不请自来的第三方，凡是交易政府都要从中收取税金。

3. 信号传递原则

信号传递原则是指财务行动可以传递信息，并且比公司声明更有说服力。

信号传递原则要求根据公司的行为判断它的未来收益。例如，一个经常用配股的办法找股东要钱的公司，很可能自身产生现金能力较差；一个大量购买国库券的公司，很可能缺少净现值为正数的投资机会；内部持股人出售股份常常是公司盈利能力恶化的重要信号。

信号传递原则还要求公司在决策时不仅要考虑行动方案本身，还要考虑该项行动可能给人们传达的信息。资本市场上，每个人都在利用他人的信息，同时自己交易的信息也会被别人所利用，因此决策时要考虑交易的信息效应。例如，当把一件商品的价格降低到难以置信的程度时，人们就会认为它的质量不好，认为它本来就不值钱。

4. 引导原则

引导原则是指当所有办法都失灵时，寻找一个可以信赖的榜样作为自己的引导。也就是说，在没有办法的情况下，直接模仿成功榜样或者大多数人的做法，可能使问题得到暂时的解决。引导原则不同于"盲目模仿"，它只在找不到最优办法或寻找最优办法成本过高的情况下才适用。引导原则不会帮你找到最好答案，但常常可以使你避免采取最差的行动。引导原则是一个次优化准则。

引导原则的一个重要应用是行业标准概念，即以行业标准作为公司行动的基本目标。引导原则的另一个应用是"自由跟庄"概念。由于开拓者得出一个最佳行动往往是花费了大量财力和时间的，通过模仿可以节约信息处理成本，这对企业是有利的。

（二）有关创造价值的原则

1. 有价值的创意原则

有价值的创意原则是指新创意能获得额外报酬。竞争理论认为，企业的竞争优势可分为经营奇异和成本领先两个方面。经营奇异是指产品本身、销售交货、营销渠道等为客户所广泛重视的方面在产业内独树一帜，而任何独树一帜都来源于新的创意。创造和经营奇异的企业能获得高于平均水平的利润。

有价值的创意原则主要应用于直接投资项目。要想获得正的净现值，投资项目必须是一个有创意的项目。重复过去的投资项目或者别人已有的做法，最多只能获得平均报酬，结果是维持而不是增加股东财富。任何创意都只是暂时的，只有不断创新，企业才能获得比别人高的经济效益，股东的财富才会不断地增加。有价值的创意原则还可应用于经营和销售活动。

2. 比较优势原则

比较优势原则是指专长能创造价值。要想在市场上获得更多的收益，企业就必须发挥自己的专长。没有比较优势的企业，很难增加股东财富。比较优势原则的一个运用是"人尽其才，物尽其用"。让每一个人去做最适合他的工作，让每一个企业生产最适合它生产的产品，这样就会产生经济效率，企业的经济效益就会不断提高，股东的财富也会不断增加。

比较优势原则的另一个运用是"优势互补"。企业与其他单位的合资经营、合作经营或合并等都是出于优势互补原则的考虑。两者或多者结合可以使各自优势得到最好的发挥，这将会给企业带来更大的收益。

3. 期权原则

期权是指不附带任何义务的权利。在财务上，一个明确的期权合约经常是指按照预先约定的价格买卖一项资产的权利。例如，股票期权可分为买进期权和卖出期权。买进（卖出）期权赋予合约购买者按约定的价格，在约定的日期买进（卖出）一定数量的资产或金融指标的权利。预测股市价格将上涨，可以购买买进期权，若到期价格真的上涨，则投资者可行使期权合约的执行权，按约定的价格买进股票，然后再按时价卖出股票，以取得差价收益；若预测失误，则投资者到期可以选择不执行该期权合约。

4. 净增效益原则

净增效益原则是指财务决策建立在净增效益的基础上，一项决策的价值取决于它和替代方案相比所增加的净收益。如果一个方案的收益大于被替代方案的收益，即净增收益大于零，那么，它是一个比被替代方案更好的方案。

净增效益原则的运用之一是差额决策分析法。在分析投资方案时，只分析两方案的差额部分，而不必考虑两者共同的部分，这样可以大大减少工作量。

净增效益原则的另一个应用是沉没成本概念。沉没成本是指已经发生的、不会被以后的决策改变的成本。沉没成本与将要采纳的决策无关，因此在决策时应将其排除。

（三）有关财务交易的原则

1. 风险—报酬权衡原则

风险—报酬权衡原则是指风险与报酬之间存在一个对等关系，即高风险高报酬，低风险低报酬。投资者必须对风险和报酬作出权衡。如果想获得较大的收益，就必须冒较高损失的风险；反之，如果只想承担较低的风险，就只能获得较低的收益。

在财务交易中，人们一般倾向于高报酬和低风险。但在市场中，不可能在低风险的同时又获得高报酬，即使你最先发现这样的机会且率先行动，别人也会迅速跟进，竞争的结果会使报酬率降到与风险相当的水平。因此，企业在财务管理的过程中，要充分考虑风险与报酬的对等关系，权衡利弊得失，制定合理的目标收益方案。在方案实施过程中，还要加强风险的防范和控制，采取必要措施，做到趋利避害。

2. 投资分散化原则

任何企业都不同程度地面临着风险的考验。投资分散化原则是指不要把全部财富投资于一个方向，而应分散投资。投资分散化原则的理论依据是投资组合理论。马克维茨的投资组合理论认为，若干种股票组成的投资组合，其收益是这些股票的加权平均数，但风险却要小于这些股票的加权平均风险，所以投资组合能降低风险。

投资分散化原则不仅适用于证券投资，也适用于各种实物投资决策。为降低风险，企业要注意：不应当把全部投资集中于个别项目、个别行业，要适当实行多种经营；不应把销售集中在个别客户；不应把材料供应集中在个别供应商。

3. 资本市场有效原则

资本市场是指证券买卖市场。资本市场有效原则是指在资本市场上频繁交易的金融资产的市场价格反映了所有可获得的信息，而且面对新信息完全能迅速作出调整。

资本市场有效原则要求理财时要重视市场对企业的估价。资本市场是企业的一面镜子，又是企业行为的矫正器。股价可以综合反映企业的经营业绩，人为地改变会计处理方法对于企业价值的提高毫无用处。当市场对企业的评价降低时，企业应分析自己的行为是否出了问题，并应设法改进。

资本市场有效原则要求理财时慎重使用金融工具。如果资本市场是有效的，购买或出售金融工具的交易的净现值就为零。企业作为从资本市场上取得资金的一方，不要企图通过筹资获取正的净现值，而应当靠生产经营性投资增加股东财富。

4. 货币时间价值原则

货币时间价值是指货币经过一定时间的投资和再投资所增加的价值。货币时间价值原则要求企业在进行财务计量时，要考虑货币时间价值因素。在进行项目投资决策时，要用现值的观念，把不同时点的货币折算到"现在"时点，然后进行运算或比较。货币时间价值原则对于日常的财务管理同样适用，例如，销货款尽早收回，购货款和各种应付款应尽晚支付。

除以上的12条财务管理原则外，企业还应遵守资金合理配置原则、收支平衡原则、成本与效益原则、归口分级管理原则、利益关系协调原则等。

二、财务管理的方法

财务管理的方法是组织财务活动、处理财务关系过程中常用的各种技术和手段。企业根据不同的情况选择合适的财务管理方法，是实现财务管理目标的必要条件。财务管理的方法很多，可按多种标准分类。按财务管理的基本环节划分，财务管理的方法可分为财务预测方法、财务决策方法、财务预算方法、财务控制方法和财务分析方法。

（一）财务预测方法

财务预测是根据财务活动的历史资料、考虑现实的条件和要求，对企业未来的财务活动和财务成果所作的科学的预计和推测。财务预测的主要作用在于测算各项生产经营方案的经济效益，为决策提供可靠的依据。财务预测是在前一个财务管理循环的基础上进行的，运用已取得的规律性认识指导未来。它既是两个管理循环的联结点，又是财务预算环节的必要前提。

财务预测工作内容包括以下几方面：① 明确预测的对象和目的；② 搜集和整理有关信息资料；③ 选定预测方法，利用预测模型进行测算。

财务预测方法一般分为定性预测法和定量预测法。定性预测法主要是利用直观材料、依靠个人经验的主观判断和综合分析能力，对事物未来的状况和趋势作出预测的一种方法。这种方法一般在企业缺乏完备、准确的历史资料的情况下采用。定量预测法是根据变量之间存在的数量关系（如时间关系、因果关系）建立数学模型进行预测的方法。这种方法是在掌握大量历史数据的基础上进行预测的。定量预测法又可分为趋势预测法和因果预测法。

定性预测法和定量预测法各有优缺点，实际工作中可把两者结合起来运用，既进行定性分析，又进行定量分析。

（二）财务决策方法

财务决策是财务人员在财务管理目标的总体要求下，从若干个可选择的财务活动中，选出最优方案的过程。财务决策是财务管理的中心环节。决策的好坏直接影响到企业的生存和发展。在进行财务决策时，应深入调查，寻找作出决策的条件和依据，根据一定的价值标准评选方案。

财务决策系统一般由五个要素构成。① 决策者，即决策的主体，它可以是一个人，也可以是一个集团。② 决策对象，即决策的客体，也就是决策想解决的问题。构成决策对象的只能是决策者的行为可以施加影响的系统。③ 信息，包括企业内部功能信息与企业外部环境的状态和发展变化的信息。决策时，保持信息的真实性和正确性至关重要。④ 决策的理论和方法，包括决策的一般模式、预测方法、定量分析和定性分析技术、决策方法论等。⑤ 决策结果，即通过决策过程形成的、指导人的行为的行动方案。

财务决策涉及的主要方法有以下几种。

1. 对比优选法

它是通过比较不同方案经济效益的好坏进行选优的决策方法。对比优选法是财务决策的基本方法，根据对比方式的不同，可分为总量对比法、差量对比法和指标对比法等。

2. 数学微分法

它是运用数学微分的原理，对具有曲线关系的极值问题进行求解并确定最优方案的决策方法。在决策中，最佳现金余额决策、最佳资本结构决策和存货的经济批量决策适用此方法。

3. 线性规划法

它是根据运筹学的原理，对具有线性关系的极值问题进行求解并确定最优方案的决策方法。这种方法可以帮助管理人员合理组织人力、物力和财力。

4. 概率决策法

它是根据方案的各种可能的结果及其发生的概率，计算期望值和标准差与标准离差率，并进行最优决策的方法。这种方法适用于风险型决策。

5. 损益决策法

这种方法适用于不确定型决策。所谓不确定型决策，是指未来情况很不清楚，只能预测可能出现的结果，而且出现这种可能结果的概率也无法确切地进行估计的决策。常用的方法有最大最小后悔值法、小中取大法和大中取大法等。

（三）财务预算方法

财务预算是指运用科学的技术手段和数量方法，对确定目标进行综合平衡，制订主要的计划指标，拟定增产节约措施，协调各项计划指标。财务预算要以财务决策确立的方案和财务预测提供的信息为基础编制，是财务预测和财务决策的具体化，是财务控制的依据。

财务预算一般包括以下内容：① 分析财务环境，确定预算指标；② 协调财务能力，组织综合平衡；③ 选择预算方法，编制财务预算。

财务预算方法按预算编制的形式不同，有固定预算法、弹性预算法和滚动预算法等。固定预算法是按预算期内固定的某一业务水平而编制预算的方法。弹性预算法是指企业在不能准确预测业务量的情况下，根据资金、成本、利润与业务量之间的规律性的联系，按不同业务量编制预算的方法。滚动预算法是指预算期随着时间的推移自行延伸，当某一季度或月份的预算执行完毕，其相邻的下一季度或月份立即在期末增列而编制的预算方法。

财务预算方法按有关指标的确定方法的不同，有平衡法、比例法、定额法和因素法等。平衡法是利用有关指标客观存在的内在平衡关系计算确定计划指标的方法，如期末余额等于期初余额加本期增加额减本期减少额。比例法是根据历史上已经形成而且比较稳定的各项指标之间的比例关系来推算计划指标的方法。定额法是以科学、合理的定额为依据计算有关指标的方法。因素法是根据影响某项指标的各种因素来推算计划指标的方法。

（四）财务控制方法

财务控制是根据企业财务预算目标（定额或计划等）、财务制度和国家有关法规，对实际（或预计）的财务活动进行对比、检查，发现偏差并及时纠正，使之符合财务目标与制度要求的管理过程。实施财务控制能使财务计划与财务制度对财务活动发挥规范与组织作用，将资金占用与费用水平控制在预定目标的范围之内，保证企业经济效益的提高。没有财务控制，财务活动就可能盲目进行，各种问题就不能及时得以发现与纠正，财务计划管理就会流于形式，甚至偏离正确的方向。

财务控制要适用定量化的控制需要，其主要内容包括以下三个方面：① 制定控制标准，分解落实责任；② 实施追踪控制，及时调整误差；③ 分析执行差异，搞好考核奖惩。

财务控制的方式多种多样，按控制时间的不同，可分为事前控制（防护性控制）、事中控制（前瞻性控制）和事后控制（反馈性控制）；按控制的具体方式不同，可分为定额控制、预算控制和开支标准控制；按控制指标的不同，可分为绝对数控制和相对数控制。财务控制必须按照财务活动的不同情况，分别采取不同的控制方式，才能收到良好的效果。

（五）财务分析方法

财务分析是以财务的实际和计划资料为依据，结合业务经营活动情况，对造成财务偏差的主观和客观因素进行揭示，并测定各影响因素对分析对象的影响程度，提出纠正偏差对策的过程。通过财务分析，可以深入了解和评价企业的财务状况、经营成果；掌握企业各项财务预算指标的完成情况；查找管理中存在的问题并提出解决问题的对策。

财务分析的主要内容包括以下四个方面：① 占有资料，掌握信息；② 指标对比，揭露矛盾；③ 分析原因，明确责任；④ 提出措施，改进工作。

财务分析常用的主要方法有对比分析法、比率分析法和综合分析法等。对比分析法是通过有关指标进行比较来分析财务状况的方法。比率分析法是将相互联系的财务指标进行对比，以形成财务比率，用以分析和评价企业财务状况与经营成果的方法。综合分析法是结合多种财务指标、综合考虑影响企业财务状况和经营成果的各种因素的分析方法。

第五节　财务管理的环境

财务管理环境又称理财环境，指对给企业财务活动和财务管理产生影响作用的企业内外各种条件的统称。理财环境是企业赖以生存的土壤，是企业开展财务活动的舞台，也是企业财务决策难以改变的约束条件，对企业的财务活动有着重大影响。企业只有适应环境并合理利用环境，才能生存和发展。

财务管理环境涉及范围很广，按其涉及范围的大小，可分为宏观理财环境和微观理财环境。宏观理财环境是指对财务管理有重要影响的宏观方面的各种因素，包括政治、经济、法律、资源、科技等方面的环境；微观理财环境是对财务管理有重要影响的微观方面的各种因素，包括企业的组织形式、经营规模、产品销售状况、资源供应等。宏观理财环境的各种因素通常存在于企业之外，而微观理财环境有的存在企业内部，有的存在企业外部。本节主要分析宏观理财环境中的经济环境、法律环境和金融市场环境。

一、经济环境

在影响财务管理的各种外部环境中，经济环境是最为重要的。

经济环境是指影响企业财务管理的各种经济因素，包括经济体制、经济周期、经济发展水平、通货膨胀、经济政策等。

（一）经济体制

在计划经济体制下，国家统筹企业资本，统一投资、统负盈亏，企业利润统一上缴，亏损全部由国家补贴，企业虽然是一个独立核算单位但无独立的理财权利。财务管理活动的内容比较单一，财务管理方法比较简单。在市场经济体制下，企业成为"自主经营、自负盈亏"的经济实体，有独立的经营权，同时也有独立的理财权。企业可以从其自身需要出发，合理确定资本需要量，然后到市场上筹集资本，再把筹集到的资本投放到高效益的项目上获取更大的收益，最后将收益根据需要和可能进行分配，保证企业财务活动自始至终根据自身条件和外部环境作出各种财务管理决策并组织实施。因此，财务管理活动的内容比较丰富，方法也复杂多样。

（二）经济周期

市场经济条件下，经济发展与运行带有一定的波动性，大体上经历复苏、繁荣、衰退和萧条几个阶段的循环，这种循环叫做经济周期。在不同的经济周期，企业应采用不同的财务战略。西方财务学家探讨了经济周期中的财务管理战略，其要点归纳如表1-1所示。

表1-1　经济周期中的财务战略

复苏	繁荣	衰退	萧条
1. 增加厂房设备	1. 扩充厂房设备	1. 停止扩张	1. 建立投资标准
2. 实行长期租赁	2. 继续建立存货	出售多余设备	2. 保持市场份额
3. 建立存货	3. 提高产品价格	3. 停产不利产品	3. 压缩管理费用
4. 开发新产品	4. 开展营销策划	4. 停止长期采购	4. 放弃次要利益
5. 增加劳动力	5. 增加劳动力	5. 削减存货	5. 削减存货
		6. 停止扩招雇员	6. 裁减雇员

（三）经济发展水平

财务管理的发展水平是和经济发展水平密切相关的，经济发展水平越高，财务管理水平也越好。财务管理水平的提高将推动企业降低成本、改进效率、提高效益，从而促进经济发展水平的提高；而经济发展水平的提高将改变企业的财务战略、财务观念、财务管理模式和财务管理的方法手段，从而促进企业财务管理水平的提高。财务管理应当以经济发展为基础，以宏观经济发展目标为导向，从业务工作角度，促进企业经营目标和经营战略的实现。

（四）通货膨胀

通货膨胀不仅对消费者不利，对企业财务活动的影响更为严重。大规模的通货膨胀会引起企业资金占用的连续增加；引起有价证券价格下降，给企业筹集资金带来困难；导致企业利润虚增，造成企业资金流失。

为了减少通货膨胀对企业造成的影响，财务人员应采取措施予以防范。在通货膨胀初期，企业可加大投资，避免风险，实现资本保值；与客户签订长期供购合同，减少物价上涨造成的影响；举借长期负债，保持资本成本的相对稳定。在通货膨胀的持续期间，采用偏紧的信用政策，减少企业债权；调整财务政策，防止和减少企业资本的流失等。

（五）经济政策

经济政策是国家进行宏观调控的重要手段。国民经济的发展规划、国家产业政策、经济体制改革的措施、政府的行政法规等对企业的财务活动都有重大影响。国家对某些地区、某些行业、某些经济行为的优惠、鼓励和有利倾斜构成了政府政策的主要内容。从另一方面来看，政府政策对另外一些地区、行业或经济行为也进行了限制。例如，金融政策中的货币发行量、信贷规模控制等，都能影响企业投资的资金来源和投资的预期收益；财税政策会影响企业的资本结构和投资项目的选择等；价格政策能影响企业资金的投向和投资的回收期及预期收益等。在进行财务决策时，企业要认真分析研究政府的经济政策，按照政策导向行事，才能趋利避害，更好地为企业经营理财服务。

二、法律环境

财务管理的法律环境是指企业和外部发生经济关系时所应遵守的各种法律、法规和规章。市场经济是以法律和市场规则为特征的经济体制。法律规定了企业经营活动的空间，也为企业在相应空间内的自主经营提供了法律保障。企业的理财活动，无论是筹资、投资还是收益分配，都要与企业外部发生经济关系。在处理这些经济关系时，应当遵守有关的法律规范。对企业理财活动有影响的法律规范很多，下面主要介绍三大类。

（一）企业组织法律规范

1. 企业组织形式

企业必须依法成立。组建不同的企业要依据不同的法律规范。在我国，这些法律规范包括：《中华人民共和国公司法》（简称公司法）、《中华人民共和国全民所有制工业企业法》、《中华人民共和国外资企业法》、《中华人民共和国中外合资经营企业法》、《中华人民共和国中外合作经营企业法》、《中华人民共和国合伙企业法》、《中华人民共和国个人独资企业法》等。这些法规既是企业的组织法，又是企业的行为法。

按企业的组织形式，可将企业分为独资企业、合伙企业和公司制企业。企业的组织形式不同，财务管理也有所不同。

独资企业是由业主个人出资兴办，归个人所有和控制的企业，投资者对企业债务承担无限责任。这类企业财务管理的内容较简单，资本的投入和抽回比较方便，但借款能力十分有限，借款时往往会因信用不足而遭拒绝。企业主要利用业主自己的资本和供应商提供的商业信用筹资。

合伙企业是由两个或两个以上的投资人共同出资兴办、联合经营、共负盈亏的企业。收益的分享和亏损的分担采用书面协议的形式确定。与独资企业相比，合伙企业中合伙人各显其能，提高了企业的竞争能力，扩大了发展规模，筹资渠道有所拓宽，信用能力有所增强，但同时也存在责任无限，权力分散、决策缓慢等缺点。

公司制企业由两个以上的股东共同出资兴办，每个股东以其认缴的出资额或认购的股份对公司承担有限责任，公司以其全部财产对其债务承担有限责任。公司制企业包括有限责任公司和股份有限公司两种。公司制企业的股东作为出资人，按投入公司的资本份额享有所有者的资产受益、重大决策和选择管理者的权利，并以其出资额或所持股份为限对公司承担有限责任。公司制企业可以通过发行股票、债券等形式迅速筹集所需资金，比独资、合伙企业有更大的发展的可能性。

2. 公司治理结构

公司治理结构是指明确界定股东大会、董事会、监事会和经理人员职责和功能的一种企业组织结构。根据我国《公司法》，上市公司治理结构涉及公司最高权力机构（股东大会）、对股东大会负责的决策机构（董事会）、对董事会负责的执行机构（高级管理机构）、监督机构（监事会）和外部独立审计；作为《公司法》关于公司治理结构的补充，中国证监会在其颁布的《关于在上市公司建立董事会制度的指导意见》和《上市公司治理准则》中引入和强化了独立董事制度。

（二）税收法律规范

任何企业都有法定的纳税义务。有关税收的立法分为三类：所得税的法规、流转税的法规和其他地方税法规。

税负是企业的一种费用，会增加企业的现金流出，对企业理财有重要影响。企业无不希望在不违反税法的前提下减少税务负担。税负的减少，只能靠精心安排和筹划投资、筹资和收益分配等财务决策来实现，而不允许在纳税行为已经发生时去偷税漏税。精通税法对财务人员来说意义重大。

（三）财务与会计法律规范

财务与会计法律规范的各项法规直接影响企业的理财活动，此类法规对企业会计核算、价值计量、财务报告、会计监督、内部控制等加以规范，企业必须认真遵守和执行。财务与会计法规主要包括《会计法》、《企业会计准则》及具体准则、《企业财务通则》、《企业财务会计报告条例》、《现金管理条例》等。

除了上述法规外，与企业财务管理有关的其他法规还有许多，包括各种证券法律规范、结算法律规范、合同法律规范、上市公司法律规范、内部控制基本规范等。财务人员应熟悉、掌握这些法律规范，这有助于更好地实现财务管理的目标。

三、金融环境

企业从事各种经营活动所需的资金除了自有资金外，主要是从金融机构和金融市场取得的。金融政策的变化必然影响企业的筹资、投资和营运活动。

（一）金融机构

金融机构包括银行业金融机构和其他金融机构。

1. 银行业金融机构

银行业金融机构是指经营存款、放款、汇兑、储蓄等金融业务，承担信用中介作用的金融机构。银行的主要职能是充当信用中介、企业之间的支付中介、提供信用工具、充当投资手段以及国民经济的宏观调控手段。我国银行主要包括各种商业银行和政策性银行。商业银行包括国有商业银行和其他商业银行。国有商业银行有中国工商银行、中国农业银行、中国银行和中国建设银行；其他商业银行如交通银行、广东发展银行、招商银行、光大银行等。目前我国政策性银行有三家，即中国进出口银行、国家开发银行和中国农业发展银行。

2. 其他金融机构

其他金融机构包括金融资产管理公司、信托投资公司、财务公司和金融租赁公司等。

（二）金融工具

金融工具是指能够证明债权债务关系并据以进行货币资金交易的合法凭证，它对于交易双方所应承担的义务与享有的权利均具有法律效力。金融工具一般具有以下四个特征。

（1）期限性

它是指金融工具一般规定了偿还期限，也就是债务人必须全部归还本金之前所经历的时间。

（2）流动性

它是指金融工具能够在短期内迅速转变为现金而不遭受损失的能力。

（3）风险性

它是指购买金融工具的本金和预定收益遭受损失的可能性。不同形式的金融工具具有不同的金融风险。

（4）收益性

它是指金融工具能够带来一定的收益。

（三）金融市场

1. 金融市场的含义及其构成

金融市场是指资金供应者和资金需求者双方通过一定的金融工具进行交易而融通资金的场所。广义的金融市场是指一切资本流动的场所，包括实物资本和货币资本的流动，其交易对象包括货币借贷、票据承兑、有价证券的买卖、黄金和外汇买卖、办理国内保险、生产资料的产权交换等。狭义的金融市场是指有价证券市场，即股票与债券发行和买卖的市场。一般意义上的金融市场是指狭义的金融市场。

金融市场是由主体、客体和参加人组成的。金融市场的主体是金融机构，它们是金融市场的中介机构，是直接连接筹资和投资者的桥梁。金融市场的客体是金融市场上的买卖对象，如商业票据、政府债券、企业债券、公司股票等。金融市场的参加者是指客体的供给者和需求者，如企业、事业单位、政府部门、城乡居民等。

2. 金融市场的种类

金融市场是由许多不同功能的具体市场构成的，对其可以按不同的标准进行分类。

以期限为标准，金融市场可分为短期资金市场和长期资金市场。短期资金市场是指融资期限在一年以内的金融市场，如同业拆借市场、票据市场、短期债券市场；长期资金市场是指融资期限在一年以上的金融市场，如股票市场和长期债券市场。长期资金市场也称资本市场。

以交易的性质为标准，金融市场可分为发行市场和流通市场。发行市场又称一级市场，它主要进行信用工具的发行与最初购买者之间的交易；流通市场又称二级市场，是指从事已上市证券或票据等金融工具转让的市场。

以交割的时间为标准，金融市场可分为现货市场和期货市场。现货市场是指买卖双方成交后，当场或几天之内买方付款、卖方交出证券的交易市场；期货市场是指买卖双方成交后，在双方约定的未来某一特定的时间交割的交易市场。

3.金融市场对财务管理的影响

（1）为企业筹资和融资提供了场所

金融市场集合了资金供应者和需求者，并提供了各种金融工具和选择机会，使双方能够自由灵活地调度资金。对融资者来说，金融市场可提供多种融资渠道，使融资者根据自己的需要适时有效地融通所需资金；对资金供应者来说，金融市场提供了各种投资工具，投资者可从中选择合适的投资方式，达到灵活使用资金、取得最大收益的目的。

（2）使企业长短期资金相互转化

企业可将持有的长期资金通过金融市场转化为短期资金，例如，在急需资金时，企业可将持有的股票和债券在金融市场转手变现，获得短期资金；远期票据通过贴现也可变为现金；大额可转让定期存单，也可在金融市场上交易，成为短期资金。同样，短期资金也可通过金融市场转变为股票、债券等长期资金。

（3）为企业理财提供重要的信息

金融市场的利率变动反映资金的供求状况，有价证券价格的变动反映投资人对企业经营状况和盈利水平的评价，这些都是企业经营和投资的重要信息。

总之，金融市场作为资金融通的场所，是企业向社会融资必不可少的条件。企业财务人员必须熟悉金融市场的类型和管理规则，有效利用金融市场来组织资金的供应和使用，使金融市场的积极作用得以充分发挥。

（四）利率

利率也称利息率，是利息占本金的百分比指标。从资金的借贷关系看，利率是一定时期内运用资金资源的交易价格。资金作为一种特殊商品，以利率为价格标准进行融通，实质上是资源通过利率实行的再分配。因此，利率在资金分配及企业财务决策中起着重要作用。

1.利率的种类

利率可按不同的标准进行分类。

（1）按利率之间的变动关系，分为基准利率和套算利率

基准利率又称基本利率，是指在多种利率并存的条件下起决定作用的利率。所谓起决定作用，是指这种利率变动时其他利率也相应变动。因此，了解了基准利率的变动趋势，就可了解全部利率的变化趋势。基准利率在西方通常是中央银行的再贴现率，在我国，是中人民银行对商业银行贷款的利率。

套算利率是指在基准利率确定后，各金融机构根据基准利率和借贷款项的特点而换算出的利率。例如，某金融机构规定，贷款给AAA级、AA级、A级企业的利率，应分别在基准利率的基础上加0.5%、1%、1.5%，假定基准利率为7%，则AAA级、AA级、A级企业的贷款利率分别是7.5%、8%、8.5%，加总计算所得的企业贷款利率便是套算利率。

（2）按利率与市场资金供求情况的关系，分为固定利率和浮动利率

固定利率是指在借贷期内固定不变的利率。受通货膨胀的影响，实行固定利率会使债权人利益受到损失。浮动利率是指在借贷期内可以调整的利率。在通货膨胀条件下，实行浮动利率，可减少债权人利益的损失。

（3）按利率形成机制的不同，分为市场利率和法定利率

市场利率是根据资金市场上的供求关系，随着市场而自由变动的利率。法定利率是指由政府金融管理部门或中央银行确定的利率。

2. 利率的构成

利率是资金使用权的价格，主要取决于资金的供求关系。此外，经济周期、通货膨胀、国家货币政策和财政政策、国际经济政治关系、国家利率管制程度等，对利率的变动均有不同程度的影响。利率对于资金供应方来说属于资金收益，而对于资金使用方来说则属于资本成本。一般说来，利率由纯利率、通货膨胀补偿率和风险收益率三部分组成，用公式表示为：

$$利率=纯利率+通货膨胀补偿率+风险收益率$$

（1）纯利率

纯利率是指在没有风险和通货膨胀情况下的平均利润率。例如，在没有通货膨胀时，国库券的利率可视为纯利率。纯利率的高低受平均利润率、资金供求关系和国家调控的影响。

（2）通货膨胀补偿率

通货膨胀使货币贬值，投资者实际报酬下降。投资者在把资金交给借款人时，会在纯利率的基础上再加上通货膨胀补偿率，以弥补通货膨胀造成的购买力损失。因此，发行国库券的利息率并不是固定不变的，而是随着预期通货膨胀率的变化而有所调整，它近似等于纯利率加上预期通货膨胀率。

（3）风险收益率

投资者除了关心通货膨胀率以外，还关心资金使用者能否保证他们收回本金并取得一定的收益。风险收益率是投资者要求的除纯利率和通货膨胀率之外的风险补偿。投资风险越大，投资者要求的收益率越高，风险和收益之间存在对等关系。实证研究表明，公司长期债券的风险大于国库券，要求的收益率也高于国库券；普通股票的风险大于公司债券，要求的收益率也高于公司债券；小公司普通股票的风险大于大公司普通股票，要求的收益率也大于大公司普通股票。

练习题

一、简答题

1. 什么是财务管理？企业有哪些财务活动？
2. 什么是财务关系？企业有哪些财务关系？

3. 如何理解财务管理的目标？对财务管理目标的不同观点有何看法？

4. 如何协调股东与经营者、债权人之间的矛盾？

5. 财务管理有哪些原则？如何理解并运用每一条原则？

6. 利率由哪几部分组成？

二、单选题

1. 企业同债权人之间的财务关系反映的是（　　）。

　　A. 经营权和所有权之间关系　　　　B. 债权债务关系

　　C. 投资与受资关系　　　　　　　　D. 债务债权关系

2. 企业目标中的基础目标是（　　）。

　　A. 发展　　B. 生存　　　C. 获利　　　D. 竞争

3. 在下列各项中，从甲公司的角度看，能够形成"本企业与债务人之间财务关系"的业务是（　　）。

　　A. 甲公司购买乙公司发行的债券　　B. 甲公司归还所欠丙公司的货款

　　C. 甲公司从丁公司赊购产品　　　　D. 甲公司向E公司支付利息

4. 在没有通货膨胀的情况下，如果利率下降，有价证券价格将（　　）。

　　A. 不变　　B. 下降　　　C. 上升　　　D. 不好确定

5. 企业价值最大化目标强调的是（　　）。

　　A. 实际利润额　　　B. 实际利润率　　　C. 预期获利能力　　　D. 市场占有率

三、多选题

1. 企业的财务活动包括（　　）。

　　A. 筹资活动　　　B. 投资活动　　　C. 资金营运活动　　　D. 分配活动

2. 为了协调所有者与经营者之间的矛盾，股东必须支付（　　）。

　　A. 监督成本　　　B. 约束成本　　　C. 激励成本　　　D. 经营成本

3. 下列各项中，属于企业筹资引起的财务活动的有（　　）。

　　A. 偿还借款　　　B. 购买国库券　　　C. 支付股票股利　　　D. 处置固定资产

4. 以利润最大化作为财务管理目标的不足之处是（　　）。

　　A. 没有考虑利润的时间因素　　B. 没有考虑利润与投资额的对比关系

　　C. 没考虑利润的风险因素　　　D. 不便于理解

5. 以企业价值最大化作为财务管理目标的优点是（　　）。

　　A. 考虑了获取利润的时间因素　　B. 考虑利润与投资额的对比关系

　　C. 考虑了获取利润的风险因素　　D. 反映了企业当前的获利能力

6. 以相关者利益最大化目标作为财务管理目标，其优点有（　　）。

　　A. 有利于企业长期稳定发展　　　　B. 体现了合作共赢的价值观念

　　C. 较好在兼顾了各利益主体的利益　　D. 体现了前瞻性和现实性的统一

第二章

财务管理的价值观念

资金的时间价值和投资的风险价值是财务管理活动中客观存在的经济现象，也是现代企业财务管理的两个基本价值观念。资金的时间价值和投资的风险价值对于筹资管理、投资管理和收益分配管理等都有重要影响。

第一节　资金的时间价值

资金的时间价值是经济活动中客观存在的、重要的经济现象。由于它涉及所有理财活动和理财决策，所以被人们称为理财的第一原则。离开资金时间价值因素，就无法正确衡量企业不同时期的财务收支，也就无法准确评价企业的盈亏。

一、资金时间价值的基本含义

资金的时间价值又称货币的时间价值，是指货币经历一定时间的投资和再投资所增加的价值。资金时间价值量的规定性与时间的长短呈同方向变动关系。

在商品经济条件下，即使不存在通货膨胀，一定数量的货币资金在不同时点上也具有不同的价值。例如，现在的1元钱比一年后的1元钱经济价值要大。这是因为将现在的1元钱存入银行，在存款利率为10%的条件下，一年后可得到1.10元，这1元钱经过一年时间的投资增加了0.10元。随着时间的推移，货币发生了增值，这就是资金的时间价值。

是不是所有货币都具有时间价值呢？不是。货币要具有时间价值需要一个前提条件，就是必须将货币有目的地进行投资，即将货币直接或者间接地作为资本投入生产过程。货币投入生产经营过程后，企业用它来购买所需的资源，然后劳动者利用劳动资料生产出新的产品，产品出售时得到的货币量大于最初投入的货币量，从而实现货币增值。周转的次数越多，所得利润就越多，增值额也越大。因此，资金的时间价值是在生产经营过程中产生的。

资金的时间价值有相对数和绝对数两种表示形式。从相对数看，就是在不考虑风险和通货膨胀条件下社会平均的资金利润率，实务中常视同于无风险实际利率；从绝对数看，就是使用货币资金的机会成本或资本成本，即在无风险、无通货膨胀下的利息。为便于不同数量货币之间时间价值的比较，在实务中人们习惯用相对数表示资金的时间价值。

由于竞争，市场经济中各部门投资的利润率趋于平均化。每个企业在投资某项目时，至少要取得社会平均的利润率，否则不如投资于另外的项目或另外的行业。因此，资金的时间价值就成为评价投资方案的基本标准。财务管理中对时间价值的研究主要是对资金的筹集、投放、使用和收回等从量上进行分析，以便找到适用于分析方案的数学模型，从而提高财务决策的质量。

例如，现有一个投资项目，目前立即投资开发可获利100万元，若5年后投资开发，可获利160万元。如果不考虑资金的时间价值，根据160万元>100万元，可以认为5年后开发更有利。如果考虑资金的时间价值，现在获得100万元，可用于其他投资机会，平均每年获利15%，则5年后将有资金约200万元〔100×（1+15%）^{5}〕，因此可以认为目前开发更有利。后一种思考问题的方法，更符合现实的经济生活。

由于货币随时间的延续而增值，在不同的时间，单位货币的价值不相等，所以不宜将不同时间的货币收入直接进行比较，而需要把它们换算到相同的时间基础上，然后才能进行大小的比较和比率的计算。由于货币随时间增长的过程与利息的增值过程在数学上相似，因此，在对不同时间的货币价值进行换算时，普遍采用计算利息的各种方法。

二、资金时间价值的计算

有关资金时间价值的指标有许多种，这里着重说明单利终值和现值、复利终值和现值、年金终值和现值的计算。

（一）单利的计算

单利是一种计算利息的方法。按照这种方法，不论时间长短，仅按本金计算利息，其所生利息不加入本金重复计算利息，即本能生利，息不能生利。

在单利计算中，经常使用的符号及其含义如下：

P——本金，又称期初金额或现值；

i——利率，通常指每年利息与本金之比；

I——利息；

F——本金与利息之和，又称本利和或终值；

n——时间，通常以年为单位。

1. 单利终值的计算

单利终值是指现在的一笔资本按单利计算的未来价值。其计算公式为：

$$F=P+P\times i\times n$$

$$F=P\times(1+i\times n)$$

〔例2-1〕某人于2007年1月1日存入银行1 000元，年利率为12%，则2012年1月1日到期时的本利和是多少元？

$F=1\ 000\times（1+12\%\times5）=1\ 600（元）$

2. 单利现值的计算

单利现值是指若干年后收入或支出一笔资金，按单利计算的现在价值。其计算公式为：

$$F=P\times（1+i\times n）$$

$$P=\frac{F}{1+i\times n}$$

〔例2-2〕某人打算在两年后用10 000元购置家具，银行年利率为10%，则他现在应存入银行多少元?

$$P=\frac{10\ 000}{1+10\%\times2}=8\ 333.33\ (元)$$

（二）复利的计算

复利是指不仅本金计算利息，而且需将本金所生的利息在下期转为本金，再计算利息，即本能生利，利也能生利，俗称"利滚利"。在财务管理中，时间价值一般都按复利计算。

1. 复利终值的计算

[**例2-3**] 某人将10 000元投资于某项目，年报酬率为6%，经过一年时间的期终金额为：

$$F=P+P\times i$$
$$=10\ 000\times(1+6\%)$$
$$=10\ 600\ (元)$$

若此人并不提走现金，将10 600元继续投资于该项目，则第二年本利和为：

$$F=[P\times(1+i)]\times(1+i)$$
$$=P\times(1+i)^2$$
$$=10\ 000\times(1+6\%)^2$$
$$=11\ 236\ (元)$$

同理，第三年的期终金额为：

$$F=P\times(1+i)^3$$
$$=10\ 000\times(1+6\%)^3$$
$$=11\ 910\ (元)$$

第 n 年的期终金额为：

$$F=P\times(1+i)^n$$

上式是计算复利终值的一般公式，其中的 $(1+i)^n$ 被称为"复利终值系数或1元的复利终值"，用符号 $(F/P,i,n)$ 表示。例如，$(F/P,6\%,3)$ 表示利率为6%、3期复利终值的系数，可直接查"复利终值系数表"（见本书附表一）。通过该表可查出，$(F/P,6\%,3)=1.191$。在时间价值率为6%的情况下，现在的1元和3年后的1.191元在经济上是等效的，根据这个系数可以把现值换算成终值。复利终值系数表的作用不仅在于已知 i 和 n 时查找复利终值，而且可在已知1元复利终值和 n 时查找 i，或已知1元复利终值和 i 时查找 n。

[**例2-4**] 某公司现有资本100万元，欲使它在5年后达到现在的2倍，则可选择投资的最低报酬率是多少？

$$F=100\times(1+i)^5=100\times2$$
$$(1+i)^5=2$$
$$(F/P,i,5)=2$$

查"复利终值系数表"得出：

$$(F/P,14\%,5)=1.9254$$
$$(F/P,15\%,5)=2.0114$$

根据插值法原理：

$$\frac{i-14\%}{15\%-14\%}=\frac{2-1.9254}{2.0114-1.9254}$$

$i=14.87\%$

所以，只有当投资机会的最低报酬率为14.87%时，才可能使现有的资本在5年后达到现在的2倍。

[例2-5] 某公司现有资本100万元，欲获得投资报酬率为6%的投资机会，需要经过多少年才可能使现有资本增加1倍？

$F=100\times(1+6\%)^n=100\times 2$

$(1+6\%)^n=2$

$(F/P, 6\%, n)=2$

查"复利终值系数表"得出：

$(F/P, 6\%, 11)=1.8983$

$(F/P, 6\%, 12)=2.0122$

根据插值法原理：

$$\frac{n-11}{12-11}=\frac{2-1.8983}{2.0122-1.8983}$$

$n=11.89$（年）

所以，经过11.89年，现有资本可增加1倍。

2. 复利现值的计算

复利现值是复利终值的对应概念，是指未来一定时间的特定资金按复利计算的现在价值，或者说是为将来取得一定本利现在所需要的本金，其计算公式为：

$$p=\frac{F}{(1+i)^n}=F\times(1+i)^{-n}$$

上式中的$(1+i)^{-n}$是把终值折算为现值的系数，称复利现值系数，或称1元的复利现值，用符号$(P/F, i, n)$表示。例如，$(P/F, 10\%, 5)$表示利率为10%时5期的复利现值系数，它也可直接查"复利现值系数表"（见本书附表二）。该表的使用方法与"复利终值系数表"相同。

[例2-6] 某公司打算5年后获得本利和10 000元，假设投资报酬率为15%，该公司应投入多少元？

$P=F\times(P/F, i, n)$

　$=10\,000\times(P/F, 15\%, 5)$

　$=4\,972$（元）

复利现值系数和复利终值系数互为逆运算，互为倒数。

3. 名义利率与实际利率

上面讨论的有关计算是假定利率为年利率，每年复利一次。但实际上，复利的计算期不一定是一年，有可能是季度、月份或日。例如，有些债券半年计息一次，有的抵押贷款每月计息一次，银行之间拆借资本每天计息一次。当每年复利次数超过一次时，给定的年利率叫做"名义利率"，而每年只复利一次的利率才是实际利率。因此，在每年复利次数超过一次时，实际利率会大于名义利率，而每年复利次数为一次时，实际利率等于名义利率。

[例2-7] 本金10 000元，投资5年，年利率为8%，每季度复利一次，则：

每季度利率=8%÷4=2%

复利次数=5×4=20

F=10 000×（1+2%）^{20}=14 859（元）

I=14 859−10 000=4 859（元）

按名义利率计算的利息为：

I=10 000×（F/P，8%，5）−10 000

 =10 000×1.4693−10 000

 =4 693（元）

每季度复利一次，实际得到的利息比按名义利率计算的利息高166（4 859−4 693）元，可见，实际利率高于名义利率8%，这也可用下述方法计算验证。

$F=P×（1+i）^{n}$

14 859=10 000×（1+i）^{5}

（1+i）^{5}=1.4859

（F/P，i，5）=1.4859

查表得：

（F/P，8%，5）=1.4693

（F/P，9%，5）=1.5386

用插值法求得实际年利率：

$$\frac{1.5386-1.4693}{9\%-8\%}=\frac{1.4859-1.4693}{i-8\%}$$

i=8.24%

由此，我们可得出实际年利率和名义利率之间的关系是：

$$1+i=(1+\frac{r}{M})^{M}$$

式中：i——实际利率；

　　　r——名义利率；

　　　M——每年复利次数。

将例2-7数据代入后可得：

$i=(1+\frac{r}{M})^{M}-1$

 =（1+8%÷4）^{4}−1

 =8.24%

（三）年金的计算

以上讨论的是一次性收付款项。在现实经济生活中，还存在一定时期内多次收付的款项，即系列收付的款项。如果每次收付的金额相等，这样的系列收付款项便称为年金。换言之，年金是指一定时期每次等额收付的系列款项，通常记为A。

年金的形式多种多样，如保险费、折旧费、税金、等额分期收款或付款、零存整取等，都可以是年金形式。

年金按其每次收付发生的时点不同，可分为普通年金、预付年金、递延年金、永续年金。

1. 普通年金终值的计算

普通年金是指各期期末收付的年金，又称后付年金。它有三个特点：① 年金A连续地发生在每期期末；② 现值P发生于第一个A所在计息周期的期初；③ 终值F发生的时间与第n个A相同。普通年金终值的计算原理如图2-1所示。横线代表时间的延续，用数字标出各期的顺序号；竖线的位置表示支付的时刻，竖线所指的数字表示支付的金额。

由图2-1可知，年金终值的计算公式及其推导如下：

$$F=A\times(1+i)^0+A\times(1+i)^1+A\times(1+i)^2+\cdots+A\times(1+i)^{n-2}+A\times(1+i)^{n-1} \qquad (1)$$

将（1）式两端同时乘以（1+i），得：

$$F\times(1+i)=A\times(1+i)^1+A\times(1+i)^2+A\times(1+i)^3+\cdots+A\times(1+i)^{n-1}+A\times(1+i)^n \qquad (2)$$

用（2）式减去（1）式，得：

$$F\times i=A\times(1+i)^n-A=A\times[(1+i)^n-1]$$

所以：

$$F=A\times\frac{(1+i)^n-1}{i}$$

式中，$\dfrac{(1+i)^n-1}{i}$ 称为"年金终值系数"，记为（F/A，i，n），为了方便计算，可直接查"年金终值系数表"（见本书附表三）。

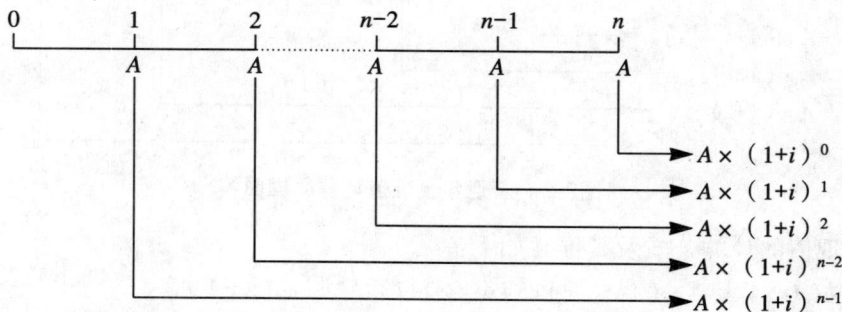

图2-1　普通年金终值计算原理图解

[例2-8] 某人5年中于每年年底存入银行100元，存款利率为8%，问第5年年末此人的存款本息和是多少？

$$F=A\times\frac{(1+i)^n-1}{i}$$
$$=A\times(F/A,\ i,\ n)$$
$$=100\times(F/A,\ 8\%,\ 5)$$
$$F=100\times5.8666=586.66（元）$$

2. 偿债基金的计算

偿债基金是指为了使年金终值达到既定金额，每年年末应收付的年金金额。例如，企业为了在约定的未来某一时点清偿某笔债务或积累一定数额的资本，而必须分次等额提取的存款准备金，在这里，债务实际上就是年金终值，每年提取的偿债基金就是年金。因此，偿债基金的计算实际上是年金终值的逆运算。其计算公式为：

$$A = F \times \{i/[(1+i)^n - 1]\}$$
$$= F \times [1/(F/A, i, n)]$$

式中，$i/[(1+i)^n - 1]$ 称为"偿债基金系数"，记为 $(A/F, i, n)$，可通过先查"年金终值系数表"再求其倒数而推算出来。

[例2-9] 某企业有一笔5年后到期的借款，金额为10 000元，为此设立偿债基金。如果年利率为15%，问从现在起每年需要存入多少元，才能到期用本利和偿清借款？

$A = 10\ 000 \times 1/(F/A, 15\%, 5)$

$\quad = 10\ 000 \times 1/6.7424$

$\quad = 10\ 000 \times 0.148315$

$\quad = 1\ 483.15$（元）

因此，在银行利率为15%时，每年存入1 483.15元，5年后可得10 000元，用来还清债务。

3. 普通年金现值的计算

普通年金现值是指根据普通年金去推导它的现值，也就是指为在每期期末取得相等金额的款项，现在需要投入的金额。普通年金现值的计算原理如图2-2所示。

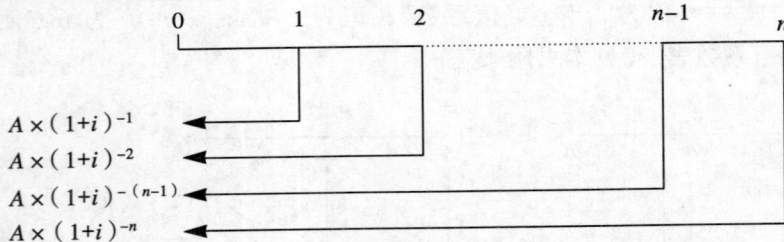

图2-2 普通年金现值计算原理图解

年金现值的计算公式及其推导如下：

$$P = A \times (1+i)^{-1} + A \times (1+i)^{-2} + \cdots + A \times (1+i)^{-(n-1)} + A \times (1+i)^{-n} \quad (3)$$

将（3）式两端同乘以（1+i），得：

$$P \times (1+i) = A + A \times (1+i)^{-1} + A \times (1+i)^{-2} + \cdots + A \times (1+i)^{-(n-2)} + A \times (1+i)^{-(n-1)} \quad (4)$$

将（4）式减去（3）式，得：

$$P \times i = A - A \times (1+i)^{-n}$$
$$= A \times [1 - (1+i)^{-n}]$$

即：

$$P = A \times \frac{1 - (1+i)^{-n}}{i}$$

式中，$\dfrac{1-(1+i)^{-n}}{i}$ 称为"年金现值系数"，记为 $(P/A, i, n)$，可查阅"年金现值系数表"（见本书附表四）求得。

[例2-10] 某公司将在4年中的每年年末取得投资收益30 000元，年利率为6%，则

普通年金的现值计算如下。

查"年金现值系数表"得出：

$$\frac{1-(1+6\%)^{-4}}{6\%}=3.4561$$

年金现值为：

$$P=30\,000\times\frac{1-(1+6\%)^{-4}}{6\%}$$

$$=30\,000\times3.4651$$

$$=103\,953（元）$$

[例2-11] 某企业欲投资100万元购置一台生产设备，预计可使用3年，社会平均利润率为8%，问该设备每年至少给公司带来多少收益才是可行的？

根据普通年金现值的计算公式可知：

$$P=A\times\frac{1-(1+i)^{-n}}{i}$$

则：

$$A=P\times\frac{i}{1-(1+i)^{-n}}$$

$$=100\times\frac{8\%}{1-(1+8\%)^{-3}}$$

$$=100\times[1/(P/A,\ 8\%,\ 3)]$$

$$=100\times1/2.5771=38.8（万元）$$

上述计算过程中的 $\dfrac{i}{1-(1+i)^{-n}}$ 是普通年金现值系数的倒数，它可以把现值折算为年金，叫做资本回收系数。

4. 预付年金的计算

预付年金，又称即付年金、先付年金，是指一定时期内每期期初等额收付的系列款项。在 n 期内，即付年金是指每期期初收入或付出的年金。预付年金与普通年金的区别仅在于付款时间不同，两者支付期数相差1年。

（1）预付年金终值的计算

预付年金终值是其最后一期期末的本利和，是各期收付款项的复利终值之和。n 期预付年金终值与 n 期普通年金终值之间的关系如图2-3所示。

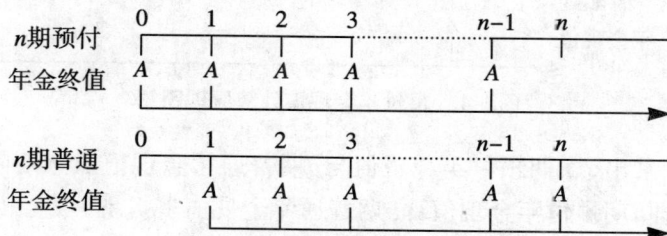

图2-3　预付年金终值计算原理图解

从图2-3可以看出，n 期预付年金与 n 期普通年金的付款次数相同，但由于其付款时间不同，n 期预付年金终值比 n 期普通年金的终值多计算一期利息。因此，在 n 期普通年金终值的基础上乘以（$1+i$）就是 n 期预付年金的终值。预付年金终值的计算公式为：

$$F=A \times (1+i) + A \times (1+i)^2 + \cdots + A \times (1+i)^n$$

式中各项为等比数列，首项为$A \times (1+i)$，公比为$(1+i)$，根据等比数列的求和公式可推导出：

$$F = \frac{A \times (1+i) \times [1-(1+i)^n]}{1-(1+i)}$$

$$= A \times \frac{(1+i)-(1+i)^{n+1}}{-i}$$

$$= A \times \left[\frac{(1+i)^{n+1}-1}{i} -1 \right]$$

式中的$\left[\dfrac{(1+i)^{n+1}-1}{i} -1 \right]$是预付年金终值系数，或者称为1元的预付年金终值。它和普通年金终值系数$\dfrac{(1+i)^n-1}{i}$相比，期数要加1，而系数要减1，用符号$[(F/A, i, n+1)-1]$表示，并可利用"年金终值系数表"查得$(n+1)$期的数值，减去1后，得出1元的预付年金终值。

[例2-12] 某企业决定连续4年于每年年初投入300万元建设一项目，银行存款年利率为10%，则第4年末投资总额计算如下：

$F=A \times [(F/A, i, n+1)-1]$

$=300 \times [(F/A, 10\%, 4+1)-1]$

$=300 \times (6.1051-1)$

$=1\,531.53$（万元）

（2）预付年金现值的计算

n期预付年金现值与n期普通年金现值付款期数相同，但前者是在期初付款，而后者在期末付款。因此，预付年金现值与普通年金现值之间的关系可用图2-4表示。

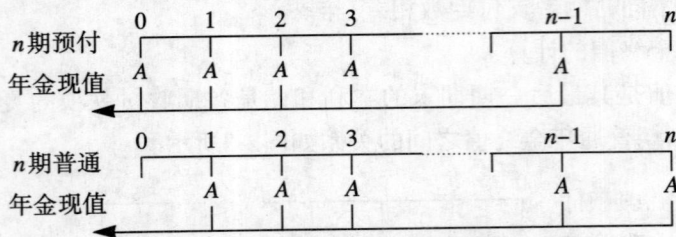

图2-4 预付年金现值计算原理图解

从图2-4可以看出，n期预付年金现值与n期普通年金现值虽然期限相同，但其付款时间是不同的，即n期预付年金现值比n期普通年金现值多折现一期。因此，在普通年金现值基础上乘以$(1+i)$，就可以求出n期预付年金的现值。预付年金现值的计算公式为：

$$P=A+A \times (1+i)^{-1}+A \times (1+i)^{-2}+\cdots+A \times (1+i)^{-(n-1)}$$

式中各项为等比数列，首项是A，公比是$(1+i)^{-1}$，根据等比数列求和公式可推导出：

$$P = A \times \left[\frac{1-(1+i)^{-(n-1)}}{i} +1 \right]$$

式中的 $\left[\dfrac{1-(1+i)^{-(n-1)}}{i}+1\right]$ 是预付年金现值系数，或者称为1元的预付年金现值。它

和普通年金现值系数 $\dfrac{1-(1+i)^{-n}}{i}$ 相比，期数减1，而系数要加1，用符号 $[（P/A，i，n-1）+1]$ 表示，并可利用"年金现值系数表"查得（$n-1$）期的数值，然后加1，得出1元的预付年金现值。

[**例2-13**] 某企业因生产需要租入一台设备，租期为5年，每年年初支付租金10 000元，年利率为8%。则5年中租金的现值计算如下：

$P=A\times[（P/A，i，n-1）+1]$

$=10\,000\times[（P/A，8\%，4）+1]$

$=4\,312.10$（元）

5. 递延年金

递延年金是指第一次支付发生在第二期或第二期以后的年金。递延年金的支付形式如图2-5所示。从图中可以看出，前3期没有发生支付，一般用m表示递延期数，本例的$m=3$。第一次支付在第四期期末，连续支付4次，即$n=4$。

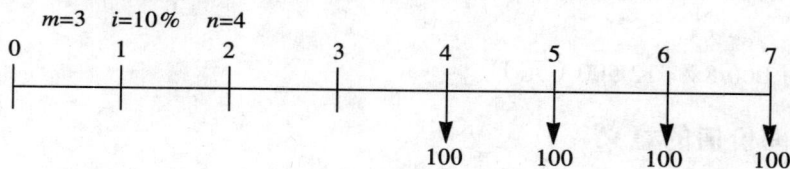

图2-5　递延年金支付形式图

递延年金的终值大小与递延期无关，故计算方法和普通年金终值相同：

$F=A\times（F/A，i，n）$

$=100\times（F/A，10\%，4）$

$=100\times4.641$

$=464.1$（元）

递延年金的现值计算有三种方法。

第一种方法，把递延年金视为n期普通年金，求出递延期末的现值，然后再将此现值调整到第一期初（即图2-5中0的位置）。

$P=A\times（P/A，i，n）\times（P/F，i，m）$

$=100\times（P/A，10\%，4）\times（P/F，10\%，3）$

$=100\times3.1699\times0.7513$

$=238.15$（元）

第二种方法，假设递延期中也进行支付，先求出（$m+n$）期的年金现值，然后扣除实际并未支付的递延期（m）的年金现值，即可得出最终结果。

$P=100\times[（P/A，i，m+n）-（P/A，i，m）]$

$=100\times[（P/A，10\%，3+4）-（P/A，10\%，3）]$

$=100\times[4.8684-2.4869]$

$=238.15$（元）

第三种方法，先求递延年金的终值，然后再将此终值折现为现值。

$P=A×（F/A, i, n）×（P/F, 10\%, 3+4）$

$=100×（F/A, 10\%, 4）×（P/F, 10\%, 7）$

$=100×4.641×0.5132$

$=238.18（元）$

第三种方法与前两种方法相差0.03元，是因小数点的尾数造成的。

6. 永续年金

永续年金是指无限期收付的年金。永续年金没有终止的时间，因此没有终值。永续年金的现值可以通过普通年金现值的计算公式推导出：

$$P = \lim_{n \to \infty} A × \frac{1-(1+i)^{-n}}{i}$$

$$= A × \lim_{n \to \infty} \frac{1-(1+i)^{-n}}{i}$$

$$= A/i$$

[例2-14] 某永续年金每年年底收入为1 000元，利息率为8%，该项永续年金的现值为多少？

$P=A/i=1\ 000/8\%=12\ 500（元）$

三、时间价值的意义

1. 时间价值是进行筹资决策、评价筹资效益的重要依据

首先，筹资时机的选择要考虑资金时间价值。筹资时机的选择就是根据资本市场上利率的变化情况和企业的现实条件，确定筹资的最佳时间。一般而言，筹资时间和投资时间是紧密衔接的，即在资本投放之前不久筹集资本，这样才能使筹集的资本及时地加以运用，避免资本的闲置浪费。但是，受筹资环境等因素的影响，筹资时间和投资时间有时并不完全一致，因此，企业必须综合考虑各项因素，树立时间价值观念，尽可能使筹资时间与投资时间保持一致。

其次，举债期限的选择要考虑资金时间价值。举债期限的选择就是根据资本需求时间和有关举债的条件，确定最佳的举债期限。举债期限选择的一般原则是，长期占用的资本用长期债务解决，短期占用的资本用短期债务来解决。如果缺乏时间价值观念，举借长期债务来解决短期资本的需要，势必会造成资本的闲置浪费，加重企业的财务负担，影响企业的经济效益。

再次，时间价值是确定资本成本，进行资本结构决策的重要基础。企业取得和使用资本必须付出代价，即资本成本。资本成本的一个重要性质在于它是时间价值和风险价值的统一，即时间价值构成资本成本的一部分，而建立在时间价值基础上的资本成本，又是资本结构决策必须考虑的一个关键因素。所以，没有时间价值观念，就不能正确确定资本成本，也无法作出正确的资本结构决策。

2. 时间价值是进行投资决策、评价投资收益的重要依据

首先，利用时间价值原理，能够从动态上比较投资项目的各种方案在不同时期的投资成本、投资报酬，避免简单地从静态上进行比较，从而提高投资决策的正确性。

其次，树立时间价值观念，能够使投资者有意识地加强投资经营管理，降低投资成本，争取更大的货币时间价值。

最后，树立时间价值观念，有利于缩短投资项目建设期，从时间上为项目投产后的经营争取更大的效益。

3. 时间价值是企业进行生产经营决策的重要依据

时间价值不仅对于筹资决策、投资决策具有重要意义，而且对于企业的生产经营决策也同样具有重要影响。例如，分期付款销售的定价决策、商品发运结算时间的决策、积压物资的降价处理决策以及流动资本周转速度的决策等，都必须考虑时间价值。

第二节 投资的风险价值

在企业财务活动和财务关系中，风险是客观存在的。掌握风险的概念、类别和特征，揭示风险报酬原理，对于正确分析和评价企业财务状况具有重要意义。投资者冒着风险进行投资而获得的超过资金时间价值的额外收益，称为投资的风险价值，或风险收益、风险报酬。风险价值的原理是关于资产收益与其相应风险之间相互关系的理论，是企业制定财务决策的基本依据。

一、风险概述

（一）风险与不确定性

风险是指人们事先能够得知采取某种行动可能产生的所有后果，以及每种后果出现可能性的状况。例如，企业开发一种新产品，其经济效益可能有三个结果：① 畅销，取得高额利润；② 盈利一般；③ 开始略有滞销，产生小量亏损。这三种情况出现的可能性分别是50%、30%、20%，究竟出现哪一种情况并不一定，这就是风险状况。如果人们进行某项活动事先肯定只有一种结果必然发生，那么这种状况就称为无风险或确定性。

风险是客观存在的，是不以人的意志为转移的。风险的客观性基于两个原因。一个原因是缺乏信息。管理者在决策时，由于取得信息的成本过高，或者因为有些信息根本无法取得，致使管理者对许多情况不甚了解，从而导致了决策的风险；另一个原因是决策者不能控制事物的未来状况。例如，国家宏观经济政策的变化、市场供求关系的变化以及供应单位和购买单位违约等，都是决策者无法控制的因素，这些因素的存在客观上使风险不可避免。

与风险相联系的另一个概念是不确定性。不确定性是指人们在事先已知道采取某种行动所有可能的结果，但不知道这些结果出现的可能性（概率）是多少，或者两者都不知道，而只能对两种情况作些粗略估计的状况。如在不熟悉的地区寻找煤矿，事先能确定的只有找到煤矿和找不到煤矿两种结果，但不会知道这两种后果出现的可能性各为多少；又如购

买股票，投资者事实上不可能事先知道所有可能达到的报酬率及其出现的可能性。可见，相对于事先可以知道某一行动所有可能的后果以及每一种后果出现的概率而言，不确定性是事先不知道某一行动所有可能的后果，或者虽然知道所有可能的后果，但并不知道它们出现的概率。在风险分析实务中，风险和不确定性很难严格区分。当我们面临不确定性时，不得不依靠直觉判断几种可能性并给出主观概率，使不确定性问题转化为风险问题。

（二）风险的类别

风险广泛存在于财务管理的全部活动中，从不同的角度看，风险有不同的种类。

1. 从公司的角度看，可将风险分为经营风险和财务风险

（1）经营风险

经营风险是指因决策科学程度、技术水平、管理状况，以及经营是否妥善和市场变化等不确定因素所产生的风险，也称商业风险。它是从经营方面导致企业收益不确定的风险。

（2）财务风险

财务风险则是指筹资后因资本结构科学合理程度不同而可能造成财务危机和财务失败的风险。它是由于借款筹资而增加的风险，以及因资金结构变化而产生的风险。这里的财务风险是狭义的，即指企业由于举债经营而面临的风险。从广义上讲，也就是说从财务活动全过程来考察，财务风险分布于筹资、投资、用资、耗资和资金收回、资金分配等各环节，因而财务风险包括筹资风险、投资风险、汇兑风险、收益风险、结算风险和存贷风险等。

2. 从投资的角度看，可将风险分为系统风险和非系统风险

（1）系统风险

系统风险又称为市场风险或不可分散风险，它是由那些影响整个市场的风险因素所引起的，如国家宏观经济状况的变动、世界贸易状况的改变，国家税制和财政改革等。这部分风险是针对整个市场的，因此不能通过投资组合将其分散掉。

（2）非系统风险

非系统风险又称公司特有风险，它是某一特定公司或行业所特有的风险，与整个市场的系统因素无关。这类事件是随机发生的，因而可以通过多角化投资来分散。例如，一次技术革新可能只影响一种现有产品的市场，这部分风险是可以通过合理的证券组合操作而将其分散掉的。

（三）对待风险的态度

从理论上讲，人们对待风险可能采取三种态度：喜欢风险、厌恶风险以及对风险既不喜欢也不厌恶。假定在风险较高和风险较低，但预期货币收益相同的项目之间进行选择，风险喜欢者会选择风险高的项目，而风险厌恶者则会选择风险较低的项目。但实践证明，风险厌恶是普遍成立的。西方财务理论认为，风险厌恶的假设是财务学中运用许多决策模型的基础。在风险厌恶的假设下，人们选择高风险项目的基本条件是：它必须有足够高的预期投资报酬率。风险程度越高，要求的报酬率越高。

（四）风险管理对策

风险既可能使企业获得收益，也可能使企业遭受损失。风险管理的目的不是一味地降低风险，而是预先确定一系列措施，将那些导致利润减少的可能性降低到最小的程度，从而保证企业的经营活动按照预定的目标进行。

1. 规避风险

当资产风险所造成的损失不能由该资产可能获得的收益予以抵消时，应当放弃该资产，以规避风险。例如，拒绝与不守信用的厂商业务往来；放弃可能明显导致企业亏损的投资项目。规避风险是一种较为稳健但又不经常采用的措施，因为风险总是与收益相联系的，没有风险，也就没有丰厚的收益。

2. 减少风险

减少风险对策是实践中常常采用的对策。减少风险包含两层意思：一是控制风险因素，减少风险的发生；二是控制风险发生的频率，降低风险的损害程度。减少风险常用的措施有：进行准确预测；对决策进行多方案优选和替代；及时与政府部门沟通获取政策信息；在发展新产品前，充分进行市场调研；采用多领域、多项目、多品种的经营或投资以分散风险。

3. 转移风险

对可能给企业带来灾难性后果的资产，企业应以一定的代价、采用某种方式转移风险。例如，采用转手承包的方式把有风险的项目转包给他人；以参加保险的形式，通过支付保险费，把风险转移给保险公司；把风险大的股票抛出，购回风险小的股票等。

4. 接受风险

企业中的风险有些是不可避免的，如赊销商品的坏账风险、市场波动引起的库存风险等。对于这些风险，企业应采取接受风险的对策。接受风险包括风险自担和风险自保两种。风险自担是指风险损失发生时，将损失摊入成本或费用，或冲减利润；风险自保是指企业预留一笔风险金，在发生风险损失时用以补偿。

二、风险的衡量

人们从事各种投资活动，在收益相等的情况下总是期望风险越小越好。这就需要事先对风险的大小即风险程度进行正确的估量。把风险问题数量化，需要采用一系列经济数学方法进行计算。

1. 确定概率分布

在经济活动中，某一事件在相同的条件下可能发生也可能不发生，这类事件称为随机事件。概率就是用来表示随机事件发生可能性大小的数值。通常，把必然发生的事件的概率定为1，把不可能发生的事件的概率定为0，而一般随机事件的概率是介于0与1之间的一个数。概率越大就表示该事件发生的可能性越大。

事件的概率是客观存在的，它具有以下特点。

① 任何事件的概率不大于1且不小于0。用公式表示为：

$$0 \leqslant P_i \leqslant 1$$

② 所有可能结果的概率之和等于1。用公式表示为：

$$\sum_{i=1}^{n} P_i = 1$$

③ 必然事件的概率等于1，不可能事件的概率等于0。

如果把事件所有可能的结果都列示出来，且每一结果都给一种概率，就构成了概率分布。

[**例2-15**] 某公司有两个投资机会，A投资机会是一个高科技项目，该领域竞争很激烈，如果经济发展迅速并且该项目搞得好、取得较大市场占有率的话，利润会很大。否则，利润很小甚至亏本。B项目是一个老产品并且是必需品，销售前景可以准确预测出来。假设未来的经济情况只有三种：繁荣、正常、衰退，有关的概率分布和预期报酬率如表2-1所示。

表2-1 公司未来经济情况表

经济情况	发生概率	A项目预期报酬率	B项目预期报酬率
繁荣	0.3	90%	20%
正常	0.4	15%	15%
衰退	0.3	−60%	10%
合计	1.0		

在这里，概率表示各种经济情况出现的可能性，同时也就是各种不同预期报酬率出现的可能性。例如，未来经济情况出现繁荣的可能性有0.3，假如这种情况真的出现，A项目可获得高达90%的报酬率，这也就是说，采纳A项目获利90%的可能性是0.3。当然，报酬率作为一种随机变量，受多种因素的影响。我们这里为了简化，假设其他因素都相同，只有经济情况一个因素影响报酬率。

2. 离散型分布和连续型分布

如果随机变量（如报酬率）只取有限个值，并且对应于这些值有确定的概率，则称随机变量是离散型分布。例2-15就属于离散型分布，它有三个值，如图2-6所示。

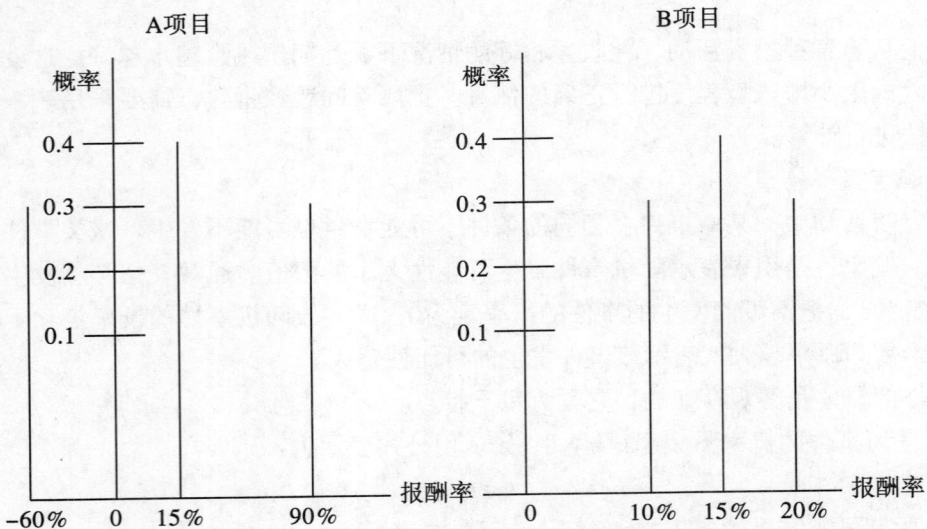

图2-6 离散型分布

实际上，经济情况远不只三种，有无数可能的情况会出现。如果对每种情况都赋予一个概率，并分别测定其报酬率，则可用连续型分布描述，如图2-7所示。

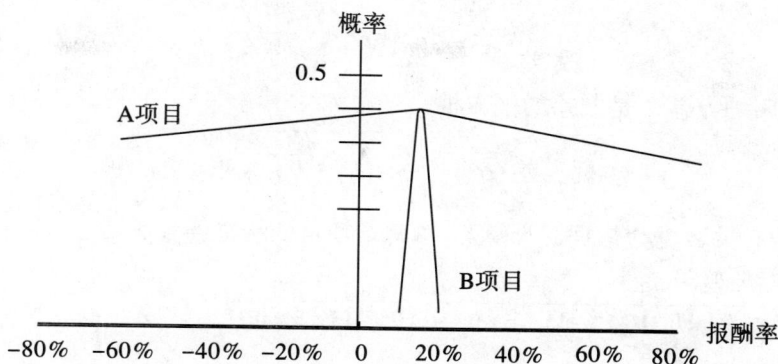

图2-7　连续型分布

从图2-7可以看到，我们所给例子的报酬率呈正态分布，其主要特征是曲线为对称的钟型。实际上并非所有问题都按正态分布。但是，按照统计学的理论，不论总体分布是正态的还是非正态的，当样本很大时，其样本平均数都呈正态分布。一般说来，如果被研究的量受彼此独立的大量偶然因素的影响，并且每个因素在总的影响中只占很小部分，那么，这个总影响所引起的数量上的变化，就近似服从于正态分布。所以，正态分布在统计上被广泛使用。

3. 预期值

以相应的概率为权数，对随机变量的各个取值求得的加权平均数，叫做随机变量的预期值，它反映随机变量取值的平均化。报酬率的预期值计算公式为：

$$E(R) = \sum_{i=1}^{n} (P_i \times R_i)$$

式中，P_i——第 i 种结果出现的概率；

　　　 R_i——第 i 种结果出现后的预期报酬率；

　　　 n——所有可能结果的数目。

以例2-15为例，计算可得：

预期报酬率（A）$=0.3 \times 90\% + 0.4 \times 15\% + 0.3 \times (-60\%)$

　　　　　　　　$=15\%$

预期报酬率（B）$=0.3 \times 20\% + 0.4 \times 15\% + 0.3 \times 10\%$

　　　　　　　　$=15\%$

两者的预期报酬率相同，但其概率分布不同（见图2-7）。A项目的报酬率的分散程度大，变动范围在-60%~90%之间；B项目的报酬率分散程度小，变动范围在10%~20%之间。这说明两个项目的报酬率相同，但风险不同。为了定量地衡量风险大小，还要使用统计学中衡量概率分布离散程度的指标。

4. 离散程度

表示随机变量离散程度的量数，包括平均差、方差、标准差、标准离差率和全距等，最常用的是标准差和标准离差率。

（1）标准差

方差是用来表示随机变量与期望值之间离散程度的一个量。

$$方差\ (\sigma^2) = \sum_{i=1}^{n} (K_i - \overline{K})^2 \times P_i$$

标准差也叫均方差，是方差的平方根。

$$标准差\ (\sigma) = \sqrt{\sum_{i=1}^{n} (K_i - \overline{K})^2 \times P_i}$$

以表2-1的有关数据为依据，计算A、B两个项目的标准差如下。

A项目的标准差

$$= \sqrt{(90\%-15\%)^2 \times 0.3 + (15\%-15\%)^2 \times 0.4 + (-60\%-15\%)^2 \times 0.3}$$

$$=58.09\%$$

B项目的标准差

$$= \sqrt{(20\%-15\%)^2 \times 0.3 + (15\%-15\%)^2 \times 0.4 + (10\%-15\%)^2 \times 0.3}$$

$$=3.87\%$$

A项目的标准差大于B项目的标准差，说明A项目的风险比B项目风险大，在预期收益率相等的情况下，应选择B项目。

标准差只能用来比较期望值相同的各项投资的风险程度。如果投资项目的期望值不相等，则应运用标准离差率衡量风险程度。

（2）标准离差率

标准离差率是用相对数指标衡量决策方案风险的，可用于比较期望值不同的各项投资的风险程度。标准离差率越大，风险越大；标准离差率越小，风险越小。

标准离差的计算公式为：

$$V=\sigma/E（R）$$

仍以表2-1的有关数据为依据，计算A、B两个项目的标准离差率如下。

A项目的标准离差率=58.09%÷15%=3.8727=387.27%

B项目的标准离差率=3.87%÷15%=0.258=25.8%

A项目的标准离差率大于B项目的标准离差率，说明A项目的风险比B项目风险大。

5. 风险和报酬的关系

（1）风险报酬率的计算

风险和报酬的基本关系是：风险越大，要求的报酬率越高。如前所述，各投资项目的风险大小是不同的，在投资报酬率相同的情况下，人们都会选择风险小的投资。高风险的项目必须有高报酬率，否则就没有人投资；低报酬的项目必须风险很低，否则也没有人投资。风险和报酬的这种联系，是市场竞争的结果。

风险报酬的表现形式是风险报酬率，是指投资者因冒风险进行投资而要求的、超过资金时间价值的那部分额外报酬率。

如果不考虑通货膨胀的话，投资者进行风险投资所要求或所期望的投资报酬率便是资金的时间价值（无风险报酬率）与风险报酬率之和，即风险和期望投资报酬率的关系可表示为：

期望投资报酬率=无风险报酬率+风险报酬率

期望投资报酬率应当包括两部分（见图2-8）。一部分是无风险报酬率，如购买国家发行的公债，到期连本带利肯定可以收回。这个无风险报酬率可以吸引公众储蓄，是最低的社会平均报酬率。另一部分是风险报酬率，它与风险大小有关，风险越大则要求的报酬率越高。

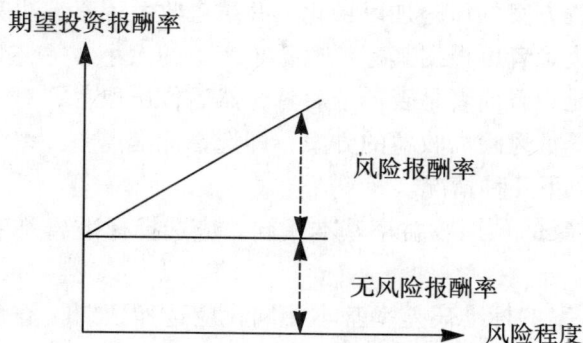

图2-8　期望投资报酬率

假设风险报酬率和风险成正比，则：

$$风险报酬率=风险报酬系数（b）×标准离差率（V）$$

$$投资总报酬率=无风险报酬率+风险报酬系数×标准离差率$$

$$=（R_F）+（b）×（V）$$

[**例2-16**] 假定例2-5中A、B两项目确定的风险报酬系数分别为0.1、0.4，无风险报酬率为8%，则两项目应得的风险报酬率和投资报酬率计算如下。

A项目风险报酬率=0.1×387.27%=38.73%

B项目风险报酬率=0.4×25.8%=10.32%

A项目投资报酬率=8%+38.73%=46.73%

B项目投资报酬率=8%+10.32%=18.32%

（2）风险报酬系数的确定

风险报酬系数是将标准离差率转化为风险报酬率的一种系数，反映投资者对待风险的态度。投资者敢于承担风险，风险系数就小；投资者比较稳健，不愿意承担风险，风险系数就大。在实际工作中，项目的风险报酬系数一般是投资者根据经验并采用如下方法确定的。

① 根据本企业以往同类项目的历史资料确定

[**例2-17**] 某企业准备进行一项投资，其同类项目的投资报酬率一般为20%左右，无风险的报酬率为6%，标准离差率为50%，则风险报酬系数计算如下。

根据公式，投资报酬率=（R_F）+（b）×（V）

得：$b=\dfrac{R-R_F}{V}=\dfrac{20\%-6\%}{50\%}=28\%$

② 由企业主管投资人员会同有关专家确定

如果现在进行的投资项目缺乏同类项目的历史资料，就不能采用上述方法计算，此时可根据主观经验加以确定，可由企业主管投资的人员，如总经理、财务经理等会同有关专家研究确定。这时，风险价值系数大小的确定在很大程度上取决于企业投资者对待风险的态度。如果投资者都愿意冒风险，风险价值系数就定得小一些，与此相应，风险收益率也小；如果投资者都不愿意冒风险，风险价值系数就定得大一些，与此相应，风险收益率也大。

（3）风险投资决策

通过上述方法将投资方案的风险加以量化，并结合收益因素，决策者便可据此作出决策。对于单个方案，决策者可根据其标准离差（率）的大小，并将其同设定的可接受的此项指标最高限值对比，看前者是否低于后者，然后作出取舍；对于多方案择优，决策者的行动准则应是选择低风险高收益的方案，即选择标准离差（率）最低、期望值最高的方案。具体说来有以下几种情况。

① 如果两个投资方案的预期收益率基本相同，应选择标准离差率较低的那一个投资方案。

② 如果两个投资方案的标准离差率基本相同，应选择预期收益率较高的那一个投资方案。

③ 如果甲方案的预期收益率高于乙方案，而其标准离差率低于乙方案，应当选择甲方案。

④ 如果甲方案的预期收益率高于乙方案，而其标准离差率也高于乙方案，则取决于投资者对待风险的态度。如投资者愿意冒较大风险，以追求较高收益，可能选择甲方案；如投资者不愿意冒较大风险，宁愿接受较低的收益率，可能选择乙方案。但如果甲方案收益率高于乙方案的程度大，而其标准离差率高于乙方案的程度较小，则选择甲方案可能是比较适宜的。

三、投资组合风险与报酬

（一）投资组合的概念

在现实的投资活动中，投资者通常不会把全部资金投放在单一资产或单一项目上，而是同时向多项资产投资，实行多元化经营。这种同时以两个或两个以上资产作为投资对象而发生的投资就是投资组合。

（二）投资组合的期望收益率

投资组合的期望收益率的计算比较简单，它由组成投资组合的各种项目的期望收益率的加权平均数构成。其中，权数等于各种投资项目在整个投资组合总额中所占的比例。投资组合的期望收益率计算公式为：

$$\overline{R}_P = \sum_{j=1}^{n} W_j \overline{R}_j$$

式中，$\overline{R}_P$——投资组合的期望收益率；

　　　W_j——投资于第 j 项资产的资金占总投资额的比例；

　　　$\overline{R}_j$——投资于第 j 项资产的期望收益率；

　　　n——投资组合中不同投资项目的总数。

［例2-18］Y公司分别投资于A资产和B资产，A、B两资产的期望收益率分别为15%和10%，投资比例分别为60%和40%，则该组合的期望收益率为：

$$\overline{R}_P = \sum_{j=1}^{n} W_j \overline{R}_j = 15\% \times 60\% + 10\% \times 40\% = 13\%$$

（三）两项资产构成的投资组合风险

投资组合风险由投资组合收益率的方差和标准离差来衡量。由两种资产组合而成的投资组合收益率方差的计算公式为：

$$\sigma_p^2 = W_1^2\sigma_1^2 + W_2^2\sigma_2^2 + 2W_1W_2\rho_{1,2}\sigma_1\sigma_2$$

式中，　σ_p^2——投资组合的方差；

W_1——第一种资产在总投资中所占的比重；

σ_1——投资于第一项资产的标准离差；

W_2——第二种资产在总投资中所占的比重；

σ_2——投资于第二项资产的标准离差；

$\rho_{1,2}$——投资于两项资产收益率的相关程度，即相关系数。

相关系数的计算公式为：

$$\rho_{1,2} = \frac{\sum_{i=1}^{n}\left[(R_{1i}-\overline{R}_1)\times(R_{2i}-\overline{R}_2)\right]}{\sqrt{\sum_{i=1}^{n}(R_{1i}-\overline{R}_1)^2}\times\sqrt{\sum_{i=1}^{n}(R_{2i}-\overline{R}_2)^2}} = \frac{\sum_{i=1}^{n}\left[(R_{1i}-\overline{R}_1)\times(R_{2i}-\overline{R}_2)\right]}{\sigma_1\times\sigma_2}$$

相关系数数值在-1与+1之间的范围内变动，-1代表两种资产投资完全负相关，即两项资产收益率的变化方向与变动幅度完全相反，表现为此增彼减，可以完全抵消投资风险。+1代表两种资产投资完全正相关，即两项资产收益率会一同上升或一同下降，不能抵消任何投资风险。

根据由两种资产组合而成的投资组合收益率方差的计算公式可推导标准离差的公式为：

$$\sigma_p = \sqrt{\sigma_p^2} = \sqrt{W_1^2\sigma_1^2 + W_2^2\sigma_2^2 + 2W_1W_2\rho_{1,2}\sigma_1\sigma_2}$$

[例2-19] 续前例，Y公司投资A、B资产的投资收益率及其概率分布如表2-2所示。计算投资组合的期望收益率的标准差。

表2-2　A、B资产的收益率和概率

概率P	A资产收益率	B资产收益率
0.2	10%	-5%
0.6	15%	15%
0.2	20%	10%

$\overline{R}_A = 0.2\times10\% + 0.6\times15\% + 0.2\times20\% = 15\%$

$\overline{R}_B = 0.2\times(-5\%) + 0.6\times15\% + 0.2\times10\% = 10\%$

$\sigma_A = \sqrt{0.2\times(10\%-15\%)^2 + 0.6\times(15\%-15\%)^2 + 0.2\times(20\%-15\%)^2} = 3.162\%$

$\sigma_B = \sqrt{0.2\times(-5\%-10\%)^2 + 0.6\times(15\%-10\%)^2 + 0.2\times(10\%-10\%)^2} = 7.746\%$

$$\rho_{A,B} = \frac{\sum_{i=1}^{n}\left[(R_{Ai}-\overline{R}_A)\times(R_{Bi}-\overline{R}_B)\times p_i\right]}{\sigma_A\times\sigma_B}$$

$$= \frac{(10\%-15\%) \times (-5\%-10\%) \times 0.2+(15\%-15\%) \times (15\%-10\%) \times 0.6+(20\%-15\%) \times (10\%-10\%) \times 0.2}{3.16\% \times 7.746\%}$$

$=0.61$

相关系数为0.61，说明两种资产组合是正相关的。

两种资产组合方差为：

$$\sigma_p^2 = W_A^2 \sigma_A^2 + W_B^2 \sigma_B^2 + 2 W_A W_B \rho_{A,B} \sigma_A \sigma_B$$
$$= 0.6^2 \times 0.0316^2 + 0.4^2 \times 0.07746^2 + 2 \times 0.6 \times 0.4 \times 0.61 \times 0.03162 \times 0.07746$$
$$= 0.002036$$

$\sigma_p = 4.51\%$

四、资本资产定价模型

投资组合的期望报酬率与风险之间有什么样的关系？在西方财务理论中，许多模型对此作了论述。美国财务学家夏普（W·F·Sharpe）在1964年提出了风险资产价格决定理论，即资本资产定价模型。他认为，无论资产之间的相关系数如何，投资组合的收益不低于单项资产的收益，同时投资组合的风险往往要小于单项资产的风险。也就是说，投资组合可以分散风险。

（一）证券组合的贝他系数

贝他系数是衡量一项资产系统风险的指标，用字母β表示。贝他系数主要有两种计算方法：一种是回归直线法，即根据数理统计的线性回归原理，通过同一时期内的资产收益率和市场组合收益率的历史数据，使用回归方程预测，β系数就是该线性回归方程的回归系数；另一种计算方法是根据证券与股票指数收益率的相关系数、股票指数的标准差和股票收益率直接计算。β系数的计算过程十分复杂，一般不需投资者自己计算，而由一些投资服务机构定期计算并公布。

整体证券市场的β系数为1，如果某种证券的风险情况与整个证券市场的风险情况一致，则这种证券的β系数等于1；如果某种证券的β系数大于1，则说明其系统性风险大于整个证券市场的风险；如果某种证券的β系数小于1，则说明其系统性风险小于整个证券市场的风险。

证券组合的β系数等于组合内各证券β值的加权平均数，权数为各种证券在投资组合中所占的比重，用公式表示为：

$$\beta_p = \sum_{t=1}^{n} X_i \times \beta_i$$

式中，β_p——证券组合的β系数；

β_i——第i种证券的β系数；

X_i——第i种证券所占的比重；

n——证券组合中的证券个数。

［例2-20］南方公司持有由甲、乙、丙三种股票构成的证券组合，它们的β系数分别为2.0、1.0和0.5，它们在证券组合中所占的比重分别为60%、30%和10%，则证券组合的β系数为：

$\beta_p = 2.0 \times 60\% + 1.0 \times 30\% + 0.5 \times 10\% = 1.55$

（二）证券市场线

按照资本资产定价模型理论，单一资产的系统风险可由 β 系数来度量，其风险与收益的关系可用证券市场线（SML）描述为：

$$K_i = R_f + \beta \times (K_m - R_f)$$

式中，K_i——第 i 种证券的要求收益率；

　　　R_f——无风险收益率；

　　　K_m——股票的平均收益率（指 $\beta=1$ 的证券要求的收益率）。

在均衡状态下，$(K_m - R_f)$ 是投资者为补偿承担超过无风险收益的平均风险而要求的额外收益，即风险价格，如图2-9所示。

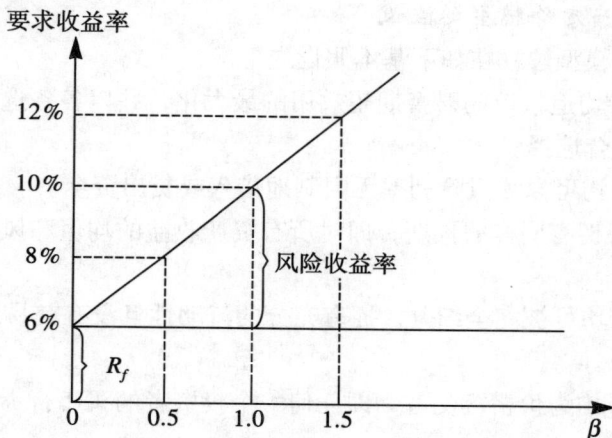

图2-9　证券收益率与 β 系数的关系

证券市场线的主要含义如下。

① 纵轴为要求的收益率，横轴是以 β 值表示的风险。

② 无风险证券 $\beta=0$，所以 R_f 成为证券市场线在纵轴的截距。

③ 证券市场线的斜率 [以图2-9为例，$\Delta Y / \Delta X = (K_m - R_f) / (1-0) = 10\% - 6\% = 4\%$] 表示经济系统中风险厌恶的程度。一般地说，投资者对风险的厌恶感越强，证券市场线的斜率越大，对风险资产所要求的补偿越大，对风险资产要求的收益率越高。

④ 以图2-9为例，在 β 值分别为0.5、1.0和1.5的情况下，要求的收益率最低分别为8%、10%和12%。β 值越大，要求的收益率越高。

从证券市场线可以看出，投资者要求的收益率不仅取决于市场风险，而且还取决于无风险利率（证券市场线的截距）和市场风险补偿程度（证券市场线的斜率）。由于这些始终处于变动中，所以证券市场线也不会一成不变。预计通货膨胀提高时，无风险利率会随之提高，进而导致证券市场线向上平移。风险厌恶感的加强，会提高证券市场线的斜率。

证券投资组合与单一投资一样，都要求对其所承担的风险进行补偿，股票风险越大，要求的收益就越高。与单一证券投资不同的是，证券组合要求补偿的风险只是系统风险，不要求对非系统风险进行补偿。因此，投资组合的风险收益是投资者因承担系统风险而要求的、超过时间价值的那部分收益。可用下列公式计算：

$$R_p = \beta_p \times (K_m - R_f)$$

式中，R_p——投资组合的风险收益率；

　　　R_f——无风险收益率；

　　　K_m——为资产平均收益率；

　　　β_p——投资组合的β系数。

以例2-20为例，假定股票市场平均收益率为10%，无风险收益率为6%，则南方公司的风险收益率为：

1.55×（10%–6%）=6.2%

南方公司要求的投资报酬率为：

6%+6.2%=12.2%

（三）资本资产定价模型的假设

资本资产定价模型建立在如下基本假设之上。

1. 所有投资者均追求单期财富期望效用的最大化，并以各备选组合的期望收益和标准差为基础进行组合选择。

2. 所有投资者均可以无风险利率无限制地借入或贷出资金。

3. 所有投资者拥有同样的预期，即对所有资产收益的均值和风险等有完全相同的主观估计。

4. 所有的资产均可被完全细分，拥有充分的流动性且没有交易成本。

5. 没有税金。

6. 所有投资者均为价格接受者，即任何一个投资者的买卖行为都不会对股票价格产生影响。

📖 练习题

一、简答题

1. 为什么货币在周转使用中会产生时间价值？

2. "只要是货币，就存在时间价值"这句话是否正确？为什么？

3. 先付年金方式下计算现值或终值为什么不能直接套用后付年金的公式？将公式如何变形方可利用查表法求解？

4. 随着未来款项收到的时间点往后推移，现值是以不变的速度减少、以递增的速度减少，还是以递减的速度减少？为什么？

5. 试分析风险和报酬之间的关系。

二、单选题

1. 在财务管理实务中，一般把（　　）作为无风险报酬率。

　　A. 定期存款报酬率　　　　B. 投资报酬率

　　C. 预期报酬率　　　　　　D. 短期国库券报酬率

2. 在财务管理中，风险报酬通常用（　　）计量。

　　A. 时间价值　　B. 银行利率　　C. 绝对数　　D. 相对数

3. 投资者甘愿冒风险进行投资的诱因是（　　）。

    A. 可获得报酬   B. 可获得利润

    C. 可获得相当于时间价值的报酬率   D. 可获得风险报酬

4. 在期望值相同的情况下，标准离差越大的方案，其风险（   ）。

    A. 越大   B. 越小   C. 两者无关   D. 无法判断

5. 多个方案比较时，标准离差率越小的方案，其风险（   ）。

    A. 越大   B. 越小   C. 两者无关   D. 无法判断

三、多选题

1. 按照收付的次数和支付的时间划分，年金可以分为（   ）。

    A. 先付年金   B. 普通年金   C. 递延年金   D. 永续年金

2. 下列收付形式中，属于年金收付的有（   ）。

    A. 发放养老金   B. 分期偿还贷款   C. 支付租金   D. 提取折旧

3. 在财务管理中，衡量风险大小的指标有（   ）。

    A. 标准离差   B. 时间价值   C. 风险报酬率   D. 标准离差率

4. 影响实际利率的因素有（   ）。

    A. 本金   B. 名义年利率   C. 一年的复利次数   D. 年限

5. 下列表述中，正确的有（   ）。

    A. 复利终值系数和复利现值系数互为倒数

    B. 普通年金终值系数和普通年金现值系数互为倒数

    C. 普通年金终值系数和偿债基金系数互为倒数

    D. 普通年金现值系数和投资回收系数互为倒数

四、计算分析题

1. 公司拟5年后以6万元购入一台大型设备，为了筹集这笔款项，现在应向银行存入一笔资金，年利率为8%，按复利计算该企业现在应向银行存入多少现款？

2. 假定你每年年末存入银行2 000元，共存20年，年利率为5%，在第20年末你可获得多少资金？

3. 假定在第3题中，你是每年年初存入银行2 000元，其他条件不变，那么在第20年末你可获得多少资金？

4. 某公司向银行借款106 800元，按照约定企业每年年末还款20 000元，借款年复利利率为10%，计算该公司需要几年才能还清借款本息？

5. 某人拟在年初存入一笔资金，以便在第6年年末起每年取得10 000元，至第10年末取完。假定银行利率为10%，此人应在最初一次存入银行多少钱？

6. 某公司持有X、Y、Z三种股票构成的投资组合，投资比例分别为40%、40%和20%，三种股票的β系数分别为1.5、0.6和0.5，市场平均报酬率为12%，无风险报酬率为5%，计算投资组合的风险报酬率。

第三章

财务分析

第一节　财务分析概述

一、财务分析的意义

财务分析也称财务报告分析，它以企业的财务报告及其他相关资料为主要依据，对企业的经营成果、财务状况进行评价和剖析，反映企业在运营过程中的利弊得失和发展趋势，从而为改进企业财务管理工作和优化经济决策提供重要的财务信息。财务分析既是已完成的财务活动的总结，又是财务预测的前提，在财务管理的循环中起到承上启下的作用。做好财务分析工作有以下重要意义。

① 评价企业的财务状况、经营成果和现金流量情况，揭示企业生产活动中存在的矛盾和问题，为改善经营管理提供方向和线索。

② 预测企业未来的报酬和风险，为投资者、债权人和经营者的决策提供理性的财务支持。

③ 检查企业预算的完成情况，考核经营管理人员的业绩，为建立健全合理的激励机制提供信息。

二、财务分析的内容

由于利益倾向的差异，财务分析的不同主体有着不同的分析目的和分析侧重点，但也有共同的要求。

1. 所有者（股东）

为决定是否投资，要分析企业的资产和盈利状况；为决定是否转让股份，要分析企业的盈利状况、股价变动和发展前景；为考查经营者业绩，要分析资产盈利水平、破产风险和竞争能力；为决定股利分配，要分析筹资状况。

2. 债权人

为决定给企业贷款，要分析贷款的报酬和风险；为了解债务人的短期偿债能力，要分析企业资产的流动状况；为了解债务人的长期偿债能力，要分析其盈利状况；为决定是否出让债权，要评价其价值。

3. 经营管理人员

为改善财务决策而进行的财务分析涉及的内容最广，几乎包括外部信息使用者所关心的所有问题。

4. 政府管理机构

要通过财务分析了解企业的纳税情况、对政府法规和市场经济秩序的遵守情况；职工收入和就业情况。

5. 供应商

通过分析，看企业是否能长期合作；了解企业销售信用水平，决定是否对企业延长付款期。

6. 雇员和工会

要通过分析判断企业的盈利状况与雇员的收入、保险、福利之间是否相适应。

7. 社会中介机构

社会中介机构的主体包括注册会计师、证券分析师和咨询人员等。注册会计师通过财务分析确定审计的重点和范围。咨询人员和证券分析师通过分析为各类报表使用人员提供专业咨询服务。

尽管各利益主体财务分析的侧重点有所不同，但从总体上来看，财务分析的基本内容可分为以下三个方面：① 偿债能力分析；② 营运能力分析；③ 获利能力分析。其中偿债能力是财务目标实现的稳健保证，营运能力是财务目标实现的物质基础，获利能力是两者共同作用的结果，同时获利能力也对偿债能力和营运能力的增强起着推动作用。三者相辅相成，共同构成企业财务分析的基本内容。

三、财务分析的方法

财务分析的方法有比较分析法、比率分析法和因素分析法。

（一）比较分析法

比较分析法是通过将某项财务指标与性质相同的指标进行对比，揭示企业财务状况、经营成果和现金流量情况的一种分析方法。没有比较，就没有分析。比较分析法是应用最广泛的分析方法，也是最基本的分析方法，其他分析方法都是建立在该方法基础之上的。根据分析的目的和要求不同，比较分析法常用的比较形式有以下三种。

1. 与本企业历史指标相比

这是指比较本企业不同时期的相同指标，也称"趋势分析法"。例如，将本期指标与上期或历史最好水平相比，可以观察企业经济的发展状况，同时通过若干期经济指标的连续对比，可以揭示企业的经济发展趋势，从中探索其变化规律，有助于改进企业的经营管理。

2. 与同类企业指标相比

这是指将本企业指标与行业的指标平均数、先进水平或竞争对手指标相比。例如，将企业本期指标与行业的先进水平相比，可以找出与先进单位的差距，促进企业向先进目标努力。

3. 与计划预算指标相比

这是指将实际执行结果与计划或预算指标相比。例如，将实际指标与计划指标相比，可以了解企业计划的完成情况，并进一步分析其原因，以便改进工作。

采用比较分析法进行分析时，被比较指标与比较指标两者在性质上必须同类，而且两者所代表的客观事物的范围、内容和时间长度也应相同；否则，两者就缺乏可比性。若指标包含有不可比的因素，必须按可比的口径进行调整换算，使之具有可比性。

（二）比率分析法

比率分析法是利用财务报表及有关资料中两项相关数值的比率揭示企业财务状况、经营成果和现金流量情况的一种分析方法。在财务分析中，比率分析法应用也比较广泛，因为比较分析法采用绝对值进行对比不能深入揭示企业理财活动的内在矛盾，而采用相对值对比就能做到这一点。

比率分析法常用的分析形式主要有三类。

1. 相关比率分析

相关比率是指同一时期财务报表中两项相关数值的比率。这类比率有反映偿债能力的比率，如资产负债率等；有反映营运能力的比率，如存货周转率等；有反映获利能力的比率，如净资产收益率等。

2. 结构比率分析

结构比率是财务报表中某项数值与各项目总和的比率，反映部分与总体的关系。通过结构比率分析，可以考察总体中某个部分的形成和安排是否合理，以便协调财务活动。存货与流动资产的比率就属于结构比率。

3. 动态比率分析

动态比率是财务报表中某个项目不同时期的两项数值的比率。这类比率可分为定基动态比率和环比动态比率，它们分别从不同的角度揭示某项财务指标的变化趋势和发展速度。

定基动态比率是以某一时期的数额为固定的基期数额而计算出来的动态比率。其计算公式为：

$$定基动态比率 = \frac{分析期数额}{固定基期数额} \times 100\%$$

环比动态比率是以每一分析期的前期数额为基期数额而计算出来的动态比率。其计算公式为：

$$环比动态比率 = \frac{分析期数额}{前期数额} \times 100\%$$

在比率分析中，要注意对比项目的相关性、对比口径的一致性和衡量标准的科学性问题。要将比率分析法与比较分析法结合起来使用，才能全面、深入地揭示企业的财务状况、经营成果及其变动趋势。

（三）因素分析法

因素分析法是用来确定几个相互联系的因素对分析对象的影响程度的一种分析方法。采用因素分析法的出发点在于当有若干因素对分析对象产生影响作用时，假定其他各个因素都无变化，顺序确定每一个因素单独变化所产生的影响。

企业的经济活动是个有机整体，每个指标的高低都要受若干因素的影响。因素分析法从数量上测定各因素的影响程度，可以帮助人们抓住问题的主要矛盾，或者说更有说服力地评价企业的经营状况。

例如，某企业2009年12月某种原材料费用实际为8 820元，计划为8 000元，实际比计划增加820元。原材料费用是由产品产量、单位产品消耗量、材料单价三者的乘积构成的，所以把原材料费用分解成这三个因素，分别分析它们对原材料费用的影响程度。有关资料如表3-1所示。

表3-1　原材料费用表

项目	单位	计划数	实际数
产品产量	件	200	210
单位产品消耗量	千克	8	7
单价	元	5	6
原材料费用总额	元	8 000	8 820

根据上述资料，原材料费用总额实际比计划增加820元，这是分析对象。运用因素分析法分析各因素影响程度如下。

计划指标：$200 \times 8 \times 5 = 8\ 000$（元）　　　　　　　　　　（1）

第一次替代：$210 \times 8 \times 5 = 8\ 400$（元）　　　　　　　　　（2）

第二次替代：$210 \times 7 \times 5 = 7\ 350$（元）　　　　　　　　　（3）

第三次替代：$210 \times 7 \times 6 = 8\ 820$（元）　　　　　　　　　（4）

（实际指标）

产量增加的影响：（2）－（1）$= 8\ 400 - 8\ 000 = 400$（元）

材料节约的影响：（3）－（2）$= 7\ 350 - 8\ 400 = -1\ 050$（元）

单价提高的影响：（4）－（3）$= 8\ 820 - 7\ 350 = 1\ 470$（元）

全部因素影响：$400 - 1\ 050 + 1\ 470 = 820$（元）

在运用因素分析法时，要注意因素分解的关联性和因素替代的顺序性。确定构成经济指标的因素在客观上必须是存在因果关系的，要能够反映形成该项指标差异的内在构成原因。替代因素时，必须按照各因素的依存关系，排列成一定的顺序并依次替代，不可随意颠倒，否则会得到不同的计算结果。

四、财务分析的局限性

财务分析是一个判断的过程。由于所依据的数据资料和所采用的技术方法等的局限性，财务分析所计算出的数据不一定能全面完整地反映企业的真实状况，这就要求分析者在分析时应注意这些局限性的影响，以保证分析结果的正确性。

（一）资料来源的局限性

1. 报表数据的时效性问题

财务报表中的数据，均是企业过去经济活动的结果和总结，用于预测未来发展趋势，只有参考价值，并非绝对合理。

2. 报表数据的真实性问题

在企业形成其财务报表之前，信息提供者往往对信息使用者所关注的财务状况以及对信息的偏好进行仔细分析与研究，并尽力满足信息使用者对企业财务状况和经营成果信息的期望。其结果极有可能使信息使用者所看到的报表信息与企业的实际状况相距甚远，从而误导信息使用者的决策。

3. 报表数据的可靠性问题

财务报表虽然是按照会计准则编制的，但不一定能准确地反映企业的客观实际。例如，报表数据未按通货膨胀进行调整；某些资产以成本计价，并不代表其现在真实价值；许多支出在记账时存在灵活性，既可以作为当期费用，也可以作为资本项目在以后年度摊销；很多资产以估计值入账，但未必正确；偶然事件可能歪曲本期的损益，不能反映盈利的正常水平。

4. 报表数据的可比性问题

根据会计准则的规定，不同的企业或同一企业的不同时期都可以根据情况采用不同的会计政策和会计处理方法，这样就使得报表上的数据在企业不同时期和不同企业之间的对比在很多时候失去意义。

5. 报表的完整性问题

由于报表本身的原因，其提供的数据是有限的。对报表使用者来说，可能不少需要的信息在报表或附注中根本找不到。

（二）财务分析方法的局限性

对于比较分析法来说，在实际操作中，比较的双方必须具备可比性才有意义。对于比率分析法来说，比率分析是针对单个指标进行分析的，综合程度较低，在某种情况下无法得出令人满意的结论；比率指标的计算一般都是建立在历史数据为基础的财务报表之上的，这使得比率指标提供的信息与决策之间的相关性大打折扣。对于因素分析法来说，在计算各因素对综合经济指标的影响额时，往往主观地假定各因素的变化顺序而且规定每次只有一个因素发生变化，这些假定往往与事实不符。此外，无论何种分析法均是对过去经济事项的反映。随着环境的变化，这些比较标准也会发生变化。在分析时，分析者往往只注重数据的比较，而忽略经营环境的变化，这样得出的分析结论也是不全面的。

（三）财务分析指标的局限性

1. 财务指标体系不严密

每一个财务指标只能反映企业的财务状况或经营状况的某一方面，每一类指标都过分强调本身所反映的方面，从而导致整个指标体系不严密。

2. 财务指标所反映的情况具有相对性

在判断某个具体财务指标是好是坏，或根据一系列指标对企业作综合判断时，必须注意财务指标本身所反映情况的相对性。因此，在利用财务指标进行分析时，必须掌握好对财务指标的"信任度"。

3. 财务指标的评价标准不统一

例如，对流动比率，人们一般认为指标值为2比较合理，对速动比率则认为1比较合适。但许多成功企业的流动比率都低于2，不同行业的速动比率也有差别，如采用大量现金销售的企业，几乎没有应收账款，速动比率大大低于1是很正常的，相反，一些应收账款较多的企业，速动比率可能要大于1。因此，在不同企业之间用财务指标进行评价时缺乏一个统一标准，这不便于不同行业间的对比。

4. 财务指标的计算口径不一致

例如，对于反映企业营运能力的指标，分母可用年末数，也可用平均数，而平均数的计算有不同的方法，这些都会导致计算结果不一样，不利于评价比较。

第二节 财务分析资料

财务分析是对有关数据进行加工整理的过程。其资料来源于两部分：一是来源于企业内部的计划、定额和标准、日常会计、统计核算资料以及定期编制的财务报告；二是从外部取得的行业数据、竞争对手资料以及有关机构的分析报告等。这些资料既有财务数据，也有非财务数据。由于财务报告集中反映了企业的财务状况、经营成果和现金流量情况，所以财务分析资料主要以定期的财务报告为基础，其他资料为补充。

企业的财务报告包括财务报表和其他应当在财务报告中披露的相关信息和资料。财务报表一般包括资产负债表、利润表、现金流量表和所有者权益（也称股东权益）变动表四大基本报表及其报表附注。报表附注是对财务报表列示项目所作的进一步说明，以便报表使用者更好地理解报表信息内容。其他应当在财务报告中披露的相关信息和资料是指对除财务报表内容之外其他未能在财务报表中列示的项目所作的说明。

财务报表是财务报告的核心内容。财务分析主要是财务报表分析。本章所使用的报表资料如下。

1. 资产负债表

资产负债表是反映企业某一特定时日全部资产、负债和所有者权益及其构成情况的报表，又称财务状况表，它是一张静态的会计报表。资产负债表是根据"资产=负债+所有者权益"这一基本会计等式，依照一定的分类标准和一定的次序，把企业在某一特定日期的资产、负债和所有者权益项目予以适当排列，按照一定的编制要求编制而成的。C公司的资产负债表如表3-2所示。

2. 利润表

利润表又称损益表或收益表等，是反映企业在一定会计期间的经营活动成果的会计报表，是一张动态的会计报表。利润表是根据"收入−费用=利润"这一平衡公式，依照一定的标准和次序，把企业一定时期内的收入、费用和利润项目予以适当排列编制而成的。C公司的利润表如表3-3所示。

3. 现金流量表

现金流量表是反映企业一定会计期间现金和现金等价物流入和流出的会计报表。现金流量表是一张年度动态的报表，它主要提供了一个会计主体某一特定报告期内经营活动、投资活动和筹资活动所引起的现金流量，并揭示了不直接影响现金的投资和筹资活动。C公司的现金流量表如表3-4所示。

4. 所有者权益变动表

所有者权益变动表是反映企业一定时期构成所有者权益各组成部分增减变动情况的报表。C公司的所有者权益变动表如表3-5所示。

表3-2　资产负债表

编制单位：C公司　　　　　　　　　2009年12月31日　　　　　　　单位：元　币种：人民币

资产	行次	期末余额	年初余额	负债及所有者权益	行次	期末余额	年初余额
流动资产：				流动负债：			
货币资金		820 700	1 406 300	短期借款		50 000	300 000
交易性金融资产			15 000	交易性金融负债			
应收票据		46 000	246 000	应付票据		100 000	200 000
应收账款		598 200	299 100	应付账款		953 800	953 800
预付款项		100 000	100 000	预收款项			
应收利息				应付职工薪酬		180 000	110 000
应收股利				应交税费		211 900	36 600
其他应收款		5 000	5 000	应付利息			
存货		574 700	580 000	应付股利			
一年内到期的非流动资产				其他应付款		50 000	50 000
其他流动资产			100 000	一年内到期的非流动负债			1 000 000
流动资产合计		2 144 600	2 751 400	其他流动负债			1 000
非流动资产：	略			流动负债合计	略	1 545 700	2 651 400
可供出售金融资产				非流动负债：			
持有至到期投资				长期借款		1 160 000	600 000
长期应收款				应付债券			
长期股权投资		250 000	250 000	长期应付款			
固定资产		2 231 000	1 100 000	专项应付款			
在建工程		728 000	1 500 000	预计负债			
工程物资				递延所得税负债			
固定资产清理				其他非流动负债			
生产性生物资产				非流动负债合计		1 160 000	600 000
油汽资产				负债合计		2 705 700	3 251 400
无形资产		540 000	600 000	所有者权益：			
商誉				实收资本（股本）		3 000 000	3 000 000
开发支出				资本公积			
长期待摊费用		200 000	200 000	减：库存股			
递延所得税资产				盈余公积		143 790	120 000
其他非流动资产				未分配利润		244 110	30 000
非流动资产合计		3 949 000	3 650 000	所有者权益合计		3 387 900	3 150 000
资产总计		6 093 600	6 401 400	负债及所有者权益总计		6 093 600	6 401 400

表3-3 利润表

编制单位：C公司　　　　　　　　2009年1~12月　　　　　　　　单位：元　币种：人民币

项目	上期金额	本年金额
一、营业收入		1 250 000
减：营业成本		750 000
营业税金及附加		2 000
销售费用		20 000
管理费用		156 200
财务费用		41 500
资产减值损失		1 800
加：公允价值变动收益（损失以"–"填列）		498 000
投资收益（损失以"–"填列）	略	31 500
其中：对联营企业和合营企业的投资收益		
二、营业利润（亏损以"–"填列）		278 500
加：营业外收入		50 000
减：营业外支出		19 700
其中：非流动资产处置损失		
三、利润总额（亏损以"–"填列）		340 300
减：所得税费用		102 400
四、净利润		237 900
五、每股收益		0.0793

表3-4 现金流量表

编制单位：C公司　　　　　　　　2009年1~12月　　　　　　　　单位：元　币种：人民币

项目	行次	本期金额	上期金额
一、经营活动产生的现金流量			
销售商品、提供劳务收到的现金		1 181 000	
收到的税费返还		161 500	
收到的其他与经营活动有关的现金			
现金流入小计		1 342 500	
购买商品、接受劳务支付的现金	略	349 800	略
支付给职工以及为职工支付的现金		300 000	
支付的各项税费		241 600	
支付的其他与经营活动有关的现金		70 000	
现金流出小计		961 400	
经营活动产生的现金净流量		381 100	

（续）

项目	行次	本期金额	上期金额
二、投资活动产生的现金流量			
收回投资收到的现金		16 500	
分得投资收益所收到的现金		30 000	
处置固定资产、无形资产和其他长期资产收回的现金		300 300	
收到的其他与投资活动有关的现金			
现金流入小计		346 800	
购建固定资产、无形资产和其他资产所支付的现金		451 000	
投资所支付的现金			
支付的其他与投资活动有关的现金			
现金流出小计		451 000	
投资活动的产生的现金流量净额		−104 200	
三、筹资活动产生的现金流量			
吸收投资所收到的现金			
取得借款所收到的现金	略	400 000	略
发行债券所收到的现金			
收到的其他与筹资活动有关的现金			
现金流入小计		400 000	
偿还债务所支付的现金		1 250 000	
分配股利、利润或偿付利息所支付的现金		12 500	
支付的其他与筹资活动有关的现金			
现金流出小计		1 262 500	
筹资活动产生的现金流量净额		−862 500	
四、汇率变动对现金及现金等价物的影响			
五、现金及现金等价物净增加额		−585 600	
加：期初现金及现金等价物余额		1 406 300	
六、期末现金及现金等价物余额		820 700	

表3-5 所有者权益变动表

编制单位：C公司　　　　　　　　　2009年1~12月　　　　　　　单位：元　币种：人民币

项目	本期金额						上期金额
	实收资本（或股本）	资本公积	减：库存股	盈余公积	未分配利润	所有者权益合计	略
一、上年年末余额	3 000 000			120 000	30 000	3 150 000	
加：会计政策变更							
前期差错变更							
二、本年年初余额	3 000 000			120 000	30 000	3 150 000	
三、本年增减变动金额							
（减少以"–"号填列）							
（一）净利润					237 900	237 900	
（二）直接计入所有者权益的利得和损失							
1. 可供出售金融资产公允价值变动净值							
2. 权益法下被投资单位其他所有者权益变动的影响							
3. 与计入所有者权益项目相关的所得税影响							
4. 其他							
上述（一）和（二）小计							
（三）所有者投入和减少资本							略
1. 所有者本期投入资本							
2. 股份支付计入所有者权益的金额							
3. 其他							
（四）利润分配							
1. 提取盈余公积				23 790	–23 790	0	
2. 对所有者（或股东）的分配							
3. 其他							
（五）所有者权益内部结转							
1. 资本公积转增资本（或股本）							
2. 盈余公积转增资本（或股本）							
3. 盈余公积弥补亏损							
4. 其他							
四、本年年末余额	3 000 000			143 790	244 110	3 387 900	

第三节 财务指标分析

财务指标主要包括偿债能力指标、营运能力指标、获利能力指标和发展能力指标。

一、偿债能力分析

偿债能力是指企业对债务清偿的承受能力或保障程度。这里的"债务"包括各种长短期借款、应付债券、长期应付款、各种短期结算债务和应纳税款。承受能力或保证程度是指企业是否有足够的现金流入量来偿付各种到期债务。按照债务偿付期限的不同，企业的偿债能力可分为短期偿债能力和长期偿债能力。

（一）短期偿债能力分析

1. 短期偿债能力指标及其分析

短期偿债能力是指企业偿付流动负债的能力。流动负债是指在一年内或超过一年的一个营业周期内需要偿还的债务。短期偿债能力不足，企业无法满足债权人的要求，这样就可能引起生产经营混乱或破产倒闭。在资产负债表中，流动资产与流动负债形成一种对应关系。一般情况下，偿还流动负债所需要的资金是从流动资产中产生的，也就是说企业偿还流动负债的能力是由流动资产的变现能力所决定的。因此，通过分析流动资产与流动负债的比例关系，我们就可以判断企业的短期偿债能力。评价企业短期偿债能力的财务指标有流动比率、速动比率、现金比率和现金流量比率。

（1）流动比率

流动比率是企业流动资产与流动负债的比率。其计算公式为：

$$流动比率 = \frac{流动资产}{流动负债}$$

该比率说明企业每一元的流动负债有多少元的流动资产可以作为支付的保障。流动资产包括现金、交易性金融资产、应收及预付款项、应收利息、应收股利、存货和一年内到期的长期债券投资等。流动比率值越高，表明企业流动资产对流动负债的保障程度越高，企业的短期偿债能力越强。反之，短期偿债能力越弱。按西方企业的长期经验，一般认为流动比率等于2比较适宜，这意味着企业的流动资产除了能满足日常生产经营的流动资金需要外，还有足够的财力偿付到期的短期债务。但流动比率不能过高，过高则表明企业流动资产占用较多，会影响企业资金的使用效率和筹资成本，进而影响企业的获利能力。究竟流动比率应保持多高的水平，主要视企业对待风险与收益的态度而定。

运用流动比率时还需注意三方面的问题。① 由于偿付债务必须用现金或存款支付，所以流动比率高并不等于说企业已有足够的现金或存款用来偿债。流动比率高也可能是由存货积压、应收账款增多且收账期延长所造成的，而真正用来偿债的现金和存款却严重短缺。② 从短期债权人的角度来看，他们希望流动比率越高越好，但从企业的角度来看，过高的流动比率通常意味着闲置现金的持有量过多，这必然造成企业机会成本的增加和获利能力的下降。因此，企业应尽可能将流动比率维持在不使货币资金出现闲置的水平。③ 流动比率是否合理，不同的企业以及同一企业在不同时期的评价标准是不同的，不能用统一的标准来评价企业流动比率的合理与否。

根据表3-2中资料可计算C公司2009年年初、年末流动比率为：

$$年初流动比率=\frac{2\,751\,400}{2\,651\,400}=1.04$$

$$年末流动比率=\frac{2\,144\,600}{1\,545\,700}=1.39$$

从计算结果看，C公司2009年的短期偿债能力并不很强，但年末的流动比率比年初有所提高，这说明C公司的短期偿债能力有所增强。企业还应从流动资产和流动负债所包括的详细内容中，分析上升的原因，以便采取措施，达到确实提高短期偿债能力的目的。

（2）速动比率

速动比率也称酸性测试比率，它是速动资产与流动负债的比率。所谓速动资产，是指从流动资产中扣除了变现能力较差且不稳定的存货、预付账款、一年内到期的非流动资产和其他流动资产等之后的余额。由于剔除了存货等变现能力较弱且不稳定的资产，因此，速动比率较流动比率能够更加准确、可靠地评价企业资产的流动性及其偿还短期负债的能力。速动比率的计算公式为：

$$速动比率=\frac{速动资产}{流动负债}=\frac{流动资产-存货-预付账款-一年内到期的非流动资产-其他流动资产}{流动负债}$$

该比率从速动资产对流动负债保障程度的角度说明了企业的短期偿债能力。比率值越高，表明企业速动资产对流动负债的保障程度越高，企业的短期偿债能力就越强。反之，短期偿债能力越弱。一般认为，速动比率为1比较适宜。它说明每一元的流动负债就有一元的速动资产作保障。与流动比率一样，速动比率也并不是越高越好，因为比率过高，可能表明企业的资产运用不充分，甚至丧失一些有利的投资机会。

根据表3-2中资料可计算C公司2009年年初、年末的速动比率为：

$$年初速动比率=\frac{2\,751\,400-580\,000-100\,000-100\,000}{2\,651\,400}=0.74$$

$$年末速动比率=\frac{2\,144\,600-574\,700-100\,000}{1\,545\,700}=0.95$$

从计算结果看，C公司2009年的短期偿债能力较强，年初、年末流速动比率均接近公认的一般标准，尤其是年末的速动比率比年初的还有所提高。从表3-2中可知，企业速动比率的提高主要是由应收账款增加所致。

（3）现金比率

现金比率是企业的现金类资产与流动负债的比率。现金类资产包括企业所拥有的货币资金和交易性金融资产等。其计算公式为：

$$现金比率=\frac{现金类资产}{流动负债}=\frac{现金+交易性金融资产}{流动负债}$$

该比率是从现金支付能力的角度说明企业短期偿债能力，指标值越大，说明短期偿债能力越强；反之，说明短期偿债能力越弱。由于现金是企业偿还债务的最终手段，所以现金比率是最能反映企业直接偿付流动负债能力的指标。与前面两个比率一样，现金比率不能过高，过高说明企业现金存量过大，资产利用不充分，因此，对该比率的评价应结合企业资产的结构及其运用效率进行分析。

根据表3-2中资料可计算C公司2009年年初、年末现金比率为:

$$年初现金比率=\frac{1\ 406\ 300+15\ 000}{2\ 651\ 400}=0.54$$

$$年末现金比率=\frac{820\ 700}{1\ 545\ 700}=0.53$$

从计算结果可知,C公司的短期偿债能力较强,年初与年末现金比率均超过负债的50%,虽然年末略有所降低,但仍然超过流动负债值的一半,这说明企业还需进一步运用现金类资产,合理安排资产结构,提高资金的使用效益。

(4)现金流量比率

现金流量比率是企业经营活动现金净流量与流动负债的比率。其计算公式为:

$$现金流量比率=\frac{经营活动净流量}{流动负债}$$

该比率反映本期经营活动所产生的现金净流量偿还流动负债的能力,比率越大,说明企业的短期偿债能力越强,反之,短期偿债能力越弱。

根据表3-2、表3-4资料可计算出C公司的现金流量比率为:

$$现金流量比率=\frac{381\ 100}{1\ 545\ 700}=0.247$$

运用现金流量比率分析时,需要注意的是,经营活动所产生的现金流量是过去一个会计年度的经营结果,而流动负债则是未来一个会计年度需要偿还的债务,二者的会计期间不同。因此,这个指标是建立在以过去一年的现金流量来估计未来一年现金流量的假设基础之上的。在分析问题时,需要考虑未来一个会计年度影响经营活动的现金流量的变动因素。

2.影响短期偿债能力的其他因素

上述影响短期偿债能力的各种指标是从财务报表中取得的信息,有一些不在报表中反映的数据却对企业的短期偿债能力影响很大,所以进行短期偿债能力分析时需要注意以下几个影响因素。

(1)贷款指标

未使用的银行贷款指标,可以改善企业短期性变现能力,提高短期偿债能力。

(2)准备很快变现的非流动资产

企业可能有一些长期资产可以随时变现,而不出现在"一年内到期的非流动资产"项目中。例如,在企业发生周转困难时,将储备的土地或目前出租的房产等进行出售,可以增加企业的现金储量,增强变现能力。

(3)偿债声誉

具有良好声誉的企业,遇到短期偿债需要时,很容易通过筹资渠道取得资金,提高短期偿债能力。

(4)或有负债

带追索权的应收票据贴现,贴现企业因背书而在法律上负有连带偿还责任,可能发生因未在报表中列示或有负债项目、为别人提供的担保而可能导致企业负债,这些都将增加企业对流动资产的需要,减弱企业偿还债务的能力。

（二）长期偿债能力分析

1. 长期偿债能力指标及其分析

长期偿债能力是指企业偿还长期债务的能力。长期负债是指偿还期在一年以上或超过一年的一个营业周期以上需要偿还的债务，包括长期借款、应付债券和长期应付款等。一个经营良好的企业，不仅要有足够的资金作为随时偿付短期债务的保障，还必须为偿付长期债务本金和利息做好准备，这样才有利于企业保持持续正常的发展。

长期偿债能力分析是通过计算权益与资产的关系、不同权益之间的内在关系和权益与收益之间的关系来分析企业的资本结构是否合理，进而评价企业的长期偿债能力的。反映企业长期偿债能力的指标有资产负债率、股东权益比率、产权比率、有形净值负债率和已获利息倍数。

（1）资产负债率

资产负债率又称负债比率，是企业负债总额对资产总额的比率。它表明的是企业资产总额中，债权人提供资金所占的比重以及企业资产对债权人的保障程度。其计算公式为：

$$资产负债率 = \frac{负债总额}{资产总额} \times 100\%$$

该比率从总资产对总负债的保障程度来说明企业的长期偿债能力，比率越低，表明企业资产对负债的保障程度越高，企业的长期偿债能力越强；反之，企业的长期偿债能力越弱。

运用资产负债率时需要把握以下几点。

① 公式中的负债不仅包括长期负债，而且还包括短期负债。这是因为，短期负债作为一个整体，企业总是长期占用着，可以视同企业长期性资本来源的一部分。例如，一个应付账款的明细科目可能是短期性的，但是从持续经营的过程来看，企业总是会长期性地保持一个相对稳定的应付账款余额，这部分余额可视为企业的长期性资本来源。

② 企业各利益主体的不同，看待资产负债率的立场也不同

从债权人的立场看，他们所关心的是贷款的安全程度，即能否按期足额地收回贷款本金和利息。如果股东提供的资本与企业资本总额相比只占很小比例，则企业的风险将主要由债权人负担，这对债权人是不利的。因此，作为企业的债权人，他们总希望资产负债率越低越好。

从股东的立场来看，他们关心的是全部资本利润率是否超过借入款项的利率。在企业的全部资本利润率超过因借款而支付的利息率时，股东所得的收益就会加大；反之，运用全部资本所得的利润率低于借款利息率，则对股东不利，因为借入资本多付的利息要用股东所得的利润份额来弥补。因此，从股东的立场来看，在全部资本利润率高于借款利息率时，负债比例越大越好。

从经营者的立场来看，他们所关心的是如何实现收益与风险的最佳组合，即以适度的风险获取最大的收益。如果负债规模过大、资产负债率过高，将会给人以财务状况不佳、融资空间和发展潜力有限的印象；反之，如果负债规模过小，又会给人以经营缺乏风险意识、对发展前途信心不足的感觉。因此，在利用资产负债率进行借入资本决策时，经营者必须全面考虑经营的收益和风险，在两者之间权衡得失，以求正确地决策。

③ 资产负债率的合理界限没有一个具体的标准，分析时要考虑企业所处的客观经济环境、行业特点和营业周期等情况。当市场利率较高或预计贷款利率会下降时，企业不宜扩大举债规模，而应缩小负债规模，以降低未来的负债成本；反之亦然。工业企业相对于其他行业来说，其负债比率不宜维持过高。房地产业因生产周期长、资金周转慢，其负债比率也不宜过高。商业企业因资产周转快、变现能力强，可适当扩大经营规模，负债比率可适当高些。

④ 并非企业的所有资产都可以作为偿债的物资保证，不仅在清算状态下，长期待摊费用等难以作为偿债的保证，即使在企业持续经营期间，长期待摊费用的摊销价值也需要依靠存货等资产的价值才能得到补偿和收回，其本身并无直接的变现能力。至于无形资产中的商标、非专利技术等能否用于偿债，也存在很大的不确定性，所以，提出了有形资产负债率这一比较稳健的指标，用于评价企业的长期偿债能力。其计算公式为：

$$有形资产负债率 = \frac{负债总额}{有形资产总额} \times 100\%$$

其中，

$$有形资产总额 = 资产总额 - 无形资产 - 长期待摊费用$$

根据表3-2中资料可计算得C公司2009年年初、年末资产负债率、有形资产负债率为：

$$年初资产负债率 = \frac{2\ 651\ 400 + 600\ 000}{6\ 401\ 400} \times 100\% = 50.79\%$$

$$年末资产负债率 = \frac{1\ 545\ 700 + 1\ 160\ 000}{6\ 093\ 600} \times 100\% = 44.40\%$$

$$年初有形资产负债率 = \frac{2\ 651\ 400 + 600\ 000}{6\ 401\ 400 - 600\ 000 - 200\ 000} \times 100\% = 58.05\%$$

$$年末有形资产负债率 = \frac{1\ 545\ 700 + 1\ 160\ 000}{6\ 093\ 600 - 540\ 000 - 200\ 000} \times 100\% = 50.54\%$$

从计算结果可知，该企业年初、年末的资产负债率、有形资产负债率均不高，说明企业的长期偿债能力较强，尤其是年末比年初还有所降低，这样有助于增强债权人对企业出借资金的信心。

（2）股东权益比率与权益乘数

股东权益比率是股东权益与资产总额的比率，反映的是在企业资产总额中有多少资金是所有者投入的。其计算公式为：

$$股东权益比率 = \frac{股东权益总额}{资产总额} \times 100\%$$

从上述公式可知，股东权益比率与前面所讲的负债比率之和等于1。两者从不同的侧面反映了企业的长期财务状况，股东权益比率越大，负债比率越小，企业的财务风险也就越小，长期偿债能力就越强，反之亦然。股东权益比率的倒数称为权益乘数，表示资产总额是股东权益总额的多少倍。权益乘数越大，股东权益比率越小。权益乘数是从另一个角度表示企业的财务风险的。其计算公式为：

$$权益乘数 = \frac{资产总额}{股东权益总额}$$

权益乘数也可用年度的资产平均总额与股东权益平均总额计算,这时,可以称权益乘数为平均权益乘数。其计算公式为:

$$平均权益乘数=\frac{（期初资产余额+期末资产余额）÷2}{（期初股东权益余额+期末股东权益余额）÷2}$$

根据表3-2中资料可计算C公司2009年年初、年末股东权益比率、权益乘数和平均权益乘数为:

$$年初股东权益比率=\frac{3\ 150\ 000}{6\ 401\ 400}×100\%=49.21\%$$

$$年末股东权益比率=\frac{3\ 387\ 900}{6\ 093\ 600}×100\%=55.60\%$$

$$年初权益乘数=\frac{6\ 401\ 400}{3\ 150\ 000}=2.03$$

$$年末权益乘数=\frac{6\ 093\ 600}{3\ 387\ 900}=1.80$$

$$平均权益乘数=\frac{\dfrac{6\ 401\ 400+6\ 093\ 600}{2}}{\dfrac{3\ 150\ 000+3\ 387\ 900}{2}}=1.911$$

（3）产权比率与有形净值负债率

产权比率是负债总额与股东权益的比率,是衡量企业长期偿债能力的指标之一。其计算公式为:

$$产权比率=\frac{负债总额}{股东权益总额}$$

从长期偿债能力的角度分析,产权比率反映企业股东权益对债权人的保障程度,比率越低,表明企业的长期偿债能力越强,债权人权益越有保障,企业承担的财务风险越小;反之,长期偿债能力越弱。

从企业的财务结构是否稳定的角度分析,产权比率反映的是由债权人提供的资本与股东提供的资本的对比关系。一般说来,股东资本大于借入资本较好,但也不能一概而论。从股东角度来看,在通货膨胀加剧时期,企业多借债可以把损失和风险转嫁给债权人;在经济繁荣时期,多借债可以获得额外的利润;在经济萎缩时期,少借债可以减少利息负担和财务风险。产权比率高,是高风险、高报酬的财务结构;产权比率低,是低风险、低报酬的财务结构。在评价产权比率适度与否时,应从提高获利能力和增强偿债能力两个方面进行综合考虑。

根据表3-2中资料可计算C公司2009年年初、年末产权比率为:

$$年初产权比率=\frac{2\ 651\ 400+600\ 000}{3\ 150\ 000}=1.03$$

$$年末产权比率=\frac{1\ 545\ 700+1\ 160\ 000}{3\ 387\ 900}=0.80$$

从计算结果可知,C公司的产权比率不太高,尤其是年末比年初还有所降低,表明企业的长期偿债能力较强。

产权比率与资产负债率对评价偿债能力的作用基本相同,主要区别在于,资产负债率侧重于分析债务偿付安全性的物资保障程度，而产权比率则侧重于揭示财务结构的稳健程度以及自有资金对偿债风险的承受能力。

与有形资产负债率一样，为了更加切实和可靠地评价企业资本对偿还债务的承受能力和保障程度，需要对产权比率进行调整，即计算有形净值负债率，其计算公式为：

$$有形净值负债率=\frac{负债总额}{有形净值总额}\times100\%$$

$$有形净值总额=股东权益总额-无形资产-长期待摊费用$$

根据表3-2资料，可计算C公司的有形净值负债率如下。

$$年初有形净值负债率=\frac{2\ 651\ 400+600\ 000}{3\ 150\ 000-600\ 000-200\ 000}\times100\%=138.36\%$$

$$年末有形净值负债率=\frac{1\ 545\ 700+1\ 160\ 000}{3\ 387\ 900-540\ 000-200\ 000}\times100\%=102.18\%$$

（4）已获利息倍数

已获利息倍数又称利息保障倍数，是企业息税前利润与利息费用的比率，其计算公式为：

$$已获利息倍数=\frac{息税前利润}{利息费用}=\frac{利润总额+利息费用}{利息费用}$$

公式中的"息税前利润"是指利润表中未扣除利息费用和所得税费用之前的利润，用利润总额加利息费用表示。公式中的"利息费用"是指本期发生的全部应付利息，不仅包括财务费用中的利息费用，还包括计入固定资产成本的资本化利息，因为利息作为企业对债权人的一项偿付义务，其性质并不因企业的会计处理不同而变更。

已获利息倍数不仅反映了企业获利能力的大小，而且反映了获利能力对偿付到期债务的保障程度。它既是企业举债经营的前提条件，也是衡量企业长期偿债能力大小的重要标准。从长期来看，已获利息倍数至少应当大于1，且比值越高，企业长期偿债能力越强。如果已获利息倍数过小，企业将面临亏损、偿债的安全性与稳定性下降的风险。如何合理确定企业的已获利息倍数，需要将该企业的这一指标与其他企业，尤其是同行业的平均水平进行比较，分析本企业的指标水平。同时，从稳健角度出发，最好比较本企业连续几年的该项指标，并选择最低指标年度的数据作为标准。企业在经营好和经营差的年份要偿付同样数量的债务，采用指标最低的年度指标，可保证最低的偿债能力。

根据表3-4中资料可计算C公司2009年已获利息倍数为：

$$已获利息倍数=\frac{340\ 300+41\ 500}{41\ 500}=9.2$$

从计算结果可知，C公司2009年的已获利息倍数较高，有较强的偿付利息的能力。若要进一步分析还需结合企业往年的情况和行业特点来判断。

2. 影响长期偿债能力的其他因素

同短期偿债能力一样，影响长期偿债能力的数据信息也不能反映在报表中或者说在报表中被低估了，所以进行长期偿债能力分析时需要注意以下影响因素。

（1）租赁活动

财产租赁有融资租赁和经营租赁两种。一般情况下，融资租赁在承租方付清最后一笔租金时，其所有权归承租方所有，实际上融资租赁是变相的分期付款购买固定资产，租赁费用作为企业的长期负债入账，包括在负债比率的指标中。

经营租赁是一种单纯的租赁业务，租赁期满所有权不转移，经营租赁费用作为企业的费用处理，未包含在负债之中。如果经营租赁的业务量大、期限较长或者具有经常性，在分析企业长期偿债能力时就应考虑不包含在负债之中的租赁费用对长期负债偿债能力的影响。

（2）担保责任

担保项目的时间长短不一，有的涉及短期负债，有的涉及长期负债，在分析企业偿债能力时必须考虑到由于担保而可能产生的潜在负债的问题。

（3）或有负债

或有负债是企业在经营活动中有可能发生的债务，如产品售后服务责任、未决诉讼、应收票据贴现等。由于或有负债是否发生无法肯定，所以在会计报表中未进行反映。或有负债一旦发生，则企业的财务状况会发生改变，所以在分析企业的长期偿债能力时必须考虑它的潜在影响。

二、营运能力分析

营运能力是企业组织、管理和营运特定资产的能力。企业营运能力反映企业资金周转的状况。通过对企业营运能力进行分析，可以了解企业的营业状况和经营管理水平。资金周转状况好，说明企业的经营管理水平高、资金利用效率高。营运能力的好坏也直接影响到企业的获利能力和偿债能力。反映企业营运能力的指标有存货周转率、应收账款周转率、流动资产周转率和总资产周转率。

（一）存货周转率

存货周转率是企业一定时期内营业成本与平均存货的比率，它是反映企业销售能力和流动资产流动性的指标，也是衡量企业生产经营各环节中存货营运效益的一个综合性指标。存货周转率可用存货周转次数和周转天数表示，其计算公式为：

$$存货周转率（次数）= \frac{营业成本}{平均存货}$$

$$平均存货 = \frac{期初存货 + 期末存货}{2}$$

$$存货周转天数 = \frac{计算期天数}{存货周转次数} = \frac{360 \times 平均存货}{营业成本}$$

存货周转率反映的是企业的销售效率和存货使用效率。在正常情况下，存货周转率越高，说明企业的销售能力越强，营运资金占用在存货上的资金也越少。但是，存货周转率过高，也可能说明企业在管理上存在一些问题。例如，存货水平太低，经常出现缺货现象或者存货采购次数过于频繁、批量太小，致使采购成本增加等。存货周转率过低，可能是企业库存管理不力，销售状况不佳，造成存货积压，说明企业销售方面存在一定的问题。

根据表3-2、表3-3中资料可计算C公司2009年存货周转率和周转天数为：

$$平均存货 = \frac{580\ 000 + 574\ 700}{2} = 577\ 350（元）$$

$$存货周转率（次数）=\frac{750\ 000}{577\ 350}=1.30（次）$$

$$周转天数=\frac{360}{1.30}=277（天）$$

从计算结果可知，C公司存货周转速度过慢，占用在存货上的资金过多，说明公司可能存在大量的超储积压物资，应采取积极的处理措施，充分挖掘财产潜力，提高资金的利用效率。

在计算存货周转率时应注意以下问题。

① 存货计价方法对存货周转率有很大的影响，在分析企业不同时期或不同企业的存货周转率时，应注意存货计价口径是否一致。

② 存货周转率的高低与企业的经营特点，如经营周期、经营的季节性等紧密相关。企业经营特点不同，存货周转率客观上存在着差异。例如，就营业周期来讲，房地产企业长于一般性制造企业，制造企业一般长于商品流通企业。运用周转率进行比较分析时，必须注意行业的可比性。

③ 存货周转率能够反映企业管理和存货营运的综合状况，不能说明企业经营各环节的存货营运能力和管理效率。为全面了解和评价各经营环节的管理绩效，各经营环节可分别计算其存货的周转率。计算公式如下：

$$原材料周转率=\frac{耗用原材料成本}{平均原材料存货}$$

$$在产品周转率=\frac{完工产品制造成本}{平均在产品存货}$$

$$库存商品周转率=\frac{营业成本}{平均库存商品存货}$$

④ 如果存货余额的波动性大，应尽可能使用更详细的计算资料，如按季或按月的平均余额来计算全年的平均余额。计算公式如下：

$$月平均余额=\frac{月初余额+月末余额}{2}$$

$$季度平均余额=\frac{\frac{第一个月}{平均余额}+\frac{第二个月}{平均余额}+\frac{第三个月}{平均余额}}{3}$$

$$年平均余额=\frac{\frac{第一季度}{平均余额}+\frac{第二季度}{平均余额}+\frac{第三季度}{平均余额}+\frac{第四季度}{平均余额}}{4}$$

（二）应收账款周转率

应收账款与存货一样，在流动资产中有着举足轻重的地位。及时收回应收账款，不仅能增强企业的短期偿债能力，也能反映出企业管理应收账款方面的效率。反映应收账款周转速度的指标是应收账款周转率，它是一定时期内赊销收入净额与应收账款平均余额的比率。周转率可用周转次数和周转天数两种方式表示。应收账款周转天数也叫平均应收账款回收期或平均收现期，它表示企业从取得应收账款的权利到收回款项、转换为现金所需要的时间。其计算公式为：

$$应收账款周转率（次数）=\frac{营业收入净额}{应收账款平均余额}$$

$$应收账款平均余额=\frac{期初应收账款+期末应收账款}{2}$$

$$应收账款周转天数=\frac{计算期天数}{应收账款周转次数}=\frac{360×应收账款平均余额}{营业收入净额}$$

公式中的"营业收入净额"应为扣除现销收入部分的赊销收入，从理论上说，这样才能保持分子分母的一致性。但是，不仅外部分析人无法取得这项数据，而且财务报表的内部分析人也未必容易取得该项数据。因此，把"现金销售"视为收账期为零的赊销，在实务中，只要现销与赊销的比例是稳定的，就可以直接采用"营业收入净额"计算应收账款周转率。

应收账款周转率反映了企业应收账款变现速度的快慢以及管理效率的高低，周转率高表明：① 收账迅速，账龄较短；② 资产流动性强，短期偿债能力强；③ 可以减少收账费用和坏账损失，从而相对增加企业流动资产的投资收益。同时，借助应收账款周转期与企业信用期限的比较，还可以评价购买单位的信用程度，以及企业原订的信用条件是否适当。

根据表3-2、表3-3中资料可计算C公司2009年应收账款周转率和周转天数为：

$$应收账款平均余额=\frac{299\ 100+598\ 200}{2}=448\ 650（元）$$

$$应收账款周转率（次数）=\frac{1\ 250\ 000}{448\ 650}=2.79（次）$$

$$周转天数=\frac{360}{2.79}=129（天）$$

将应收账款周转率的计算结果与以往周转率比较，若应收账款周转率上升，表明企业可能采用了紧缩的信用政策；若应收账款周转率下降，表明企业可能放宽了信用政策，扩大了赊销规模。

在运用应收账款周转率时需要注意两个方面的问题。

① 平均应收账款余额是否要扣除坏账准备。一般来说，"平均应收账款余额"应是未扣除坏账准备的应收账款金额。这是因为，坏账准备仅仅是会计核算上根据稳健原则所确认的一种可能损失，这种损失是否转变为现实以及转变为现实损失的程度取决于企业对应收账款的管理效率。已计提坏账准备的应收账款并不排除在收款责任之外，相反，企业应对这部分应收账款采取更严格的管理措施。在这种情况下，若以扣除坏账准备的应收账款计算应收账款周转率，不仅在理论上缺乏合理性，在实务中也可能导致管理人员放松对这部分账款的催收，甚至可能导致管理人员为提高应收账款周转率指标而不适当地提高计提比例。

② 如果应收账款余额的波动性大，应尽可能使用更详细的计算资料，如按季或按月的应收账款余额，来计算全年的平均余额。

（三）流动资产周转率

流动资产周转率是反映流动资产周转速度的指标，它是营业收入与全部流动资产的比率。其计算公式为：

$$流动资产周转率（次数）=\frac{营业收入}{平均流动资产}$$

$$平均流动资产=\frac{年初流动资产+年末流动资产}{2}$$

$$流动资产周转天数=\frac{360\times平均流动资产}{营业收入}$$

在一定时期内，流动资产周转次数越多，表明企业以相同的流动资产完成的周转额越多，流动资产利用效果越好。流动资产周转一次所需要的天数越少，表明流动资产在供应、生产和销售各阶段占用的时间越短，周转速度越快。

根据表3-2、表3-3中资料可计算C公司2009年流动资产周转率和周转天数为：

$$平均流动资产=\frac{2\,751\,400+2\,144\,600}{2}=2\,448\,000（元）$$

$$流动资产周转率（次数）=\frac{1\,250\,000}{2\,448\,000}=0.51（次）$$

$$周转天数=\frac{360}{0.51}=706（天）$$

从计算结果可知，C公司的流动资产周转速度很慢，主要原因可能是存货和应收账款占用额大，周转缓慢。

每个企业所需流动资产的多少，在生产经营规模一定的情况下，主要取决于流动资产的周转速度。周转速度越快，所需流动资产就越少；反之，所需的流动资产就越多。因加速流动资产周转而形成的节约有两种，即绝对节约和相对节约。前者是指在企业生产经营规模不变或变化不大的前提下减少的流动资产占用量；后者是指在企业流动资产占用量不变或变化不大的前提下扩大生产经营规模。

例如，某企业上年流动资产平均占用额为60万元，上年营业收入净额为480万元，预测年度营业收入将维持在上年水平，但流动资产周转率由上年的周转8次提高到周转10次，则企业形成的绝对节约额为：

$$绝对节约额=60-\frac{480}{10}=12（万元）$$

假定企业预测年度营业收入值为500万元，流动资产周转率仍由上年的周转8次提高到周转10次，则企业形成的相对节约额为：

$$相对节约额=\frac{500}{8}-\frac{500}{10}=12.5（万元）$$

在流动资产中，存货和应收账款占绝大部分，所以流动资产周转率与存货周转率及应收账款周转率有一定的关系，这种关系可表述如下：

$$流动资产周转率=应收账款周转率\times应收账款占流动资产的比重 \qquad （1）$$

$$流动资产周转率=（1+成本利润率）\times存货周转率\times存货占流动资产的比重 \qquad （2）$$

公式（1）表明，当应收账款占流动资产比重一定时，要加速流动资产周转，有赖于加速应收账款的周转；公式（2）表明，当存货占流动资产比重一定时，要加速流动资产周转，有赖于在加速存货周转的同时，提高经营的获利水平。

（四）总资产周转率

总资产周转率也称总资产利用率，它是企业营业收入与平均资产总额的比率。其计算公式为：

$$总资产周转率=\frac{营业收入}{平均资产总额}$$

$$平均资产总额=\frac{期初资产总额+期末资产总额}{2}$$

总资产周转率反映总资产的周转速度，周转率越高，表明销售能力越强；反之，说明企业利用其资产营运的效率较差。

根据表3-2、表3-3中资料可计算C公司2009年总资产周转率为：

$$平均资产总额=\frac{6\ 401\ 400+6\ 093\ 600}{2}=6\ 247\ 500（元）$$

$$总资产周转率=\frac{1\ 250\ 000}{6\ 247\ 500}=0.2（次）$$

将计算结果与企业以往年度的总资产周转率进行比较，就可分析单位总资产的利用情况。

在计算总资产周转率需要注意，如果资产占用额波动较大，应采用更详细的资料计算平均资产总额。例如，可先按月份或季度计算月度或季度平均总额，然后再计算年度平均总额。

总资产周转率与流动资产周转率存在如下关系：

$$总资产周转率=流动资产周转率×流动资产占总资产的比重$$

上式表明，要加速总资产周转，一是要加速流动资产周转；二是提高流动资产在总资产中所占的比重。但由于资产结构主要由企业的行业性质和经营特点所决定，企业不能随意调整，因此，要加速总资产周转，从根本上说有赖于加速流动资产的周转。

三、获利能力分析

获利能力是指企业赚取利润的能力，也就是企业利用所拥有的经济资源以收抵支，获取盈余的能力。盈利是企业的重要经营目标，是企业生存和发展的物质基础，也是企业偿还债务的重要来源。获利能力分析在企业财务分析中处于非常重要的地位。

对企业获利能力进行分析，一般只分析企业正常经营状况的获利能力。虽然非正常的营业状况也会给企业带来收益或损失，但这只是特殊状况下的个别结果，不能说明企业的能力。因此，在分析企业的获利能力时应排除如证券买卖等非正常项目、已经或将要停止的营业项目、重大事故或法律变更等特别项目、会计准则和财务制度变更带来的累积影响等因素。

反映企业获利能力的指标有总资产报酬率、营业利润率、股东权益报酬率、成本费用利润率、每股收益、每股净资产、每股股利与股利发放率、市盈率等。在利用这些指标分析评价企业的获利能力时，应结合企业的特点、以前年度的指标以及行业平均水平等进行，对企业的获利水平、生产经营效益作出客观公正的分析。

（一）总资产报酬率

总资产报酬率也称总资产收益率、总资产利润率。与企业总资产对应的报酬有息税前利润、利润总额和净利润。将息税前利润与总资产进行比较，能够更充分地体现投入与产出的相关性，从而客观地揭示企业的获利能力。所以，总资产报酬率是企业息税前利润与企业资产平均总额的比率。它是反映企业资产综合利用效果的指标，也是衡量企业利用债权人和所有者权益总额盈利能力的重要指标。其计算公式为：

$$总资产报酬率 = \frac{息税前利润}{平均资产总额} \times 100\%$$

总资产报酬率说明每占用或运用百元资产所获取的利润，该比率值越高，表明企业的资产利用效益越好，整个企业的获利能力越强；反之，则表明企业的获利能力越弱。

根据表3-2、表3-3中资料可计算C公司2009年总资产报酬率为：

$$平均资产总额 = \frac{6\,401\,400 + 6\,093\,600}{2} = 6\,247\,500（元）$$

$$总资产报酬率 = \frac{340\,300 + 41\,500}{6\,247\,500} \times 100\% = 6.11\%$$

在分析企业的总资产报酬率时，要与该企业前期、同行业平均水平、先进水平进行比较，这样才能判断企业总资产报酬率的变动趋势以及在同行业中所处的地位，从而了解企业资产的利用效率，发现经营管理中存在的问题。如果企业总资产报酬率偏低，说明该企业的资产利用率较低，经营管理存在问题，则企业应加强管理，挖掘潜力，增收节支，提高资产的利用效率。

在用总资产报酬率分析企业的获利能力和总资产的利用效率时，也可用总资产现金流量回报率来进一步分析评价企业资产的利用效率。其计算公式为：

$$总资产现金回报率 = \frac{经营活动现金净流量}{平均资产总额} \times 100\%$$

该指标客观地反映了企业在利用资产进行经营活动过程中获得现金的能力，因而更进一步反映了资产的利用效果。该比率越高，说明企业的经营活动越有效。

（二）营业利润率

1. 营业毛利率

营业毛利率简称毛利率，它是企业一定时期的营业毛利与营业收入的比率，其计算公式为：

$$营业毛利率 = \frac{营业毛利}{营业收入} = \frac{营业收入 - 营业成本}{营业收入} \times 100\%$$

营业毛利率反映企业营业成本与营业收入的比例关系，毛利率越大，说明在营业收入中营业成本所占的比重越小，企业通过销售获取利润的能力越强。

根据表3-3中资料可计算C公司2009年营业毛利率为：

$$营业毛利率 = \frac{1\,250\,000 - 750\,000}{1\,250\,000} \times 100\% = 40\%$$

2. 营业净利率

营业净利率是企业净利润与营业收入的比率，其计算公式为：

$$营业净利率 = \frac{净利润}{营业收入} \times 100\%$$

营业净利率反映企业净利润占营业收入的比例关系，净利率越大，说明企业通过销售获取利润的能力越强。

根据表3-3中资料可计算C公司2009年营业净利率为：

$$营业净利率 = \frac{237\ 900}{1\ 250\ 000} \times 100\% = 19.032\%$$

总资产报酬率可以分解为总资产周转率与营业净利率的乘积，用公式表示为：

$$\textbf{总资产报酬率 = 总资产周转率 × 营业净利率}$$

从上式可以看出，总资产报酬率主要取决于总资产周转率与营业净利率两个因素。企业营业净利率越大，总资产周转越快，则总资产报酬率就越高。因此，要提高总资产报酬率可以从两个方面入手：一方面是加强资产管理，提高资产利用率；另一方面是加强销售管理，增加营业收入，节约成本费用，提高利润水平。

（三）成本费用利润率

成本费用利润率是指企业的利润总额与成本费用总额的比率，它是从资金耗费的角度说明企业的获利能力的。其计算公式为：

$$\textbf{成本费用利润率} = \frac{\textbf{利润总额}}{\textbf{成本费用总额}} \times 100\%$$

公式中的成本费用是企业为取得利润而付出的代价，它包括营业成本、营业税金及附加、销售费用、管理费用、财务费用、资产减值损失。比率越高，说明企业为获取利润而付出的代价越小，企业获利能力越强。

根据表3-3资料可计算得出C公司的成本费用总额为971 500元（750 000+2 000+20 000+156 200+41 500+1 800），则C公司2009年的成本费用利润率为：

$$成本费用利润率 = \frac{340\ 300}{971\ 500} \times 100\% = 35.03\%$$

（四）净资产收益率

净资产收益率，也称股东权益报酬率、所有者权益报酬率，它是企业一定时期的净利润与平均净资产的比率。其计算公式为：

$$\textbf{净资产收益率} = \frac{\textbf{净利润}}{\textbf{平均净资产}} \times 100\%$$

$$\textbf{平均净资产} = \frac{\textbf{所有者权益年初数 + 所有者权益年末数}}{2}$$

净资产收益率是反映企业投资者对企业投资部分的获利能力的，该比率越高，说明投资者投入资本的获利能力越强。在我国，净资产收益率既是上市公司对外必须披露的信息内容之一，也是决定上市公司能否配股等再融资的重要依据。

根据表3-2、表3-3中资料可计算C公司2009年股东权益报酬率为：

$$平均净资产 = \frac{3\ 150\ 000 + 3\ 387\ 900}{2} = 3\ 268\ 950（元）$$

$$净资产收益率 = \frac{237\ 900}{3\ 268\ 950} \times 100\% = 7.28\%$$

净资产收益率具有很强的综合性，其具体分析方法详见本章第四节的"杜邦分析法"。

（五）每股收益

每股收益也称每股盈余或每股利润，它是股份公司实现的净利润总额减去优先股股利后与发行在外的普通股平均股数的比率。其计算公式为：

$$每股收益=\frac{净利润-优先股股利}{年度末普通股股数-年度末优先股股数}$$

上述公式适用于企业本年度普通股股数未发生变化的情况。如果普通股股数发生变化，该公式的分母应计算"加权平均发行在外的普通股股数"。

$$加权平均发行在\atop 外的普通股股数=\frac{\sum(发行在外的普通股股数\times发行在外的月份)}{12}$$

"发行在外的月份"是指发行已满一个月的月份数，例如，9月中发行的股票按3个月计算。

每股收益是衡量股份公司获利能力最常用的财务分析指标。每股收益越高，说明公司获利能力越强。根据表3-3得知公司年度净利润为237 900元，假定公司发行在外的普通股股数为3 000 000股，且没有发行优先股，则C公司每股收益为：

$$每股收益=\frac{237\ 900}{3\ 000\ 000}=0.0793（元）$$

每股收益是公司按权责发生制原则确认的账面收益，由于它没有考虑收益的风险性和时间价值，因而不能体现股票投资价值的完整内涵，而只能从某一侧面说明股票的投资价值。在分析每股收益时，还应结合公司的股利分配政策进行分析。例如，若公司采用股本扩张政策，大量配股或以股票股利的形式分配股利，这样必然摊薄每股收益，使每股利润减少。

（六）每股股利与股利发放率

1. 每股股利

每股股利是股份公司本年度发放的普通股现金股利总额与年末普通股股数的比率。其计算公式为：

$$每股股利=\frac{普通股股利总额}{年末普通股股数}$$

每股股利反映了普通股股东获得现金股利的多少。它的高低，不仅取决于公司的获利能力、举债能力、现金流量和累积未分配利润等，还取决于公司的股利政策。倾向于分配现金股利的投资者，应当了解公司股利分配在各个期间是否具有一贯性和稳定性。

假定C公司决定采取派发现金股利150 000元的分配方案，则C公司的每股股利为：

$$每股股利=\frac{150\ 000}{3\ 000\ 000}=0.05（元）$$

2. 股利发放率

股利发放率也称股利支付率，它是普通股每股股利与每股收益的比率，反映的是股份公司的净收益中有多少用于股利的分派。其计算公式为：

$$股利发放率=\frac{每股股利}{每股收益}\times100\%$$

根据前述资料可计算C公司的股利发放率为：

$$股利发放率=\frac{0.05}{0.0793}\times100\%=63.05\%$$

股利发放率主要取决于公司的股利政策。一般而言，如果一个公司的现金比较充裕，并且目前没有更好的投资项目，可能会倾向于发放现金股利；如果公司有较好的投资项目，则可能会少发现金股利，而将资金用于投资。

（七）每股净资产

每股净资产也称每股账面价值或每股权益，它是期末净资产（股东权益）与年末普通股数的比率。其计算公式为：

$$每股净资产=\frac{年末股东权益}{年末普通股股数}$$

该比率反映公司发行在外的每股普通股的账面权益额，用于说明公司股票的现实财富含量。比率越高，表明公司股票的财富含量越大，内在价值越大；反之，则表明股票财富含量低，内在价值小。

根据表3-2以及前面资料可计算C公司2009年的每股净资产为：

$$每股净资产=\frac{3\ 387\ 900}{3\ 000\ 000}=1.1293（元）$$

（八）市盈率

市盈率是上市公司普通股股票每股市价相当于每股收益的倍数，反映的是投资者对上市公司每股净利润愿意支付的价格。其计算公式为：

$$市盈率=\frac{普通股每股市价}{普通股每股收益}$$

该比率是股票市场上分析股票投资价值的首选比率，它的高低反映了投资者对公司股票的投资收益与投资风险的预期。投资者对公司预期的收益能力好，股票的市盈率就高；反之，公司股票则为低值股票。

假定C公司股票的市价为5元，则该股票的市盈率为：

$$市盈率=\frac{5}{0.0793}=63$$

在使用市盈率时需要注意以下两个方面的问题：一方面是该比率的应用前提是每股收益维持在一定的水平之上，由于市价不会为零，当每股盈余很小或亏损时，市盈率将会很高，而此时的市盈率却不能说明任何问题；另一方面是由于市盈率的高低受多种因素的影响，通常难以直接根据某一公司在某一期间的股票市盈率来判断其投资价值。适宜的做法是将该种股票的市盈率在不同期间以及同行业不同公司之间进行比较，从比较中确定其投资价值。

四、发展能力分析

发展能力是指企业在生存的基础上，扩大规模、壮大实力的能力。反映企业发展能力的指标主要有营业收入增长率、资本保值增值率、总资产增长率和营业利润增长率。

（一）营业收入增长率

营业收入增长率是企业本年营业收入增长额与上年营业收入总额的比率。它反映的是企业营业收入的增减变动情况，是评价企业成长状况和发展能力的重要指标。其计算公式为：

$$营业收入增长率=\frac{本年营业收入增长额}{上年营业收入总额}×100\%$$

其中,

本年营业收入增长额=本年营业收入总额−上年营业收入总额

营业收入增长率是衡量企业经营状况和市场占有能力、预测企业经营业务拓展趋势的重要指标。不断增加的营业收入是企业生存的基础和发展的条件。该指标大于零,表示企业本年的营业收入有所增长,指标值越高,表明增长速度越快,企业市场前景越好;该指标小于零,则说明产品或服务不能适销对路、质次价高,或是在售后服务等方面存在问题。在实际操作中,应结合企业历年的营业收入水平、市场占有情况、行业未来发展及其他影响企业发展的潜在因素对营业收入增长率进行预测,或者结合企业前三年的营业收入增长率作出趋势性分析判断。

(二)资本保值增值率

资本保值增值率是企业扣除客观因素后的本年所有者权益总额与年初所有者权益总额的比率,反映的是企业当年资本在企业自身努力下的实际增减变动情况。其计算公式为:

$$资本保值增值率 = \frac{扣除客观因素后的年末所有者权益总额}{年初所有者权益总额} \times 100\%$$

一般来说,资本保值增值率应大于100%,指标越高,表明企业的资本保全状况越好,债权人的债务越有保障。需要注意的是,资本保值增值率的高低主要受经营成果的影响,除受增发股份、回购股份等客观因素影响外,还受企业利润分配政策的影响。

(三)总资产增长率

总资产增长率是企业本年总资产增长额与年初资产总额的比率,反映的是本期资产规模的增长情况。其计算公式为:

$$总资产增长率 = \frac{本年总资产增长额}{年初资产总额} \times 100\%$$

其中,

本年总资产增长额=资产总额年末数−资产总额年初数

总资产增长率是从企业资产总量扩张方面衡量企业的发展能力的,表明企业规模增长水平对企业发展后劲的影响。该指标越高,表明企业一定时期内资产经营规模扩张的速度越快。但在实际分析时应注意资产规模扩张质和量的关系以及企业的后续发展能力,避免资产盲目扩张。

(四)营业利润增长率

营业利润增长率是企业本年营业利润增长额与上年营业利润总额的比率,它反映的是企业经营活动盈利水平的增长速度。其计算公式为:

$$营业利润增长率 = \frac{本年营业利润增长额}{上年营业利润总额} \times 100\%$$

其中,

本年营业利润增长额=本年营业利润总额−上年营业利润总额

营业利润是企业净利润的主要来源,该指标值越大,表明经营活动的获利能力越强。

第四节　财务综合分析

上一节分别从偿债能力、营运能力、获利能力等方面对企业的财务能力进行了分析,这些分析是从一个侧面说明企业的财务状况或经营成果的，因而基于这种分析得到的对企业财务的认识，也只是一种局部的、分散的认识，而非整体的、综合的认识。事实上，偿债能力、营运能力和获利能力三者之间存在着相关性。企业经营能力决定其获利能力，并直接或间接地决定着偿债能力；获利能力一方面取决于经营能力，另一方面又决定着偿债能力。因此，要对企业的财务状况和经营成果有一个总的评价，就必须进行财务综合分析。

一、杜邦分析法

杜邦分析法是利用几种主要财务指标之间的内在联系来综合分析企业财务状况的方法。由于这种方法是由美国杜邦公司经理人员创造并首先采用的，故称为杜邦分析法。杜邦分析法以净资产收益率为起点，按具体的逻辑关系层层分解，直至财务报表原始构成要素。这种分解方法一般用图来表示，图3-1就是C公司2009年的杜邦分析系统图。

图3-1杜邦分析图中，包含以下几种财务比率关系：

$$净资产收益率 = \frac{净利润}{股东权益平均总额} = \frac{净利润}{资产总额} \times \frac{资产总额}{股东权益平均总额}$$

$$= \frac{净利润}{营业收入} \times \frac{营业收入}{资产总额} \times \frac{资产总额}{股东权益平均总额}$$

$$= 营业净利率 \times 总资产周转率 \times 权益乘数$$

$$权益乘数 = \frac{资产总额}{股东权益总额} = \frac{1}{1-资产负债率}$$

2008年C公司的净利润为198 000元，营业收入为1 100 000元，资产平均总额为6 400 000元，计算得营业净利率、总资产周转率和权益乘数分别为18％、0.1719、2.0382，三者乘积为净资产收益率，计算得6.307％（即18％×0.1719×2.0382）。

从图3-1中可知：2009年净资产收益率为7.277％（即19.032％×0.20008×1.911）。

用因素分析法分析C公司2009年净资产收益率比2008年增长0.97％的原因。

2008年指标：18％×0.1719×2.0382=6.307％　　　　　　①

第一次替代：19.032％×0.1719×2.0382=6.668％　　　　②

第二次替代：19.032％×0.20008×2.0382=7.761％　　　　③

第三次替代：19.032％×0.20008×1.911=7.277％　　　　④

②-①=6.668％-6.307％=0.361％　　营业净利率上升的影响

③-②=7.761％-6.668％=1.093％　　总资产周转率上升的影响

④-③=7.277％-7.761％=-0.484％　权益乘数下降的影响

上述指标之间的关系如下。

① 净资产收益率是一个综合性极强的财务比率。从公式中可以看出，决定净资产收益率的因素有三个：营业净利率、总资产周转率和权益乘数。

② 营业净利率反映了企业净利润与营业收入的关系，它是提高企业获利能力的关键所在。提高营业净利率有两个途径：一是增加营业收入；二是降低成本费用。需要注意的是，在增加营业收入的同时又降低成本费用是最佳的途径。实际工作中，经常出现的现象是，在增加营业收入的同时，也伴随着成本费用的增加，企业应确保营业收入的增加幅度高于成本费用的增加幅度。

③ 总资产周转率反映了企业运用资产以产生营业收入的能力，也反映了资产的周转速度。一般说来，资产周转速度越快，企业销售能力越强，资产利用效率越高。对总资产周转率进行分析主要从两方面入手：一方面分析企业资产结构是否合理，即流动资产与非流动资产的比例是否合理。资产结构不仅关系到企业的偿债能力，也会影响到企业的获利能力。另一方面结合营业收入，分析企业资产的周转情况。这不仅要分析总资产的周转情况，而且要分析企业存货周转率与应收账款周转率，并将周转情况与占用情况结合分析，以加强对资产的管理，提高资产的利用效率。

④ 权益乘数反映的是企业的股东权益与总资产的关系，它主要受负债比率的影响。负债比率越大，权益乘数越高，说明企业的负债程度越高，这样，企业能获得较大的财务杠杆利益，同时也需要承受较大的风险压力。因此，企业既要合理使用全部资产，又要妥善安排资金结构。

杜邦分析法为企业提高净资产收益率、实现股东财富增长目标指明了可采取的途径。企业只有协调好各个因素之间的关系，才能使净资产收益率达到最大，从而实现企业的财务目标。

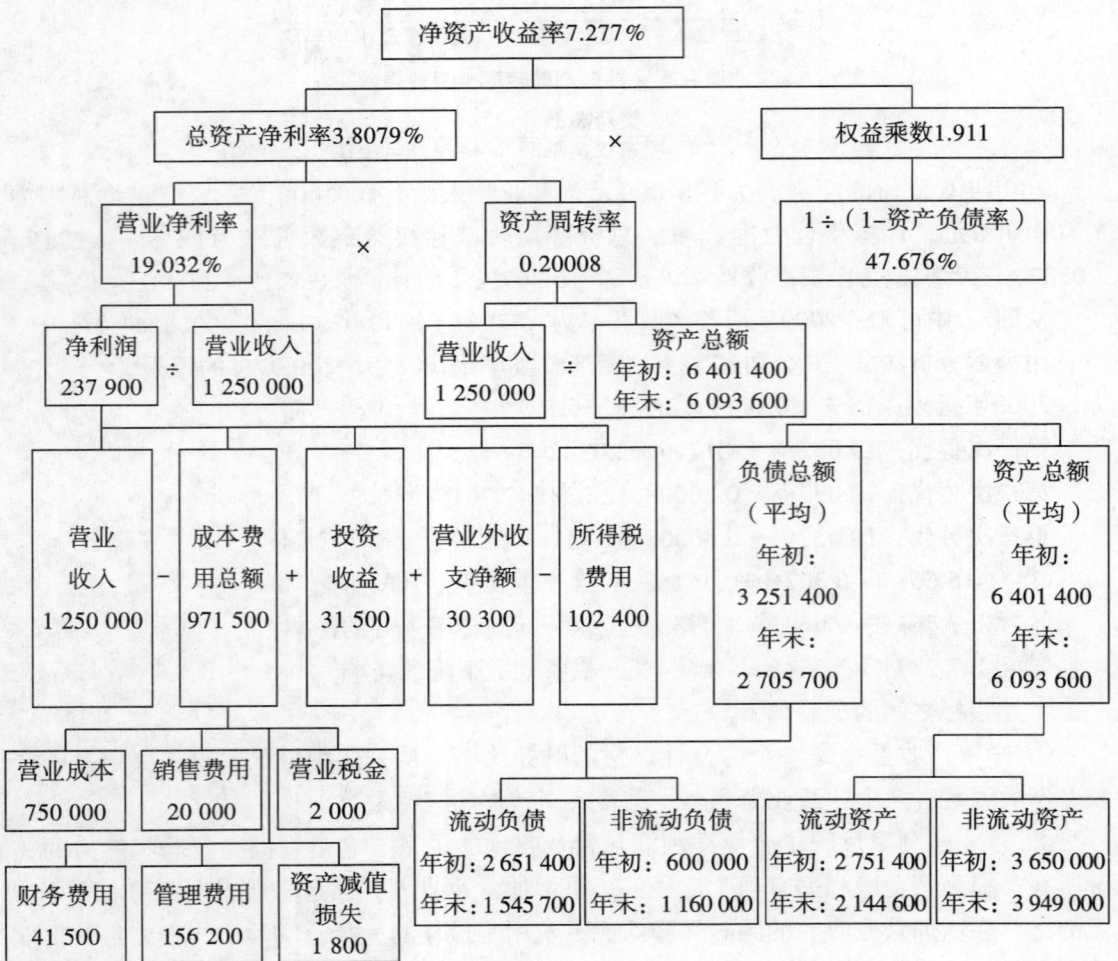

图3-1　杜邦分析系统图

二、财务状况综合评分法

（一）沃尔评分法

企业在进行财务分析时，经常遇到无法判断某一指标是偏高还是偏低的情况，将指标与本企业的历史指标相比，也只能看出自身的变化，却无法判断其在市场竞争中的优劣地位。为弥补这一缺陷，亚历山大·沃尔在20世纪初出版的《信用晴雨表研究》和《财务报表比率分析》中提出了信用能力指数的概念，他把7个财务比率用线性关系联结起来，并分别给定各自的分数比重，然后通过与标准比率进行比较，确定各项指标的得分及总体指标的累计分数，以此来评价企业的信用水平。N公司采用沃尔评分法得出的财务状况评分结果如表3-6所示。

沃尔评分法存在两个缺陷。一是所选定的7个指标缺乏证明力，也就是说，从理论上不能证明为什么选择7个指标，而不是更多或更少；二是当某一指标严重异常时，会对总分产生不合乎逻辑的重大影响。具体地说，财务比率提高一倍，其评分值增加100%；而财务比率缩小一倍，其评分值只减少50%。尽管存在这样的缺陷，沃尔评分法在实践中仍被广泛使用。

表3-6 N公司财务状况评分结果（沃尔评分法）

财务比率	比重①	标准比率②	实际比率③	相对比率 ④=③÷②	实际得分 ⑤=①×④
流动比率	25	2	2.4	1.2	30
净资产/负债	25	1.5	0.87	0.58	14.5
资产/固定资产	15	2.5	3	1.2	18
营业成本/存货	10	8	10	1.25	12.5
营业额/应收账款	10	6	8.7	1.45	14.5
营业额/固定资产	10	4	3	0.75	7.5
营业额/净资产	5	3	2.1	0.7	3.5
合计	100				100.5

（二）现代综合评分法

现代社会与沃尔所处的时代相比已有很大的变化。一般认为，企业财务评价的内容主要是获利能力，其次是偿债能力，此外，还有成长能力，三者之间的比重大致可按5∶3∶2来安排。反映获利能力的主要指标是资产净利率、营业净利率和净值报酬率。由于前两个指标已使用净值，为避免重复，反映获利能力的3个指标可按2∶2∶1的比例安排。反映偿债能力的4个常用指标是自有资本比率、流动比率、应收账款周转率和存货周转率。反映成长能力的3个常用指标是营业收入增长率、净利增长率和人均净利增长率。以100分为总评分，某公司财务状况评分标准如表3-7所示。

表3-7　某公司财务状况评分结果（现代综合评分法）

指标	评分值	标准比率（/%）	行业最高比率（/%）	最高评分	最低评分	每分比率的差（/%）
获利能力						
总资产净利率	20	12	20	30	10	0.8
营业净利率	20	6	20	30	10	1.4
净值报酬率	10	18	20	15	5	0.4
偿债能力						
自有资本比率	8	50	90	12	4	10
流动比率	8	150	350	12	4	50
应收账款周转率	8	600	1 000	12	4	100
存货周转率	8	800	1 200	12	4	100
成长能力						
营业收入增长率	6	18	30	9	3	4
净利增长率	6	12	20	9	3	2.67
人均净利增长率	6	12	20	9	3	2.67
合计	100			150	50	

表中的标准比率应以本行业的平均数为基础，适当进行理论修正。在给每个指标评分时，应规定上限和下限，以减少个别指标的异常变动对总分造成的不合理的影响。上限可定为正常评分值的1.5倍，下限定为正常值的0.5倍。

$$每分比率的差=1\% \times \frac{行业最高比率-标准比率}{最高评分-标准评分}$$

以表3-7资料为例，总资产净利率每分比率的差$=1\% \times \dfrac{20\%-12\%}{30-20}=0.8$

与沃尔评分法相比，现代综合评分法不仅丰富了评价的内容，拓宽了运用的范围，而且还克服了运用上的技术缺陷。除此之外，现代综合评分法还突出了净利润在财务评价中的重要地位，能够体现股东财富最大化这一财务目标的基本要求。

📖 练习题

一、简答题

1. 分别从企业投资者、债权人和经营管理者的角度，谈谈财务分析的目的。

2. 反映企业短期偿债能力和长期偿债能力的指标有哪些？为什么计算速动比率时需要扣除存货？

3. 影响短期偿债能力和长期偿债能力的表外因素有哪些？

4. 存货和应收账款的营运能力是否会影响到企业的短期偿债能力？

5. 会计政策的选择如何影响获利能力？

二、单选题

1. 如果企业速动比率很小，下列说法正确的是（　　）。

　　A. 企业流动资产占用过多　　　B. 企业短期偿债能力很强

C. 企业短期偿债风险很大 D. 企业资产流动性很强

2. 企业债权人最关心（ ）方面的指标。

A. 偿债能力 B. 营运能力 C. 获利能力 D. 发展能力

3. 下列项目中，不属于速动资产的项目是（ ）。

A. 现金 B. 应收账款 C. 交易性金融资产 D. 存货

4. 下列不能反映长期偿债能力的指标是（ ）。

A. 资产负债率 B. 流动资产周转率 C. 权益乘数 D. 产权比率

5. 某公司2008年营业收入为315 000元，应收账款的年末数为18 000元，年初数为16 000元，则应收账款周转次数是（ ）次。

A. 10 B. 15 C. 18.5 D. 20

三、多选题

1. 企业财务分析的基本内容包括（ ）。

A. 偿债能力分析 B. 营运能力分析 C. 获利能力分析 D. 发展能力分析

2. 财务分析的主体有（ ）。

A. 股东 B. 政府 C. 债权人 D. 公司的决策管理者

3. 下列指标中属于短期偿债能力分析指标的有（ ）。

A. 流动比率 B. 现金比率 C. 已获利息倍数 D. 资产负债率

4. 在其他条件不变的情况下，会引起总资产周转率指标上升的经济业务是（ ）。

A. 用现金偿还负债 B. 借入一笔短期借款

C. 用银行存款购入一台设备 D. 用银行存款支付一年的电话费

5. 下列分析方法中，属于财务综合分析方法的是（ ）。

A. 比较分析法 B. 杜邦分析法 C. 沃尔评分法 D. 因素分析法

6. 影响净资产收益率高低的因素有（ ）。

A. 资产负债率 B. 营业净利率 C. 总资产周转率 D. 权益乘数

四、计算分析题

1. 某公司有关资料如表3-8所示。

表3-8　某公司有关资料

项目	期初数	期末数	本期数或平均数
存货	3 600万元	4 800万元	
流动负债	3 000万元	4 500万元	
速动比率	0.75		
流动比率		1.6	
总资产周转次数			1.2
总资产			18 000万元

假定该公司流动资产等于速动资产加存货，要求：

（1）计算该公司流动资产的期初数和期末数；

（2）计算该公司本期的营业收入；

（3）计算该公司本期流动资产平均余额和流动资产周转次数。

2. 甲公司年初存货为15 000元，年初应收账款为12 700元；年末流动比率为3，速动比率为1.3，存货周转率为4次，流动资产合计为27 000元，假定速动资产等于流动资产减去存货。要求：

（1）计算公司的本年营业成本；

（2）如果本年营业收入为96 000元，除应收账款外的速动资产是微不足道的，其应收账款周转天数为多少天？

3. 某公司资产负债表资料简化如表3-9所示，该公司2008年度营业净利率为16%，总资产周转率为0.5次，权益乘数为2.5，净资产收益率为20%，2009年营业收入为350万元，净利润为63万元。要求：

（1）计算2009年年末的流动比率、速动比率、资产负债率和权益乘数；

（2）计算2009年总资产周转率、营业净利率和净资产收益率；

（3）分析营业净利率、总资产周转率和权益乘数变动对净资产收益率的影响。

表3-9　某公司资产负债表

2009年12月31日　　　　　　　　　　　　　　单位：万元

资产	年初	年末	负债及所有者权益	年初	年末
流动资产					
货币资金	50	45	流动负债合计	175	150
应收账款	60	90	长期负债合计	245	200
存货	92	144	负债合计	420	350
其他流动资产	23	36			
流动资产合计	225	315	所有者权益合计	280	350
固定资产	475	385			
总计	700	700		700	700

第四章

财务战略与预算

第一节　财务战略

　　战略是涉及全局性、长期性和导向性的重大谋划。随着企业经营机制的转换，企业已成为自主经营、自负盈亏、自我约束、自我发展的商品生产者和经营者，并且逐渐向着企业集团化、经营多元化、跨国公司化的方向发展。财务战略管理越来越受到广泛的重视。财务战略已成为企业战略活动的重要组成部分。

一、财务战略的概念和特征

（一）财务战略的概念

　　财务战略是指在企业总体战略目标的前提下，在分析企业内外环境因素的变化趋势及其对财务活动影响的基础上，以实现企业财务管理目标为目的，以实现企业财务资源的优化配置为标准，所采用的战略思维方式、决策方针和管理方针。财务战略管理既是企业战略管理的一个不可或缺的组成部分，也是企业财务管理的一个十分重要的方面。因此，财务战略管理既要体现企业战略管理的原则要求，又要遵循企业财务活动的基本规律。

（二）财务战略的特征

　　财务战略是战略理论在财务管理方面的应用与延伸，它既具有一般战略的某些共性，又具有自己的特性。

　　1. 动态性

　　由于财务战略管理以理财环境和企业战略为逻辑起点，理财环境和企业战略的动态性特征也就决定了财务战略管理的动态性。一般来说，当理财环境变化不大时，一切财务活动都必须按原定财务战略行事，充分体现财务战略对财务活动的指导性；当理财环境发生较大变化时，财务战略就应作适当的调整，以适应环境的变化。

　　2. 全局性

　　财务战略是以整个企业的筹资、投资和收益分配的全局性工作为对象，根据企业长远发展需要而制定的。财务战略管理面向复杂多变的理财环境，从企业战略管理的高度出发，既重视有形资产的管理，又重视无形资产的管理；既重视非人力资产的管理，又重视人力资产的管理。传统财务管理所提供的信息多是财务信息。而财务战略管理由于视野开阔，大量提供诸如质量、市场需求量、市场占有率等极为重要的非财务信息。

　　3. 外向性

　　现代企业经营的实质就是在复杂多变的内外环境条件下，解决企业外部环境、内部条件和经营目标三者之间的动态平衡问题。财务战略管理把企业与外部环境融为一体，观察分析外部环境的变化可能给企业财务管理活动带来的机会与威胁，增强了对外部环境的应变性，从而大大提高了企业的市场竞争能力。

4. 长期性

制定财务战略不是为了解决企业的眼前问题，而是为了谋求企业未来的长远发展。财务战略管理以战略管理为指导，要求财务决策者树立战略意识，以财务管理目标的实现为目的，从战略角度来考虑企业的理财活动，制定财务管理发展的长远目标，充分发挥财务管理的资源配置和预警功能，以增强企业在复杂环境中的应变能力，不断提高企业的持续竞争力。

二、财务战略的分类

企业财务战略的类型可从职能财务战略和综合财务战略两个方面进行划分。

（一）财务战略的职能分类

财务战略按财务管理的职能分类可分为投资战略、筹资战略、营运战略和股利战略。投资战略是指涉及企业长期、重大投资方向的战略性筹划，如投资行业、投资项目等的筹划。筹资战略是指涉及企业重大筹资方向的战略性筹划，如发行股票、发行大额债券等的筹划。营运战略是指涉及企业营运资本的战略性筹划，如重大的营运资本策略、与重要厂商和客户建立长期信用关系等的筹划。股利战略是指涉及企业长期、重大分配方向的战略性筹划，如重大的留存收益方案、股利政策的长期安排等的筹划。

（二）财务战略的综合类型

财务战略的综合类型可分为扩张型财务战略、稳定型财务战略、防御收缩型财务战略。

扩张型财务战略，是指以实现企业资产规模的快速扩张为目的的一种财务战略。为了实施这种财务战略，企业往往需要在将绝大部分乃至全部留存利润的同时，大量地进行外部筹资，大量筹措外部资金。

稳定型财务战略，是指以实现企业财务绩效的稳定增长和资产规模的平稳扩张为目的的一种财务战略。实施这种财务战略的企业，一般将尽可能优化现有资源的配置和提高现有资源的使用效率及效益作为首要任务，将利润积累作为实现企业资产规模扩张的基本资金来源，将内部留利与外部筹资相结合。

防御收缩型财务战略，是指以预防出现财务危机和求得生存及新的发展为目的的一种财务战略。实施这种财务战略的企业，一般会保持或缩小现有投资规模和投资收益水平，保持或适当调整现有资产负债率和资本结构水平，减少对外筹资，甚至通过偿债和股份回购归还投资，维持现行的股利政策。

三、企业不同发展阶段的财务战略

在企业发展的不同阶段，企业外部环境中的风险因素和内部拥有各项资源的情况是不同的，企业应根据自身经营发展周期的特点采用不同的财务战略。

（一）创立期

在企业生命周期的创立期，企业产品处于研发投入阶段，没有形成收入和利润，企业面临的经营风险很高。如果企业的基本业务经营不好，即使用最好的融资方案也仅仅是延缓企业的灭亡而已。因此，在创立期，企业的融资来源一般是低风险的权益资本；股利战略是不分红；投资战略为不断增加对产品开发推广的投资。

（二）成长期

在企业生命周期的成长期，产品试制成功，销售规模将快速增长，企业的经营风险有所降低，公司的战略应当调整到以促进销售增长、快速提高市场占有率为重点。与之相匹配的财务战略是扩张型财务战略，实现资金与企业高增长的匹配，保持企业的可持续发展。筹资战略是尽量利用资本市场，大量增加权益资本，适度投入债务资本；股利战略仍旧是不分红或少量分红；投资战略是对企业的核心业务大力追加投资。

（三）成熟期

在企业生命周期的成熟期，企业销售稳定增长，利润多且较为稳定。由于竞争的加剧，超额利润逐渐减少甚至消失，追加投资的需求也减少，与之相匹配的财务战略是稳定发展型财务战略。此时，企业的筹资战略应调整为以更多低成本的债务资本替代高成本的权益资本；股利战略调整为实施较高的股利分配，将超过投资需求的现金返还给股东；在投资战略上，企业可以利用充裕的现金流围绕核心业务拓展新的产品或市场，进行相关产品或业务的并购。但是需要防止由于盲目多元化投资而造成企业竞争力下降的问题。

（四）衰退期

在企业生命周期的衰退期，企业产品市场需求逐渐衰退，销售开始下降，企业利润开始下滑甚至出现亏损，如果此时企业没有进入新的产品市场或者转型，则这一时期不需要更多的投资，与之相匹配的财务战略是防御收缩型财务战略，企业战略重心是如何收回投资，或通过并购扩大市场占有率，延缓衰退期的到来。财务管理战略上不需要进行筹资和投资；股利战略为发放高额股利，将股权资本退出企业。

第二节　全面预算体系

任何一个企业，不论其规模大小，它的人力、物力和财力总是有限的。为减少资源消耗，取得尽可能大的经济效益，提高企业的管理和应变能力，就必须事先搞好预算编制工作。

一、全面预算的内容

全面预算是以货币及其他数量形式反映的、有关企业未来一段期间内全部经营活动各项目标的行动计划与相应措施的数量说明。它是由一系列预算构成的体系，具体包括业务预算、特种决策预算和财务预算三大类。

业务预算是指与企业日常经营活动直接相关的经营业务的各种预算，主要包括销售预算、生产预算、直接材料采购预算、直接人工预算、制造费用预算、产品生产成本预算和销售及管理费用预算等。

特种决策预算，也叫专门决策预算，是指企业不经常发生的、一次性的重要决策预算。专门决策预算最能直接体现决策的结果，是实际中选方案的进一步规划。例如，资本支出预算，其编制依据可追溯到决策之前搜集到的有关资料，只不过预算比决策估算更细致、更精确一些。

财务预算是指企业在计划期内反映有关预计现金支出、经营成果和财务状况的预算。它主要包括现金预算、预计利润表、预计资产负债表和预计现金流量表。财务预算作为全面预算体系中的最后环节，可以从价值方面概括地反映经营期决策预算与业务预算的结果，所以财务预算也称总预算，其他预算则相应可称为辅助预算或分预算。因此，财务预算在全面预算体系中占有举足轻重的地位。

全面预算按其涉及的预算期分为长期预算和短期预算。长期预算包括长期销售预算和资本支出预算，有时也包括长期资金筹措预算和研究开发预算。短期预算是指年度预算，或者时间更短的季度或月度预算，如直接材料预算、现金预算等。

全面预算体系如图4-1所示。

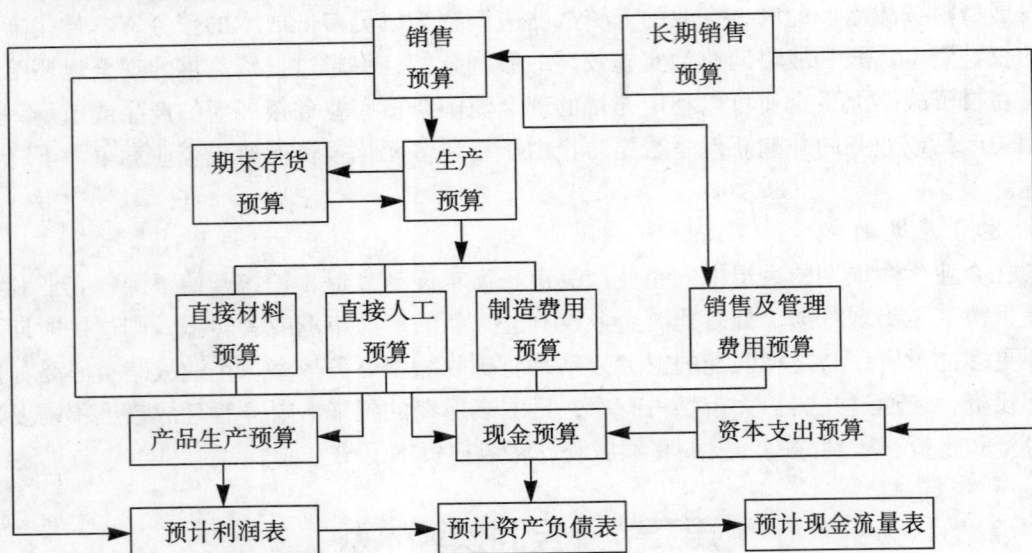

图4-1　全面预算体系图

二、全面预算的作用

全面预算具有以下四个方面的作用。

1. 明确今后的奋斗目标

全面预算的编制把整个企业以及各个职能部门在计划期间的工作目标以及达到各项目标所应采取的方法和措施都详细地列示出来。这样，全体职工从预算中可清楚地知道，在计划期应该做什么以及怎样去做，了解本部门的经济活动与整个企业经营目标之间的关系，明确今后的工作在收入、成本等方面应达到的水平和努力的方向，促进各部门、各单位从各自的角度去完成企业的预算目标，有效地避免只顾本部门利益，而忽视企业整体利益的现象。

2. 协调各部门的工作

企业内部各职能部门与企业是局部与整体的关系。企业整体目标的实现有赖于各职能部门工作目标的完成。如果企业各部门之间不能相互协调、密切配合，那么，企业整体目标就无法实现。例如，销售部门根据已确定的目标利润进行销售预测，提出各种扩大产品销售量的计划，这种计划要求生产部门根据期初、期末的结存量，确定本期的生产量计划予以配合；而生产计划的执行又需供应部门、财务部门分别以相应的采购量和资金量予以支持。全面预算的初稿可能会出现不能使总体目标实现的不平衡状况，这时，需经过反复协商、修改，直到平衡为止。通过编制全面预算，可以平衡各部门的具体工作计划，使各部门工作相互衔接，从而使整个企业的各项工作协调起来。

3. 控制日常经营活动

全面预算一经确定，企业就应认真组织实施。在预算执行的过程中，各部门应以全面预算所确定的经济指标为依据，控制日常的经营活动。通过对比，找出实际脱离预算的差异，并分析其形成的原因，采取有效措施，巩固成绩，纠正错误，以保证企业整体目标的实现。

4. 评价各部门实际工作业绩

全面预算不仅确定了企业的整体目标，而且也指明了企业各部门的具体目标，经过一段时期的经营后，将实际数与预算数进行比较，就可了解各部门是超额完成预算，还是未完成预算，据此评价各部门的实际工作业绩。由于当今科技迅猛发展，市场竞争剧烈，劳动条件有可能发生变化，在评价各部门工作成绩时，将实际与预算对比，要比将本期实际与上期实际对比更有意义。

三、全面预算编制的程序

全面预算的编制是一项涉及面广、工作量大、操作复杂的工作。为使预算发挥应有的作用，预算的编制应尽量吸收预算执行者亲自参加，只有执行人参与到预算的编制工作中去，才能使预算成为他们自愿努力完成的目标，而不是外界强加于他们的枷锁。

全面预算通常一年编制一次，确保预算年度与会计年度一致，以便于对预算执行结果的分析、评价和考核。规模较大的企业一般应专门成立预算委员会，组织、领导并考核整个预算及其执行情况。预算委员会通常由总经理、分管销售、生产、财务等方面的副总经理和总会计师等高级管理人员组成。

预算编制工作一般应按照"上下结合、分级编制、逐级汇总"的程序进行。具体程序如下。

① 最高领导机构或预算委员会根据企业长期规划提出企业一定时期的总目标，并给各部门下达具体的工作指标。

② 最基层成本控制人员按具体工作目标自行草编本部门的预算，这样可以使预算较为可靠，也更符合实际。

③ 各部门汇总部门预算，并初步协调本部门预算，编制出销售、生产、财务等预算。

④ 预算委员会审查、平衡各预算，汇总出公司的总预算。

⑤ 审议机构通过或者驳回修改预算。

⑥ 主要预算指标报告给董事会或上级主管单位，讨论通过或者驳回修改。

⑦ 批准后的预算下达给各有关部门、单位执行。

第三节 财务预算

财务预算是一系列专门反映企业未来一定预算期内预计财务状况和经营成果，以及现金收支等价值指标的各种预算的总称。财务预算是全面预算体系的重要内容。

一、财务预算的编制方法

企业可以根据不同的预算情况，分别采用固定预算、弹性预算、零基预算、定期预算和滚动预算等方法编制各种预算。

1. 固定预算

固定预算也称静态预算，它是以预算期内正常的、可实现的某一固定业务量水平为基础而编制的预算。这种固定业务量的处理方法对业务量稳定的企业来说，是一种简便的预算编制方法。但是对于业务量变化较大的企业来说，若使用这种方法编制预算就难以达到预算的作用。这是因为，当实际业务量与预算所依据的业务量发生较大差异时，有关预算指标的实际数与预算数就会因业务量基础不同而失去可比性。例如，某企业预计业务量为20 000件，按此业务量给销售部门的费用预算为6 000元，而当销售部门实际完成业务量为24 000件时，在固定预算情况下预算费用仍为6 000元，显然这种预算难以调动销售部门的积极性。

2. 弹性预算

弹性预算是指在成本习性分类的基础上，根据本量利之间的依存关系，考虑到计划期业务量可能发生的变动，编制出一套适应多种业务量的费用预算，以便反映出在各业务量情况下所应支出的费用水平。弹性预算是为了弥补固定预算的缺陷而产生的。编制弹性预算所依据的业务量可以是产量、销售量、直接人工工时、机器工时、材料消耗量等。

［例4-1］某企业对生产成本进行弹性预算，其预算结果如表4-1所示。

表4-1 弹性成本预算表

2009年12月   单位：元

项目	单位变动成本	预计生产量				
		180件	190件	200件	210件	220件
变动生产成本：						
直接材料	50	9 000	9 500	10 000	10 500	11 000
直接人工	21	3 780	3 990	4 200	4 410	4 620
变动制造费用						
其中：间接材料	6	1 080	1 140	1 200	1 260	1 320
间接人工	10	1 800	1 900	2 000	2 100	2 200
动力费	8	1 440	1 520	1 600	1 680	1 760
小　计		17 100	18 050	19 000	19 950	20 900
固定制造费用						
其中：折旧费		2 400	2 400	2 400	2 400	2 400
办公费		1 600	1 600	1 600	1 600	1 600
租赁费		2 000	2 000	2 000	2 000	2 000
小　计		6 000	6 000	6 000	6 000	6 000
生产成本总计		23 100	24 050	25 000	25 950	26 900

注：假定固定制造费用在产量180~220件之间不变。

弹性预算是按预算期内某一相关范围内可预见的各种业务量水平确定不同的预算额的，从而扩大了预算的适用范围，便于预算指标的调整。无论实际业务量达到何种水平，都有一套可以适用的预算指标来发挥控制作用。

3. 增量预算

增量预算是指在基期成本费用水平的基础上，结合预算期业务量变动及有关降低成本的措施，通过调整有关原始成本项目而编制的预算。编制这种预算时，往往不加分析地保留或接受原有成本项目，这可能使原来不必要的费用继续开支，容易造成浪费。

4. 零基预算

零基预算是为区别于传统的增量预算而设计的一种预算，它不以现有费用水平为前提，而是一切从零做起，从实际需要与可能出发，逐项审议各种费用开支的必要性与合理性，进行综合平衡，从而确定预算费用。其基本做法大体可分为三个步骤：① 要求企业内部各有关部门，根据企业的整体目标和本部门的具体任务，提出预算期内需要发生的各种业务活动及其费用开支的性质、目的和数额；② 对每一项费用进行"成本—效益分析"，将其所费与所得进行对比，据以判断各项费用开支的合理性及先后支付顺序；③ 按上一步骤所定的层次与顺序，结合计划期间资金供应的可能性，分配资金，落实预算。

采用零基预算确定预算金额，可以合理有效地进行资源分配，有利于合理使用资金，提高资金的使用效益。但这种预算编制方法工作量较大，难以突出工作的重点。

5. 定期预算

企业的业务预算和财务预算通常是定期编制的，其优点是与会计年度相符，便于预算执行结果的考核与评价。但是，这种定期预算存在以下三个方面的缺陷。一是远期指导性差。定期预算大多是在其执行年度开始前的两三个月进行，难以预测预算后期的情况。二是预算的灵活性差。预算中所规划的各种经营活动在预算期内往往会发生变化，而定期预算不能及时调整，从而使预算显得不适应。三是预算的连续性差。在预算执行过程中，由于受预算期的限制，管理人员的决策视野局限于剩余的预算期间的活动，从而不利于企业长期稳定的发展。

6. 滚动预算

滚动预算又称连续预算，其基本特点是预算期连续不断变动，但始终保持一定期限。若限期为一年，凡预算执行完一个月后，即根据前一个月的经营成果，并结合执行中的新情况，对剩余11个月加以修订，并自动后续一个月，重新编制新一年的预算，这样逐期向后滚动，连续不断地以预算形式规划未来的经营活动。

与其他预算编制方法相比，滚动预算可以保持预算的连续性与完整性，可以根据前期预算的执行结果，并结合各种新的变化信息不断调整或修订预算，从而使预算与实际更加适应，也可使各级管理人员始终对未来一段时期的经营活动进行全盘规划。编制滚动预算的工作量较大，且预算期与会计年度相脱节。

二、现金预算的编制

现金预算也称现金收支预算，它是以业务预算和特种决策预算为基础而编制的反映现金收支情况的预算。实际上，现金预算是其他预算有关现金收支部分的汇总以及收支差额平衡措施的具体计划。所以，在编制现金预算时，需先编制其他预算，为编制现金预算提供数据准备。

（一）销售预算

销售预算是安排销售规模的计划，它是编制全面预算的关键和起点，其他预算均以销售预算为基础，产品的生产量、材料、人工、设备和资金的需要量、销售及管理费用等都受预期销售量的影响。如果销售预算编制不当，则整个预算体系就失去其存在的意义。

销售预算是在销售预测的基础上，根据年度目标利润所确定的销售量和销售额来编制的，它主要包括销售量、销售单价和销售收入三部分。销售量是根据市场预测或销售合同，并结合企业的生产能力确定的。销售单价是根据市场状况并考虑各种影响因素加以决定的。销售收入是销售单价和销售量的乘积。编制预算时，通常要分品种、分月份、分销售区域和销售对象进行编制，之后再汇总。为便于现金预算的编制，销售预算表之后附有"预计现金收入计算表"。"预计现金收入计算表"包括前期应收销售货款的收回和本期现售货款的收回。

[例4-2] A公司计划年度（2010年）生产并销售甲产品。预计的销售量、单价、销售收入以及分季的预算表如表4-2所示。根据预测，甲产品销售收入中有50%能于当季收现，其余一半要到下一季度收回。2009年末应收账款余额为12 000元。

根据资料编制甲产品的销售预算和现金收入预算表，如表4-2所示。

表4-2 销售预算表

项目	一季度	二季度	三季度	四季度	全年
销售量/件	800	1 000	1 200	1 000	4 000
预计单价/元/件	60	60	60	60	60
销售收入/元	48 000	60 000	72 000	60 000	240 000
期初应收账款/元	12 000				12 000
一季度销售收现/元	24 000	24 000			48 000
二季度销售收现/元		30 000	30 000		60 000
三季度销售收现/元			36 000	36 000	72 000
四季度销售收现/元				30 000	30 000
合计/元	36 000	54 000	66 000	66 000	222 000

（二）生产预算

生产预算是安排预算期内生产规模的计划，确定预算期内产品生产的实际数量及其分布情况，为进一步编制成本和费用预算提供依据。

生产预算是根据销售预算中所确定的销售量，并考虑期初、期末存货的结存情况进行编制的。产品的生产量可用下列公式计算：

$$预算期生产量=预计销售量+预计期末结存量-预计期初结存量$$

式中，预计销售量即为销售预算量，预计期初结存量为上期末结存量，预计期末结存量根据产品销售趋势进行估计，一般可按下期销售量的一定百分比确定。生产量虽与销售量不一定相同，但也应保持适应的比例。这是因为，生产量过多，易造成成品积压；生产量过少，易造成储备不足，出现产销脱节现象。年度生产预算编制好后，企业还可根据具体情况排出生产进度的日程表，以保证生产任务的顺利进行。

[**例4-3**] 延续例4-2，A公司产成品各季末结存量按下一季度销售量的10%确定，2009年末甲产品结存80件，2010年末预计甲产品结存100件。根据销售预算的有关资料，结合期初、期末的结存情况，编制甲产品的生产预算，如表4-3所示。

表4-3 生产预算表

单位：件

项目	一季度	二季度	三季度	四季度	全年
预计销售量	800	1 000	1 200	1 000	4 000
加：预计期末结存量	100	120	100	100	100
预计需要量	900	1 120	1 300	1 100	4 100
减：预计期初结存量	80	100	120	100	80
预计生产量	820	1 020	1 180	1 000	4 020

（三）直接材料采购预算

直接材料采购预算是指为了规划预算期内材料消耗情况，反映预算期内各种材料消耗量、采购量、材料采购成本等信息而编制的业务预算。直接材料采购预算以生产预算为基础，按产品所消耗的材料类别分别编制。与生产预算一样，编制时要考虑期初、期末存货水平，并注意材料采购量与耗用量的适当比例关系，既要保证生产需要，又不能出现超储积压现象。预计材料采购量可按下面的公式计算：

某种材料采购量=某种材料生产耗用量+该种材料期末结存量−该种材料期初结存量

某种材料生产耗用量=产品预计生产量×单位产品材料耗用量

将预计材料的采购量乘以材料的单价，即可求得该种材料的采购成本。材料采购成本是材料采购过程中的现金支出。为方便编制现金支出预算，在编制直接材料采购预算时，还需编制现金支出计算表。现金支出计算表包括偿还上期应付账款和本期应支付的采购款。

[**例4-4**] A公司生产的甲产品耗用C材料，单耗为4千克，单价5元。每季末材料库存量按下季度生产需要量的20%确定。2009年末C材料结存656千克，2010年末预计C材料结存820千克。每季材料采购金额中预计50%需在当季支付，其余一半在下季度支付。2010年初，材料采购账款为6 000元。根据资料编制甲产品耗用C材料的预算如表4-4所示。

表4-4 直接材料采购预算

项目	一季度	二季度	三季度	四季度	全年
预计生产量/件	820	1 020	1 180	1 000	4 020
材料单耗/千克	4	4	4	4	4
预计生产需要量/千克	3 280	4 080	4 720	4 000	16 080
加：期末结存量/千克	816	944	800	820	820
预计需要量合计/千克	4 096	5 024	5 520	4 820	16 900

（续）

项目	一季度	二季度	三季度	四季度	全年
减：期初结存量/千克	656	816	944	800	656
预计材料采购量/千克	3 440	4 208	4 576	4 020	16 244
计划单价/元/件	5	5	5	5	5
预计材料采购金额/元	17 200	21 040	22 880	20 100	81 220
应付账款年初余额/元	6 000				6 000
一季度购料付现/元	8 600	8 600			17 200
二季度购料付现/元		10 520	10 520		21 040
三季度购料付现/元			11 440	11 440	22 880
四季度购料付现/元				10 050	10 050
合计/元	14 600	19 120	21 960	21 490	77 170

（四）直接人工预算

直接人工预算是以生产预算为基础，反映预算期内人工工时的消耗水平和人工成本的业务预算。它是根据生产预算中的预计生产量以及单位产品所需的直接人工工时和每小时工资率进行编制的。通常情况下，企业应根据生产工人的不同工种分别计算，然后，将计算出的直接人工小时总数分别乘以各工种的工资率，再予以合计，即可求得直接人工成本的总数。

各期人工成本一般均由现金开支，所以不必编制现金支出计算表，直接人工预算表中预计直接人工成本总额就是现金预算中的直接人工工资支付额。

[例4-5] A公司甲产品单位工时定额为3小时，小时工资率为4元。根据相关资料，可编制甲产品的直接人工预算，如表4-5所示。

表4-5　直接人工预算表

单位：元

项目	一季度	二季度	三季度	四季度	全年
预计生产量/件	820	1 020	1 180	1 000	4 020
单位工时定额/小时	3	3	3	3	3
直接人工工时总数/小时	2 460	3 060	3 540	3 000	12 060
单位工时工资率/元/小时	4	4	4	4	4
预计直接人工成本总额/元	9 840	12 240	14 160	12 000	48 240

（五）制造费用预算

制造费用是指生产成本中除直接材料、直接人工以外的其他一切生产费用。由于制造费用按成本习性可分为变动制造费用和固定制造费用，所以制造费用预算通常分为变动制造费用预算和固定制造费用预算两部分。变动制造费用预算是以生产预算为基础编制的，如果有完善的标准成本资料，用单位产品的标准成本与产量相乘，即可得到相应的预算金额。如果没有标准成本资料，就需要逐项预计计划产量需要的各项制造费用。固定制造费用通常与产量无关，需要逐项进行预计，也可根据上年的实际开支水平，结合预算期的具体变动情况确定。为方便现金预算的编制，需要预计现金支出。在制造费用中，除折旧费用外都需支付现金，所以，每个季度制造费用预算扣除折旧费用后，即可求得现金支出的费用。

[例4-6] A公司的制造费用预算如表4-6所示。

表4-6 制造费用预算表

单位：元

项目	一季度	二季度	三季度	四季度	全年
变动制造费用					
间接人工	984	1 224	1 416	1 200	4 824
间接材料	492	612	708	600	2 412
维护费	369	459	531	450	1 809
水电费	615	765	885	750	3 015
小　计	2 460	3 060	3 540	3 000	12 060
固定制造费用					
管理人员薪酬	1 000	1 000	900	900	3 800
折旧费	1 000	1 000	1 000	1 000	4 000
保险费	100	100	100	100	400
维护费	350	250	388	460	1 448
小　计	2 450	2 350	2 388	2 460	9 648
合　计	4 910	5 410	5 928	5 460	21 708
减：折旧费	1 000	1 000	1 000	1 000	4 000
现金支出费用	3 910	4 410	4 928	4 460	17 708

注：变动制造费用小时费用率=12 060÷12 060=1（元/时）

（六）产品生产成本预算

产品生产成本预算是反映预算期内各种产品生产成本水平的一种业务预算。它是在生产预算、直接材料采购预算、直接人工预算和制造费用预算的基础上而编制的。通常它应反映各产品的单位生产成本和总成本，有时也反映年初、年末的存货水平。

[例4-7] 根据表4-3、表4-4、表4-5等资料，编制A公司的产品生产成本预算如表4-7所示。

表4-7 产品生产成本预算

项目	单位成本			生产成本/元 （4 020件）	期末存货/元 （100件）	销货成本/元 （4 000件）
	单位用量	单价/元	成本/元			
直接材料	4千克	5	20	80 400	2 000	80 000
直接人工	3小时	4	12	48 240	1 200	48 000
变动制造费用	3小时	1	3	12 060	300	12 000
固定制造费用	3小时	0.8	2.40	9 648	240	9 600
合计			37.40	150 348	3 740	149 600

（七）销售及管理费用预算

销售及管理费用预算是以价值形式反映整个预算期内为销售产品和维持一般行政管理工作而发生的各项费用支出计划的预算。企业可根据费用的性质将两者结合起来编制预算，也可将两者分开进行。其编制方法与制造费用预算的编制方法一样，需要划分为固定费用和变动费用两部分。还需注意的是，销售费用预算应和销售预算相配合。在编制管理费用预算时，要与企业的业务成绩和经济状况相联系。由于管理费用大多属于固定成本，所以它一般以上年度的实际开支为基础，按预算期的可预见变化进行调整。

[例4-8] A公司根据企业的具体情况合并编制了销售及管理费用预算如表4-8所示。

表4-8　销售及管理费用预算

单位：元

变动销售及管理费用	金额	固定销售及管理费用	金额
销售人员薪酬	12 000	管理人员薪酬	4 000
销售佣金	4 800	广告费	6 000
运输费	4 800	保险费	2 000
办公费	2 400	折旧费	4 000
合　计	24 000	合　计	16 000
营业收入	240 000	减：折旧费	4 000
分配率（24 000÷240 000）	0.1	销售及管理费用现金支出总额	12 000
		每季现金支出（12 000÷4）	3 000

（八）现金预算

现金预算是由现金收入、现金支出、现金多余或不足、资金的筹集与运用四部分组成。

1. 现金收入

它是指预算期内预计发生的现金收入，包括期初的现金余额和预算期的现金收入。销货现金收入是现金收入的主要来源，这些数据可从销售预算附表中获得。

2. 现金支出

它是指预算期内发生的各种现金支出，如支付材料采购款、支付职工薪酬、支付制造费用、支付销售及管理费用、偿还应付款项、缴纳税金、支付股利、购置设备等。这些资料可从相关的业务预算及专门决策预算中取得。

3. 现金多余或不足

它是指现金收入合计与现金支出合计的差额。差额为正，说明收大于支，现金有多余；差额为负，说明支大于收，现金不足。

4. 资金的筹集与运用

根据现金收支差额和企业有关资金管理的政策，确定筹集或运用资金的数额。资金不足，则确定筹集资金；资金多余，除可用于偿还借款外，还可考虑以短期投资等方式加以运用，以提高资金的使用效益。

[例4-9] A公司2009年年末现金余额为5 200元，企业最低的现金余额为4 000元，最

高不超过8 000元。另外根据专门决策预算查得企业在第一、四季度分别投资固定资产8 000元，第二、四季度支付股利6 000元，每季度预交所得税4 000元。现金不足，向银行借款；现金多余，归还借款。借款在期初借，还款在季度末还，利息每季结算一次。借款利率为6%，根据资料编制A公司的现金预算，如表4-9所示。

表4-9 现金预算表

单位：元

项目	一季度	二季度	三季度	四季度	全年
期初现金余额	5 200	4 870	3 920	4 492	5 200
加：销货现金收入	36 000	54 000	66 000	66 000	222 000
现金收入合计	41 200	58 870	69 920	70 492	227 200
减：现金支出					
直接材料	14 600	19 120	21 960	21 490	77 170
直接人工	9 840	12 240	14 160	12 000	48 240
制造费用	3 910	4 410	4 928	4 460	17 708
变动销售及管理费用	4 800	6 000	7 200	6 000	24 000
固定销售及管理费用	3 000	3 000	3 000	3 000	12 000
所得税	4 000	4 000	4 000	4 000	16 000
购买设备	8 000			8 000	16 000
股利		6 000		6 000	12 000
支出合计	48 150	54 770	55 248	64 950	223 118
现金多余或不足	−6 950	4 100	14 672	5 542	4 082
资金筹集与运用					
借款	12 000				12 000
还款			10 000		10 000
利息	180	180	180	30	570
期末现金余额	4 870	3 920	4 492	5 512	5 512

注：12 000×6%÷4=180   2 000×6%÷4=30

三、预计财务报表的编制

预计财务报表是财务管理的重要工具，它是企业控制资金、成本和利润总量的重要手段，包括预计利润表和预计资产负债表等。

（一）预计利润表

预计利润表是用以综合反映企业在预算期内经营活动成果情况的财务报表，它是在各项经营预算的基础上，根据权责发生制的原则进行编制的。预计的利润表与实际的利润表内容与格式相同，但预计利润表提供的是预算数据。通过预计利润表，可以了解企业预期的盈利水平。如果预期利润与企业的目标利润有较大的差异，就需要调整预算，设法达到目标，或者经过领导同意后修改目标利润。

［例4-10］根据A公司前述的各项预算资料，可编制预计利润表，如表4-10所示。

表4-10 预计利润表

单位：元

项目	金额	资料来源
营业收入	240 000	表4-2
减：营业成本	149 600	表4-6
毛利	90 400	
减：销售及管理费用	40 000	表4-8
利息	570	表4-9
利润总额	49 830	
减：所得税	16 000	表4-9
税后净收益	33 830	

（二）预计资产负债表

预计资产负债表是反映企业预算期末财务状况的总括性预算。预计资产负债表应以期初的资产负债表为基础，根据预算期内各项预算的有关资料作必要调整进行编制。

[例4-11] A公司2009年未分配利润为8 472元，本期提取盈余公积3 383元，根据前述的各项预算资料，可编制预计资产负债表如表4-11所示。

表4-11 预计资产负债表

单位：元

资产			负债及所有者权益		
项目	年初	年末	项目	年初	年末
货币资金	5 200	5 512	应付账款	6 000	10 050
应收账款	12 000	30 000	短期借款		2 000
直接材料	3 280	4 100	长期借款	5 000	5 000
库存商品	2 992	3 740	实收资本	40 000	40 000
土地	15 000	15 000	盈余公积	5 000	8 383
房屋及设备	30 000	46 000	未分配利润	8 472	26 919
累计折旧	4 000	12 000			
资产总额	64 472	92 352	权益合计	64 472	92 352

注：8 472+33 830−3 383−12 000=26 919

📖 练习题

一、简答题

1. 什么是财务战略？它有什么特征？

2. 企业发展的不同阶段应采用怎样的财务战略？

3. 什么是全面预算？全面预算体系包括哪些内容？

4. 全面预算的作用有哪些？

5. 编制财务预算有哪些方法？

二、单选题

1. 固定预算编制方法的致命缺点是（　　）。

　　A. 过于机械呆板　　　B. 可比性差　　　C. 计算量大　　　D. 可能导致保护落后

2. 可以保证预算的连续性和完整性，并能克服传统定期预算缺点的是（　　）。

　　A. 弹性预算　　　B. 零基预算　　　C. 滚动预算　　　D. 固定预算

3. 企业预算是从编制（　　）开始的。

　　A. 生产预算　　　B. 产品生产成本预算　　　C. 现金预算　　　D. 销售预算

4.（　　）是只使用实物量计量单位的预算。

　　A. 产品成本预算　　　B. 生产预算　　　C. 管理费用预算　　　D. 直接材料预算

三、多选题

1. 财务战略按财务管理的职能可分为（　　）。

　　A. 投资战略　　　B. 筹资战略　　　C. 营运战略　　　D. 股利战略

2. 现金预算的编制基础包括（　　）。

　　A. 销售预算　　　B. 投资决策预算　　　C. 销售费用预算　　　D. 预计利润表

3. 下列（　　）是在生产预算的基础上编制的。

　　A. 直接材料预算　　　B. 直接人工预算　　　C. 产品成本预算　　　D. 管理费用预算

4. 弹性预算编制方法的优点是（　　）。

　　A. 预算范围宽　　　B. 可比性强　　　C. 及时性强　　　D. 透明度高

四、计算分析题

1. 假定某公司计划期间第一季度某产品各月份的销售量，根据预测分别为2 000件、3 000件和3 600件，其销售单价为50元。若该公司商品货款的收回按以下办法处理：销售当月收款60%，次月收款30%，第三个月收款10%。又假定计划期初应收账款余额为22 000元，其中包括上年度十一月份销售的应收账款4 000元，十二月份销售的应收账款18 000元。

　　要求：（1）计算该企业上年度十一月份及十二月份的销售总额各为多少？

　　　　　（2）编制该公司计划期第一季度的分月销售预算（包括第一季度的预计现金收入计算表）。

2. 某企业编制"直接材料预算"，预计第四季度期初存量600千克，该季度生产需用量2 400千克，预计期末存量为400千克，材料单价（不含税）为10元，若材料采购货款有60%在本季度内付清，另外40%在下季度付清，增值税税率为17%，计算企业预计资产负债表年末"应付账款"的金额。

第五章

筹资概论

筹资是企业根据生产经营、对外投资以及调整资本结构的需要，通过一定的渠道和市场，采取适当的方式，获取所需资金的一种行为。企业的生存和发展都以筹集足够的资金并灵活地运用这些资金为前提，筹资是整个资金运动的起点，因而，筹资管理是企业财务管理的一项重要内容。

第一节　资金筹资概述

一、企业筹资目的

资金是企业持续从事生产经营活动的基本条件。资金筹集是企业生产经营活动的前提，也是企业再生产顺利进行的保证。从一定意义上讲，筹资的数量与结构直接影响到企业经济效益的好坏，进而影响企业的收益分配，影响企业自身的生存与发展。企业筹集资金的目的总的来说是获取资金，但具体到不同的企业，筹资目的有所不同。

（一）满足企业设立的需要

按照我国有关法规的规定，企业设立时，必须要有法定的资本金，并不得低于国家规定的最低限额。因此，企业设立时，必须筹集一定数量的资金，以形成企业的资本金。

（二）满足生产经营的需要

按照经济学理论，资金每循环一次都带来一定数量的利润，都能补偿生产经营的耗费，进行再生产。但在实际生产经营中，每一次资金循环收回的资金与下一次循环所需要的资金在形态上并不完全一致，资金的收回与资金的使用在时间上也不一定完全衔接，这就需要企业为维持正常的生产经营活动而不断地筹集资金。

（三）满足资本结构调整的需要

企业的资本结构是由企业采用的各种筹资方式形成的，资本结构的调整是企业为了降低筹资风险、减少资本成本而对自有资金与借入资金的比例关系进行的调整。资本结构具有相对的稳定性，但随着经济状况的变化、企业经营条件的改变等，资本结构也应作出相应的调整。当企业的资本结构不合理时，需要通过筹资进行调整，使其趋于合理。

（四）谋求企业发展壮大的需要

在市场竞争中，企业只有不断地进行自我强化、自我更新和自我发展，才能立于不败之地。这就要求企业不断开发新产品、提高产品质量、改进生产工艺、开拓新的经营领域，不断扩大生产经营规模，而这一切都是以资金的不断投放作为保证的。

二、影响企业筹资的因素

影响企业筹资的因素有许多，总体来说有经济性因素和非经济性因素两种。

（一）经济性因素

影响企业筹资的经济性因素主要有以下几个。

1. 筹资成本

它是指企业为取得和使用资金而付出的各种代价，具体包括筹资费用和使用费用两项内容。筹资管理的基本任务之一就是选择那些筹资成本最低的筹资方式。因此，在筹资过程中，财务人员必须从如下两个方面来考虑筹资成本。

① 考虑资金市场的供求关系。从总体上看，所有筹资方式的筹资成本，其大小都直接与资金市场中"资金商品"的供求关系有关。当资金市场供过于求时，筹资成本相对较低；反之，当资金市场供不应求时，资本成本则相应提高。

② 在资金市场供求关系一定的情况下，考虑各筹资方式间筹资成本的差异，并进行有效的选择，以提高筹资效益。

2. 筹资风险

它是指企业在负债筹资方式下，由于各种原因而引起的债务到期不能还本付息的风险和压力。显然，主权资本筹资一般不存在这种风险，而负债筹资则存在这种风险。筹资成本的高低与筹资风险的大小直接有关。筹资风险大，则筹资成本较低；反之，筹资风险较小，则筹资成本较高。因此，企业筹资管理的基本原则应是，在筹资风险一定情况下使筹资成本最低，或者在筹资成本一定的情况下使筹资风险最小。

3. 投资目的

企业筹资不是盲目的，而总是为一定的投资项目所进行的。投资项目可以从如下几个方面影响筹资活动。

① 投资项目所需资金量决定筹资量。只有这样，才能避免因筹资过多而造成资金闲置和浪费，或因资金不足而影响投资进度，造成机会损失。

② 投资进度直接影响着投资计划和资金到位时间的安排。在筹资过程中，只有考虑了这种影响，才能避免因期限搭配不当而造成的损失。

③ 投资项目的未来收益能力决定着筹资渠道与筹资方式的选择。投资项目的未来收益能力越高，则可选择的筹资渠道及筹资方式就越多；否则，就越少。

4. 资本结构

它是指企业各种资本的构成及其比例关系。在资本结构中，如果主权资本比重大，则表明企业的财务实力强，有利于企业扩大负债规模，但不利于其提高主权资本利润率；反之，如果负债资本比重大，则表明企业的财务风险大。但在资本利润率大于负债利率时，有利于企业提高主权资本利润率。因此，一定时期内的资本结构决定着企业对筹资方式的选择。

（二）非经济性因素

影响企业筹资的非经济性因素，主要有以下几个。

1. 筹资的难易程度

这主要涉及筹资的审批程序及组织管理工作。例如，发行债券筹资比银行借款筹资的难度大、股票筹资比负债筹资的难度大。

2. 资金的使用约束

一般来说，无论是投资者或是债权人，出于投资安全性和收益性的考虑，都会从不同方面对企业所筹资金的使用施加一定的限制，这些限制即为使用约束。

3. 筹资的社会效应

有些企业在筹资决策时非常注重筹资后的市场效应和市场形象，即筹资后的社会效应问题。如果不考虑其他条件，单就企业筹资行为的市场效应而言，直接筹资的社会效应最大，因为这类方式直接面对金融市场，具有筹资后的市场广告作用，它比间接筹资的市场效应要大得多。

4. 筹资对企业控制权的影响

企业在选择和评价各种筹资方式时，需要考虑由于筹资而给原股东带来的企业控制权稀释问题。各种筹资方式对企业控制权的影响力不同，从而会影响企业生产经营活动的独立性，影响财务管理的自主权，影响企业利润的分配。企业在选择筹资方式时，必须考虑对原有股东控制权的影响。

三、企业筹资原则

企业在筹资过程中，必须综合分析上述各种因素的影响，并围绕筹资的目的，积极而有效地开展筹资活动。企业在筹资时应遵循如下原则。

（一）准确预测企业需用资金的数量及形态

企业财务管理中的资金有短期资金与长期资金、流动资金与固定资金、自有资金与借入资金，以及国内资金、外汇资金、风险资金等形态。不同形态的资金往往满足不同的生产经营需要。企业生产经营需要和财务目标决定着筹资数量。财务人员应周密地分析生产经营和市场状况，采取科学、合理的方法，准确预测资金需要量，确定相应的资金形态，从而满足投资需要。

（二）资本成本与资本收益相比较原则

企业不论从何种渠道、以何种方式筹集资金，都要付出一定的代价，也就是要支付发行费、注册费等筹资费用，要支付股息、利息等使用费用。即使动用自有资金，也是以损失存入银行的利息为代价的。资本成本是企业为筹集和使用资本所需支付的各种费用总和，也是企业生产经营的最低收益率。只有投资收益率大于资本成本，企业筹资活动才能有效实施。资本成本与收益的比较，在若干筹资渠道和筹资方式下，应以综合平均资本成本为依据。简言之，企业筹集资金前必须要对资本成本进行准确的分析和计算。

（三）确定最佳资本结构

在各种筹资渠道和方式下，企业应以综合平均资本成本为依据，其含义是在综合平均资本成本低于总资产收益的条件下，允许个别筹资方式或资金形态的资本成本等于或略高于其收益，这是出于公司资本结构的需要。我们知道，资本结构是企业资本的组合，反映的是企业长期资金各项目之间数量构成及其所占资本总额的数量比例关系。最优资本结构也就是企业最佳的资金组合方式。不同形态的资金及其筹资方式不同，其资本成本和风险也不相同。为了实现财务目标，企业应对各种筹资渠道和筹资方式进行系统的对比分析，寻找最优资本结构，以便减少风险、降低成本、增加盈利、提高企业价值。

（四）风险收益均衡原则

企业的任何一项财务活动都客观地面临着一个风险与收益的权衡问题。企业的资金可以通过从多种渠道、使用多种方式来筹集。不同来源的资金，其使用时间的长短、附加条件的限制和资本成本的大小都不相同。这就要求企业在筹集资金时，不仅要从数量上满足生产经营的需要，而且要考虑到各种筹资方式给公司带来的财务风险的大小和资本成本的高低，经过权衡选出最佳筹资方式。一般说来，收益总是伴随着风险，高风险往往带来高收益。企业应根据公司财务目标和公司自身实际情况，在风险和收益之间进行均衡，选择恰当的筹资渠道和筹资方式。例如，跨国公司可直接参与国际金融市场的筹资和投资，收益机会多，但外汇风险也很多，因而跨国公司必须及时、准确地预测外汇汇率变动及其趋势，恰当使用各种避险方法，消除、控制或分散风险，获得预期收益。

（五）争取最有利条件原则

公司筹集资金要时间合适、地域合理、渠道多样、方式灵活。这是由于同等金额的资金，在不同的时间和空间，其时间价值和风险价值大不相同。所以，企业要把握筹资时机，以较少费用筹集到足额资金。企业要研究筹资渠道及其地域，做到战术灵活，及时调剂，相互补充，把筹资与技术引进、开拓市场相结合，实现最佳经济效益。具体地说，企业筹资要有尽可能多的筹资方式、尽可能低的资本成本、尽可能长的偿还期限以及尽可能小的风险。如同政府举借外债一样，保证还得起、划得来、用得好。

（六）遵守国家有关法规，讲求合法性

企业筹集资金的数量和投资方向，关系着国民经济的建设规模和产业结构。企业筹集资金必须接受国家宏观调控和计划的指导。资金筹集工作要遵守国家有关法规的规定，并维护有关各方的权益。

总之，企业要在基本的财务管理原则和筹资原则指导下，以充分挖掘企业内部资金潜力为前提，开展筹资活动，完成筹资任务。

第二节　筹资渠道和筹资方式

一、筹集渠道

筹资渠道是指企业筹措资本的方向与通道，体现资金的来源与流量。正确地认识和了解筹资渠道及其特点，有助于企业充分拓宽和正确利用筹资渠道。目前企业筹集资金的渠道主要有以下几个方面。

（一）国家财政资金

国家对企业的直接投资是国有企业特别是国有独资企业获得资金的主要渠道。现有国有企业的资金来源中，其资本部分大多是由国家财政以直接拨款方式形成的，除此之外，还有些是由于国家对企业实施"税前还贷"或减免各种税款等政策而形成的。不管是何种形式的资金来源，从产权关系上看，它们都属于国家投入的资金，产权归国家所有。

（二）银行信贷资金

银行对企业的各种贷款是我国目前各类企业最为重要的资金来源。银行一般分为商业性银行和政策性银行两种。商业性银行是以营利为目的、从事信贷资金投放的金融机构，它主要为企业提供商业贷款。政策性银行是为一些特定企业提供政策性贷款的金融机构。

（三）其他金融机构资金

其他金融机构也称非银行金融机构，主要指保险公司、信托投资公司、金融租赁公司、证券公司、企业集团财务公司等。非银行金融机构的资金实力虽比银行小，但它们的资金供应比较灵活，而且可以提供多种特定服务。他们所提供的各种金融服务，既包括信贷资金投放，也包括物质融通，还包括为企业承销证券等金融服务。该渠道已成为企业筹资的重要来源。

（四）其他企业资金

企业在生产经营中，往往形成部分暂时闲置的资金，并为一定的目的而进行相互投资。另外，企业间的购销业务可以通过商业信用方式来完成，从而形成企业间的债权债务关系，形成债务人对债权人短期信用资金的占用。企业间的相互投资和商业信用的存在，使其他企业资金也成为企业资金的重要来源。

（五）企业自留资金

企业内部形成的资金，主要有计提折旧形成的临时沉淀资金以及提取公积金和未分配利润形成的资金。这些资金无须企业通过一定的方式去筹集，而直接由企业内部自动生成或转移。

（六）居民个人资金

企业职工和居民个人的节余货币，是"游离"于银行及非银行金融机构等之外的个人资金。对于这部分资金，企业可通过吸收直接投资、发行股票、发行债券等方式加以吸收，使之成为企业资金的来源渠道。

二、筹资方式

企业在选择和确定资金渠道后，如何以较少的代价顺利地取得所需资金则取决于企业筹资的方式。筹资方式就是企业筹措集中资金的具体形式。

企业资金筹资方式与企业投资项目的特征、企业的性质以及财务管理人员的偏好有着密切联系。一般地讲，短期资产由短期资金融通，长期资产由长期资金融通。如果一个公司的流动资金需求量较大，则可较多地使用流动负债方式筹资；如果公司需求大量先进的生产设备和厂房设备，则公司应主要采取吸收长期投资、发行股票和发行长期公司债券的方式筹资；如果公司财务人员偏好于利润最大化目标，那么他们可能更多地采取成本低、风险大的短期融资；反之，若公司财务人员把生产经营安全作为财务辅助目标之一，他就可能较多地使用风险小而成本高的长期资金，满足企业的部分资金需求。由于企业资产组合、资金期限结构和发展历史不同，企业筹资方式又可分为最初筹资方式，发展的筹资方式、冒险型筹资方式和保守型筹资方式等。

筹资渠道是客观存在的，而筹资方式则属于企业的主观能动行为。目前，我国企业的筹资方式主要有：吸收直接投资、发行股票、银行贷款、发行债券、商业信用、融资租赁等。不同的筹资方式具有不同的特点，具体参见第六章、第七章、第八章的内容。

三、筹资渠道与筹资方式的对应关系

企业究竟采取什么方式筹集资金，要以所筹资金的投资项目收益率、项目回收期和资本成本的财务评价为依据。筹资方式与筹资渠道之间既有区别又有联系，同一筹资渠道可以采取不同的筹资方式，同一筹资方式有时也可适用于不同的筹资渠道。

筹资渠道解决的是资金来源的问题，筹资方式则解决企业如何取得资金的问题，两者相互独立又密不可分。特定的筹资渠道只能配以相应筹资方式，而一定的筹资方式可能只适用于某一特定的筹资渠道。因此，企业在筹集资金时应当考虑到两者的合理配置。筹资方式与筹资渠道的对应关系如表5-1所示。

表5-1 筹资方式与筹资渠道的对应关系

关系 渠道 \ 方式	吸收直接投资	发行股票	银行贷款	发行债券	商业信用	融资租赁
国家财政资金	√	√				
银行信贷资金			√			
非银行金融机构资金	√	√	√	√		√
其他企业资金	√	√		√	√	√
民间个人资金	√	√		√		
企业自留资金	√	√				

第三节 资金需要量的预测

在当今复杂多变的市场经济中，事先没有周密的规划，工作必然处于被动状态，缺乏应变能力和竞争能力，企业经营目标就难于实现。为了规划企业的经济活动，就要对一些重要的财务指标进行科学的预测。通过前面的介绍，我们已经了解了企业主要的筹资渠道和筹资方式。在实务中，企业在筹资之前，应采用一定的方法预测资金需要量。只有这样，才能使筹集的资金既能保证生产经营的需要，又不会有太多的闲置。

一、资金需要量预测的步骤

预测资金需要量一般按以下步骤进行。

（一）收集和整理资料

预测资金需要量要有足够的相关资料，包括过去的财务资料、现在生产经营以及投资方面的信息资料。对收集到的各种资料首先应检查其可靠性、完整性和代表性，排除偶然性因素的干扰，然后对资料进行整理、归纳、鉴别，找出财务活动中有规律性的东西，为资金预测作好准备。

（二）销售预测

销售预测是资金预测的起点，销售预测完成后才能开始进行资金需要量的预测。销

售预测对财务预测的质量有重大影响。如果销售的实际状况超出预测很多，企业没有准备足够的资金添置设备或储备存货，则无法满足顾客需要，这不仅会失去盈利机会，而且会丧失原有的市场份额。相反，销售预测过高，筹集大量的资金购买设备并储备存货，则会造成设备闲置和存货积压，使资产周转率下降，权益报酬率也随之下降。

（三）估计需要的资产和负债的变化

销售规模的扩大，要求企业资产也相应的增加。通常，资产是销售的函数，根据历史资料分析出该函数的关系。根据预计销售量和资产销售函数，预测所需资产的总量。增加资产就必须增加融资。某些流动负债也是销售的函数。销售量增加，会使自动性融资的流动负债也自发增长，这部分自发增长的流动负债给企业带来了一部分资金来源，从而减轻企业对外融资的压力。

（四）估计内部融资数额

留存收益是企业的内部融资来源。企业根据销售数据估计未来年度的收入和费用，并确定净收益。净收益扣除支付的股利，剩余部分可作为弥补销售规模扩大所需的资金来源，这部分来源可减少企业外部融资的数额。

（五）估计对外筹资的数额

根据预计资产总量，减去已有的资金来源、负债的自发增长和内部提供的留存收益，便可计算出外部融资的数额。

二、资金需要量的预测方法

资金需要量的预测方法很多，一般可分为两大类，即定性预测法和定量预测法。

定性预测法是指利用直观材料，依靠个人经验的主观判断和综合分析能力，对事物未来的状况和趋势作出预测的一种方法。其一般做法是召集主管人员、经办人员、有经验的技术和管理人员，依据过去积累的资料进行分析判断，提出预测意见，然后加以整理综合，得出综合性的预测意见。这种方法一般是在企业缺乏完备、准确的历史资料的情况下采用。属于定性预测法的方法有经验分析法、直接调查法、集合意见法和集体思考法等。

定量预测法是根据变量之间存在的数量关系（如时间关系、因果关系）建立数学模型进行预测的方法。这种方法是在掌握大量历史数据的基础上进行的。定量预测法又可分为趋势预测法和因果预测法。

趋势预测法是以某项指标过去的变化趋势作为依据的，即把未来看成"过去历史的延伸"。这类方法主要有简单平均法、移动平均法、指数平滑法等。

因果预测法是从某项指标与其他指标之间的规律性联系中进行分析研究的，以它们之间的规律性联系作为预测的依据。这类方法有回归分析法、销售百分比法等。

定性预测法和定量预测法并非相互排斥，而是相辅相成的。实际工作中，企业应根据具体情况将两者结合起来加以运用，这样才能收到较好的效果。

三、销售百分比法

销售百分比法是指根据资金各个项目与营业收入总额之间的依存关系，并假定这种关系在未来将保持不变，然后，根据计划期营业额的增长情况来预测需要相应追加多少资金的一种方法。运用销售百分比法预测资金需要量的步骤如下。

1.分析营业收入与资产负债表各项目之间的关系

企业销售规模的变化，会引起资产、负债和所有者权益发生变化，但并不是所有的资产、负债及所有者权益都会发生相应变化。进行资金预测时，应分别分析各个项目与营业收入总额之间的依存关系。

（1）资产类项目

资产类中的现金、应收账款和存货等项目一般都会随营业额的增长而相应增加。应收票据、预付款项等不会随营业收入的增长而增长。固定资产项目是否会增加，需要视目前固定资产是否已被充分利用而定。如果固定资产的生产能力未能得到充分利用，也即说目前固定资产的生产能力能够满足营业收入扩大的需要，则不必增加固定资产；如果固定资产的生产能力已经达到饱和，则增加营业收入就需要增加固定资产。至于对外长期投资和无形资产等项目一般不会随营业收入的增长而增长。

（2）负债项目

应付账款、应交税费，一般会随着营业收入的增长而相应增长。短期借款、应付票据、长期负债项目不会随收入规模的扩大而增长。

（3）股东权益项目

股东权益项目一般不会随着销售的增长而相应增长，但留存收益是企业的内部融资。有种观点认为固定资产计提的折旧额，在不需要更新设备时，也可作为企业的内部融资，在此不予考虑。

2.确定营业收入与资产、负债的百分比

$$某项流动资产与营业收入的比例 = \frac{某项流动资产额}{当年营业收入总额}$$

$$某项流动负债与营业收入的比例 = \frac{某项流动负债额}{当年营业收入总额}$$

3.计算内部融资数额

$$留存收益 = 营业净利率 \times 预计营业收入总额 \times （1-股利支付率）$$

4.计算外部融资数额

$$对外融资额 = \frac{营业收入增加}{引起资产增加额} - \frac{营业收入增加}{引起负债增加额} - \frac{预计留}{存收益}$$

$$= \left(\frac{资产营业}{收入百分比} - \frac{负债营业}{收入百分比} \right) \times \frac{营业收入}{增长额} - \frac{预计留}{存收益}$$

[例5-1] D公司2009年营业收入为250万元，获得净利润20万元，发放股利12万元，2010年D公司预计营业收入将增加20%，目前企业固定资产的生产能力未充分利用，增加营业收入不需增加固定资产投资。预计营业净利率和股利支付率与上年相同。该公司简要的资产负债表如表5-2所示。根据资料预测D公司2010年对外筹资的数额。

表5-2 资产负债表

编制单位：D公司　　　　　　　　2009年12月31日　　　　　　　　单位：元

资产	期末数	负债及所有者权益	期末数
货币资金	70 000	短期借款	150 000
应收账款	450 000	应付票据	100 000
预付款项	95 000	应付账款	350 000
存货	510 000	应交税费	50 000
固定资产	650 000	长期负债	400 000
无形资产	100 000	实收资本	800 000
长期待摊费用	5 000	留存收益	30 000
资产总计	1 880 000	负债及所有者权益总计	1 880 000

（1）根据资产负债表有关资料，分析计算资产负债各项目的营业收入百分比，如表5-3所示。

表5-3 营业收入资产负债百分比

资产	百分比/%	负债及所有者权益	百分比/%
货币资金	2.8	短期借款	不考虑
应收账款	18	应付票据	不考虑
预付款项	不影响	应付账款	14
存货	20.4	应交税费	2
固定资产	不影响	长期负债	不影响
无形资产	不影响	实收资本	不影响
长期待摊费用	不影响	留存收益	需计算
资产合计	41.2	负债及所有者权益合计	16

从表5-3中可知，营业收入资产百分比为41.2%，也就是说每增加1元的营业收入就需要增加0.412元的流动资产；营业收入负债百分比为16%，也就是说每增加1元的营业收入会自动增加流动负债0.16元。两者之差为25.2%，这意味着每增加1元的营业收入，需增加0.252元的资金。2010年预计增加50万元的营业收入，则需要增加资金为：

500 000×0.252=126 000（元）

（2）计算D公司2010年的内部融资数额

预计留存收益=预计营业收入×营业净利率×（1-股利发放率）

$$=2\ 500\ 000×（1+20\%）×\frac{20}{250}×（1-60\%）$$

$$=96\ 000（元）$$

（3）计算需对外筹资的数额

126 000-96 000=30 000（元）

为方便计算，可直接按下列公式进行计算：

$$对外筹资数额=\Delta S×\left(\frac{A}{S}-\frac{L}{S}\right)-S_1×R_0×（1-d）$$

式中，S——基期营业收入；

　　ΔS——营业收入增长额；

　　S_1——预计营业收入；

　　A——随营业收入增长而增长的资产项目；

　　L——随营业收入增长而增长的负债项目；

　　R_0——营业净利率；

　　d——股利发放率。

根据上例资料，运用上式预测D公司2010年需要对外融资的数额为：

$$(0.412-0.16)\times500\,000-3\,000\,000\times\frac{20}{250}\times(1-\frac{12}{20})=30\,000（元）$$

四、回归分析法

回归分析法是假定营业额与资产负债等项目存在线性关系而建立数学模型，利用一系列历史资料推导出这种函数关系，据此预测计划营业收入额与资产、负债数量，然后预测融资需求的方法。回归分析法的预测模型为：

$$y=a+bx \tag{1}$$

式中，y——资金需要量；

　　a——不变资金，或称固定资金；

　　b——单位业务量所需要的变动资金；

　　x——业务量。

不变资金是指在一定的经营范围内，不随业务量增减而变化的资金，这部分资金主要包括为维持营业而需要的最低数额的现金、原材料保险储备、厂房、机器设备等固定资产占用的资金。变动资金是随业务量的变动而同比例变动的资金，包括企业最低储备以外的现金、存货、应收账款等所占用的资金。

运用预测模型，根据历史资料和回归分析的最小二乘法可以求出直线方程的系数a和b，这样即可预测一定业务量x所需要的资金数额y。

假定n项历史资料均满足方程（1）值，则：

$$\begin{cases}y_1=a+bx_1\\y_2=a+bx_2\\\cdots\cdots\\y_n=a+bx_n\end{cases} \tag{2}$$

将上述n项方程相加得方程（3），（2）式左右两边乘以x后相加得方程（4）式：

$$\begin{cases}\sum y=na+b\sum x \tag{3}\\\sum xy=a\sum x+b\sum x^2 \tag{4}\end{cases}$$

由方程（3）可得出：

$$a=\frac{\sum y-b\sum x}{n} \tag{5}$$

将（5）式代入（4）式可得出：

$$b = \frac{n\sum xy - \sum x \sum y}{n\sum x^2 - (\sum x)^2} \qquad (6)$$

[例5-2] 某公司产销量和资金变化情况如表5-4所示。2010年预计销售量为150万件，试计算公司2010年的资金需要量。

表5-4　产销量和资金变化情况表

年度	产销量（x）/万件	资金占用（y）万元/万件
2004	120	100
2005	110	95
2006	100	90
2007	120	100
2008	130	105
2009	140	110

预测过程如下：

（1）根据表5-4资料，计算整理如表5-5所示的回归直接方程计算表。

表5-5　回归直接方程计算表

年度	产销量（x）/万件	资金占用（y）/万元	$x_i y_i$	x_i^2
2004	120	100	12 000	14 400
2005	110	95	10 450	12 100
2006	100	90	9 000	10 000
2007	120	100	12 000	14 400
2008	130	105	13 650	16 900
2009	140	110	15 400	19 600
合计n=6	$\sum x_i = 720$	$\sum y_i = 600$	$\sum x_i y_i = 72\,500$	$\sum x_i^2 = 87\,400$

（2）将表5-5中数据代入公式（5）和（6）可得：

$$b = \frac{6 \times 72\,500 - 720 \times 600}{6 \times 87\,400 - 720 \times 720} = 0.5$$

$$a = \frac{600 - 0.5 \times 720}{6} = 40$$

（3）将a、b代入直线方程式（1）得：

$$y = 40 + 0.5x$$

（4）将2010年的销售量代入上式，得到2010年的资金需要量为：

$$40 + 0.5 \times 150 = 115（万元）$$

在实际工作中，运用回归分析法时必须注意三个方面的问题：① 资金需要量与业务量之间的假定应符合实际情况；② 确定a、b值时，应利用预测年度前连续若干年的历史资料，至少要有3年以上的资料；③ 由于影响筹资需求的变量较多，在预测时还应考虑产品的组合、信用政策和价格政策等因素的变动情况。

五、因素分析法

因素分析法是在有关资金项目上，以年度的实际平均需要量为基础，根据预测年度的生产经营任务和加速资金周转的要求，通过分析影响企业资金需求的各种因素、确定各因素对企业资金需要量的影响额，从而计算出预测年度的资金需要量的一种方法。这种方法计算简单，但计算结果不太准确，主要适用于对品种繁多、规格复杂、价格较低的流动资产项目资金需要量的预测，也可用于估算企业全部资金的需要量。

影响流动资金需要量的因素很多，其中最重要的两个因素是销售规模和控制资金的措施。销售规模的扩大会要求资产相应增加，其中，主要是流动资产的增加。固定资产是否需要增加，要视企业的销售量是否在相关的销售范围内而定。在相关范围内，固定资产不需要增加，相关范围之外，固定资产需要增加。在企业销售规模扩大的同时，加强企业财务管理、采用加速流动资产周转的措施，可以控制和节约流动资产所需资金。因此，运用因素分析法对流动资产所需资金进行分析时可用下列公式计算：

$$\text{预测流动资产所需资金} = \left(\text{上年流动资产占用资金} - \text{不合理占用}\right) \times \left(1 \pm \text{预测年度销售增减率}\right) \times \left(1 \pm \text{预测年度流动资产周转速度变动率}\right)$$

[例5-3] 某企业上年度流动资产为1 000万元，其中不合理的占用为20万元，预计计划年度营业收入增长10%。由于采用了加速存货和应收账款周转速度的措施，估计流动资产周转会加速5%，预测计划年度流动资产所需的资金。

预测流动资产所需资金=（1 000–20）×（1+10%）×（1–5%）

　　　　　　　　　　　=1 024.1（万元）

第四节　资本成本

在企业财务决策中，资金预算决策和资本结构决策是两个涉及因素多、影响时间长的重大决策。从技术上讲，资本成本与资金预算和资本结构密切相关。本节主要讨论资本成本的基本概念、资本成本的计算方法以及资本成本在具体分析决策中的应用等有关内容。

一、资本成本概述

（一）资本成本的概念

所谓资本成本，是指企业为取得和占有资本而付出的代价，包括资本的筹资费用和占用成本。其中，资本的占用成本是资本成本的主体部分，也是降低资本成本的主要方向。

资本的筹资费用，是指企业在筹措过程中为获取资本而付出的代价，如证券的印刷费、发行手续费、行政费用、律师费、资信评估费、公证费等。筹资费用与筹资的次数相关，与所筹资金数量关系不大，一般属于一次性支付项目，可以看做固定成本。

资本的占用成本是指企业因占用资本而需付出的代价，如长期借款的利息、长期债券的债息、优先股的股息、普通股的红利等。资本占用成本具有经常性、定期性支付的特征，它与筹资金额、使用期限成同向变动关系，可视为变动成本。

应当注意的是，在资本结构决策中，资本成本中的资本一般不包括短期负债，因为资本成本主要用于长期筹资决策和长期投资决策等领域，而短期负债的数额较小，融资成本较低，往往忽略不计。

（二）资本成本的性质

资本成本是商品经济条件下资本所有权和使用权分离的必然结果，具有特定的经济性质。

首先，资本成本是资本使用者向资本所有者和中介机构支付的费用，是资本所有权和使用权相分离的结果。当资本所有者有充裕的资金而被闲置时，可以直接或者通过中介机构将其闲置资本的使用权转让给急需资金的筹资者。这时，对资本所有者而言，由于让渡了资金使用权，必然要求获得一定的回报，资本成本表现为让渡资本使用权所带来的报酬；对筹资者来说，由于取得了资本的使用权，也必须付出一定的代价，资本成本便表现为取得资本使用权所付出的代价。可见，资本成本是资本所有权和使用权分离的必然结果。

其次，资本成本作为一种耗费，最终要通过收益来补偿，体现了一种利益分配关系。资本成本和产品成本都属于劳动耗费，但是，产品成本的价值补偿是对耗费自身的补偿，并且，这种补偿金还会回到企业再生产过程中；而资本成本的补偿是对资本所有者让渡资本使用权的补偿，一旦从企业收益中扣除以后，就退出了企业生产过程，体现了一种利益分配关系。

最后，资本成本是资金时间价值与风险价值的统一。资本成本与资金时间价值既有联系，又有区别。资金时间价值是资本成本的基础，资金时间价值越大，资本成本也就越高；反之，资金时间价值越小，资本成本也就越低。但是，资金时间价值和资本成本在数量上并不一致。资本成本不仅包括时间价值，而且还包括风险价值、筹资费用等因素，同时，还受到资金供求、通货膨胀等因素的影响。此外，资金时间价值除了用于确定资本成本外，还广泛用于其他方面。

（三）资本成本的意义

资本成本在财务管理中处于至关重要的地位。资本成本不仅是资金预算决策的依据，还是许多其他决策如租赁决策、债券偿还决策以及制定有关营运资本管理政策的直接依据。

1. 资本成本是选择筹资方式、进行资本结构决策的依据

首先，个别资本成本是比较各种筹资方式的依据。随着我国金融市场的逐步完善，企业的筹资方式日益多元化。评价各种筹资方式的标准是多种多样的，如对企业控制权的影响、对投资者吸引力的大小、取得资金的难易程度、财务风险的大小、资本成本的高低等。其中，资本成本是一个极为重要的因素。在其他条件基本相同或对企业影响不大时，应选择资本成本最低的筹资方式。

其次，综合资本成本是衡量资本结构合理性的依据。衡量资本结构是否为最佳的标准主要是看是否达到了资本成本最小化和企业价值最大化。西方财务理论认为，综合资本成本最低时的资本结构才是最佳资本结构，这时企业价值达到最大。

最后，边际资本成本是选择追加筹资方案的依据。为了扩大生产规模，企业可能需

要增大资金投入量。这时，企业不论维持原有资本结构还是希望达到新的目标资本结构，都可以通过计算边际资本成本的大小来选择是否追加筹资。

2. 资本成本是评价投资方案、进行投资决策的重要标准

在对相容的多个投资项目进行评价时，只要预期投资报酬率大于资本成本，投资项目就具有经济上的可行性。在多个投资项目不相容时，可以将各自的投资报酬率与其资本成本相比较，其中正差额最大的项目是效益最高的，应予首选。当然，投资评价还涉及到技术的可行性、社会效益等方面的考虑，但资本成本毕竟是综合评价的一个重要方面。

3. 资本成本是评价企业经营业绩的重要依据

资本成本是企业使用资金应获得收益的最低界限。一定时期资本成本的高低不仅反映了财务经理的管理水平，还可用于衡量企业整体的经营业绩。更进一步说，资本成本还可以促进企业增强和转变观念，充分挖掘资金的潜力，节约资金占用，提高资金的使用效益。

二、信息不对称与资本成本构成的变化

在市场经济发展的不同历史时期，资本筹集成本和使用成本在个别资本成本中的比例是不同的。在市场经济初期，由于社会经济不够发达、管理体制不够完善，以及金融市场发育不够成熟，资本成本中的筹集成本迅速增长，并远远高于使用成本。当市场经济逐渐成熟后，筹集成本会随着经验和效率的增长逐渐下降并趋于正常。使用成本则总是在宏观经济增长的影响下，与筹资总额大小成正比例变化。不过，西方国家的市场经济发展至20世纪70年代后，由于信息的不对称性，企业信息成本和交易成本急剧增长，这使得资本筹集成本又开始呈上升趋势。

同世界许多较发达国家一样，我国目前的科技、经济和社会文化也无时无刻不在迅猛地发展变化。速度经济日益取代规模经济，信息和知识越来越成为生产要素家庭中最主要的成员。信息替代了高费用的库存。资金周转的加速和时间的缩短进一步加速了工厂对市场的反应，导致了更经济的短期生产，人类被推向了实时快速的经济时代。西方企业家说过，"货币光速般地在运行，信息必须运行得更快。"换言之，企业从来没有像今天这样渴望获取信息。企业获取和使用信息而得到的信息价值要大于信息成本。例如，在建筑施工中，采用先进有效的通信设施，及时了解施工进度和有关信息，适时地进行控制管理，合理调拨原材料，可使劳动生产率提高15%；在国际财务管理中，采用完善的通信工具可大大加速资金周转速度，在办理国际结算业务时，即使全年缩短一天时间，也可能增加上百万、上千万美元的流动资金，这就是信息价值。

企业在组织财务活动和处理财务关系时，或者获取准确、完整的信息，或者获取部分失实的信息，并且企业与其他财务行为体之间在获取信息的内容和方向上也是不同的。企业筹集资金时，总是希望筹资数额大、期限长、成本低；债权人发放贷款时，则讲求资金收益性、流动性和安全性。如果资金供应者对借款企业的生产经营、收入情况、还款能力和资金用途等了如指掌，同时对自己的供应能力、资金流动性、收益及承受风险程度等十分清楚，则拥有完全信息；资金筹集者若只知道本公司资金周转十分困难，急

需补充资金，对资金供应者的真正利率要求、资产负债业务、最佳还本付息方式均不清楚，就拥有不完全信息，甚至对资金供应者隐瞒事实真相、有意提供虚假信息的情况也一无所知，便出现了信息不对称性。这种情况使筹资企业面临极大的财务风险。企业为避免、减少财务风险，就需搜寻、取得有关信息，于是便产生了搜寻成本。作为资本筹集成本重要组成部分的搜寻成本，其意义是：① 由于获取完全信息需花费成本，因此"信息完全性"本身是要花费代价的；② 搜寻成本的存在要求完全信息不一定是经济的或合算的。"有效率的信息完全程度"可定义为：当获得一定的"信息增量"所能带来的收益与为获取这一部分增量而付出的成本相抵时实现的信息完全程度。显然，信息不对称性直接影响着资本成本的高低，其中对筹集成本的影响尤为突出。

现在，企业资本的筹集成本不仅包括信息成本，而且包括一部分交易成本。交易成本是企业事前发生的为达成一项合同而支付的费用和事后发生的为监督、贯彻该合同而支付的费用之和。它与事中为执行合同本身而发生费用支出的生产成本不同，其具体的资金耗费主要包括：① 市场调查获取相关信息；② 在价值可议时，进行的讨价还价过程；③ 起草、讨论和签订筹资合同；④ 监督合同签署人履行合同情况；⑤ 贯彻合同，在一方未履行合同并因而给另一方造成损失时，受损失方提出起诉，要求赔偿；⑥ 保护双方权益，防止第三方侵权。

可以看出，交易成本的很大一部分是由于信息不完全和信息不对称引起的。交易成本包含了部分信息成本，但不是对等的全部成本。因为，信息不对称同样引起原材料、公司债息等生产成本的增长变化。在财务关系中，企业与生产经营过程之间的技术财务关系及其处理过程中所发生的资金耗费，分别集中体现在"生产成本"和"交易成本"这两个相应的财务经济范畴中。经济学在很长时期内只注重分析生产成本，而忽视了交易成本，直到20世纪70年代后，西方主流经济学才把交易成本问题列为理论分析重点，并加以推广应用。我国经济学界至20世纪80年代后期才开始重视交易成本的实践观察和理论研究。但财务管理学界目前对交易成本中筹资成本的变化仍未给予足够重视，这对财务管理实际工作和财务学的发展都很不利。

三、资本成本的计量

资本成本的计量主要包括个别资本成本计量、加权平均资本成本计量和边际资本成本计量。

个别资本成本是指各种长期资本的成本。企业的长期资本一般有长期借款、长期债券、优先股、普通股、留用利润等。个别资本成本相应地有长期借款成本、长期债券成本、优先股成本、普通股成本和留存收益成本。前两种称为债务资本成本，后三种称为权益资本成本。个别资本成本一般用于比较和评价各种筹资方式。

加权平均资本成本，也称综合资本成本，是指企业全部长期资本的总成本，通常是以各种资本占全部资本的比重为权数，对个别资本成本进行加权平均而确定的。在实际工作中，其权数可以在账面价值、市场价值和目标价值之中进行选择。加权平均资本成本一般用于资本结构决策。

边际资本成本是指新筹集部分资金的成本，在计算时，也需要进行加权平均。边际资本成本一般用于追加筹资决策。

（一）一般约定与通用模型

为了便于分析，筹资额的资本成本通常不用绝对金额表示，而用相对金额即资本成本率来表示。在计算时，通常将资本的筹资费用作为筹资总额的一项扣除，扣除筹资费用后的金额称为实际筹资额或筹资净额。人们一般将资本成本率简称为资本成本。通用计算公式是：

$$资本成本率 = \frac{资本占用成本}{筹资总额 - 资本筹资费用}$$

将上式的分子分母同时除以筹资总额，还可得到更为简洁的公式：

$$资本成本率 = \frac{资本占用成本率}{1 - 资本筹资费用率}$$

资本成本有多种形式。一般来说，在比较多种筹资方式时，使用个别资本成本；在对由若干种筹资方式组成的资本结构进行决策时，使用综合资本成本；在进行追加筹资决策时，还可以使用边际资本成本。

（二）个别资本成本

个别资本成本是指使用各种长期资本的成本。

1. 长期借款资本成本

长期借款资本成本是指借款利息和筹资费用。借款利息计入税前成本费用，可以起到抵税的作用。因此，一次还本、分期付息借款的资本成本为：

$$K_I = \frac{I_t(1-T)}{L(1-F_I)} \text{, 或} K_I = \frac{R_I(1-T)}{1-F_I}$$

式中，K_I——借款资本成本；

I_t——长期借款年利息；

T——所得税税率；

L——长期借款筹资额（借款本金）；

F_I——长期借款筹资费用率；

R_I——长期借款的利率。

当长期借款的筹资费（主要是借款的手续费）很少时，也可以忽略不计。

[例5-4] 假设某公司向银行取得100万元的长期借款，年利率10%，期限为5年，每年付息一次，到期一次还本，筹资费用率为0.3%，所得税税率25%。计算该笔借款的资本成本为：

$$K_I = \frac{100 \times 10\% \times (1-25\%)}{100 \times (1-0.3\%)} = 7.52\%$$

上述计算长期借款资本成本的方法比较简单，其缺点在于没有考虑货币的时间价值。在实务中，还可根据现金流量计算长期借款资本成本，计算公式为：

$$L(1-F_I) = \sum_{t=1}^{n} \frac{I_t}{(1+K)^t} + \frac{P}{(1+K)^n}$$

$$K_I = K(1-T)$$

式中，P——第 n 年末应偿还的本金；

　　　K——所得税税前的长期借款资本成本；

　　　K_t——所得税税后的长期借款资本成本。

第一个公式中的等号左边是借款的实际现金流入；等号右边为借款引起的未来现金流出的现值总额，由各年利息支出的年金现值之和加上到期本金的复利现值而得。实际上是将长期借款的资本成本看做是使这一借款的现金流入等于其现金流出现值的贴现率。运用时，先通过第一个公式，采用内插法求解借款的税前资本成本，再通过第二个公式将借款的税前资本成本调整为税后的资本成本。

[**例5-5**]某企业取得5年期长期借款200万元，年利率11%，每年付息一次，到期一次还本，筹资费用0.5%，企业所得税税率25%。计算该项长期借款的资本成本。

根据考虑货币时间价值的方法，该项借款的资本成本计算如下。

第一步，计算税前借款资本成本：

$$200 \times (1-0.5\%) = \sum_{t=1}^{5} \frac{200 \times 11\%}{(1+K)^t} + \frac{200}{(1+K)^t}$$

查表得：（P/A，10%，5）=3.7908，（P/F，10%，5）=0.6209，将其代入上式为：

$200 \times 11\% \times 3.7908 + 200 \times 0.6209 - 199 = 8.5776$（万元）

8.5776万元大于零，则应提高贴现率，查表得：（P/A，12%，5）=3.6048，（P/F，12%，5）=0.5674，将其代入公式：

$200 \times 11\% \times 3.6048 + 200 \times 0.5674 - 199 = -6.2144$（万元）

运用内插法求税前借款成本：

$$10\% + \frac{8.5776}{8.5776 + 6.2144} \times (12\% - 10\%) = 11.16\%$$

第二步，计算税后借款资本成本：

$K_r = K(1-T) = 11.16\% \times (1-25\%) = 8.37\%$

2. 债券资本成本

债券资本成本主要指债券利息和筹资费用。债券利息的处理与长期借款利息的处理相同，应以税后的债务成本为计算依据。债券的筹资费用一般比较高，不可在计算资本成本时省略。按照一次还本、分期付息的方式、债券资本成本的计算公式为：

$$K_b = \frac{I_b(1-T)}{B(1-F_b)}，\text{或} K_b = \frac{R_b(1-T)}{1-F_b}$$

式中，K_b——债券资本成本；

　　　I_b——债券年利息；

　　　T——所得税税率；

　　　B——债券筹资额；

　　　F_b——债券筹资费用率；

　　　R_b——债券利率。

[**例5-6**]某公司委托某一金融机构代为发行总面额为400万的10年期债券，票面利率为12%，发行费用率为5%，公司所得税税率25%。该债券的资本成本为：

$$K_b = \frac{400 \times 12\% \times (1-25\%)}{400 \times (1-5\%)} = 9.47\%$$

若债券溢价或折价发行，为更精确地计算资本成本，应以实际发行价格作为债券筹资额。

[**例5-7**] 假定上述公司发行面额为400万元的10年期债券，票面利率为12%，发行费用率为5%，发行价格为500万元，公司所得税税率为25%。该债券的资本成本为：

$$K_b = \frac{400 \times 12\% \times (1-25\%)}{500 \times (1-5\%)} = 7.58\%$$

[**例5-8**] 假定上述公司发行面额为400万元的10年期债券，票面利率为12%，发行费用率为5%，发行价格为300万元，公司所得税税率为25%。该债券的资本成本为：

$$K_b = \frac{400 \times 12\% \times (1-25\%)}{300 \times (1-5\%)} = 12.63\%$$

上述计算债券资本成本的方式，同样没有考虑货币的时间价值。如果将货币时间价值考虑在内，债券资本成本的计算与长期借款资本成本的计算一样，公式为：

$$B(1-F_b) = \sum_{t=1}^{n} \frac{I_t}{(1+K)^t} + \frac{P}{(1+K)^n}$$

$$K_b = K(1-T)$$

式中，K——所得税税前的债券资本成本；

　　　K_b——所得税税后的债券资本成本。

[**例5-9**] 沿用例5-6资料，考虑货币的时间价值，计算该债券的资本成本如下。

第一步，计算税前债券资本成本：

$$400 \times (1-5\%) = \sum_{t=1}^{10} \frac{400 \times 12\%}{(1+k)^t} + \frac{400}{(1+k)^{10}}$$

查表得出：$(P/A, 12\%, 10) = 5.6502$，$(P/F, 12\%, 10) = 0.3220$，将其代入上式为：

$400 \times 12\% \times 5.6502 + 400 \times 0.3220 - 380 = 20$（万元）

20万元大于零，应提高贴现率，查表得出：$(P/A, 14\%, 10) = 5.2161$，$(P/F, 14\%, 10) = 0.2697$，将其代入上式将：

$400 \times 12\% \times 5.2161 + 400 \times 0.2697 - 380 = -21.747$（万元）

运用内插法求得税前债券资本成本：

$$12\% + \frac{20}{20+21.747} \times (14\%-12\%) = 12.96\%$$

第二步，计算税后债券资本成本：

$$K_b = K(1-T) = 12.96\% \times (1-25\%) = 9.72\%$$

3. 留存收益资本成本

公司的留存收益是由公司税后利润形成的，它属于普通股股东，另外留存收益不是直接从市场取得的，其实质是普通股股东对企业的追加投资，所以不产生筹资费用。普通股与留存收益均属于所有者权益，股利的支付不固定。企业破产后，股东的求偿权位于最后，因此与其他投资者相比，普通股股东所承担的风险最大，成本最高，其报酬也应最大。

留存收益资本成本的估算难于债务资本成本，这是因为很难对诸如企业未来发展前景及股东对未来风险所要求的风险溢价作出准确的测定。计算留存收益资本成本的方法很多，主要有以下三种。

（1）股利增长模型法

股利增长模型法是依照股票投资收益率不断提高的思路计算留存收益资本成本的。假定收益以固定的年增长率递增，则留存收益资本成本的计算公式为：

$$K = \frac{D_c}{P_c} + G$$

式中，K——留存收益资本成本；

D_c——预期年股利额；

P_c——普通股市价；

G——普通股利年增长率。

［例5-10］某公司普通股目前市价为56元，估计年增长率为12%，本年发放股利2元，则：

$D_C = 2 \times （1+12\%） = 2.24$

$K = \dfrac{2.24}{56} + 12\% = 16\%$

（2）资本资产定价模型法

按照"资本资产定价模型法（CAMP）"，留存收益资本成本的计算公式为：

$$K_S = R_F + \beta(R_m - R_P)$$

式中，R_F——无风险报酬率（政府公债利率）；

R_m——平均风险股票必要报酬率；

β——股票的系统风险（俗称β系数）。

假设无风险报酬率为6%，平均风险股票必要报酬率为12%，β系数为1.20，则有：

$K_S = 6\% + 1.20 \times (12\% - 6\%)$

$\quad = 13.2\%$

（3）风险溢价法

这种方法的基本思路是：根据风险与收益相匹配的原理，普通股股东要求的收益率应该以债券投资者要求的收益率，即企业的税前债务资本成本为基础，追加一定的风险溢价。因此留存收益资本成本可以表述为：

$$K_S = K_b + RP_C$$

式中，K_S——留存收益资本成本；

K_b——债务资本成本；

RP_C——股东对预期承担的比债券持有人更大的风险要求追加的收益率。

这里，由于K_b比较容易估算，因此，估算K_S的关键是估计风险溢价RP_C。但RP_C并无直接的计算方法，只能从经验中获得信息。资金市场经验表明，公司普通股风险溢价对公司自己发行的债券来讲，绝大部分在3%~5%之间。当市场利率达到历史性高点时，风险溢价通常较低，在3%左右；当市场利率处于历史性低点时，风险溢价通常较高，在5%左右；而通常情况下，一般采用4%的平均风险溢价。这样，留存收益的资本成本为：

$$K_S = K_b + 4\%$$

风险溢价法从概念上说与CAMP法极为相似，它们都考虑股东要求的风险报酬。这两种方法的差别在于采用的起点不同：CAMP法以无风险报酬率为起点，而风险溢价法则以债券投资者要求的收益率为起点。这两种方法在估计风险溢价时都带有一定的主观色彩，不过，CAMP的理论基础比较完善，而风险溢价法在应用上更为简单、便捷。

4. 优先股资本成本

优先股资本成本的计算与借款、债券不同的是股利在税后支付，不能抵减所得税。优先股资本成本计算公式为：

$$优先股资本成本率 = \frac{优先股每年股利额}{优先股总额 \times (1 - 筹资费用率)}$$

[**例5-11**] 某公司发行优先股面值总额为100万元，发行总价为105万元，筹资费用率为6%，每年支付10%的股利，则优先股资本成本率计算如下：

$$优先股资本成本率 = \frac{100 \times 10\%}{105 \times (1 - 6\%)} \times 100\% = 10.13\%$$

5. 普通股资本成本

普通股资本成本的计算与优先股的区别在于其股利一般在每年递增，普通股资本成本率计算公式为：

$$普通股资本成本率 = \frac{普通股预期最近一年股利额}{普通股市价额 \times (1 - 筹资费用率)} + 股利年增长率$$

[**例5-12**] 某公司发行普通股总价为6 000万元，筹资费用率为4%，近一年的股利支付率为12%，以后每年增长5%，则普通股资本成本率计算如下：

$$普通股资本成本率 = \frac{6\,000 \times 12\%}{6\,000 \times (1 - 4\%)} + 5\% = 17.5\%$$

（三）加权平均资本成本

由于受多种因素的制约，企业不可能只使用单一的筹资方式，往往需要通过多种方式筹集所需资本。为进行筹资决策，就要计算确定企业全部长期资金的总成本，即加权平均资本成本。加权平均资本成本一般是以各种资本占全部资本的比重为权数，对个别资本成本进行加权平均确定的。其计算公式为：

$$K_w = \sum_{j=1}^{n} K_j W_j$$

式中，K_w——加权平均资本成本；

K_j——第 j 种个别资本成本；

W_j——第 j 种个别资本占全部资本的比重（权数）。

[**例5-13**] 某企业账面反映的长期资本共500万元，其中长期借款100万元，应付长期债券款50万元，普通股250万元，保留盈余100万元；其成本分别为6.7%、9.17%、

11.26%、11%。该企业的加权平均资本成本率为：

$$6.7\% \times \frac{100}{500} + 9.17\% \times \frac{50}{500} + 11.26\% \times \frac{250}{500} + 11\% \times \frac{100}{500} = 10.09\%$$

上述计算中，个别资本占全部资本的比重是按账面价值确定的，其资料容易取得。但当资金的账面价值与市场价值差别较大时，比如股票、债券的市场价格发生较大变动时，计算结果会与实际有较大的差距，从而贻误筹资决策。为了克服这一缺陷，个别资本占全部资本的比重还可以按市场价值或目标价值确定，分别称为市场价值权数、目标价值权数。

以债券、股票的市场价格确定的权数称为市场价值权数。这样计算的加权平均资本成本能反映企业目前的实际情况。同时，为弥补证券市场价格变动频繁所带来的不便，也可选用平均价格。

以债券、股票未来预计的目标市场价值确定的权数称为目标价值权数。这种权数能体现期望的资本结构，而不像账面价值权数和市场价值权数那样只反映过去与现在的资本结构，所以按目标价值权数计算的加权平均资本成本更适用于企业筹措新资金。但是，企业很难客观合理地确定证券的目标价值，这又使得该种计算方法难以推广。

（四）边际资本成本

企业无法以某一固定的资本成本来筹措无限的资金，当其筹集的资金超过一定限度时，原来的资本成本就会增加。在追加筹资时，企业需要知道筹资额在达到什么数额时便会引起资本成本的变化。这就要用到边际资本成本的概念。边际资本成本是指资本每增加一个单位所增加的成本。边际资本成本也是按加权平均法计算的，是追加筹资时所使用的加权平均成本。

以下举例说明边际资本成本的计算和应用。

[**例5-14**]某企业拥有长期资本400万元，其中长期借款60万元，长期债券100万元，普通股240万元。由于需要扩大经营规模，拟筹集新资金。经分析，认为筹集新资金后仍应保持目前的资本结构，即长期借款占15%，长期债券占25%，普通股占60%，同时，测算出了随筹资的增加各种资本成本的变化，如表5-6所示。

表5-6　资本成本变化表

资金种类	目标资本结构	新筹资额	资本成本
长期借款	15%	4.5万元内	3%
		4.5万~9万元	5%
		9万元以上	7%
长期债券	25%	20万元内	10%
		20万~40万元	11%
		40万元以上	12%
普通股	60%	30万元内	13%
		30万~60万元	14%
		60万元以上	15%

1. 计算筹资突破点

因为在一定的资本成本率下只能筹集到一定限度的资本，超过这一限度多筹集到的资本就要多花费资本成本，从而引起原资本成本率发生变化，于是就把在保持某一资本成本率不变的条件下可以筹集到的资本总额的限度称为现有资本结构下的筹资突破点。在筹资突破点范围内筹资，原来的资本成本率不会改变；一旦筹资额超过筹资突破点，即使维持现有的资本结构，其资本成本率也会增加。筹资突破点的计算公式为：

$$筹资突破点=\frac{某一特定成本率筹集到的某种资本额}{该种资本在资本结构中所占的比重}$$

在上例中，花费3%的资本成本时，取得的长期借款筹资限额为4.5万元，其筹资突破点为：

$$\frac{4.5}{15\%}=30（万元）$$

而花费5%的资本成本时，取得的长期借款筹资限额为9万元，其筹资突破点则为：

$$\frac{9}{15\%}=60（万元）$$

按此方法，资料中各种情况下的筹资突破点的计算结果如表5-7所示。

表5-7　筹资突破点表

资金本种类	资本结构	资本成本	新筹资额	筹资突破点
长期借款	15%	3% 5% 7%	4.5万元内 4.5万~9万元 9万元以上	30万元 60万元
长期债券	25%	10% 11% 12%	20万元内 20万~40万元 40万元以上	80万元 160万元
普通股	60%	13% 14% 15%	30万元内 30万~60万元 60万元以上	50万元 100万元

2. 计算边际资本成本

根据上一步计算出的筹资突破点，可以得到7组筹资总范围：① 30万元以内；② 30万~50万元；③ 50万~60万元；④ 60万~80万元；⑤ 80万~100万元；⑥ 100万~160万元；⑦ 160万元以上。对以上7组筹资范围分别计算加权平均资本成本，即可得到各种筹资范围的加权平均资本成本。计算结果如表5-8所示。

表5-8　加权平均资本成本表

筹资总额范围	资金种类	资本结构	资本成本	加权平均资本成本
30万元内	长期借款 长期债券 普通股	15% 25% 60%	3% 10% 13%	3%×15%=0.45% 10%×25%=2.5% 13%×60%=7.8% 10.75%
30万~50万元	长期借款 长期债券 普通股	15% 25% 60%	5% 10% 13%	5%×15%=0.75% 10%×25%=2.5% 13%×60%=7.8% 11.05%

（续）

筹资总额范围	资金种类	资金结构	资本成本	加权平均资本成本
50万~60万元	长期借款 长期债券 普通股	15% 25% 60%	5% 10% 14%	5%×15%=0.75% 10%×25%=2.5% 14%×60%=8.4% 11.65%
60万~80万元	长期借款 长期债券 普通股	15% 25% 60%	7% 10% 14%	7%×15%=1.05% 10%×25%=2.5% 14%×60%=8.4% 11.95%
80万~100万元	长期借款 长期债券 普通股	15% 25% 60%	7% 11% 14%	7%×15%=1.05% 11%×25%=2.75% 14%×60%=8.4% 12.2%
100万~160万元	长期借款 长期债券 普通股	15% 25% 60%	7% 11% 15%	7%×15%=1.05% 11%×25%=2.75% 15%×60%=9% 12.8%
160万元以上	长期借款 长期债券 普通股	15% 25% 60%	7% 12% 15%	7%×15%=1.05% 12%×25%=3% 15%×60%=9% 13.05%

表5-8右侧计算得出的各加权平均资本成本就是随着筹资额增加而增加的边际资本成本。

若将以上计算结果用图形表达，可以更形象地看出各筹资总额加权平均资本成本的变化（如图5-1），企业可依此作为追加筹资的规划。

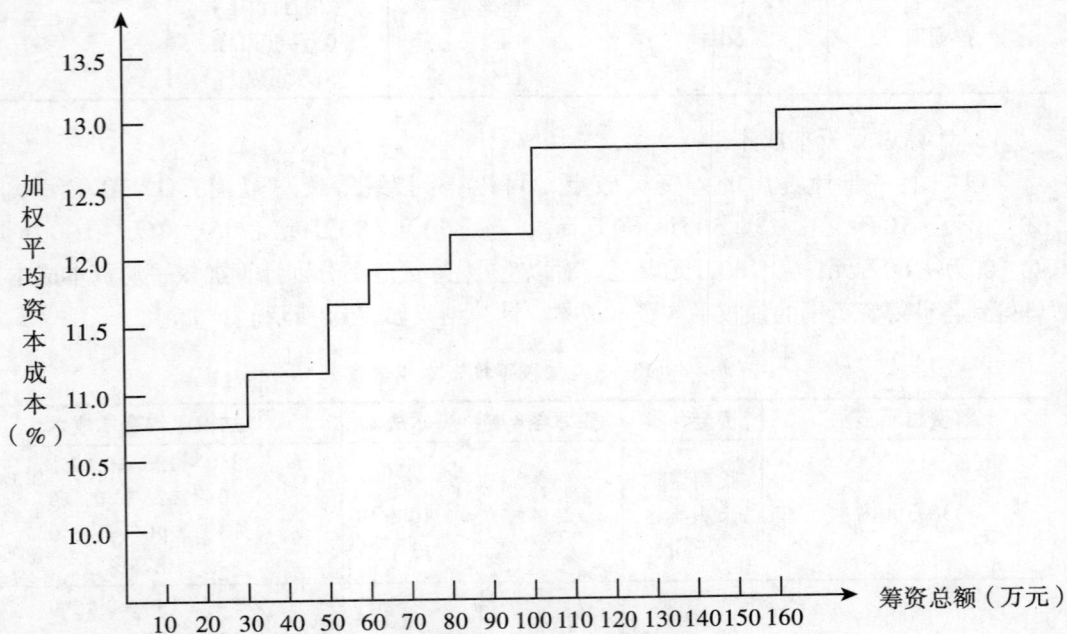

图5-1　加权平均资本成本变化图

📖 **练习题**

一、简答题

1. 什么是筹资？筹资渠道和方式有哪些？

2. 筹资渠道和筹资方式有何区别？

3. "资本成本就是资金的时间价值。"这句话是否正确？为什么？

4. 什么是边际资本成本？如何计算？

5. 影响资本成本的因素有哪些？

二、单选题

1. 采用销售百分比法预测资金需要量时，下列项目中被视为不随营业收入的变动而变动的是（　　）。

  A. 现金　　　B. 存货　　　C. 公司债券　　　D. 应付账款

2. 下列筹资方式中，一般情况下资本成本最高的是（　　）。

  A. 普通股　　　B. 长期借款　　　C. 长期债券　　　D. 留存收益

3. 某公司债券票面利率为9%，每年付息一次，发行费率为1%，所得税税率为25%，则该债券的资本成本为（　　）。

  A. 6.75%　　　B. 6.82%　　　C. 9%　　　D. 9.09%

4. 某笔银行借款，年利息率为6%，筹资费用率为1%，所得税税率为25%，则该笔银行借款的资本成本为（　　）。

  A. 4.5%　　　B. 4.55%　　　C. 8%　　　D. 12.53%

三、多选题

1. 预测资金需要量的定量预测法有（　　）。

  A. 销售百分比法　　　B. 回归分析法　　　C. 因素分析法　　　D. 经验分析法

2. 如果外部融资销售增长比小于零，则表明（　　）。

  A. 企业不需要从外部融资

  B. 企业需要从外部融资

  C. 企业仅需要从外部债务融资，不需要从外部股权融资

  D. 企业资金有剩余，可用于派发股利或进行短期投资。

3. 计算个别资本成本时，必须考虑所得税影响的有（　　）。

  A. 普通股资本成本　　　B. 债券资本成本

  C. 留存收益资本成本　　　D. 银行借款资本成本

4. 决定综合资本成本高低的因素有（　　）。

  A. 个别资金的数量　　　B. 个别资本的权重　　　C. 个别资本成本　　　D. 总资本的数量

四、计算分析题

1. 2009年，某公司的生产能力只被利用了60%，实际营业收入为500 000元，获得税后利润为20 000元，并发放10 000元的股利。该公司2009年的资产负债表如表5-9所示。若公司2010年计划营业收入将增加到650 000元，并仍按2009年股利发放率支付股利。

要求：按销售百分比法预测计划年度需要追加多少资金？

表5-9 公司资产负债表

2009年12月31日 单位：元

资产	金额	负债及所有者权益	金额
货币资金	30 000	应付账款	40 000
应收账款	75 000	应交税费	20 000
存货	120 000	应付票据	15 000
固定资产净值	130 000	长期借款	115 000
长期股权投资	20 000	股本	175 000
无形资产	10 000	留存收益	20 000
合计	385 000	合计	385 000

2. 某公司拟筹资5 000万元，其中，长期银行借款2 000万元，利率为10%，筹资费用1%；发行优先股500万元，股利率为12%，筹资费率3%；发行普通股2 500万元，筹资费率5%，预计近一年股利率为12%，以后每年按4%递增，所得税税率为25%。计算：（1）银行借款资本成本；（2）优先股资本成本；（3）普通股资本成本；（4）综合资本成本。

第六章

股 权 资 本 筹 资

第一节 股权资本筹资概述

企业全部资本的筹集，按资本权益性质的不同可分为股权资本筹资和债务资本筹资。合理安排两种资本的筹集，是筹资的一个核心问题。

一、股权资本的含义

股权资本，亦称权益资本、自有资本或自有资金，是企业依法筹集并长期拥有、自主调配运用的资金。企业股权资本包括资本金、资本公积金、盈余公积金和未分配利润四部分。股权资本的筹资方式主要有吸收直接投资、发行普通股票和企业内部积累等。

二、股权资本的特征

1. 股权资本的所有权归属企业的所有者。企业的所有者凭其所有权参与企业的经营管理和利润分配，并对企业的经营状况承担有限责任。

2. 股权资本是企业的"永久性资本"。企业对股权资本依法享有经营权，在存续期内，投资者除依法转让外，不得以任何方式抽回其投入的资本。

3. 企业的股权资本可通过国家资金、其他企业资金、居民个人资金等渠道筹集。

三、企业资本金制度

资本金制度是国家就企业资本金的筹集、管理以及所有者的责权利等方面所作的法律规范。资本金是企业股权资本的主要部分，是企业长期稳定拥有的基本资金。此外，一定数额的资本金也是企业取得债务资本的必要保证。

（一）资本金的本质特征

设立企业必须要有法定的资本金。资本金是指企业在工商行政管理部门登记的注册资金，是投资者用以进行企业生产经营、承担民事责任而投入的资金。资本金在不同类型的企业中表现形式有所不同。股份有限公司的资本金被称为股本，股份有限公司以外的一般企业的资本金称为实收资本。

从性质上看，资本金是投资者创建企业所投入的资本，是原始启动资金；从功能上看，资本金是投资者用以享有权益和承担责任的资金，有限责任公司和股份有限公司以其资本金为限对所负债务承担有限责任；从法律地位来看，资本金要在工商行政管理部门办理注册登记，投资者只能按所投入的资本金而不是所投入的实际资本数额享有权益和承担责任，已注册的资本金如果追加或减少，必须办理变更登记；从时效来看，除了企业清算、减资、转让回购股权等特殊情形外，投资者不得随意从企业收回资本金，企业可以无限期地占用投资者的出资。

（二）资本金的筹集

1. 资本金的最低限额

有关法规制度规定了各类企业资本金的最低限额。为了保证有限责任公司的财产能达到开展业务和从事经营所需的相应规模，同时也为了保证债权人的利益以及社会交易的安全性，防止滥设公司，我国《公司法》规定，股份有限公司注册资本的最低限额为人民币500万元；上市的股份有限公司股本总额不少于人民币3 000万元；有限责任公司设立时注册资本的最低限额为人民币3万元，一人有限责任公司注册资本的最低限额为人民币10万元。

法律、行政法规对有限责任公司注册资本的最低限额有较高规定的，从其规定。例如，《注册会计师法》和《资产评估机构审批管理办法》均规定，设立公司制的会计师事务所或资产评估机构，注册资本应当不少于人民币30万元；《保险法》规定，采用股份有限公司形式设立的保险公司，其注册资本的最低限额为人民币2亿元。

2. 资本金的出资方式

根据《公司法》等法律法规规定，投资者可以采用货币资产和非货币资产两种形式出资。全体投资者的货币出资金额不得低于公司注册资本的30%；投资者可以用实物、知识产权、土地使用权等可以依法转让的非货币财产作价出资；法律、行政法规规定不得作为出资的财产除外。

3. 资本金的缴纳期限

资本金的缴纳期限，通常有三种办法：一是实收资本制，它是在企业成立时一次筹足资本金总额，实收资本与注册资本一致，否则企业不能成立；二是授权资本制，企业成立时不一定一次筹足资本金总额，只要筹集到了第一期资本，企业便可成立，其余部分由董事会在企业成立后进行筹集，企业成立时的实收资本与注册资本可能不相一致；三是折中资本制，它类似于授权资本制，企业成立时不一定一次筹足资本金总额，但规定了首期出资的数额或比例及最后一期缴清资本的期限。

我国《公司法》规定，资本金的缴纳采用折衷资本制，资本金可以分期缴纳，但首次出资额不得低于法定的注册资本最低限额。股份有限公司和有限责任公司的股东首次出资不得低于注册资本的20%，其余部分由股东自公司成立之日起两年内缴足，其中，投资公司可以在五年内缴足。而对于一人有限责任公司，股东应当一次足额缴纳公司章程规定的注册资本额。

4. 资本金的评估

吸收实物、无形资产等非货币资产筹集资本金的，应按照评估确认的金额或者按合同、协议约定的金额计价。其中，为了避免虚假出资或通过出资转移财产而导致国有资产流失，国有及国有控股企业以非货币资产出资或者接受其他企业的非货币资产出资时，需要委托有资格的资产评估机构进行资产评估，并以资产评估机构评估确认的资产价值作为投资作价的基础。经国务院、省政府批准实施的重大经济事项涉及的资产评估项目，分别由本级政府国有资产监管部门或者财政部门负责核准，其余资产评估项目一律实施备案制度。严格来说，其他企业在进行资本金评估时，并不要求必须聘请专业评估机构，相关当事人或者聘请的第三方专业中介机构评估后认可的价格也可成为作价依据。不过，聘请第三方专业中介机构来评估的非货币资产，能够更好地保证评估作价的真实性和准确性，有效地保护公司及其债权人的利益。

（三）资本金的管理原则

企业资本金的管理，应当遵循资本保全这一基本原则。实现资本保全的基本要求，可分为以下三部分内容。

1. 资本确定原则

资本确定，是指企业设立时资本金数额的确定。企业设立时，必须明确规定企业的资本总额以及各投资者认缴的数额。如果投资者没有足额认缴资本总额，企业就不能成立。为了强化资本确定的原则，法律规定由工商行政管理机构进行企业注册资本的登记管理。这是保护债权人利益、明晰企业产权的根本需要。根据《公司法》等法律法规的规定，一方面，投资者以认缴的资本为限对公司承担责任；另一方面，投资者以实际缴纳的资本为依据行使表决权和分取红利。

2. 资本充实原则

资本充实，是指资本金的筹集应当及时、足额。企业筹集资本金的数额、方式、期限均要在投资合同或协议中约定，并在企业章程中加以规定，以确保企业能够及时、足额筹得资本金。

对企业登记注册的资本金，投资者应在法律法规和财务制度规定的期限内缴足。如果投资者未按规定出资，即为投资者违约，企业和其他投资者可以依法追究其法律责任，国家有关部门还将按照有关规定对违约者进行处罚。投资者在出资中的违约责任有两种情况：一是个别投资者单方违约，对于这种情况，企业和其他投资者可以按企业章程的规定，要求违约方支付延迟出资的利息、赔偿经济损失；二是投资各方均违约或外资企业不按规定出资，对于这种情况，工商行政管理部门将进行处罚。

3. 资本维持原则

资本维持，是指企业在持续经营期间有义务保持资本金的完整性。企业除由股东大会或投资者会议作出增减资本决议并按规定程序办理外，不得任意增减资本总额。

企业筹集的实收资本，在持续经营期间可以由投资者依照相关法律以及企业章程的规定转让或者减少，投资者不得抽逃或者变相抽回出资。除《公司法》等有关法律另有规定外，企业不得回购本企业发行的股份。在下列四种情况下，股份公司可以回购本公司股份：减少公司注册资本；与持有本公司股份的其他公司合并；将股份奖励给本公司职工；股东因对股东大会作出的公司合并、分立决议持有异议而要求公司收购其股份。用于奖励公司职工而回购的公司股份，不得超过本公司已发行股份总额的5%，且收购的资金应当从公司的税后利润中支出，所收购的股份应当在一年内转让给职工。

第二节　吸收直接投资筹资

吸收直接投资是指企业以协议等形式吸收国家、法人和个人等直接投入企业的资金的筹资方式。它是非股份制企业筹集股权资本的一种基本方式。

一、吸收直接投资的种类

企业采用吸收直接投资方式筹集的资金按资本金的构成一般可分为以下三类。

（一）吸收国家投资

国家投资是指有权代表国家投资的政府部门或者机构以国有资产投入企业，由此形成的资本叫国家资本。吸收国家投资是国有企业筹集股权资本的主要方式。

当前，除了原来国家以拨款形式投入企业所形成的各种资金外，用利润总额归还贷款后所形成的国家资金、财政和主管部门拨给企业的专用拨款以及减免税后形成的资金，也应视为国家投资。

吸收国家投资一般具有以下特点：

① 产权归属国家；

② 资金的运用和处置受国家约束较大；

③ 在国有企业中采用比较广泛。

（二）吸收法人投资

法人投资是指企业、事业单位等法人以其依法可以支配的资产投入企业，由此形成的资本叫法人资本。

吸收法人投资一般具有如下特点：

① 出资方式灵活多样；

② 发生在法人单位之间；

③ 以参与企业利润分配为目的。

（三）吸收个人投资

个人投资是指社会个人或本企业内部职工以个人合法财产投入企业，由此形成的资本称为个人资本。

个人投资一般具有以下特点：

① 参加投资的人员较多，每人投资的数额相对较少；

② 以参与企业利润分配为目的。

二、吸收直接投资的出资方式

采用吸收直接投资的方式筹集资金时，投资者可以用现金、实物资产、无形资产等作价出资。具体出资方式主要有以下几种。

（一）现金出资

现金出资是吸收直接投资中一种最主要的出资方式，是企业筹集股权资本时所乐于采用的形式。企业有了现金，可用于购置资产、支付费用等。现金出资灵活方便，企业一般应尽量争取投资者以现金方式出资。

（二）实物出资

以厂房、建筑物、设备等固定资产和原材料、商品等流动资产所进行的出资，均属实物出资。一般来说，企业吸收的实物出资应符合如下条件：

① 技术性能比较好；

② 确为企业科研、生产、经营所需；

③ 作价公平合理。

投资实物的具体作价，可由双方按公平合理的原则协商确定，也可聘请双方同意的专业资产评估机构评定。

（三）无形资产出资

1. 工业产权出资

工业产权出资是指以专有技术、商标权、专利权等无形资产所进行的出资。一般来说，企业吸收的工业产权应符合以下条件：

① 有助于生产出适销对路的高科技产品；

② 有助于研究和开发出新的高科技产品；

③ 有助于改进产品质量，提高生产效率；

④ 作价比较合理。

企业在吸收工业产权出资时应特别谨慎，应进行认真的可行性研究。

2. 土地使用权出资

投资者也可以以土地使用权出资。土地使用权是按有关法规和合同的规定使用土地的权利。企业吸收的土地使用权出资应符合以下条件：

① 为企业科研、生产、销售活动所需要；

② 交通、地理条件比较适宜；

③ 作价公平合理。

企业接受无形资产出资，要认真研究它的适用性，选择知名度高、效益高的无形资产，同时还应做好资产评估工作。

三、吸收直接投资的程序

企业吸收直接投资，一般要遵循如下程序。

（一）确定筹集直接投资的资金数量

吸收直接投资一般是在企业开办时所使用的一种筹资方式。企业在经营过程中，如果发现自有资金不足，也可采用吸收投资的方式筹集资金，但在吸收投资之前，都必须确定所需资金的数量，以利于准确筹集所需资金。

（二）寻找投资单位

企业在吸收直接投资之前，需要做一些必要的宣传，以便使出资单位了解企业的经营情况和财务状况，有目的地进行投资。这也有利于企业在比较多的投资者中寻找最合适的合作伙伴。

（三）协商投资事项

寻找到投资单位后，双方便可进行具体的协商，以便合理确定投资数量和出资方式。

在协商过程中，企业应尽量说服投资者以现金方式出资。如果投资者确实拥有较适用于企业的固定资产、无形资产等，也可用实物、工业产权和土地使用权进行投资。

（四）签署投资协议

双方经初步协商后，如没有太大异议，便可进一步协商。这里的关键问题是实物投资、工业产权投资、土地使用权投资的作价问题，因为投资报酬、风险的承担都是以由此确定的出资额为依据的。一般而言，双方应按公平合理的原则协商定价。如果争议比较大，可聘请有关资产评估的机构来评定。当出资数额、资产作价确定后，便可签署投资的协议或合同，以明确双方的权利和责任。

（五）共享投资利润

出资各方有权对企业进行经营管理。但如果投资者的投资占企业资金总额的比例较低，则一般不参与经营管理，他们最关心的还是其投资报酬问题。因此，企业在吸收投资之后，应按合同中的有关条款，从实现的利润中对吸收的投资支付报酬。投资报酬是企业利润的一个分配去向，也是投资者利益的体现，企业要妥善处理，以便与投资者保持良好关系。

四、吸收直接投资的优缺点

（一）吸收直接投资的优点

1. 有利于提高企业的信誉和借款能力

吸收直接投资所筹集的资金属于股权资本，能增强企业的信誉和借款能力，对扩大企业经营规模、壮大企业实力具有重要作用。

2. 有利于尽快形成生产能力

吸收直接投资不仅可以筹集现金，而且能够直接获取投资者的先进设备和先进技术，有利于尽快形成生产能力，尽快开拓市场。

3. 有利于降低财务风险

吸收直接投资可以根据企业的经营状况向投资者支付报酬，企业经营状况好，要向投资者多支付一些报酬，企业经营状况不好，就可不向投资者支付报酬或少支付报酬，比较灵活，所以财务风险较小。

（二）吸收直接投资的缺点

1. 资本成本较高

一般而言，采用吸收直接投资的方式筹集资金所需负担的资本成本较高，特别是企业经营状况较好和盈利能力较强时，更是如此。这是因为，向投资者支付的报酬是根据其出资的数额和企业实现利润的多寡来计算的。

2. 企业控制权容易分散

采用吸收直接投资的方式筹集资金，投资者一般都要求获得与投资数量相适应的经营管理权，这是接受外来投资的代价之一。如果外部投资者的投资较多，则投资者会有相当大的管理权，甚至会对企业实行完全控制，这是吸收投资的不利因素。

3. 产权关系不明

采用吸收直接投资方式筹集资金，由于没有证券作为媒介，产权关系有时不够明确，也不便于产权的交易。

第三节 普通股筹资

普通股是股份有限公司依法发行的无特别权利的股份，是最基本、标准的股份。通常情况下，股份有限公司只发行普通股。

一、普通股股东权利

持有普通股股份者为普通股股东。依我国《公司法》的规定，普通股股东主要有如下权利。

1. 公司管理权

普通股股东的管理权体现为在董事会选举中有选举权和被选举权，通过选出的董事会代表所有股东对企业进行控制和管理。具体来说，普通股股东的管理权主要包括投票权、查账权、阻止越权经营的权利。

2. 分享盈余权

分享盈余权，即普通股股东经董事会决定后有从净利润中分得股息和红利的权利。

3. 股份转让权

股份转让权，即股东有权出售或转让股票。

4. 优先认股权

优先认股权，即普通股股东拥有优先于其他投资者购买公司增发新股票的权利。

5. 剩余财产要求权

剩余财产要求权，即当公司解散、清算时，普通股股东对剩余财产有要求权。但是，公司破产清算时，财产的变价收入，首先要用于清偿债务，然后支付优先股股东，最后才分配给普通股股东。

二、股票的种类

股份有限公司根据有关法规的规定以及筹资和投资者的需要，可以发行不同种类的普通股。股票的种类可按不同的标准进行分类。

（一）按股东权利和义务的差别，分为普通股和优先股

普通股股票简称普通股，是公司发行的代表股东享有平等的权利和义务、不加特别限制的、股利不固定的股票。

优先股股票简称优先股，是公司发行的相对于普通股具有一定优先权的股票。其优先权主要表现在股利分配优先权和分取剩余财产优先权上。优先股股东在股东大会上无表决权，在参与公司经营管理方面受到一定限制，仅对涉及优先股股权利的问题有表决权。

（二）按股票有无记名，可分为记名股票和无记名股票

记名股票是在股票票面上记载股东姓名或名称的股票。这种股票除了股票上所记载的股东外，其他人不得行使其股权，且股份的转让有严格的法律程序与手续，需办理过户。《公司法》规定，向发起人、国家授权投资的机构、法人发行的股票，应为记名股票。

无记名股票是票面上不记载股东姓名或名称的股票。这类股票的持有人即股份的所有人，具有股东资格。股票的转让也比较自由、方便，无须办理过户手续。

（三）按股票是否标明金额，可分为面值股票和无面值股票

面值股票是在票面上标有一定金额的股票。持有这种股票的股东，对公司享有的权利和承担的义务的大小，依其所持有的股票票面金额占公司发行在外股票总面值的比例而定。

无面值股票是不在票面上标出金额，只载明所占公司股本总额的比例或股份数的股票。无面值股票的价值随公司财产的增减而变动，而股东对公司享有的权利和承担义务的大小，直接依股票标明的比例而定。目前。我国《公司法》不承认无面值股票，规定股票应记载股票的面额，并且其发行价格不得低于票面金额。

（四）按发行对象和上市地点的不同，分为A股、B股、H股、N股和S股等

A股是以人民币标明票面金额并以人民币认购和交易的股票。

B股是以人民币标明面值，以港元或美元认购和买卖的股票。H股为在香港上市的股票。N股是在纽约上市的股票。S股是在新加坡上市的股票。

三、股票发行的条件

根据国家有关法律法规和国际惯例，股份公司发行股票必须具备一定的发行条件，取得发行资格，办理必要的手续。

（一）发行股票的一般条件

1. 必须呈交的有关文件

股份公司无论出于何种目的，采取何种发行方式，在发行股票之前都必须向有关部门呈交申请文件。

（1）股份公司章程

股份公司发行股票必须制定股份公司章程。股份有限公司章程的主要内容包括：公司的名称、住所、经营范围、设立方式、股份总数、每股金额和注册资本、股东的权利和义务、公司的组织管理体制、利润分配办法、公司的解散事宜与清算办法等。

（2）发行股票申请书

股份公司发行股票一般都应事先向证券主管机构等有关部门提出申请。发行股票申请书除了应有公司章程基本内容以外，还应包括：拟发行股票的名称、种类、股份总数、每股金额和总额、发行对象及其范围、发行股票的目的及所筹资金的用途、经营估算、分配方式等。

（3）招股说明书

股份公司发行股票，必须订立招股说明书，向社会公开募集股份时必须公告招股说明书。招股说明书除附有公司章程外，还应载明下列事项：发行人认购的股份数、每股票面金额和发行价格、无记名股票的发行总数、认股人的权利和义务、股票发售的起止期限等。

（4）股票承销协议

股份公司向社会公开发行股票，应当由依法设立的证券经营机构承销，签订承销协议。其内容应包括：股票承销商的名称、地址、法定代表人、承销金额、承销机构及组织系统、承销方式及当事人的权利和义务、承销费用、承销起止日期、承销剩余部分的处理办法等。

（5）财务报告等

会计师事务所审计的财务会计报告，资产评估机构出具的资产评估报告书及资产评估确认机构关于资产评估的确认报告等。

2. 发行模式

股份公司发行股票，分为设立发行和增资发行。不论是设立发行还是增资发行，根据我国《公司法》，都必须依循下列要求。

（1）股份有限公司的资本划分为若干股份，每股金额相等。

（2）公司的股份采取股票的形式。

（3）股份的发行，实行公开、公平、公正的原则，必须同股同权，同权同利。

（4）同次发行的股票，每股的发行条件和价格应当相同。各个单位或者个人所认购的股份，每股应当支付相同价额。

（5）股票发行价格可以遵循票面金额，也可以超过票面金额，但不得低于票面金额。即可以按面额发行或溢价发行，但不得折价发行。

（6）溢价发行股票，须经国务院证券管理部门批准，所得溢价款列入公司资本公积金。

（二）设立发行股票的特殊条件

设立发行股票是指在股份公司设立或经改组、变更而成立股份公司时，为募集资本而进行的股票发行，即股份公司首次发行股票。公司首次发行股票，还要具备一些特定的条件，依循一定的要求。

1. 首次发行时的条件

设立股份有限公司首次发行股票，需具备的特殊条件有以下几个：

① 发起人认缴和社会公开募集的股本达到法定资本最低限额；

② 发起设立需由发起人认购公司应发行的全部股份；

③ 募集设立的，发起人认购的股份不得少于公司股份总数的35%，其余股份应向社会公开募集；

④ 发起人应有5人以上，其中须有过半数人在中国境内有住所；

⑤ 发起人以工业产权、非专利技术作价出资的金额不得超过股份有限公司注册资本的20%；

关于发起人认购公司股份的比例，各国法律规定不一，一般规定不得少于25%或30%。

2. 国有企业改组为股份有限公司

改组时，其发起人可以少于5人，但应当采取募集设立方式发行股票，严禁将原企业的国有资产低估折股，低价出售或者无偿分给个人。

3. 有限责任公司变更为股份有限公司

变更时，折合的股份资本总额应当相等于公司净资产额；原有限责任公司的债权、债务由变更后的股份有限公司承继；变更后的股份有限公司为增加资本，首次向社会公开募集股份，需具备向社会公开募集股份的有关条件。

（三）增资发行新股的特殊条件

增资发行新股是指股份公司成立后因增加资本而进行的股票发行，这是股份公司在首次发行（即设立发行）股票以后的各次股票发行。股份有限公司为增加资本而发行新股票，按照我国（公司法）的规定，必须具备下列条件。

① 前一次发行的股份已募足，并间隔1年以上。

② 公司在最近3年内连续盈利，并可向股东支付股利，但以当年利润分派新股不受此限。

③ 公司最近3年内财务会计文件无虚假记载。

④ 公司预期利润率可达同期银行存款利率。

四、股票发行的程序

各国对股票的发行程序都有严格的法律规定，未经法定程序发行的股票无效。设立发行和增资发行在程序上有所不同。

（一）设立发行股票的程序

股份公司设立时发行股票的基本程序如下。

1. 发起人认足股份，缴付出资

股份有限公司的设立，可以采取发起设立或者募集设立两种方式。无论采用哪种设立方式，发起人均需认足其应认购的股份。若采用发起设立方式，需由发起人认购公司应发行的全部股份；若采用募集设立方式，需由发起人至少认购公司应发行股份的法定比例（不少于35%），其余部分向社会公开募集。

发起人可以用现金出资，也可以实物、工业产权、非专利技术、土地使用权作价出资。对作为出资的实物、工业产权、非专利技术或者土地使用权，必须进行合理的评估作价，并折合为股份。

在发起设立方式下，发起人以书面认足公司章程规定应认购的股份后，应及时缴纳全部股款；以实物、工业产权、非专利技术或者土地使用权抵作股款的，应依法办理其财产权的转移手续。发起人交付全部出资后，应当选举董事会和监事会，由董事会办理设立登记事项。

在募集设立方式下，发起人认足其应认购的股份并交付出资后，其余股份可向社会公开募集。

2. 提出募集股份申请

发起人向社会公开募集股份时，必须向国务院证券管理部门递交募股申请，并报送批准设立公司的文件、公司章程、经营估算书、发起人姓名或者名称、发起人认购的股份数、出资种类及验资证明、招股说明书、代收股款银行的名称及地址、承销机构的名称及有关协议等文件。

证券管理部门审查募股申请后，认为符合《公司法》规定条件的，予以批准；否则，不予批准。对已作出的批准如发现不符合《公司法》规定的，批准将被撤销。尚未募集股份的，停止募集；已经募集的，认股人有权按照所缴股款并加算银行同期存款利息，要求发起人返还和补偿。

3. 公告招股说明书，制作认股书，签订承销协议

在向社会公开募股申请获得批准之前，任何人不得以任何方式泄露招股的具体情况。募股申请获得批准后，发起人应在规定期限内向社会公告招股说明书，并制作认股书。招股说明书应附有发起人制定的公司章程，并载明发起人认购的股份数、每股的票面金额和发行价格、无记名股票的发行总数、认股人的权利义务、本次募股的起止期限、逾

期未募足时认股人可撤回所认股份的说明等事项。认股书应当载明招股说明书所列事项，由认股人填写所认股数、金额、认股人住所，并签名、盖章。

发起人向社会公开发行股票，应当由依法设立的证券承销机构承销，并签订承销协议；还应当同银行签订代收股款协议。

4. 招认股份，缴纳股款

发行股票的发起人或其股票承销机构，通常以广告或书面通知的方式招募股份。认购者认股时，需在由发起人制作的认股书上填写认购股数的金额、认股人住所，并签名、盖章。认购者一旦填写了认股书，就要承担认股书中约定的缴纳股款的义务。

发起人公开向社会招募股份时，有时会出现认股者所认购总股数超过发起人拟定招募总股数的情况，这时可以采用抽签方式决定哪些认购者的认股书有效。

认股人应在规定的期限内向代收股款的银行缴纳股款。无论股票有无面额、股票面额大小，股款一律按发行价格一次缴足。认股人应在缴纳股款的同时，交付认股书。收款银行应向缴纳股款的认股人出具需由发起人签名盖章的股款缴纳收据，并负责向有关部门出具收缴股款的证明。股款缴足后，发起人应当委托法定的机构进行验资，并出具验资证明。

5. 召开创立大会，选举董事会、监事会

发行股份的股款募足后，发起人应在规定期限内（法定30天内）主持召开创立大会。创立大会由认股人组成，应有代表股份总数半数以上的认股人出席方可举行。

创立大会通过公司章程，选举董事会和监事会的成员，并有权对公司的设立费用进行审核，对发起人用于抵作股款的财产的作价进行审核。

6. 办理公司设立登记，交割股票

经创立大会选举产生的董事会，应在创立大会结束后30天内，办理申请公司设立的登记事项。股份有限公司登记成立后，即向股东正式交付股票。公司登记成立前不得向股东交割股票。

股票采用纸面形式或者国务院证券管理部规定的其他形式。股票应当载明公司名称、公司登记成立的日期、股票种类、票面金额及代表的股份数、股票的编号。发起人的股票还应标明发起人股票字样。股票需由董事长签名，公司盖章。

（二）增资发行新股的程序

股份有限公司成立以后，为增加资本，在其存续期间内会多次发行新股份。增资发行新股的基本程序包括以下几步。

1. 作出发行新股决议

根据我国《公司法》，公司发行新股需由股东大会作出决议，包括新股种类及数额、新股发行价格、新股发行的起止日期、向原有股东发行新股的种类及数额等事项。

按照国际惯例，在授权资本制度下，公司董事会可在授权股额内作出发行新股的决定。所谓授权资本制度，是在公司章程规定公司预定发行股票总额（授权股额）的范围内，股东大会授予董事会自行决定增发股票的权限，公司成立时所发行的股票不应少于预定发行股票总额的1/4，其余股份在公司成立后由董事会随时决定发行。但当预定发行总数已满而仍需增加发行时，还需由股东大会决议调整公司章程，增加授权股数，董事会再据此作出发行新股的决定。由此可见，发行新股的决策权在理论上属于股东大会，在实际中系由董事会行使，这有利于公司把握股票筹资的良好时机，及时作出增资决策。目前，不少国家，如英国、美国、日本，均先后实行了授权资本制度，并赋予其法律效力。

公司发行新股的种类、数额及发行价格需根据公司股票在市场上的推销前景、公司筹措资本的需要、公司连续盈利情况和财产增值情况，并考虑发行成本来予以确定。

2. 提出发行新股的申请

公司作出发行新股的决议后，董事会必须向国务院授权的部门或者省级人民政府申请批准。属于向社会公开募集的新股，需经国务院证券管理部门批准。

3. 公告招股说明书，制作认股书，签订承销协议

公司经批准向社会公开发行新股时，必须公告新股招股说明书和财务会计报告，并制作认股书，还需与证券经营机构签订承销协议。

4. 招认股份，缴纳股款，交割股票

5. 改选董事、监事，办理变更登记

公司发行新股募足股款后，应立即召开股东大会，改选董事、监事。这种改选是由于公司股份增加、股份比例结构变动所引起的增额性改选。

然后，公司必须向登记机关办理变更登记，并向社会公告。变更登记事项主要包括本次实际发行新股的股数及数额、发行新股后变更的股东名册、经改选的公司董事和监事名单等。

五、股票上市

股票上市，指的是股份有限公司公开发行的股票经批准在证券交易所进行挂牌交易。经批准在交易所上市交易的股票称为上市股票。按照国际通行做法，只有公开募集发行并经批准上市的股票才能进入证券交易所流通转让。我国《公司法》规定，股东转让其股份，即股票进入流通，必须在依法设立的证券交易场所里进行。

（一）股票上市的影响

1. 股票上市的有利影响

（1）有利于改善财务状况

公司公开发行股票，可以筹得自有资金，能迅速改善公司财务状况，并有条件得到利率更低的贷款。同时，公司一旦上市，就可以有更多的机会从证券市场上筹集资金。股票上市后，会有更多的投资者认购公司股份，公司则可将部分股份转售给这些投资者，再将得到的资金用于其他方面，这就分散了公司的风险。

（2）利用股票收购其他公司

一些公司常用出让股票而不是支付现金的方式对其他企业进行收购。被收购企业也乐意接受上市公司的股票。因为上市的股票具有良好的流通性，持股人可以很容易地将股票出手而得到资金。

（3）利用股票市场客观评价企业

对于已上市的公司来说，即时的股票交易行情就是对公司价值的市场评价。

（4）利用股票激励员工

上市公司可利用股票作为激励关键人员的有效手段。公开的股票市场提供了股票的

准确价值，也可使职员的股票得以兑现。

（5）提高公司的知名度，吸引更多的顾客

股票上市公司为社会所知，并被认为经营优良，而良好的声誉，则会吸引更多的顾客，从而扩大销售。

2. 股票上市的不利影响

（1）使公司失去隐私权

一家公司转为上市公司，其最大的变化是公司隐私权的消失。国家证券管理机构要求上市公司将关键的经营情况向社会公众公开。

（2）限制经理人员操作的自由度

公司上市后，其所有重要决策都需要经董事会讨论通过，有些对企业至关重要的决策则需由全体股东投票决定。股东们通常以公司盈利、分红、股价等来判断经理人员的业绩，这些压力往往使得企业经理人员只注重短期效益而忽略长期效益。

（3）公司上市需要很高的费用

这些费用包括：资产评估费用、股票承销佣金、律师费、注册会计师审计费、材料印刷费、登记费等。这些费用取决于每一个企业的具体情况、整个上市过程的难易程度和上市融资的数额等因素。公司上市后需要一些费用为证券交易所、股东等提供资料。

（二）股票上市的条件

股票上市条件也称股票上市标准，是指对申请上市的公司所作的规定或要求。

我国《公司法》规定，股份有限公司申请其股票上市，必须符合下列条件。

① 股票经国务院证券监督管理机构批准已向社会公开发行，不允许公司在设立时直接申请上市。

② 公司股本总额不少于人民币5 000万元。

③ 向社会公开发行的股份达公司股份总数的25%以上；公司股本总额超过人民币4亿元的，其向社会公开发行股份的比例应为10%以上。

④ 公司在最近三年内无重大违法行为，财务会计报告无虚假记载。

⑤ 国务院规定的其他条件。

具备上述条件的股份有限公司提出申请，经国务院或国务院授权的证券监督管理机构批准，其股票方可上市。股票上市公司必须公告其上市报告，并将其申请文件存放在指定的地点供公众查阅。股票上市公司还必须定期公布其财务状况和经营情况，每一会计年度内半年公布一次财务会计报告。

（三）股票上市的暂停、终止与特别处理

上市公司存在经营情况恶化、重大违法行为或其他原因导致的不符合上市的条件时，就可能被暂停或终止上市。

上市公司出现财务状况或其他状况异常的，其股票交易将被交易所"特别处理（Special Treatment）"。"财务状况异常"是指以下几种情况：① 最近两个会计年度审计结果显示的净利润为负值；② 最近一个会计年度的审计结果显示其股东权益低于注册资本；③ 最近一个会计年度经审计的股东权益扣除注册会计师和有关部门不予确认的部分后，低于注册资本；④ 注册会计师对最近一个会计年度的财务报告出具无法表示意见或否定意见的审计报告；

⑤ 最近一份经审计的财务报告对上年度利润进行调整，导致连续两个会计年度亏损；⑥ 经交易所或中国证监会认定为财务状况异常的。"其他状况异常"是指自然灾害、重大事故等导致生产经营活动基本中止，公司涉及的可能赔偿金额超过公司净资产的诉讼等情况。

在上市公司的股票交易被实行特别处理期间，其股票交易应遵循下列规则：① 股票报价日涨跌限制为5％；② 股票名称改为原股票名前加"ST"；③ 上市公司的中期报告必须经过审计。

六、上市公司的股票发行

上市的股份公司在证券市场上发行股票，包括公开发行和非公开发行两种类型。公开发行股票又分为首次上市公开发行和上市公开发行股票，非公开发行即向特定投资者发行，也叫定向发行。

（一）公开发行股票

1. 首次上市公开发行股票

首次上市公开发行股票（Initial Public Offering，简称IPO），是指股份公司对社会公开发行股票并上市流通和交易。实行IPO的公司，应当符合中国证监会颁布的《首次对社会公开发行股票并上市管理办法》规定的相关条件，并经中国证监会核准。

实行IPO的基本程序是：① 公司董事会应当依法就本次股票发行的具体方案、本次募集资金使用的可行性及其他事项作出决议，并提请股东大会批准；② 公司股东大会就本次发行股票作出决议；③ 由保荐人向证监会申报；④ 证监会受理，并审核批准；⑤ 自证监会核准发行之日起，公司应在6个月内公开发行股票，超过6个月未发行的，核准失败，需经证监会重新核准后方可发行。

2. 上市公开发行股票

上市公开发行股票是指股份公司已经上市后，通过证券交易所在证券市场上对社会公开发行股票。上市公开发行股票，包括增发和配股两种方式。其中，增发是指增资发行，即上市公司向社会公众发售股票的再融资方式。配售是指上市公司向原有股东配售发行股票的再融资方式。增发和配售也应符合证监会规定的条件，并经证监会的核准。

（二）非公开发行股票

上市公司非公开发行股票，是指上市公司采用非公开方式，向特定对象发行股票的行为，也叫定向募集增发。其目的往往是为了引入该机构的特定能力，如管理、渠道等。定向增发的对象可以是老股东，也可以是新投资者。定向增发完成之后，公司的股权结构往往会发生较大变化，甚至发生控股权变更的情况。

在公司设立时，上市公开发行股票与非上市不公开发行股票相比，上市公开发行股票方式的发行范围广，发行对象多，易于足额筹集资本，同时还有利于提高公司的知名度。但公开发行方式审批手续复杂严格，发行成本高。在公司设立后再融资时，上市公司定向增发和非上市公司定向增发相比，上市公司定向增发优势在于：① 有利于引入战略投资者和机构投资者；② 有利于上市公司的市场化估值溢价，将母公司资产通过资本市场放大，从而提升上市公司的资产价值；③ 定向增发是一种主要并购手段，特别是资产并购型定向增发，有利于集团企业整体上市，并同时减轻并购的现金流压力。

七、普通股筹资的优缺点

（一）普通股筹资的优点

① 发行普通股筹资没有固定的股利负担，股利的支付与否和支付多少，视公司有无盈利和经营需要而定，经营波动给公司带来的财务负担相对较小。由于普通股筹资没有固定的到期还本付息的压力，所以筹资风险较小。

② 普通股股本没有固定的到期日，无需偿还，它是公司的永久性资本，除非公司清算时才予以偿还。这对于保证公司对资金的最低需要、促进公司长期持续稳定经营具有重要意义。

③ 普通股筹资能增强公司的信誉。它是公司最基本的资金来源，反映了公司的实力，可作为其他方式筹资的基础，尤其可为债权人提供保障，增强公司的举债能力。

④ 由于普通股的预期收益较高并可一定程度地抵消通货膨胀的影响（通常在通货膨胀期间，不动产升值时普通股也随之升值），因此普通股筹资容易吸收资金。

（二）普通股筹资的缺点

① 资本成本较高。首先，从投资者的角度讲，投资于普通股风险较高，相应地要求有较高的投资报酬率；其次，对于筹资公司来讲，普通股股利从税后利润中支付，不像债券利息那样作为费用从税前支付，因而不具抵税作用。此外，普通股的发行费用一般也高于其他种类证券。

② 利用普通股筹资，出售新股票，增加新股东，可能会分散公司的控制权；另一方面，新股东对公司已积累的盈余具有分享权，这就会降低普通股的每股净收益，从而可能引起普通股市价的下跌。

③ 如果今后发行新的普通股票，可能导致股票价格的下跌。

八、留存收益筹资

（一）留存收益的性质

从性质上看，留存收益属于企业的所有者权益，它是企业通过合法有效的经营所实现的税后净利润。企业将本年度的利润部分或全部留存下来，其原因主要有：① 企业有利润，并不一定说明有足够的现金将利润全部或部分分派给投资者；② 法律法规从保护债权人利益和要求企业保持可持续发展等角度出发，限制企业将利润全部分配出去；③ 企业基于自身扩大再生产和筹资的需求，也会将一部分利润留存下来。

（二）留存收益筹资的优缺点

1. 留存收益筹资的优点

（1）不会发生筹资费用

企业从外界筹集长期资本，与普通股筹资相比，留存收益筹资不需要发生筹资费用，资本成本较低。

（2）可维持公司的控制权分布

利用留存收益筹资，不用对外发行新股或吸收新投资者，由此增加的权益资本不会改变公司的股权结构，不会稀释原有股东的控制权。

2. 留存收益筹资的缺点

留存收益筹资的缺点是筹资数额有限。留存收益的最大数额是企业到期净利润和以前年度未分配利润之和，不像外部筹资可以一次性筹集大量资金。如果企业发生亏损，那么当年就没有利润留存。另外，股东和投资者从自身利益出发，往往希望企业每年发放一定的利润，保持一定的利润分配比例。利润分配越多，留存收益越少。

📖 练习题

一、简答题

1. 吸收直接投资方式筹资有何优缺点？

2. 普通股股东有哪些权利？

3. 上市公司股票发行有哪些发行方式？它们有何优缺点？

4. 股票上市有何有利和不利的影响？

5. 普通股筹资有何优缺点？

二、单选题

1. 公司的实收资本是（　　）。

　　A. 授权资本　　　B. 折中资本　　　C. 法律上的资本金　　　D. 财务上的资本金

2. 我国法规规定企业吸引无形资产投资的比例一般不超过注册资本的20%，如果超过，经有关部门审批，最高不得超过注册资本的（　　）。

　　A. 50%　　　B. 30%　　　C. 25%　　　D. 40%

3. 新股发行时发起人认购的股本数不少于公司拟发行股本总额的（　　）。

　　A. 35%　　　B. 15%　　　C. 25%　　　D. 50%

4. 增资发行股票时，规定距前一次公开发行股票的时间不少于（　　）。

　　A. 6个月　　　B. 一年　　　C. 18个月　　　D. 两年

5. 相对负债筹资而言，采用发行普通股方式筹资的优点是（　　）。

　　A. 有利于降低资本成本　　　B. 有利于集中企业控制权

　　C. 有利于降低财务风险　　　D. 有利于发挥财务杠杆的作用

三、多选题

1. 股权资本筹资包括（　　）。

　　A. 吸收直接投资　　　B. 发行普通股票　　　C. 留存收益筹资　　　D. 发行优先股

2. 出资者投入资本的形式分为（　　）。

　　A. 现金出资　　　B. 实物资产出资　　　C. 外商出资　　　D. 无形资产出资

3. 股票按股东的权利和义务不同可分为（　　）。

　　A. 国家股　　　B. 法人股　　　C. 普通股　　　D. 优先股

4. 吸收投资者直接投资的优点包括（　　）。

　　A. 有利于降低企业资本成本　　　B. 有利于加强对企业的控制

　　C. 有利于壮大企业的经营实力　　　D. 有利于降低企业的财务风险

第七章

债务资本筹资

第一节 债务资本筹资概述

企业的债务资本，也称借入资本或借入资金，是企业依法筹措并依约使用、必须按期偿还的资金来源。债务资本的出资人是企业的债权人，对企业拥有债权，有权要求企业按期还本付息。

债务资本与股权资本相比具有以下特征。

① 债务资本体现企业与债权人的债务债权关系，它属于企业的债务，是债权人的债权。

② 企业的债权人无权参与企业的经营管理，对企业的经营状况也不承担责任。

③ 企业债务资本在约定的期限内享有使用权，承担按期付息还本的义务。

④ 企业债务资本的投资收益预先确定，不受企业经营业绩好坏的影响，即使企业亏损，也必须按时向债权人支付利息；如果企业经营业绩好，债权人也不能获得额外收益。

⑤ 企业债务资本投资风险相对较小，当企业经营亏损时，债权人也能按事先约定的利息率得到利息；当企业发生重大亏损乃至破产清算时，债权人在股权资金投资者之前分配企业的剩余资产。

⑥ 企业的债务资本是通过银行、非银行金融机构、民间等渠道筹集的。

⑦ 企业的债务资本是采用银行借款（包括短期借款和长期借款）、发行债券、发行融资券、商业信用、融资租赁等方式筹集的。

⑧ 债务资本有的可按规定转化为股权资本，如可转换为股票的公司债券。

债务资本按其使用时间的长短，可分为短期债务资本和长期债务资本。短期负债是指在一年或超过一年的一个营业周期内必须清偿的债务，主要包括短期借款、短期信用两种形式。长期负债是指偿还期在一年以上或超过一年的一个营业周期以上的债务，主要有长期借款、长期债券和融资租赁等形式。

第二节 长期借款筹资

长期借款是指企业向银行或其他非银行金融机构借入的、使用期超过一年的借款，它主要用于购建固定资产和满足长期流动资金占用的需要。

一、长期借款的种类

（一）按借款的用途，分为基本建设借款、专项借款等

基本建设借款是指企业因从事新建、改建、扩建等基本建设项目需要资金而向银行申请借入的款项。

专项借款是指企业因专门用途而向银行申请借入的款项，包括更新改造借款、大修理借款、科研开发借款、小型技术措施借款、出口专项借款、引进技术转让费周转金借款、进口设备外汇借款、进口设备人民币借款以及国内配套设备借款等。

（二）按借款是否需要担保，分为信用借款和担保借款

信用借款是指以借款人的信誉为依据而获得的借款，企业取得这种借款，无须以财产作抵押。担保借款是指以一定的财产作抵押或以一定的保证人作担保为条件所取得的借款。

（三）按提供贷款的机构，分为政策性银行贷款和商业银行贷款

政策性银行贷款一般是指执行国家政策性贷款业务的银行向企业发放的贷款。如国家开发银行为满足企业承建国家重点建设项目的资金需要而提供的贷款；进出口信贷银行为大型设备的进出口提供买方或卖方信贷。

商业银行贷款是指由各商业银行向工商企业提供的贷款。这类贷款主要是满足企业生产经营对资金的需要。

此外，企业还可从信托投资公司取得实物或货币形式的信托投资贷款，从财务公司取得各种贷款等。

二、取得长期借款的条件

企业申请长期借款一般应具备的条件有以下六个。

① 独立核算、自负盈亏、有法人资格。

② 经营方向和业务范围符合国家产业政策，借款用途属于银行贷款办法规定的范围。

③ 借款企业具有一定的物资和财产保证，担保单位具有相应的经济实力。

④ 具有偿还贷款的能力。

⑤ 财务管理和经济核算制度健全，资金使用效益及企业经济效益良好。

⑥ 在银行设有账户，办理结算业务。

三、长期借款的程序

企业利用长期借款筹资，其程序分为以下几个步骤。

（一）企业提出借款申请

企业需要向金融机构借入资金时，必须向金融机构提出申请，填写包括借款金额、借款用途、偿还能力以及还款方式等主要内容在内的《借款申请书》，并提供以下资料：

① 借款人及保证人的基本情况；

② 财政部门或会计师事务所核准的上年度财务报告；

③ 原有的不合理借款的纠正情况；

④ 抵押物清单及同意抵押的证明，保证人拟同意保证的有关证明文件；

⑤ 项目建议书和可行性报告；

⑥ 金融机构认为需要提交的其他资料。

（二）金融机构审查借款申请

金融机构接到企业的申请后，要对企业的申请进行审查，以决定是否对企业提供贷款。审查一般包括如下几个方面。

1. 对借款人的信用等级进行评估

金融机构根据借款企业的领导素质、经济实力、资本结构、履约情况、经济效益和发展前景等因素，评定借款企业的信用等级。评级可由贷款银行独立进行，内部掌握，也可委托独立的信用评估机构进行评估。

2. 对贷款进行调查

贷款银行受理借款人的申请后，应当对借款人的信用及借款的合法性、安全性和盈利性等情况进行调查，核实抵押物、保证人情况，测定贷款的风险。

3. 贷款审批

贷款银行一般都建立了审贷分离、分级审批的贷款管理制度。审查人员要对调查人员提供的资料进行核实、评定，预测贷款风险，提出意见，按规定权限报批，决定是否提供贷款。

（三）签订借款合同

为了维护借贷双方的合法权益，保证资金的合理使用，企业向金融机构借入资金时，双方签订借款合同。借款合同主要包括下列四个方面的内容。

1. 基本条款

基本条款是借款合同的基本内容，主要规定双方的权利和义务。具体包括借款种类、借款数额、借款方式、款项发放的时间、还款期限、还款方式、利息支付方式、利息率的高低等。

2. 保证条款

保证条款是保证款项能够顺利归还的一系列条款，包括借款按规定的用途使用、有关的物资保证、抵押财产、担保人及其责任等内容。

3. 违约条款

违约条款是约定双方若有违约行为时应如何处理的条款，主要载明对企业逾期不还或挪用贷款等情况的处理和对银行不按期发放贷款的处理等内容。

4. 其他附属条款

其他附属条款是与借贷双方有关的其他条款，如双方经办人、合同生效日期等条款。

（四）企业取得借款

双方签订借款合同后，金融机构按合同的规定按期发放贷款，企业便可取得相应的资金。贷款银行不按合同约定按期发放贷款的，应偿付违约金。借款人不按合同约定用款的，也应偿付违约金。

（五）借款的归还

企业应按借款合同的规定按时足额归还借款本息。一般而言，贷款银行会在短期贷款到期一个星期之前、中长期贷款到期一个月之前，向借款的企业发送还本付息通知单。企业在接到还本付息通知单后，要及时筹备资金，按期还本付息。如果企业不能按期归还借款，应在借款到期之前，向银行申请贷款展期，但是否展期，由贷款银行根据具体情况决定。

四、长期借款的保护性条款

长期借款的期限长、风险大，按照国际惯例，银行通常对借款企业提出一些有助于保证贷款按时足额偿还的条件。这些条件写入贷款合同中，就形成了合同的保护性条款。保护性条款大致有如下两类。

（一）一般性保护条款

一般性保护条款应用于大多数借款合同，但根据具体情况会有不同的内容，主要包括：① 对借款企业流动资金保持量的规定；② 对支付现金股利和再购入股票的限制；③ 对资本支出规模的控制；④ 对其他长期债务的限制；⑤ 借款企业应定期向银行提交财务报表；⑥ 不准在正常的情况下出售较多资产；⑦ 如期缴纳税费和清偿其他到期债务；⑧ 不准以任何资产作为其他承诺的担保或抵押；⑨ 不准贴现应收票据或出售应收账款；⑩ 对租赁固定资产的规模加以限制。

（二）特殊性保护条款

特殊性保护条款是针对某些特殊情况而出现在部分借款合同中的，主要包括：① 贷款专款专用；② 不准企业投资于短期内不能收回资金的项目；③ 限制企业高级职员的薪金和奖金总额；④ 要求企业主要领导人在合同有效期间担任领导职务；⑤ 要求企业主要领导人购买人身保险等。

五、长期借款的优缺点

（一）长期借款的优点

1. 借款成本较低

长期借款利率一般低于债券利率，且由于借款属于直接筹资，筹资费用也较少。

2. 筹资速度快

长期借款的手续比发行债券简单得多，得到借款所花费的时间较短。

3. 借款弹性较大

借款时企业与金融机构直接交涉，有关条件可谈判确定；用款期间若有变动发生，也可与银行再协商。而债券筹资所面对的是社会广大投资者，协商改善筹资条件的可能性很小。

4. 可以发挥财务杠杆的作用

不论公司盈利多少，金融机构只按借款合同规定的利率收取利息，在投资报酬率大于借款利率的情况下，企业所有者将会因财务杠杆的作用而获得更多的收益。

（二）长期借款的缺点

1. 筹资风险较高

企业举借长期借款，必须定期还本付息，在经营不利的情况下，可能会产生不能偿付的风险，甚至会导致破产。

2. 限制性条款较多

贷款企业与金融机构签订的借款合同中，一般都有一些限制性条款。这些条款可能会制约企业的生产经营活动。

3. 筹资数量有限

金融机构一般不愿借出巨额的长期借款，利用长期借款筹资都有一定的上限，不像股票、债券那样可以一次性筹集到大笔资金。

第三节　长期债券筹资

债券是经济主体为筹集资金而发行的、用以记载和反映债权债务关系的有价证券。由企业发行的债券称为企业债券或公司债券。发行长期债券是企业筹集债务资本的重要方式。长期债券发行目的通常是为建设大型项目筹集大笔长期资金。

一、长期债券的种类

公司债券有很多形式，可按不同标准进行分类。

（一）按能否转换为公司股票，分为可转换债券和不可转换债券

公司债券若能转换为本公司股票，则为可转换债券；反之，为不可转换债券。一般来讲，前种债券的利率要低于后种债券。按照我国《公司法》的规定，发行可转换债券的主体只限于股份有限公司中的上市公司。

（二）按债券上是否记有持券人的姓名或名称，分为记名债券和无记名债券

这种分类类似于记名股票与无记名股票的划分。在公司债券上记载持券人姓名或名称的为记名公司债券；反之，为无记名公司债券。两种债券在转让上的差别也与记名股票和无记名股票间的差别相似。

以上两种分类为我国《公司法》所确认。除此之外，按照国际通行做法，公司债券还有另外一些分类。

（三）按有无特定的财产担保，分为抵押债券和信用债券

发行公司以特定财产作为抵押品的债券为抵押债券；没有特定财产作为抵押、凭信用发行的债券为信用债券。

抵押债券又分为：① 一般抵押债券，即以公司产业的全部作为抵押品而发行的债券；② 不动产抵押债券，即以公司的不动产为抵押而发行的债券；③ 设备抵押债券，即以公司的机器设备为抵押而发行的债券；④ 证券信托债券，即以公司持有的股票证券以及其他担保证书交付给信托公司作为抵押而发行的债券。

（四）按是否参加公司盈余分配，分为参加公司债券和不参加公司债券

债权人除享有到期向公司请求还本付息的权利外，还有权按规定参加公司盈余分配的债券，为参加公司债券；反之，为不参加公司债券。

（五）按能否上市，分为上市债券和非上市债券

可在证券交易所挂牌交易的债券为上市债券；反之，为非上市债券。上市债券信用度高、价值高，且变现速度快，故而较吸引投资者；但上市条件严格，并要承担上市费用。

（六）按照偿还方式，分为到期一次债券和分期债券

发行公司于债券到期日一次集中清偿本金的，为到期一次债券；一次发行而分期、分批偿还的债券为分期债券。分期债券的偿还又有不同的办法。

（七）按利率的不同，分为固定利率债券和浮动利率债券

将利率明确记载于债券上，按这一固定利率向债权人支付利息的债券，为固定利率债券；债券上不固定利率，发放利息时利率水平按某一标准（如政府债券利率、银行存款利率）的变化而同方向调整的债券，为浮动利率债券。

（八）按照其他特征，分为收益公司债券、附认股权债券、附属信用债券等

收益公司债券是指只有当发行公司有税后收益可供分配时，才支付利息的一种公司债券。这种债券对发行公司而言，不必承担固定的利息负担；对投资者而言，风险较高，收益也可能较多。附认股权债券是指所发行的债券附带允许债券持有人按特定价格认购股票权利的债券。这种认股权通常随债券发放，具有与可转换公司债券相类似的属性。附认股权债券的票面利率，与可转换公司债券一样，通常低于一般的公司债券。附属信用债券是当公司清偿时，受偿权排列顺序低于其他债券的债券，而为了补偿其较低受偿顺序可能带来的损失，这种债券利率高于一般债券。

二、发行债券的条件

公司发行债券，应具备规定的发行资格和条件。

（一）发行债券的资格

根据我国有关规定，股份有限公司、国有独资公司和两个以上的国有企业或者其他两个以上的国有投资主体投资设立的有限责任公司，具有发行公司债券的资格。

（二）发行债券的条件

根据我国《证券法》的规定，公开发行公司债券必须符合下列条件。

① 股份有限公司的净资产额不低于人民币 3 000 万元，有限责任公司的净资产额不低于人民币 6 000 万元。

② 累计债券总额不超过公司净资产的 40%。

③ 最近三年平均可分配利润足以支付公司债券一年的利息。

④ 筹集的资金投向符合国家产业政策。

⑤ 债券的利率不得超过国务院限定的利率水平。

⑥ 国务院规定的其他条件。

此外，发行公司债券所筹集到的资金，必须按审批机关批准的用途使用，不得用于弥补亏损和非生产性支出。

发行公司发生下列情形之一的，不得再次发行公司债券：① 前一次发行的公司债券尚未募足的；② 对已发行的公司债券或者其债务有违约或者延迟支付本息的事实，且仍处于继续状态的。

三、发行债券的程序

发行公司债券要经过一定的程序，办理规定的手续。

（一）发行债券的决议或决定

我国可以发行公司债券的主体有三类：股份有限公司、国有独资公司和国有有限责任公司。三类公司作出发行债券决议的机构不同：股份有限公司和国有有限责任公司发行公司债券，由董事会制定方案，股东大会作出决议；国有独资公司发行公司债券，由国家授权投资的机构或者国家授权的机构作出决定。可见，发行公司债券的决议和决定，是由公司最高机构作出的。

（二）发行债券的申请与批准

公司向社会公众发行债券募集资金，数额大且债权人多，所牵涉的利益范围大，所以必须对公司债券的发行进行审批。凡欲发行债券的公司，先要向国务院证券管理部门提出申请并提交公司登记证明、公司章程、公司债券募集办法、资产评估报告和验资报告等文件。国务院证券管理部门根据有关规定，对公司的申请予以核准。

（三）制定募集办法并予以公告

发行公司债券的申请被批准后，应由发行公司制定公司债券募集办法。办法中应载明的主要事项有：公司名称、债券总额和票面金额、债券利率、还本付息的期限与方式、债券发行的起止日期、公司净资产额、已发行的尚未到期的债券总额、公司债券的承销机构。

公司制定好募集办法后，应按当时、当地通常合理的方法向社会公告。

（四）募集借款

公司发出公司债券募集公告后，开始在公告所定的期限内募集借款。一般地讲，公司债券的发行方式有公司直接向社会发行（私募发行）和由证券经营机构承销发行（公募发行）两种。在我国，根据有关法规，公司发行债券须与证券经营机构签订承销合同，由其承销。

由承销机构发售债券时，投资人直接向其付款购买，承销机构代理收取债券款、交付债券。然后，承销机构向发行公司办理债券款的结算。

公司发行的债券上，必须载明公司名称、债券票面金额、利率、偿还期限等事项，并由董事长签名、公司盖章。

公司对发行的债券还应置备公司债券存根簿予以登记。其意义一方面在于起公示作用，使股东、债权人可以查阅了解，并便于有关机关监督；另一方面便于公司随时掌握债券的发行情况。公司发行记名债券的，应在公司债券存根簿上记明债券持有人的姓名或名称及住所；债券持有人取得债券的日期及债券编号；债券的总额、票面金额、利率、还本付息的期限和方式；债券的发行日期。公司发行无记名债券的，应在公司债券存根簿上记明债券的总额、利率、偿还期限和方式、发行日期及债券的编号。

四、债券的发行方式

债券的发行方式通常分为公募发行和私募发行两种。

（一）公募发行

以非特定的多数投资者作为募集对象所进行的债券发行，称为公募发行。公募发行涉及众多投资者，其社会责任和影响都很大，为了保证投资者的利益，各国都对公募发行的条件作了严格规定。

公募发行又可分成直接公募与间接公募两种。直接公募又称自己公募，是指债券的发行人不通过中介机构（如证券公司）而直接向众多投资者公开发行债券的方式。间接公募是指债券的发行人通过中介机构向众多投资者公开发行债券的方式。

公募发行的优点有：① 因向众多投资者发行债券，所以能筹集较多的资金；② 与私募发行相比，债券的利息率较低；③ 可以提高发行者在证券市场上的知名度，扩大社会影响；④ 公募发行的债券一般都可公开上市交易，有比较好的流动性，很受投资人欢迎。

公募发行的缺点主要有：① 公募发行的发行费用较高；② 公募发行所需时间较长。

（二）私募发行

以特定的少数投资者为募集对象所进行的债券发行，称为私募发行。这里所谓的"特定的"投资者，一般可分为两类：一类是个人投资者，如企业职工；一类是机构投资者，如大的金融机构。

私募发行的优点主要有：① 发行时间短；② 节约发行费用；③ 发行的限制条件少。

私募发行的缺点主要有：① 需要向投资者提供高于公募发行的利率；② 私募发行的债券一般不能公开上市交易，缺乏流动性；③ 债务集中于少数债权人，发行者的经营管理容易受到干预。

五、债券的发行价格

（一）决定债券发行价格的因素

公司债券发行价格的高低，主要取决于下述四项因素。

1. 债券面额

债券的票面金额是决定债券发行价格的最基本因素。债券发行价格的高低，从根本上取决于债券面额的大小。一般而言，债券面额越大，发行价格越高。但是，如果不考虑利息因素，债券面额是债券到期价值，即债券的未来价值，而不是债券的现在价值，即发行价格。

2. 债券期限

同银行借款一样，债券的期限越长，债权人的风险越大，要求的利息报酬就越高，债券的发行价格就可能较低；反之，可能较高。

3. 票面利率

债券的票面利率是债券的名义利率，通常在发行债券之前即已确定，并注明于债券票面上。一般而言，债券的票面利率越高，发行价格也越高；反之，就越低。

4. 市场利率

债券发行时的市场利率是衡量债券票面利率高低的参照，两者往往不一致，因此共同影响债券的发行价格。一般来说，债券的市场利率越高，债券的发行价格越低；反之，就越高。

债券的发行价格主要是上述四项因素综合作用的结果。

（二）确定债券发行价格的方法

债券的发行价格是债券发行时使用的价格，即投资者购买债券时所支付的价格。

公司债券的发行价格通常有三种：平价、溢价和折价。

平价指以债券的票面金额为发行价格；溢价指以高出债券票面金额的价格为发行价

格；折价指以低于债券票面金额的价格为发行价格。

债券发行价格的形成受诸多因素的影响，其中主要是票面利率与市场利率的一致程度。债券的票面金额、票面利率在债券发行前即已参照市场利率和发行公司的具体情况确定下来，并载明于债券之上。但在发行债券时，已确定的票面利率不一定与当时的市场利率一致。为了协调债券购销双方在债券利息上的利益，就要调整发行价格，即当票面利率高于市场利率时，以溢价发行债券；当票面利率低于市场利率时，以折价发行债券；当票面利率与市场利率一致时，则以平价发行债券。

债券发行价格的计算公式为：

$$债券价格 = \frac{票面金额}{(1+市场利率)^n} + \sum_{t=1}^{n} \frac{(票面金额 \times 票面利率)}{(1+市场利率)^t}$$

式中，n——债券期限；

t——付息期数。

市场利率指债券发行时的市场利率。

六、债券的信用等级

公司公开发行债券通常需要由债券评信机构评定等级。债券的信用等级对于发行公司和购买人都有重要影响。债券的信用等级表示债券质量的优劣，反映债券偿本付息能力的强弱及债券投资风险的高低。

国际上流行的债券等级划分为3等9级，即AAA级、AA级、A级、BBB级、BB级、B级、CCC级、CC级、C级。具体含义如下。

AAA级：表示最高级债券，其还本付息能力最强，投资风险最低。

AA级：表示高级债券，有很强的还本付息能力，但保证程度略低，投资风险略高于AAA级。

A级：表示上中级债券，有较强的还本付息能力，但可能受到环境和经济条件的不利影响。

BBB级：表示中级债券，有足够的还本付息能力，但经济条件或环境的不利变化可能导致偿付能力减弱。

BB级：表示中下级债券，债券的本息偿付能力有限，具有一定的投资风险。

B级：表示投机级债券，风险较高。

CCC级：表示完全投机级债券，风险很高。

CC级：表示最大投机级债券，风险最高。

C级：表示最低级债券，一般表示未能付息的收益债券。

七、债券筹资的优缺点

（一）债券筹资的优点

1. 成本较低

与股票比较而言，债券的发行费用较低，且债券的利息允许在税前抵扣，发行公司可享受税上利益，故公司实际负担的债券成本一般低于股票成本。

2. 保证股东控制权

债券持有人无权参与发行公司的管理决策，因此，公司发行债券不会分散股东对公司的控制权。

3. 可发挥财务杠杆作用

发行公司的盈利无论多少，债券持有人一般只收取固定的利息，在企业投资效益良好的情况下，更多的收益可用于分配给股东或留用公司经营，从而增加股东和公司的财富。

（二）债券筹资的缺点

1. 财务风险较高

债券有固定的到期日，并需定期支付利息，发行公司必须承担按期付息偿本的义务。在公司经营不景气时，还需向债券持有人付息偿本，这会给公司带来更大的财务困难，有时甚至导致破产。

2. 限制条件较多

发行债券的限制条件一般要比长期借款、租赁筹资的限制条件都要多且严格，从而限制了公司对债券筹资方式的使用，还可能会影响企业的正常发展和以后的筹资能力。

3. 筹资数量有限

利用债券筹资一般受一定额度的限制。我国《公司法》规定，发行公司流通在外的债券累计总额不得超过公司净资产的40%。

第四节　融资租赁筹资

租赁是指出租人在承租人给予一定报酬的条件下，授予承租人在约定的期限内占有和使用财产权利的一种契约性行为。现代租赁已成为企业普遍采用的一种重要筹资方式。

一、租赁的种类

租赁的种类很多，按性质可分为经营租赁和融资租赁两大类。

（一）经营租赁

经营租赁，又称营业租赁，它是典型的租赁形式，通常为短期租赁。承租企业租赁目的不是融通资金，而是为获得设备的短期使用及出租人提供的专门技术服务。

经营租赁有以下特点：① 承租企业可随时向出租人提出租赁资产的要求；② 租赁期短，不涉及长期而固定的义务；③ 租赁合同比较灵活、在合理限制条件范围内，可以解除租赁契约；④ 租赁期满，租赁资产一般归还给出租者；⑤ 出租人提供专门服务，如设备的保养、维修、保险等。

（二）融资租赁

融资租赁又称财务租赁，通常是一种长期租赁，可解决企业对资产的长期需要，故有时也称为资本租赁。承租企业租赁主要目的是为了融通资金。融资租赁是现代租赁的主要形式。

1. 融资租赁的特点

融资租赁有以下特点：① 一般由承租人向出租人提出正式申请，由出租人融通资金引进用户所需设备，然后再租给用户使用。② 租期较长。融资租赁的租期一般为租赁财产寿命的一半以上。③ 租赁合同比较稳定。在融资租赁期内，承租人必须连续支付租金，非经双方同意，中途不得退租。这样既能保证承租人长期使用资产，又能保证出租人在基本租期内收回投资并获得一定利润。④ 租赁期满后，可选择以下办法处理租赁财产：将设备作价转让给承租人；由出租人收回；延长租期续租。⑤ 在租赁期间内，出租人一般不提供维修和保养设备方面的服务。

2. 融资租赁的形式

融资租赁可细分为如下三种形式。

（1）直接租赁

直接租赁是指承租人直接向出租人租入所需要的资产，并付出租金。直接租赁的出租人主要是制造厂商、租赁公司。直接租赁是融资租赁的典型形式，通常所说的融资租赁就是指直接租赁这种形式。

（2）售后租回

售后租回是指根据协议，企业将某资产卖给出租人，再将其租回使用。采用这种租赁形式，出售资产的企业可得到相当于售价的一笔资金，同时仍然可以使用资产。但该企业要交付租金，并失去了财产所有权。从事售后租回的出租人为租赁公司等金融机构。

（3）杠杆租赁

杠杆租赁要涉及承租人、出租人和资金出借者三方当事人。从承租人的角度来看，这种租赁与其他租赁形式并无区别，同样是按合同的规定，在基本租期内定期支付定额租金，取得资产的使用权。但对出租人却不同，出租人只出购买资产所需的部分资金（如30%），作为自己的投资；另外以该资产作为担保向资金出借者借入其余资金（如70%）。因此，它既是出租人又是借款人，同时拥有对资产的所有权，既收取租金又要偿付债务。如果出租人不能按期偿还借款，那么资产的所有权就要转归资金出借者。

二、融资租赁的程序

（一）选择租赁公司

采用融资租赁方式时，企业首先需了解各个租赁公司的经营范围、业务能力以及与其他金融机构的关系和资信情况，取得租赁公司的融资条件和租赁费率等资料，并加以比较，从而择优选定。

（二）办理租赁委托

选定租赁公司后，企业便可向其提出申请，办理委托。这时，筹资企业需填写"租赁申请书"，说明对所需设备的具体要求，同时还要提供有关企业财务状况的文件，包括资产负债表、利润表和现金流量表等。

（三）签订购货协议

由承租企业与租赁公司的一方或双方合作组织选定设备制造厂商，并与其进行技术与商务谈判，签署购货协议。

（四）签订租赁合同

租赁合同系由承租企业与租赁公司签订，它是租赁业务的重要法律文件。融资租赁合同的内容可分为一般条款和特殊条款两部分。

1. 一般条款

一般条款主要包括：① 合同说明：主要明确合同的性质、当事人身份、合同签订的日期等；② 名词解释：释义合同中的重要名词以避免歧义；③ 租赁设备条款：详细列明租赁设备的名称、规格型号、数量、技术性能、交货地点及使用地点等；④ 租赁设备交货、验收和税款、费用条款；⑤ 租期和起租日期条款；⑥ 租金支付条款：规定租金的构成、支付方式和货币名称。

2. 特殊条款

特殊条款主要包括：① 购货合同与租赁合同的关系；② 租赁设备的所有权；③ 租期中不得退租；④ 对出租人免责和对承租人保障；⑤ 对承租人违约和对出租人补救；⑥ 设备的使用、保管、维修和保养；⑦ 保险条款；⑧ 租赁保证金和担保条款；⑨ 租赁期满对设备的处理条款等。

（五）办理验货与投保

承租企业收到租赁设备，要进行验收。验收合格签发交货及验收证书并提交给租赁公司，租赁公司据以向厂商支付设备价款。同时，承租公司向保险公司办理投保事宜。

（六）支付租金

承租企业按合同规定的租金数额、支付方式等向租赁公司支付租金。

（七）租赁期满的设备处理

融资租赁合同期满时，承租企业应按租赁合同的规定，实行退租、续租或留购。但在融资租赁中，租赁期满的设备一般低价卖给承租企业或无偿转给承租企业。

三、融资租赁租金的确定

在租赁筹资方式下，承租企业要按合同规定向租赁公司支付租金。租金的数额和支付方式对承租企业的未来财务状况具有直接的影响，也是租赁筹资决策的重要依据。

（一）融资租赁租金的构成

融资租赁的租金包括设备价款和租息两部分，其中租息又可分为租赁公司的融资成本、租赁手续费等。设备价款是租金的主要内容，它由设备的买价、运杂费和途中保险费等构成。融资成本是指租赁公司为购买租赁设备所筹资金的成本，即设备租赁期间的利息。租赁手续费包括租赁公司承办租赁设备的营业费用和一定的盈利。租赁手续费的高低一般无固定标准，可由承租企业与租赁公司协商确定。

（二）租金的支付方式

租金的支付方式也影响到租金的计算。支付租金的方式一般有如下种类。

① 按支付间隔的长短，可以分为年付、半年付、季付和月付等方式。

② 按支付时期先后，可以分为先付租金和后付租金两种。

③ 按每期支付金额，可以分为等额支付和不等额支付两种。

（三）租金的计算方法

在我国融资租赁业务中，计算租金的方法一般采用等额年金法。等额年金法是利用年金现值的计算公式经变换后计算每期支付租金的方法。等额年金法又可分为先付租金和后付租金两种支付方式。

1. 后付租金的计算

承租企业与租赁公司商定的租金支付方式，大多为后付等额租金，即普通年金。

根据普通年金现值的计算公式，可推导出后付租金方式下每年年末支付租金数额的计算公式：

$$A = \frac{PVA_n}{(P/A,\ i,\ n)}$$

式中，A——每年支付租金；

PVA_n——等额租金现值；

$(P/A,\ i,\ n)$——等额租金现值系数；

n——支付租金期数；

i——租费率。

2. 先付租金的计算

承租企业有时可能会与租赁公司商定，采取先付等额租金的方式支付租金。根据先付年金的现值公式，可得出先付等额租金的计算公式：

$$A = \frac{PVA_n}{(P/A,\ i,\ n-1)+1}$$

[例7-1] 引用第三章C公司的例子。C公司采用融资租赁方式于2009年1月1日从某租赁公司租入一台生产设备，设备价款40 000元，租期8年，到期后设备归C公司所有。为保证租赁公司完全弥补融资成本和相关手续费，并有一定的盈利，双方商定采用18%的折现率。试计算C公司每年年末和年初应支付的租金额。

每年年末支付的租金额按后付年金的计算公式计算为：

$$A = \frac{40\ 000}{(P/A,\ 18\%,\ 8)} = \frac{40\ 000}{4.0776} = 9\ 809.69\ （元）$$

每年年初支付的租金额按先付年金的计算公式计算为：

$$A = \frac{40\ 000}{\{(P/A,\ i,\ n-1)+1\}} = \frac{40\ 000}{(P/A,\ 18\%,\ 7)+1} = \frac{40\ 000}{3.8115+1} = 8\ 313.42\ （元）$$

四、融资租赁筹资的优缺点

（一）融资租赁筹资的优点

1. 筹资速度快

融资租赁是筹资与设备购置同时进行的，这样可以缩短设备的购进、安装时间，使企业尽快形成生产能力，有利于企业尽快占领市场，打开销路。

2. 限制条款少

如前所述，发行债券和长期借款都有相当多的限制条款。虽然类似的限制在租赁公司中也有，但一般比较少。

3. 设备淘汰风险小

固定资产更新周期日趋缩短，企业设备陈旧过时的风险很大，利用融资租赁筹资可减少这一风险。多数租赁协议都规定由出租人承担设备陈旧过时的风险。

4. 到期还本负担轻

租金在整个租期内分摊，不用到期一次归还大量本金，可适当减少到期不能偿付的风险。

5. 税收负担轻

租金可在税前扣除，具有抵免所得税费用的效用。

（二）融资租赁筹资的缺点

融资租赁筹资的最主要缺点就是资本成本较高。一般来说，其租金要比向银行借款或发行债券所负担的利息高得多。在企业财务困难时，固定的租金也会构成一项较沉重的负担。

第五节　短期借款与短期信用筹资

一、短期借款筹资

短期借款指企业向银行和其他非银行金融机构借入的、期限在一年以内的借款。

企业利用短期借款筹资时，首先必须提出申请，经审查同意后借贷双方签订借款合同，注明借款的用途、金额、利率、期限、还款方式、违约责任等；然后企业根据借款合同办理借款手续；借款手续完毕，企业便可取得借款。

（一）短期借款的种类

1. 按照短期借款的目的和用途不同，分为生产周转借款、临时借款、结算借款等

生产周转借款是企业为满足生产周转的需要，在确定的流动资金计划占用额的范围内，为弥补自有流动资金和流动基金借款不足部分而向银行取得的借款。

临时借款是企业在生产经营过程中由于临时性或季节性原因形成超定额物资储备，为解决资金周转困难而向银行取得的借款。

结算借款是企业采用托收承付结算方式向异地发出商品时，在委托银行收款期间为解决在途结算资金占用的需要，以托收承付结算凭证为保证向银行取得的借款。

2. 按照短期借款偿还方式的不同，分为一次性偿还借款和分期偿还借款

一次性偿还借款是贷款的偿还为到期一次偿还的借款。分期偿还借款是在贷款期内定期（每月、季）等额偿还的借款。

3. 按照短期借款利息支付方法的不同，分为收款法借款、贴现法借款和加息法借款

收款法借款是在借款到期时向银行支付利息的方法。银行向工商企业发放的贷款大都采用这种方法收息。

贴现法借款是银行向企业发放贷款时，先从本金中扣除利息部分而到期时借款企业偿还贷款全部本金的方法。采用这种方法，企业可利用的贷款额只有本金减去利息部分后的差额，因此贷款的实际利率高于名义利率。

加息法借款是银行发放分期等额偿还贷款时采用的方法。在分期等额偿还贷款的情况下，银行将根据名义利率计算的利息加到贷款本金上，计算出贷款的本息和，要求企业在贷

款期内分期偿还本息之和的金额。由于贷款分期均衡偿还，借款企业实际上只平均使用了贷款本金的半数，却支付全额利息。这样，企业所负担的实际利率便高出名义利率大约1倍。

4. 按照短期借款有无担保，分为抵押借款和信用借款

抵押借款是要求企业以抵押品作为担保的借款。

信用借款是不需企业提供抵押品，仅凭其信用或担保人信誉而取得的借款。企业在申请借款时，应根据各种借款的条件和需要加以选择。

（二）借款的信用条件

按照国际通行做法，银行发放短期借款往往带有一些信用条件，主要有以下条件。

1. 信贷额度

信贷额度也称贷款限额，是借款人与银行在协议中规定的允许借款人借款的最高限额。信贷额度的有效期通常为一年，但根据情况也可延期一年。一般说来，企业在批准的额度内，可随时使用银行借款。但是，银行并不承担必须提供全部信贷的义务。如果企业信誉恶化，即使银行曾同意过按信贷额度提供贷款，企业也可能得不到借款。这时，银行不会承担法律责任。

2. 周转信贷协定

周转信贷协定是银行从法律上承诺向企业提供不超过某一最高限额的贷款协定。在协定的有效期内，只要企业的借款总额未超过最高限额，银行必须满足企业任何时候提出的借款要求。企业享有周转信贷协定，通常要就贷款限额的未使用部分付给银行一定的承诺费用。

周转信贷协定的有效期通常超过一年，但实际上贷款每几个月发放一次，所以这种信贷具有短期和长期借款的双重特点。

3. 补偿性余额

补偿性余额是银行要求借款企业需在银行中保持贷款限额或实际借用额一定百分比（一般为10%~20%）的最低存款余额。从银行的角度讲，补偿性余额可降低贷款风险，补偿遭受的贷款损失。对于借款企业来讲，补偿性余额则提高了借款的实际利率。

4. 借款抵押

银行向财务风险较大的企业或对其信誉把握不大的企业发放贷款时，有时需要求企业有抵押品担保，以降低自己蒙受损失的风险。短期借款的抵押品经常是借款企业的应收账款、存货、股票、债券等。银行接受抵押品后，将根据抵押品的面值决定贷款金额，一般为抵押品面值的30%~90%。这一比例的高低，取决于抵押品的变现能力和银行的风险偏好。抵押借款的成本通常高于非抵押借款，这是因为银行主要向信誉好的客户提供非抵押贷款，而将抵押贷款看成是一种风险投资，故而收取较高的利率；同时银行管理抵押贷款要比管理非抵押贷款困难，为此往往另外收取手续费。

企业向贷款人提供抵押品，会限制自身财产的使用，削弱将来的借款能力。

5. 偿还条件

贷款的偿还有到期一次偿还和在贷款期内定期（每月、季）等额偿还两种方式。一般来讲，企业不希望采用后种偿还方式，因为这会提高借款的实际利率；而银行不希望采用前种偿还方式，因为这会加重企业的财务负担，增加企业的拒付风险，同时会降低

实际贷款利率。

6. 其他承诺

银行有时还要求企业为取得贷款而作出其他承诺，如及时提供财务报表、保持适当的财务水平（如特定的流动比率）等。如果企业违背所作出的承诺，银行可要求企业立即偿还全部贷款。

（三）短期借款筹资的优缺点

1. 短期借款筹资的优点

（1）筹资弹性大

银行短期借款具有较好的弹性，可在需要资金时借入，在资金充裕时还款，便于企业灵活安排。

（2）筹资速度快

企业获得短期借款所需时间要比长期借款短得多，因为银行发放长期贷款前，通常要对企业进行比较全面的调查分析，花费时间较长。

2. 短期借款筹资的缺点

（1）资本成本较高

短期借款筹资成本较高，尤其是在补偿性余额和附加利率的情况下，实际利率通常高于名义利率。

（2）筹资风险大

短期借款的偿还期短，在筹资数额较大的情况下，若企业资金调度不周，就有可能出现无力按期偿付本金和利息的情况，甚至被迫破产。

二、短期信用筹资

短期信用也称商业信用，是指在商品交易中由于延期付款或预收货款所形成的企业间的借贷关系。商业信用产生于商品交换之中，是所谓的"自发性筹资"。它运用广泛，在短期负债筹资中占有相当大的比重。短期信用的具体形式有应付账款、应付票据、预收账款等。

（一）应付账款

应付账款是企业购买货物时暂未付款而欠对方的账项，即卖方允许买方在购物后一定时期内支付货款的一种形式。卖方利用这种方式促销，而对买方来说延期付款则等于向卖方借用资金购进商品，可满足短期的资金需要。

应付账款的信用条件可以分为：免费信用，即买方企业在规定的折扣期内享受折扣而获得的信用；有代价信用，即买方企业放弃折扣付出代价而获得的信用；展期信用，即买方企业超过规定的信用期推迟付款而强制获得的信用。

倘若买方企业购买货物后在卖方规定的折扣期内付款，便可以享受免费信用，在这种情况下企业没有因为享受信用而付出代价。

倘若买方企业放弃折扣，该企业便要承受因放弃折扣而造成的隐含利息成本。

放弃现金折扣的资本成本可由下式求得：

$$放弃现金折扣成本 = \frac{CD}{1-CD} \times \frac{360}{N}$$

式中，CD——现金折扣成本的百分比；

$\qquad N$——失去现金折扣后延期付款天数。

由公式可知，放弃现金折扣的成本与折扣百分比的大小、折扣期的长短同方向变化，与信用期的长短反方向变化。可见，如果买方企业放弃折扣而获得信用，其代价是较高的。然而，企业在放弃折扣的情况下，推迟付款的时间越长，其成本越小。

[例7-2] 某公司拟以"2/10，$n/30$"信用条件购进一批材料，价款50万元。如果公司在10天内付款，则可获得最长为10天的免费资金，并可获得折扣1万元，免费筹资49万元。如果公司放弃这笔折扣，则第30天付款总额为50万元。这样一来，公司推迟付款20天，需要多支付1万元。在这种情况下，可以将其看做一笔为期20天、金额为49万元的借款，利息为1万元，其借款利率为：

$$20天的实际利率=\frac{10\ 000}{490\ 000}\times100\%=2.04\%$$

利息通常以年为单位，将20天的利率折算为360天的利率，则：

$$实际年利率=\frac{2.04\%}{20}\times360=36.73\%$$

直接代入放弃现金折扣资本成本公式得：

$$放弃现金折扣资本成本=\frac{2\%}{1-2\%}\times\frac{360}{30-10}=36.73\%$$

（二）应付票据

应付票据是企业进行延期付款商品交易时开具的反映债权债务关系的票据。根据承兑人的不同，应付票据分为商业承兑汇票和银行承兑汇票两种，支付期最长不超过6个月。应付票据可以带息，也可以不带息。应付票据的利率一般比银行借款的利率低，且不用保持相应的补偿余额和支付信贷协议费，所以应付票据的筹资成本低于银行借款成本。但是应付票据到期必须归还，如若延期便要交付罚金，因而风险较大。

（三）预收账款

预收账款是卖方企业在交付货物之前向买方预先收取部分或全部货款的信用形式。对于卖方来讲，预收账款相当于向买方借用资金后用货物抵偿。预收账款一般用于生产周期长、资金需要量大的货物销售。

此外，企业往往还存在一些在非商品交易中产生、但也为自发性筹资的应付费用，如应付职工薪酬、应交税费、其他应付款等。应付费用使企业受益在前、费用支付在后，相当于享用了供款方的借款，一定程度上缓解了企业的资金需要。应付费用的期限具有强制性，不能由企业自由斟酌使用，但通常不需花费代价。

（四）短期信用筹资的优缺点

1. 短期信用筹资的优点

① 短期信用非常方便。短期信用是一种持续性的信贷形式，且无须正式办理筹资手续。其与商品买卖同时进行，属于一种自然性融资，不用作非常正规的安排。

② 如果没有现金折扣，或企业不放弃现金折扣，则利用短期信用筹资没有实际成本。

③ 限制少。企业利用银行借款筹资，银行往往对贷款的使用规定一些限制条件，

而短期信用则限制较少。

2. 短期信用筹资的缺点

短期信用的时间一般较短，如果企业取得现金折扣，则时间更短，如果放弃现金折扣，则要付出较高的资本成本。

📖 练习题

一、简答题

1. 利用长期借款筹资的优缺点有哪些？

2. 发行债券应具备什么条件？

3. 债券的发行方式有哪些？

4. 如何确定债券的发行价格？

5. 发行债券筹资的优缺点有哪些？

二、单选题

1. 长期借款筹资与长期债券筹资相比其特点是（　　）。

　A. 筹资费用大　　B. 利息能节税　　C. 筹资弹性大　　D. 债务利息高

2. 根据《公司法》规定，累计发行债券总额不得超过公司净资产的（　　）。

　A. 60%　　B. 30%　　C. 50%　　D. 40%

3. 某企业借入资金72万元，银行要求将贷款总额的20%作为补偿性余额，那么该企业需要向银行申请的借款金额为（　　）。

　A. 80万元　　B. 90万元　　C. 60万元　　D. 65万元

4. 下列各项中，不属于融资租赁租金构成内容的是（　　）。

　A. 租赁设备维护费　　B. 租赁设备的价款　　C. 租赁手续费　　D. 租赁期间利息

5. 出租人既出租某项资产，又以该资产为担保借入资金的租赁方式是（　　）。

　A. 经营租赁　　B. 售后租赁　　C. 杠杆租赁　　D. 直接租赁

三、多选题

1. 债务资本筹资的方式有（　　）。

　A. 发行股票　　B. 银行借款　　C. 发行债券　　D. 融资租赁

2. 银行借款按是否需要担保可以分为（　　）。

　A. 信用借款　　B. 担保借款　　C. 票据贴现　　D. 卖方信贷

3. 影响债券发行的因素有（　　）。

　A. 债券面值　　B. 票面利率　　C. 市场利率　　D. 债券期限

4. 可以筹集长期资金的方式有（　　）。

　A. 商业信用　　B. 吸收直接投资　　C. 发行债券　　D. 融资租赁

5. 发行债券筹资具有（　　）优点。

　A. 筹资成本低　　　　　B. 可供企业长期自主使用

　C. 能获得财务杠杆利益　　D. 筹资风险低

第八章

混合性筹资

第一节　优先股筹资

优先股是一种特别股票，它与普通股有许多相似之处，但又具有债券的某些特征。从法律的角度来说，优先股属于自有资金。

一、优先股股东的权利

优先股的"优先"是相对普通股而言的，这种优先权主要表现在以下几个方面。

1. 优先分配股利权

优先分配股利的权利是优先股最主要的特征。优先股通常有固定的股利，一般按面值的一定百分比来计算。另外，优先股的股利除数额固定外，还必须在支付普通股股利之前予以支付。对于累积优先股来说，这种优先权就更为突出。

2. 优先分配剩余资产权

在企业破产清算时，出售资产所得的收入，优先股位于债权人的求偿之后，但先于普通股。其金额只限于优先股的票面价值，加上累积未支付的股利。

3. 管理权

优先股股东的管理权限是有严格限制的。通常，在公司的股东大会上优先股股东没有表决权，但是，当公司研究与优先股有关的问题时有权参加表决。例如，如果讨论把一般优先股改为可转换优先股时，或推迟优先股股利的支付时，优先股股东都有权参加股东大会并有权表决。

二、优先股的种类

按不同标准，可对优先股作不同分类。

（一）可转换优先股与不可转换优先股

可转换优先股是股东可在一定时期内按一定比例把优先股转换成普通股的股票。转换的比例是事先确定的，其数值大小取决于优先股与普通股的现行价格。

不可转换优先股是指不能转换成普通股的股票。不可转换优先股只能获得固定股利报酬，而不能获得转换收益。

（二）累积优先股和非累积优先股

累积优先股是指在任何营业年度内未支付的股利可累积起来，由以后营业年度的盈利一起支付的优先股股票。也就是说，当公司营业状况不好，无力支付固定股利时，可把股利累积下来；当公司营业状况好转，盈余增多时，再补发这些股利。一般而言，一个公司只有把所欠的优先股股利全部支付以后，才能支付普通股股利。

非累积优先股是指仅按当年利润分取股利，而不予以累积补付的优先股股票。也就是说，如果本年度的盈利不足以支付全部优先股股利，对所积欠的部分，公司不予累积计算，优先股股东也不能要求公司在以后年度中予以补发。

显然，对投资者来说，累积优先股比非累积优先股具有更大的吸引力，因此，累积优先股发行比较广泛，而非累积优先股则因认购者少而发行量小。

（三）参加优先股和不参加优先股

参加优先股是指不仅能取得固定股利，还有权与普通股一同参加利润分配的股票。根据参与利润分配的方式不同，又可分为全部参加分配的优先股和部分参加分配的优先股。前者表现为优先股股东有权与普通股股东共同等额分享本期剩余利润，后者则表现为优先股股东有权按规定额度与普通股股东共同参与利润分配，超过规定额度部分，归普通股股东所有。

不参加优先股是指不能参加剩余利润分配，只能取得固定股利的优先股。其特点是优先股股东对股份公司的税后利润，只有权分得固定股利，对取得固定股利后的剩余利润，无权参加分配。

（四）可赎回优先股与不可赎回优先股

可赎回优先股又称可收回优先股，是指股份公司可以按一定价格收回的优先股票。在发行这种股票时，一般都附有收回性条款，在收回条款中规定了赎回该股票的价格。此价格一般略高于股票的面值。至于是否收回，在什么时候收回，则由发行股票的公司来决定。

不可赎回优先股是指不能收回的优先股股票。因为优先股都有固定股利，所以，不可赎回优先股一经发行，便会成为一项永久性的财务负担。因此，在实际工作中，大多数优先股均是可赎回优先股，而不可赎回优先股则很少发行。

从以上介绍可以看出，累积优先股、可转换优先股、参加优先股均对股东有利，而可赎回优先股则对股份公司有利。

三、优先股的性质

从法律上讲，优先股是企业自有资金的一部分。优先股股东所拥有的权利与普通股股东近似。优先股的股利不能像债务利息那样从税前扣除，而必须从净利润中支付。但优先股有固定的股利，这与债券利息相似，优先股对盈利的分配和剩余资产的求偿具有优先权，这也类似于债券。

另外，公司的不同利益集团，对优先股有不同的认识。普通股的股东一般把优先股看成是一种特殊债券，这是因为，它必须在普通股之前取得收益、分享资产。投资人在购买普通股票时也往往把优先股看做债券。但是，从债券的持有人来看，优先股则属于股票，因为它对债券起保护作用，可以减少债券投资的风险，属于主权资金。从公司管理当局和财务人员的观点来看，优先股则具有双重性质，这是因为，优先股虽没有固定的到期日，不用偿还本金，但往往需要支付固定的股利，成为财务上的一项负担。

优先股是一种具有双重性质的证券，它虽属自有资金，但却兼有债券性质。所以，当公司利用优先股筹资时，一定要考虑它这两方面的特性。

四、优先股筹资的优缺点

（一）优先股筹资的优点

1. 没有固定的到期日，不用偿还本金

相当于使用的是一笔无限期的贷款，无偿还本金义务，也无须作再筹资计划。但大多数优先股又附有收回条款，这就使得使用这种资金更有弹性：当财务状况较弱时发行，而财务状况转强时收回。这不仅有利于结合资金需求，同时也能控制公司的资本结构。

2. 股利支付既固定，又有一定的弹性

优先股采用固定股利，但固定股利的支付并不构成公司的法定义务。如果财务状况不佳，则可暂时不支付优先股股利，因此优先股股东也不能像债权人一样迫使公司破产。

3. 保持普通股股东对公司的控制权

当公司既想向外界筹措自有资金，又想保持原有股东的控制权时，利用优先股筹资尤为恰当。

4. 有利于增强公司信誉

从法律上讲，优先股属于自有资金，因而，优先股扩大了权益基础，可适当增加公司的信誉，加强公司的借款能力。

（二）优先股筹资的缺点

1. 筹资成本高

向优先股股东支付的股利要从税后净利润中支付，不同于债务利息可在税前扣除。因此，优先股资本成本很高。

2. 筹资限制多

发行优先股，通常有许多限制条款。例如，对普通股股利支付上的限制，对公司借债的限制等。

3. 财务负担重

优先股需要支付固定股利，但又不能在税前扣除。因此，当企业利润下降时，优先股的股利会成为一项较重的财务负担，有时不得不延期支付。

第二节　可转换债券筹资

可转换债券是可转换公司债券的简称，又简称可转债。它是一种可以在特定时间、按特定条件转换为普通股票的特殊企业债券。可转换债券是公司债券与证券期权的组合体。按照转股权是否与可转换债券分离，可转换债券可以分为两类：一类是一般可转换债券，其转股权与债券不可分离，持有者直接按照债券面额和约定的转股价格、在约定的期限内将债券转为股票；另一类是可分离交易的可转换债券，这类债券在发行时附有认股权证，是认股权证和公司债券的组合，又被称为"可分离的附认股权证的公司债券"，发行上市后公司债券和认股权证各自独立流通、交易。

一、可转换债券的基本性质

可转换债券兼有债券和股票的双重性质，具有以下三个特点。

1. 证券期权性

可转换债券给予了债券持有者未来的选择权，在事先约定的期限内，投资者可以选择将债券转换为股票，也可以放弃转换权利，持有至债券到期还本付息。由于可转换债券持有人具有在未来按一定的价格购买股票的权利，因此可转换债券实质上是一种未来的购入期权。

2. 资本转换性

可转换性是可转换债券的重要标志，债券持有人可以按约定的条件将债券转换成股票。在转换成股票之前是纯粹的债券，属于债权性质；在转换成股票之后，原债券持有人就由债券人变成了公司的股东，属于股权性质。资本的双重性转换，取决于投资者是否行权。

3. 赎回与回售

可转换债券一般都会有赎回条款，发行债券公司在可转换债券转换前，可以按一定条件赎回债券。通常，公司股票价格在一段时期内连续高于转股价格达到某一幅度时，公司会按事先约定的价格买回未转股的可转换公司债券。同样，可转换债券一般也会有回售条款，公司股票价格在一段时期内连续低于转股价格达到某一幅度时，债券持有人可按事先约定的价格将所持债券回卖给发行公司。

二、可转换债券的基本要素

可转换债券的基本要素是指构成可转换债券基本特征的必要因素，它们代表了可转换债券与一般债券的区别。

1. 标的股票

可转换债券的标的物就是可转换成的公司股票，一般是发行公司自己的股票，也可以是其他公司的股票，如可转换债券发行公司的上市子公司的股票。

2. 票面利率

与普通债券一样，可转换公司债券也设有票面利率。在其他条件相同的情况下，较高的票面利率对投资者的吸引力较大，因而有利于发行，但较高的票面利率会对可转换公司债券的转股形成压力，发行公司也将为此支付更高的利息。可见，票面利率的大小对发行者和投资者的收益与风险都有重要的影响。可转换公司债券的票面利率通常要比普通债券的低，有时甚至还低于同期银行存款利率。可转换公司债券的票面利率之所以这样低是因为可转换公司债券的价值除了利息之外还有股票买入期权这一部分收益。一般情况下，该部分的价值可以弥补股票红利的损失，这也正是吸引投资者的主要原因。

3. 转换价格

转换价格是指可转换债券在转换期内转换为每股普通股份所支付的价格。我国《可转换公司债券管理办法》规定，上市公司发行可转换公司债券的转换价格应以公布募集说明书前30个交易日公司股票的平均收盘价格为基础，并上浮一定幅度。例如，每股30元，即是指可转换债券到期时，将债券金额按每股30元转换为相应股数的股票。

4. 转换比率

转换比率是指每一份可转换债券在既定的转换价格下能转换为普通股股票的数量。在债券面值和转换价格确定的前提下，转换比率为债券面值与转换价格之商。用公式表示为：

$$转换比率 = \frac{债券面值}{转换价格}$$

5. 转换期

转换期是指可转换公司债券持有人能够行使转换权的有效期限。可转换债券的转换期可以与债券的期限相同，也可以短于债券的期限。根据不同的情况，转换期通常有以下四种情形：债券发行日至到期日；发行日至到期前；发行后某日至到期日；发行后某日至到期前。至于选择哪种，主要看公司资本的使用状况、投资项目情况、投资者要求等。

6. 赎回条款

赎回条款是指发债公司按事先约定的价格买回未转股的可转换公司债券的规定。赎回一般发生在公司股票价格在一段时间内连续高于转换价格达到一定幅度时。赎回条款通常包括：不可赎回期与赎回期、赎回价格、赎回条件等。

发债公司在赎回债券之前，要向债券持有人发出赎回通知。要求债券持有人必须立即在转股或卖出可转换公司债券之间作出选择。正常情况下，可转换公司债券持有者会选择转股。可见，赎回条款最主要的功能是强制可转换公司债券持有者行使其转股权，从而加速转换，因此它又被称为加速条款。发行公司设立赎回条款的主要目的是降低发行公司的发行成本，避免因市场利率下降而给自己造成利率损失。

7. 回售条款

回售条款是指债券持有人有权按照事先约定的价格将债权卖回给发债公司的条件规定。回售一般发生在公司股票价格在一段时期内连续低于转股价格达到某一幅度时。回售对于投资者而言，实际上是一种卖权，有利于降低投资者的持券风险。回售条款有回售时间、回售价格和回售条件等规定。

8. 强制性转换条款

强制性转换条款是在某些条件具备之后，债券持有人必须将可转换债券转换为股票，无权要求偿还酬金的规定。可转换公司债券发行后，其股票价格可能出现巨大波动。如果股价长期表现不佳，又未设计回售条款，投资者就不会转股。公司设置强制性转换条款，在于保证可转换债券顺利转换成股票，预防投资者到期集中挤兑引发公司破产，实现发行公司扩大股权筹资的目的。

三、可转换债券发行的条件

由于可转换债券具有债券和股票双重性质，所以发行可转换债券筹资受到投资者的欢迎。根据《可转换公司债券管理暂行办法》，公司发行可转换公司债券应符合下列条件。

① 最近3年连续盈利，且最近3年净资产收益率平均在10%以上；属于能源、原材料、基础设施类的公司可以略低，但是不得低于7%。

② 可转换公司债券发行后，资产负债率不高于70%。

③ 累计债券余额不超过公司净资产额的40%。

④ 上市公司发行可转换债券，还应符合关于公开发行股票的条件。

发行分离交易的可转换公司债券，除符合公开发行证券的一般条件外，还应当符合的规定包括：公司最近一期末经审计的净资产不低于人民币15亿元；最近3个会计年度实现的年均可分配利润不少于公司债券1年的利息；最近3个会计年度经营活动产生的现金流量净额平均不少于公司债券一年的利息；发行后累计公司债券余额不超过最近一期末净资产额的40%，预计所附认股权全部行权后募集的资金总量不超过拟发行公司债券金额等。

四、可转换债券筹资的优缺点

（一）可转换债券筹资的优点

1. 筹资灵活性强

可转换债券将传统的债务筹资功能和股票筹资功能结合起来，在筹资性质和时间上具有灵活性。债券发行公司先以债务方式取得资金，到了债券转换期，如果股票市价较高，债券持有人将会按约定的价格将债券转换为股票，避免了公司还本付息的负担。如果公司股票长期低迷，投资者不愿意将债券转换为股票，企业即时还本付息清偿债务，也能避免未来长期的股权资本成本负担。

2. 资本成本较低

可转换债券的利率低于同一条件下普通债券的利率，降低了公司的筹资成本。此外，在可转换债券转换为普通股时，公司不需要支付另外的筹资费用，节约了发行股票的筹资成本。

3. 筹资效率高

可转换债券的转换价格通常高于公司当时的股价。如果这些债券将来都转换成了股票，相当于公司以较少的股份筹集了更多的股权资本。因此，在公司发行新股时机不佳时，可先发行可转换债券，以期将来变相发行普通股。

（二）可转换债券筹资的缺点

1. 存在不转换的财务压力

发行可转换债券后，若股价低迷或发行公司业绩欠佳，股价没有按照预期的水平上升，则持有者不愿将可转换债券转换为股票，发行公司也将面临兑付债券本金的压力。

2. 存在回售的财务压力

发行可转换债券后，公司股票价格在一定时期内连续低于转换价格达到某一幅度时，在设计有回售条款的情况下，债券持有人可以按事先约定的价格将债券出售给发行公司，从而增加了公司的财务风险。

3. 股价大幅度上扬时，存在减少筹资数量的风险

如果转换时股票价格大幅上扬，公司只能以固定的转换价格将可转换债券转换为股票，从而减少了筹资数量。

第三节　认股权证筹资

认股权证是股票认购授权证的简称，它是一种由上市公司发行的证明文件，持有人有权在一定时间内以约定价格认购该公司发行的一定数量的股票。用认股权证购买发行公司的股票，其价格一般低于市场价格，因此股份公司发行认股权证可增加其所发行股票对投资者的吸引力。

一、认股权证的种类

（一）按允许购买的期限长短分类，分为长期认股权证与短期认股权证

短期认股权证的认股期限一般在90天以内；长期认股权证认股期限通常在90天以上。

（二）按认股权证的发行方式分类，分为单独发行认股权证与附带发行认股权证

依附于债券、优先股、普通股或短期票据发行的认股权证为附带发行认股权证。单独

发行认股权证是指不依附于公司债券、优先股、普通股或短期票据而单独发行的认股权证。

（三）按权利行使期限分类，分为欧式认股证和美式认股证

美式认股证的持有人在权证到期日前的任何交易时间均可行使其权利；欧式认股证持有人只可以在权证到期日当日行使其权利。

二、认股权证的基本性质

1. 证券期权性

认股权证本质上是一种股票期权，属于衍生金融工具，具有实现融资和股票激励的双重功能。但认股权证本身是一种认购普通股的期权，它没有普通股的红利收入，也没有普通股的投票权。

2. 认股权证是一种投资工具

投资者可以通过购买认股权证获得市场价与认购价之间的股票差价收益，因此它是一种具有内在价值的投资工具。

三、认股权证筹资的优缺点

（一）认股权证筹资的优点

1. 公司再融资的有效方式

认股权证不论是单独发行还是附带发行，大多数都能为公司额外筹集一笔资金，从而增强公司的资本实力和营运能力。

2. 促进其他筹资方式的运用

认股权证增加了认购诱因。单独发行的认股权证有利于将来发售新股。附带发行的认股权证可以促进所依证券的发行效率。

3. 有助于改善上市公司的治理结构

采用认股权证进行融资，融资的实现是分期分批实现的，上市公司及其大股东的利益和投资者是否在到期之前执行认股权证密切相关。在认股权证有效期间，上市公司管理层及其大股东任何有损公司价值的行为，都可能降低上市公司的股价，从而降低投资者执行认股权证的可能性，这将损害上市公司管理层及其大股东的利益。因此，认股权证将有效约束上市公司的败德行为，并激励他们更加努力地提升上市公司的市场价值。

（二）认股权证筹资的缺点

1. 稀释股权，分散控制权

认股权证持有人行使认股权证将导致股东数量增加，分散公司的控制权。而且由于行权价低于市价，增加的股东数量比发行普通股融资所增加的数量要多，进一步稀释了股权。

2. 可能导致融资失败

如果股价远远超过认股权证的行权价，发行认股权证融资将加大公司的资本成本，所导致的融资损失可能是当初低息发行债券所获得的收益无法弥补的。

3. 行权不确定，增加经营管理难度

认股权证的行权时间和数量具有较高的不确定性，不利于上市公司的资金规划。

📖 练习题

一、简答题

1. 优先股股东有哪些权利?

2. 优先股按不同的标准有哪些分类?

3. 优先股筹资的优缺点是什么?

4. 可转换债券有哪些特点?

5. 可转换债券由哪些基本要素构成?

6. 可转换债券筹资有什么优缺点?

7. 认股权证有哪些不同的分类?

8. 认股权证筹资有什么优缺点?

二、单选题

1. 对股份公司有利的优先股种类是（   ）。

  A. 累积优先股　　　B. 可转换优先股　　　C. 参加优先股　　　D. 可赎回优先股

2. 认股权证筹资的缺点是（   ）。

  A. 增强了对管理层的压力　　　B. 股价大幅度上扬时，存在减少筹资数量的风险

  C. 容易分散企业的控制权　　　D. 存在回售财务压力

3. 可转换债券对投资人来说，可在一定时期内转换为（   ）。

  A. 普通股　　　B. 优先股　　　C. 收益较高的新发行债券　　　D. 其他有价证券

4. 可转换公司债券发行后，资产负债率不高于（   ）。

  A. 40%　　　B. 50%　　　C. 60%　　　D. 70%

5. 发行可转换债券筹资的缺点是（   ）。

  A. 增加筹资中的利益冲突　　　B. 存在不转换的财务压力

  C. 稀释股权，分散控制权　　　D. 存在股价下跌风险

三、多选题

1. 优先股的优先权表现在（   ）。

  A. 参与和监督公司经营管理的权利

  B. 享有固定股息，而且股息分配优先于普通股

  C. 发行新股时的优先认股权

  D. 剩余财产的优先分配权

2. 下列属于混合筹资方式的有（   ）。

  A. 可转换债券　　　B. 认股权证　　　C. 商业信用　　　D. 应收账款转让

3. 可转换债券筹资的缺点有（   ）。

  A. 可节约利息支出　　　B. 增强筹资灵活性

  C. 存在回购财务风险　　　D. 股价大幅度上扬时，存在减少筹资数量的风险

4. 普通股和优先股的共同特征是（   ）。

  A. 需要支付固定股息　　　B. 股息从净利润中支付

  C. 同属公司股本　　　D. 可参与公司经营决策

第九章

资本结构决策

第一节　资本结构概述

资本是企业生存和发展的物质基础，是维持企业正常生产经营活动的血液。企业通过各种筹资渠道筹措生产经营所需要的资本。不同的筹资方式和筹资额度会导致各种资本占总资本的比重有所不同。由于筹资是需要付出成本代价的，各种资本占总资本的比重将直接影响到筹资成本。因此，研究资本结构具有经济意义，可以帮助企业选择合理的筹集渠道，以降低资本成本。

一、资本结构的含义

资本结构是指企业各种资本的构成及其比例关系，它有广义和狭义之分。广义的资本结构是指全部资本的来源构成，不仅包括长期资本，还包括短期负债。狭义的资本结构是指长期资本（长期债务资本和股权资本）的构成及其比例关系。本书所讲的资本结构特指狭义的资本结构。

受季节性和生产经营计划影响，企业生产经营活动所需短期资金的数量和筹集方式经常发生变化，在企业整个资金需求总量中所占比重不稳定。因此，我们不将短期资金纳入资本结构研究和管理的范畴，而将其作为企业营运资本进行管理。

企业的资本结构由股权资本和非股权资本构成。股权资本包括股本、资本公积和留存收益；非股权资本就是企业的长期债务资本，主要包括长期借款、长期应付债券、长期应付款等。资本结构指的就是股权资本和长期债务资本各占总资本的比例大小。

二、资本结构理论

资本结构与企业价值、股票价格具有紧密关系，人们对资本结构的认识形成了不同的理论体系。

（一）净收益理论

净收益理论认为，负债可以降低企业的资本成本，负债程度越高，企业的价值就越大。这是因为债务利息和股权资本成本均不受财务杠杆的影响，无论负债程度多高，企业的债务资本成本和股权资本成本都不会变化。因此，只要债务成本低于股权资本成本，那么负债越多，企业的加权平均资本成本就越低。当负债比率达到100％时，企业的价值将达到最大值。如果用K_b表示债务资本成本；用K_s表示股权资本成本；用K_w表示加权平均资本成本；用V表示企业总价值，则净收益理论可用图9-1来描述。

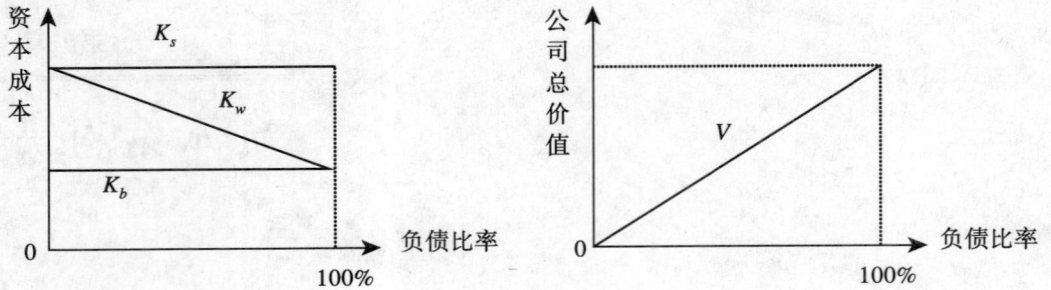

图9-1　净收益理论示意图

净收益理论是一种极端的资本结构理论观点。这种观点虽然考虑到了财务杠杆利益，但忽略了财务风险。事实上，如果公司的债务资本比例过高，财务风险就会很高，公司的加权平均资本成本率就会上升，公司的价值反而会下降。

（二）净营业收益理论

净营业收益理论认为，资本结构与企业的价值无关，决定企业价值高低的关键要素是企业的净营业收益。不论财务杠杆如何变化，企业的加权平均资本成本都是固定不变的，因而企业的总价值也是固定不变的。这是因为，企业利用财务杠杆时，即使债务成本本身不变，但由于加大了权益的风险，也会使权益成本上升，这一升一降，相互抵消，企业的加权平均资本成本维持不变，企业的总价值也就固定不变。净营业收入理论可用图9-2来描述。

按照这种理论推论，不存在最佳资本结构，筹资决策也就无关紧要。净营业收益理论也是一种极端的资本结构理论观点。这种观点虽然认识到债务资本比例的变动会产生财务风险，也可能影响公司的股权资本成本率，但实际上，公司的加权平均资本成本不可能是一个常数。公司净营业收益会影响公司的价值，但公司价值不仅仅取决于公司净营业收益的多少。

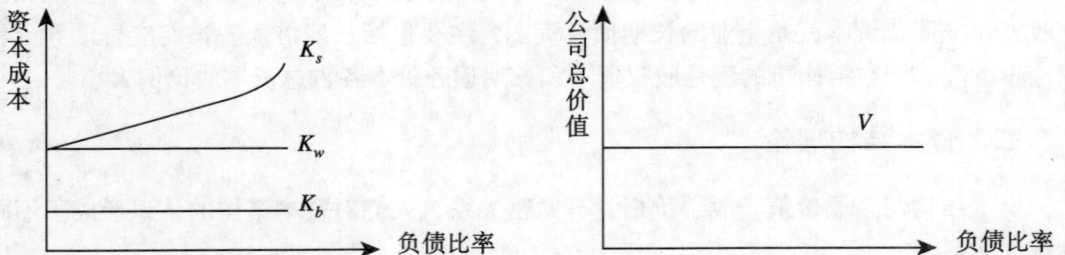

图9-2　净营业收益理论示意图

（三）MM理论

MM理论又称为MM定理、MM模型、总价值原理，它是美国金融经济学家、财务专家莫迪格利尼（Franco Modigliani）和米勒（Mertor Miller）提出的一套资本结构理论，是现代西方企业资本结构理论的基础。MM理论可分为两个阶段：一是最初的MM理论；二是修正的MM理论。

1. 最初的MM理论

最初的MM理论，即无公司税MM理论，是在1958年6月发表于《美国经济评论》上的"资本成本、公司财务与投资理论"一文中首次提出的。在不考虑公司所得税的前提下，公司总价值将不受资本结构影响，即风险相同而资本结构不同的企业，其总价值相等。

2. 修正的MM理论

修正的MM理论是指考虑了公司所得税以后的MM理论。该理论认为，在公司所得税的影响下，负债会因为利息具有税收挡板作用（利息可以税前支出，减少了企业所得税）而增加企业的价值，对投资人而言就增加了投资利润。

1976年，米勒教授在美国金融学会上所作的报告中，又将个人所得税因素加入到MM理论中，从而提出了米勒模型。该模型认为，修正的MM理论高估了公司负债所带来的经济好处，实际上，个人所得税在某种程度上抵消了公司利息支出所带来的减税效应。

3. 权衡模型

该理论认为，MM理论忽略了现代社会中的两个因素：财务拮据成本和代理成本。实际上，企业只要实施负债经营，就会发生财务拮据成本和代理成本。

（1）财务拮据成本和代理成本

财务拮据成本主要包括两种：一是破产费用，如律师费用；二是间接成本，如拍卖资产以获取现金过程中遭受的资产贬值损失。财务拮据成本只会发生在有负债的企业，无负债的企业则无此忧虑。负债越多，固定利息支付的压力越大，收益下降的概率越高，从而导致财务拮据及其成本发生的概率越高。而财务拮据概率高将会降低企业的现值，提高其资本成本。同时，财务拮据的概率高，股票和债券持有者要求的收益率也会提高。

在企业所有者向管理者让渡其资产的管理权和使用权的时候，将会产生代理成本。最重要的代理关系是股东与经理之间和股东与债权人之间的代理关系。恰当处理各种代理关系所发生的成本就是代理成本。一般而言，如果没有任何条件限制，经理会利用债券持有者的资金为股东谋取利益，获得收益后，股东得大头；出现亏损后，股东则承担小头。因此，债券持有人为了保护自身的利益会要求：① 发行债券必须有相应的保护性条款，这些条款可以约束企业的某些经营行为，如规定企业最低的财务比率、限制企业新筹资金等；② 必须对公司进行监督以保证其遵守限制性条款，监督费用将以负债成本的形式加在股东身上。效率降低和监督成本即代理成本的存在会提高负债成本，从而降低负债利益。

（2）负债经营企业的价值

权衡模型在考虑了财务拮据成本和代理成本的情况下，负债经营企业的价值可用下式确定：

$$V_L = V_u + TD - PV_{dc} - PV_{ac}$$

式中，V_L——运用负债经营的企业价值；

V_u——无负债经营的企业价值；

TD——减税收益或税收优惠；

PV_{dc}——财务拮据成本；

PV_{ac}——代理成本。

通过权衡模型的数学表达式可得出如下结论：① 当$TD>PV_{dc}+PV_{ac}$，即减税收益大于财务拮据成本和代理成本时，可以增加负债以趋近最优资本结构；② 当$TD<PV_{dc}+PV_{ac}$，即减税收益小于财务拮据成本和代理成本时，表明企业负债规模过大；③ 当$TD=PV_{dc}+PV_{ac}$，即减税收益等于财务拮据成本和代理成本时，意味着确定了最优资本结构。权衡模型提供了确定最优资本结构的基本思路，即最优资本结构的确定应当在减税收益与财务拮据成本、代理成本之间进行审慎地权衡。通常，资产收益变动大的风险企业，负债应该较小；使用有形资产比使用无形资产比例高的企业，负债比例可以高一些；所得税税率高的企业可以比所得税税率低的企业承担更多的负债。

三、资本结构的作用

资本结构是由于企业采用了不同的筹资方式筹资而形成的，各种筹资方式的不同组合决定着企业的资本结构及其变化，不同的资本结构会给企业带来不同的后果。研究资本结构的目的就在于确定最佳的资本结构，以求得企业价值的最大化，为投资者提供最好的投资回报。在资本结构中，最基本的结构是指债务资本与股权资本的比例，即债务资本占总资本的比率。

在资本结构决策中，合理安排好债务的比率对企业具有重要的影响，其作用如下。

（一）使用债务资本可以降低企业综合资本成本率

由于可供企业选择的筹资方式和筹资渠道多种多样，在各种不同筹资方式下，其个别资本成本率有高有低。通常情况下，由于投资风险的存在，股东投资者投资回报的期望值较高，吸收股权资本的个别资本成本率较高；而债权人由于有固定的利息收入，投资风险相对较小，利息率一般低于股利率，并且债务方支付的利息可以税前列支，具有抵减企业所得税的作用。这样一来，债务资本的成本率明显低于股权资本成本率，企业可以通过适度举债来达到降低企业综合资本成本率的目的。

（二）利用债务资本可以获得财务杠杆利益

在正常经营条件下，由于企业吸收债务资本时要支付的利息一般是固定的，当企业的投资收益率高于债务资本成本率时，息税前利润会大幅度上升，每股收益也将大幅度增加。利用债务资本来增加股权资本的回报率，财务杠杆作用得以发挥，可为企业所有者带来财务杠杆利益。但是，当息税前利润大幅度下降时，每股收益将会以更大的幅度下降，财务风险突现。可见，财务杠杆是一把"双刃剑"，需要企业管理当局高度关注，巧妙地加以应用，并时刻保持警惕，建立财务风险预警机制。

（三）利用债务资本可以有效规避投资风险

企业，不论是有限责任公司，还是股份有限公司，其承担的经济责任都是有限的。企业投资新项目或扩大再生产，时刻面临着市场经营风险和财务风险，当投资失败时，企业以其出资额或股份为限，承担相应的经济责任。企业通过举债方式筹措债务资本，可以减轻股权资本投资额，从而降低股权资本投资风险。

第二节　财务杠杆效应

杠杆效应或杠杆价值是企业资本结构决策必须考虑的一个重要因素，是企业管理层在理财过程中应予以高度重视的问题。进行资本结构决策时，一定要在杠杆价值与其相关的风险之间充分权衡利弊，合理取舍，以达到既充分利用杠杆价值又使企业运行在可以承担的风险范围内的目标。财务管理中的杠杆效应包括经营杠杆、财务杠杆和总杠杆三种效应形式。杠杆效应既可以产生杠杆利益，也可能带来杠杆风险。

一、经营风险及其杠杆效应

（一）经营风险含义

经营风险又称营业风险，是指企业由于经营原因而导致的利润变动的风险，尤其指企业利用经营杠杆而导致的利润变动的风险。由于经营杠杆的作用，当销售额下降时，企业息税前利润将下降得更快，从而给企业带来经营风险。经营风险影响着企业的筹资能力，也是制约企业资本结构决策的重要因素。

（二）影响经营风险的因素

经营风险是由于经营原因而导致的利润变动的风险，影响企业经营的因素必然是影响经营风险的因素，主要有以下几个方面。

1. 产品需求的变动

市场对企业产品的需求越稳定，企业实现目标利润的可能性就越大，企业面临的经营风险越小；反之，市场对公司产品的需求越不稳定，企业实现目标利润的可能性就越小，企业面临的经营风险就越大。企业应经常分析市场变化，不断开发适销对路的产品，加大营销力度，保持并不断扩大产品在市场中的份额，防范销售市场萎缩而导致企业产品积压所带来的经营不稳定。

2. 产品售价的变动

企业产品售价相对稳定，波动幅度越小，实现目标利润的可能性越大，企业经营风险越小；反之，企业产品售价不稳定，波动幅度越大，实现目标利润的可能性越小，企业经营风险越大。企业应密切关注产品售价的变化，对市场竞争激烈且价格波动幅度大的产品，应及时调整经营方向，防范产品售价变动所带来的经营风险。

3. 企业调整产品价格的能力

当产品生产经营成本增大时，企业能够将产品价格相应调高，经营风险较小；反之，若产品生产经营成本增大时，企业不能将产品价格相应调高，经营风险较大。一般来说，产品价格受供求关系影响，市场决定价格，企业调整产品价格的能力是有限的。

4. 产品成本的变动

当产品生产经营成本稳定，变动较小时，实现利润目标的可能性较大，企业经营风险较小；反之，当产品生产经营成本变动较大时，实现利润目标的可能性较小，企业经营风险较大。企业要不断研究新工艺、新技术，以降低成本耗费水平。

5. 固定成本的比重（也称经营杠杆）

在企业全部成本中，固定成本所占比重越大，单位产品分摊的固定成本就越多，此时，若产品产量发生变动，单位产品所分摊的固定成本会随之变动，从而影响企业利润大幅变动，企业经营风险就大；反之，固定成本所占比重越小，单位产品分摊的固定成本就越少，若产品产量发生变动，单位产品所分摊的固定成本变动幅度不大，企业利润的变动幅度小，经营风险就小。企业要严格控制生产经营固定成本总额，或通过提高劳动生产效率来降低单位产品中的固定成本比重，防范经营风险。

经营杠杆对经营风险的影响最为综合，由于经营杠杆的作用，当销售额下降时，营业利润下降得更快，从而给企业带来经营风险。企业要想获得经营杠杆效应，就需要承担由此带来的经营风险，在经营杠杆利益及其风险中权衡利弊。

（三）经营杠杆效应

经营杠杆效应，是指在销售量增加时，由于经营成本中固定成本不变所带来的息税前利润的增长率大于产销业务量增长率的杠杆效应。在企业设计的生产经营能力范围内，固定成本是保持相对稳定的，并不随产品产销量（或产销额）的增加而增加，当产销量增加时，单位产品所分摊的固定成本将会下降，这可为企业创造额外的收益。下面用案例来分析和论证。

［例9-1］G公司年设计生产冰箱能力为100万台，有关资料如表9-1所示：

表9-1 经营杠杆效应分析表

产销量/万台	销售分析		变动成本分析		固定成本/万元	息税前利润/万元
	销售单价/万元	销售收入/万元	单位变动成本/万元	总变动成本/万元		
60	1 000	60 000	500	30 000	20 000	10 000
70	1 000	70 000	500	35 000	20 000	15 000
80	1 000	80 000	500	40 000	20 000	20 000
90	1 000	90 000	500	45 000	20 000	25 000
100	1 000	100 000	500	50 000	20 000	30 000

从表9-1分析可知，G公司在年设计生产冰箱能力范围内，固定成本（20 000万元）保持不变，随着产销量的增长，产销额增长40 000万元，增长幅度为67%［（100 000－60 000）/60 000］，息税前利润增长20 000万元，增长幅度为200%［（30 000－10 000）/10 000］。息税前利润增长幅度远远高于产销额增长幅度，是产销额增长幅度的3倍。反之，息税前利润下降幅度也会远远高于产销额下降幅度。

如果销售额的增加使公司的息税前利润以更大幅度上升，说明企业对经营杠杆利用得好；如果销售额的下降导致公司的息税前利润以更大幅度下降，说明企业对经营杠杆利用得不好。公司需要采取各种生产经营措施来提升产销量，充分利用经营杠杆作用。

（四）经营杠杆系数

经营杠杆系数（Degree of Operating Leverage，DOL）也称营业杠杆系数，是息税前利润（Earnings Before Interest and Taxes）变动率与销售额变动率之比（即息税前利润变动率/销售额变动率）。经营杠杆系数指标可以反映经营杠杆的作用程度，企业可以利用它评价经营杠杆效应的大小和衡量经营风险的高低。其计算公式为：

$$DOL = \frac{\Delta EBIT/EBIT}{\Delta Q/Q}$$

式中，$EBIT$——息税前利润；

　　$\Delta EBIT$——息税前利润变动额；

　　Q——变动前的销售量；

　　ΔQ——销售变动量。

假定企业的成本—销量—利润保持线性关系，可变成本在销售收入中所占的比例不变，固定成本也保持稳定，经营杠杆系数便可通过销售额和成本来表示。计算公式为：

$$DOL = \frac{Q(P-V)}{Q(P-V)-F} \tag{1}$$

$$DOL = \frac{S-VC}{S-VC-F} \tag{2}$$

式中，P——单位产品销售价格；

　　V——单位产品变动成本；

　　F——固定成本总额；

　　S——销售额；

　　VC——变动成本总额。

推导过程如下：

$EBIT=Q（P-V）-F$

$\Delta EBIT = \big[Q_2（P-V）-F \big] - \big[Q_1（P-V）-F \big]$

　　　　$=（Q_2-Q_1）\times（P-V）=\Delta Q（P-V）$

$$DOL = \frac{\Delta EBIT/EBIT}{\Delta Q/Q} = \frac{\Delta Q（P-V）}{Q（P-V）-F} \times \frac{Q}{\Delta Q} = \frac{Q（P-V）}{Q（P-V）-F}$$

在实际财务管理工作中，公式（1）一般用于计算单一产品的经营杠杆系数；公式（2）既可用于计算单一产品的经营杠杆系数，也可用于计算多种产品的经营杠杆系数。

[**例9-2**] H公司年设计生产甲产品能力为140 000件，全年固定成本为300万元，市场上产品销售价格为100元/件，变动成本率（变动成本占销售收入的比重）为50%，分别计算全年产销量达到60 000件、80 000件、100 000件时的经营杠杆系数。

（1）全年产销量为60 000件时：

$$DOL = \frac{Q(P-V)}{Q(P-V)-F} = \frac{60\,000 \times (100-50)}{60\,000 \times (100-50)-3\,000\,000} = \infty$$

（2）全年产销量为80 000件时：

$$DOL = \frac{Q(P-V)}{Q(P-V)-F} = \frac{80\,000 \times (100-50)}{80\,000 \times (100-50)-3\,000\,000} = 4$$

（3）全年产销量为100 000件时：

$$DOL = \frac{Q(P-V)}{Q(P-V)-F} = \frac{100\ 000 \times (100-50)}{100\ 000 \times (100-50)-3\ 000\ 000} = 2.50$$

（4）全年产销量为140 000件时：

$$DOL = \frac{Q(P-V)}{Q(P-V)-F} = \frac{140\ 000 \times (100-50)}{140\ 000 \times (100-50)-3\ 000\ 000} = 1.75$$

以上计算可以说明的问题有以下几个。

第一，在固定成本不变的情况下，经营杠杆系数说明了销售额增长（减少）所引起利润增长（减少）的幅度。例9-2中，经营杠杆系数为4，说明在销售额为800万元（销售量80 000件）时，销售额的增长（减少）会引起息税前利润4倍的增长（减少）。

第二，在固定成本不变的情况下，销售额越大，经营杠杆系数越小，经营风险也就越小；反之，销售额越小，经营杠杆系数越大，经营风险也就越大。

第三，在销售额处于亏损临界点前的阶段，经营杠杆系数随销售额的增加而递增；在销售额处于亏损临界点后的阶段，经营杠杆系数随销售额的增加而递减；当销售额达到亏损临界点时，经营杠杆系数趋近于无穷大。H公司年生产甲产品为60 000件时，其生产经营处于保本水平，若销售额稍有增加便可出现盈利，若销售额稍有减少便会出现亏损。

销售量、销售单价、变动成本、固定成本是影响经营杠杆作用度的主要因素，企业一般可以通过提高销售价格、降低产品单位变动成本、降低固定成本比重等措施使经营杠杆系数下降，以达到降低经营风险的目的。

二、财务风险及其杠杆效应

（一）财务风险含义

财务风险（Financial Risk）又称筹资风险，是指企业由于筹资产生的资本成本负担而导致的普通股收益波动的风险。企业筹集的长期债务资本和优先股股本，需要按期支付利息和归还本金（优先股不需要偿还本金）。企业财务状况不佳时，将难以支付到期本息。财务风险可以用长期负债与股东权益之比来衡量，若比重超过了正常数据界限，说明企业偿还债务的能力不足，企业面临的财务风险会增大，实际收益会下降。反之，若两者之比低于企业的偿债能力，则说明企业的财务风险较小。只有两者之比合理，才能充分发挥企业的举债效应，利用债务的税收挡板作用，提高股权资本报酬率，从而实现企业投资和资产价值的最大化。

可见，如何把握企业财务风险，也即如何合理安排长期负债和股权资本的比例，是企业筹资决策的重要组成部分，可以体现出企业财务管理水平与运作艺术的水平。在企业发展时期，适当提高举债比重，有利于企业拓展市场并取得良好的经济效益，企业偿债能力较强，财务风险较小；在企业平稳发展阶段，适度举债，既可利用财务杠杆效应，又可适当控制财务风险；当企业经营状况不佳时，需要降低负债比重，以达到降低财务风险的目的。

（二）影响财务风险的因素

企业财务风险的大小，不仅仅取决于资本结构的安排，还受资本市场供求关系、利率、企业投资效益等因素的影响。

1. 资本供求状况

如果资本市场资本充沛，呈现供大于求的状况，企业就可以较低的资本成本获得所需要的资本，所面临的财务风险较小；反之，资本出现供小于求的状况，企业以较高的资本成本获得所需的资本，企业所面临的财务风险较大。

2. 企业的获利能力

企业能否按期归还本息，关键取决于企业获利状况。企业获利能力强且获利丰厚，就有充足的资金偿还到期的债务资本本金和利息，说明企业偿债能力强，所面临的财务风险较小；而如果企业获利能力弱，到期需要偿还的债务资本本金和利息就无法得到保障，说明企业偿债能力弱，所面临的财务风险较大。

3. 市场利率水平

若筹资时市场利率低，则企业获得资本的成本就低，到期偿还利息就少，所面临的财务风险就小；反之，如果筹资时市场利率高，则企业获得资本的成本就高，到期偿还利息就多，所面临的财务风险就大。

4. 财务杠杆利用水平

在偿债能力相对稳定时，如果企业利用财务杠杆较多，即在资本结构中负债比例较高，则企业面临的财务风险就大；反之，企业利用财务杠杆较少，即在资本结构中负债比例较低，则企业面临的财务风险就小，企业就无法获得税收挡板所带来的更多好处。在偿债能力较强时，企业可以利用财务杠杆，即在资本结构中负债比例较高，这有利于提高股权资本的回报率，企业面临的财务风险处于可承受能力范围内。

上述影响财务风险的因素中，财务杠杆对财务风险的影响最为复杂。企业投资者想获得财务杠杆效应，就需要承担由此带来的财务风险，企业管理当局必须善于把握机会，在财务杠杆效应和财务风险之间作出合理的权衡。由于财务杠杆作用，当息税前利润下降时，税后利润下降得更快，从而加大了企业财务风险。

［例9-3］F公司资本结构不变，若息税前利润变动，财务风险大小如表9-2所示。

表9-2 财务风险情况分析表

息税前利润		债务利息	所得税	税后利润	
金额（万元）	降低率	（万元）	（25%）	金额（万元）	降低率
100		20	20.00	60.00	
80	（100-80）/100=20%	20	15.00	45.00	（60.00-45.00）/60.00=25%
60	（80-60）/80=25%	20	10.00	30.00	（45.00-30.00）/45.00=33%
40	（60-40）/60=33%	20	5.00	15.00	（30.00-15.00）/30.00=50%
20	（40-20）/40=50%	20	0	0	（15.00-0）/15.00=100%

（三）财务杠杆效应

财务杠杆又称融资杠杆，是指由于固定性资本成本的存在而使得企业的普通股收益（或每股收益）变动率大于息税前利润变动率的现象。财务杠杆反映了股权资本报酬的波动性，用以评价企业的财务风险。财务杠杆效应是指由于财务杠杆的作用而导致普通股每股利润变动大于息税前利润变动的杠杆效应。在企业资本结构一定的条件下，企业从息税前利润中支付的债务利息是固定的。当息税前利润增加时，每一元息税前利润所负担的债务利息就会相应地降低，扣除所得税后可分配给企业所有者的利润就会增加，从而给企业所有者带来了额外收益，如表9-3所示。

表9-3　财务杠杆效应分析表

| 息税前利润 | | 债务利息（万元） | 所得税（25%） | 税后利润 | |
金额（万元）	增长率			金额（万元）	增长率
40		20	5.00	15.00	
50		20	7.50	22.50	
70	（100-40）/40=150%	20	12.50	37.50	（60.00-15.00）/15.00=300%
90		20	17.50	52.50	
100		20	20.00	60.00	

由表9-3可见，在企业资本结构一定且债务利息保持不变的条件下，息税前利润增长后（由40万元增长至100万元，增长幅度为150%），税后利润将以更快的速度增加（由15.00万元增长至60.00万元，增长幅度为300%），这就是财务杠杆效应，财务杠杆影响的是税后利润。

（四）财务杠杆系数

财务杠杆效应的表现形式有两种：一是息税前利润不变的情况下，负债比率的变动对股权资本利润率的影响；二是息税前利润变动下的财务杠杆效应。

1.息税前利润不变的情况下，负债比率的变动对股权资本利润率的影响

在企业息税前利润一定（即资产利润率不随资本结构变动而变动），且资产利润率大于债务资本成本率时，提高资本结构中的负债比重，会相应地提高股权资本利润率；反之，资产利润率小于债务资本成本率时，提高资本结构中的负债比重，会相应地降低股权资本利润率。

负债结构对股权资本利润率的影响，可用下列公式表达：

$$\text{税前股权资本利润率} = \frac{\text{负债}}{\text{股权资本}} \times \left(\text{资产利润率} - \text{债务资本成本率} \right) + \text{资产利润率}$$

$$\text{税后股权资本利润率} = \text{税前股权资本利润率} \times （1-\text{所得税税率}）$$

［例9-4］某企业总资产为500万元，资产利润率（即息税前利润与总资产的比率）为10%，债务利率为8%（或12%），企业所得税税率为25%，当负债与股权资本之比（负债

结构）分别如表9-4、表9-5所示时，可以得知负债比率的变动对股权资本利润率的影响。

表9-4　不同负债结构下的股权资本利润率计算分析表

项目	结构一 （0：100）	结构二 （20：80）	结构三 （50：50）	结构四 （80：20）
息税前利润/万元	50	50	50	50
利率	8%	8%	8%	8%
税前利润/万元	50	42	30	18
税前股权资本利润率	10%	10.50%	12%	18%
应纳企业所得税（25%）/万元	12.50	10.50	7.50	4.50
税后利润/万元	37.50	31.50	22.50	13.50
税后权益资本利润率	7.5%	7.875%	9.00%	13.50%

由表9-4计算可知：在资产利润率（10%）大于债务资本成本率（8%）的情况下，随着负债比重的提高，交纳的企业所得税额呈递减趋势（由12.50万元下降至4.50万元），即负债利息具有节税功能，而税前股权资本利润率、税后股权资本利润率均在逐步提高。

表9-5　不同负债结构下的股权资本利润率计算分析表

项目	结构一 （0：100）	结构二 （20：80）	结构三 （50：50）	结构四 （80：20）
息税前利润/万元	50	50	50	50
债务资本成本率	12%	12%	12%	12%
税前利润/万元	50	38	20	2
税前股权资本利润率	10%	9.5%	8%	2%
应纳企业所得税（25%）/万元	12.50	9.50	5.00	0.50
税后利润/万元	37.50	28.50	15.00	1.50
税后股权资本利润率	7.5%	7.125%	6.00%	1.50%

由表9-5计算可知：在资产利润率小于债务资本成本率的情况下，随着负债比重的提高，交纳的企业所得税额虽然呈递减趋势，而税前股权资本利润率、税后股权资本利润率均在逐步降低。可见，调低负债比重将使股权资本利润率下降的速度降低。

2. 息税前利润变动下的财务杠杆效应——财务杠杆系数

在企业资本结构一定的条件下，企业从息税前利润中支付的利息是相对固定的。当息税前利润增多时，每1元息税前利润所负担的债务利息就会相应地降低，扣除所得税后，可分配给企业所有者的利润就会增加，从而给企业所有者带来了额外收益。息税前利润变动下的财务杠杆效应可用财务杠杆系数来描述。

财务杠杆系数（Degree of Financial Leverage，缩写为DFL）又称财务杠杆程度，是普通股每股收益变动率与息税前利润变动率的倍数。财务杠杆系数可用来反映财务杠杆的作用程度，估计财务杠杆效应的大小，评价财务风险的高低。其计算公式为：

$$DFL = \frac{\Delta EPS/EPS}{\Delta EBIT/EBIT}$$

式中，EPS——普通股每股收益；

ΔEPS——普通股每股收益变动额。

$EPS=（EBIT-I）（1-T）/N$

$\Delta EPS=EPS_{(1)}-EPS_{(2)}$

$\qquad =[EBIT_{(1)}-I]（1-T）/N-[EBIT_{(2)}-I]（1-T）/N$

$\qquad =\Delta EBIT（1-T）/N$

式中，I——债务资本成本（利息）；

T——企业所得税税率；

N——流通在外的普通股股份数。

推导可得：

$$DFL=\frac{EBIT}{EBIT-I}$$

如有优先股，由于优先股股利通常也是固定的，但应以税后利润支付，财务杠杆系数表达式改写为下列形式：

$$DFL=\frac{EBIT}{EBIT-I-\dfrac{D}{1-T}}$$

式中，D——优先股股利。

[**例9-5**] B公司总资产为1 000万元，假设负债比率为40%，债务利率为10%，企业所得税税率为25%，资产利润率如表9-6所示时，可以计算得出各自的财务杠杆系数。

表9-6 财务杠杆系数计算表

项目	资产利润率（10%）	资产利润率（15%）	资产利润率（20%）	资产利润率（25%）
息税前利润（$EBIT$）/万元	100	150	200	250
利率（i）	10%	10%	10%	10%
利息（I）/万元	40	40	40	40
税前利润（$EBIT-I$）/万元	60	110	160	210
财务杠杆系数（DFL）	1.67	1.36	1.25	1.19

从表9-6计算分析可知：在企业资本结构和债务资本成本率（利率）保持不变的条件下，随着息税前利润的逐步增加（由100万元增长至250万元），财务杠杆系数DFL却在逐步降低（由1.67降至1.19），说明企业面临的财务风险在逐步下降。上述计算结果说明了以下两个方面。

第一，财务杠杆系数表明的是息税前利润增长所引起的每股收益的增长幅度。比如，当B公司的息税前利润为100万元，息税前利润增长1倍时，其每股收益将增长1.67倍。

第二，在资本总额、债务比例及其利息不变时，财务杠杆系数越高，财务风险越大；反之，财务杠杆系数越低，财务风险越小。

[**例9-6**] 假定B公司总资产为1 200万元，其中：优先股为200万元，优先股股利为5％，假设负债资本与普通股资本比率为1：4，债务资本成本率为8％，企业所得税税率为25％，资产利润率如表9-7所示时，计算得出财务杠杆系数。

表9-7 财务杠杆系数计算表

项目	资产利润率（10％）	资产利润率（15％）	资产利润率（20％）	资产利润率（25％）
息税前利润（EBIT）/万元	100	150	200	250
债务资本成本率（i）	8％	8％	8％	8％
债务资本成本（I）/万元	16	16	16	16
税前利润（EBIT–I）/万元	84	134	184	234
优先股股利（Q）/万元	10	10	10	10
财务杠杆系数（DFL）	1.42	1.24	1.17	1.13

三、总杠杆效应

1. 总杠杆

经营杠杆和财务杠杆可以独自发挥作用，也可以综合发挥作用，总杠杆是用来反映两者之间共同作用结果的，即权益资本报酬率与产销量之间的变动关系。由于固定性经营成本的存在，产生了经营杠杆效应，导致产销业务量变动对息税前利润变动有放大作用；同样，由于固定性资本成本的存在，产生了财务杠杆效应，导致息税前利润变动对普通股每股收益有放大作用。两种杠杆共同作用将导致产销业务量的变动引起普通股每股收益更大的变动。

总杠杆是指由于固定经营成本和固定资本成本的存在，导致普通股每股收益变动率大于产销量变动率的现象。

2. 总杠杆系数

总杠杆作用的程度可用总杠杆系数（DTL）来表示。总杠杆系数又称联合杠杆系数，是普通股每股收益变动率相当于产销量变动率的倍数，是经营杠杆系数和财务杠杆系数的乘积。其计算公式为：

$$DTL=DOL \times DFL=\frac{Q(P-V)}{Q(P-V)-F} \times \frac{Q(P-V)-F}{Q(P-V)-F-I}=\frac{Q(P-V)}{Q(P-V)-F-I}=\frac{基期边际贡献}{基期利润总额}$$

或

$$DTL=DOL \times DFL=\frac{S-VC}{S-VC-F-I}$$

[**例9-7**] H公司2009年甲产品销售10万件，全年固定成本为300万元，市场上产品销售价格为100元/件，变动成本率（变动成本占销售收入的比重）为50％，全年贷款400万元，贷款年利率10％。计算总杠杆系数。

$$DOL=\frac{Q(P-V)}{Q(P-V)-F}=\frac{100\ 000 \times (100-50)}{100\ 000 \times (100-50)-3\ 000\ 000}=2.5$$

$$DFL=\frac{Q(P-V)-F}{Q(P-V)-F-I}=\frac{100\ 000\times(100-50)-3\ 000\ 000}{100\ 000\times(100-50)-3\ 000\ 000-4\ 000\ 000\times10\%}=1.25$$

$$DTL=DOL\times DFL=2.5\times1.25=3.125$$

从例9-7中的计算结果可知，H公司2009年甲产品销售额每增长1倍，每股收益就会增长3.125倍。

3. 总杠杆与公司风险

公司风险包括企业的经营风险和财务风险。总杠杆系数反映了经营杠杆和财务杠杆之间的关系，用以评价企业的整体风险水平。在总杠杆系数一定的情况下，经营杠杆系数与财务杠杆系数此消彼长。总杠杆效应的意义在于：第一，能够说明产销业务量变动对普通股收益的影响，据以预测未来的每股收益水平；第二，揭示了财务管理的风险管理策略，即要保持一定的风险状况水平，需要维持一定的总杠杆系数，经营杠杆和财务杠杆可以有不同的组合。

一般来说，固定资产比重较大的资本密集型企业，经营杠杆系数高，经营风险大，企业筹资主要依靠权益资本，以保持较小的财务杠杆系数和财务风险；变动成本比重较大的劳动密集型企业，经营杠杆系数低，经营风险小，企业主要依靠债务资本，保持较大的财务杠杆系数和财务风险。

在初创阶段，企业产品市场占有率较低，产销业务量小，经营杠杆系数大，此时企业筹资主要依靠权益资本，在较低程度上使用财务杠杆；在扩张成熟阶段，企业产品市场占有率较高，产销业务量大，经营杠杆系数小，此时，企业资本结构中可扩大债务资本，在较高程度上使用财务杠杆。

第三节　资本结构决策

资本结构是企业筹资决策的核心问题。企业应综合考虑有关影响因素，运用适当的方法确定最佳资本结构，提升企业价值。如果企业现有资本结构不合理，也应通过筹资活动优化调整资本结构，使其趋于科学合理。

一、资本结构的影响因素

不同的资本结构会给企业带来不同的后果，既可能带来杠杆效应，也可能带来各种风险。在资本结构决策中，必须综合考虑以下一些重要因素。

1. 企业经营状况的稳定性和成长率

企业产销业务量的稳定程度对资本结构有重要影响：如果产销业务量稳定，企业可较多地负担固定的财务费用；如果产销业务量和盈余有周期性，则要负担固定的财务费用，承担较大的财务风险。经营发展能力表现为未来产销业务量的增长率，如果产销业务量能以较高的水平增长，企业可以采用高负债的资本结构，以提升权益资本的报酬。

2. 企业的财务状况和信用等级

企业财务状况良好，信用等级高，债权人愿意向企业提供信用，企业容易获得债务资本。相反，如果企业财务情况欠佳，信用等级不高，债权人投资风险大，这样会降低企业获得信用的能力，加大债务资本筹资的资本成本。

3. 企业资产结构

资产结构是指企业在筹集资本后，进行资源配置和使用后的资金占用结构，包括长短期资产构成和比例，以及长短期资产内部的构成和比例。资产结构对企业资本结构的影响主要包括：拥有大量固定资产的企业主要通过长期负债和发行股票筹集资金；拥有较多流动资产的企业更多地依赖流动负债筹集资金；资产适用于抵押贷款的企业负债较多；以技术研发为主的企业则负债较少。

4. 企业投资人和管理当局的态度

从企业所有者的角度看，如果企业股权分散，企业可能更多地采用权益资本筹资以分散企业风险。如果企业为少数股东控制，股东通常重视企业控股权问题，为防止控股权稀释，企业一般尽量避免普通股筹资，而是采用优先股或债务资本筹资。从企业管理当局的角度看，高负债资本结构的财务风险高，一旦经营失败或出现财务危机，管理当局将面临市场接管的威胁或者被董事会解聘。因此，稳健的管理当局偏好于选择低负债比例的资本结构。

5. 行业特征和企业发展周期

不同行业资本结构差异很大。产品市场稳定的成熟产业经营风险低，因此可提高债务资本比重，发挥财务杠杆作用。高新技术企业的产品、技术、市场尚不成熟，经营风险高，因此可降低债务资本比重，控制财务杠杆风险。在同一企业不同发展阶段，资本结构安排不同。企业初创阶段，经营风险高，在资本结构安排上应控制负债比例；企业发展成熟阶段，产品产销业务量稳定且持续增长，经营风险低，可适度增加债务资本比重，发挥财务杠杆效应；企业收缩阶段，产品市场占有率下降，经营风险逐步加大，应逐步降低债务资本比重，保证经营现金流量能够偿付到期债务，保持企业的持续经营能力，减少破产风险。

6. 经济环境的税收政策和货币政策

资本结构决策必然要研究理财环境因素，特别是宏观经济状况。政府调控经济的手段包括财政税收和货币金融政策。当所得税税率较高时，债务资本的低税作用大，企业可以充分利用这种作用来提高企业价值。货币金融政策影响资本供给，从而影响利率水平的变动，当国家执行紧缩的货币政策时，市场利率较高，企业债务资本成本增大。

二、资本结构优化的决策方法

最佳资本结构，是指企业在一定条件下使企业平均资本成本率最低，企业价值最大的资本结构。从理论上说，最佳资本结构是存在的，但由于企业内部和外部环境的经常性变化，动态保持最佳资本结构十分困难。因此，在实践中，企业应权衡财务风险和资本成本的关系，结合自身实际进行适度负债经营，这样所确立的目标资本结构就是企业的最佳资金结构。

资本结构优化，要求企业权衡负债的低资本成本和高财务风险的关系，确定合理的资本结构。资本结构优化的目标是降低平均资本成本率或提高普通股每股收益。资本结构优化的决策方法有以下几种。

（一）平均资本成本比较法

它是通过计算不同资本结构的加权平均资本成本，并以此为标准选择其中加权平均资本成本率最低的资本结构，即能够降低平均资本成本的资本结构就是合理的资本结构。平均资本成本比较法是从资本投入的角度对筹资方案和资本结构进行优化分析。

企业的资本结构决策可以分为初次筹资和追加筹资两种情况。前者称为初始资本结构决策，后者可称为追加资本结构决策。

1. 初始资本结构决策

在实际工作中，企业对拟定的筹资总额，可以采用多种筹资方式来筹资，同时每种筹资方式的筹资数额也可以有不同安排，由此形成若干个资本结构（或筹资方案）可供选择。举例说明如下。

[例9-8] G公司2009年1月注册登记成立，有以下三个筹资方案可供选择，资料如表9-8所示。

表9-8　G公司筹资方案表

筹资方式	A方案			B方案			C方案		
	筹资额/万元	资本结构	资本成本/%	筹资额/万元	资本结构	资本成本/%	筹资额/万元	资本结构	资本成本/%
长期借款	200	0.2	6	300	0.3	7	400	0.4	8
债券	300	0.3	8	200	0.2	7.5	100	0.1	6
优先股	100	0.1	10	200	0.2	10	50	0.05	10
普通股	400	0.4	15	300	0.3	15	450	0.45	15
合计	1 000	1.0	—	1 000	1.0	—	1 000	1.0	—

下面分别测算三个筹资方案的加权平均资本成本。

$$K' = \sum K_i \times P_i$$

式中，　K'——某种筹资方案的加权平均资本成本；

K_i——某种筹资方案第i种筹资方式的资本成本；

P_i——某种筹资方案第i种筹资方式的资本结构比重。

A方案：　$K'_A = 6\% \times 0.2 + 8\% \times 0.3 + 10\% \times 0.1 + 15\% \times 0.4 = 10.6\%$

B方案：　$K'_B = 7\% \times 0.3 + 7.5\% \times 0.2 + 10\% \times 0.2 + 15\% \times 0.3 = 10.1\%$

C方案：　$K'_C = 8\% \times 0.4 + 6\% \times 0.1 + 10\% \times 0.05 + 15\% \times 0.45 = 11.05\%$

$K'_C = 11.05\% > K'_A = 10.6\% > K'_B = 10.1\%$

三个筹资方案中，B方案的加权平均资本成本最低，C方案的加权平均资本成本最高。在其他筹资要素不变的条件下，B方案是合理的筹资方案，其形成的资本结构可确定为本企业目标资本结构。

2. 追加资本结构决策

企业在生产经营过程中，由于扩大业务或对外投资的需要，经常需要扩大投资规模，筹集新的资本，即追加筹资。因追加筹资是在原有资本结构基础上进行的，企业原有的资本结构会得到调整，导致原来的目标资本结构未必仍旧是合理的资本结构。因此，需要在资本结构变化后，重新测算分析，以寻求新的目标资本结构。

一般而言，按照资本结构优化的要求，选择追加筹资方案可有两种方法：一种方法是直接测算比较各备选追加筹资方案的边际资本成本，从中选择最优的筹资方案；另一种方法是将备选追加筹资方案与原有资本结构汇总，测算各追加筹资方案与原资本结构的综合资本成本，比较确定最优的追加筹资方案。下面用案例进行分析。

[**例9-9**]假设G公司2009年1月有以下两个追加筹资方案可供选择，资料如表9-9所示。

表9-9　追加筹资方案分析资料表

筹资方式	追加筹资方案（甲）		追加筹资方案（乙）	
	追加筹资额（万元）	资本成本（%）	追加筹资额（万元）	资本成本（%）
长期借款	200	8	100	7
企业债券	100	9	300	9.5
普通股	300	15	200	15
合计	600	—	600	—

追加筹资方案的边际资本成本也要按加权平均法计算，根据表9-9提供的资料，两个追加筹资方案的边际资本成本计算如下：

甲方案边际资本成本$=8\% \times 200 \div 600 + 9\% \times 100 \div 600 + 15\% \times 300 \div 600$

$\qquad\qquad\qquad =11.67\%$

乙方案边际资本成本$=7\% \times 100 \div 600 + 9.5\% \times 300 \div 600 + 15\% \times 200 \div 600$

$\qquad\qquad\qquad =10.92\%$

甲方案的边际资本成本高于乙方案的边际资本成本。因此，追加筹资乙方案优于甲方案。

假设G公司原有的资本结构如表9-10所示。

表9-10　G公司原有的资本结构

筹资方式	资本结构	
	资本额（万元）	资本成本（%）
长期借款	400	10
企业债券	300	9.5
优先股	200	6
普通股	500	15
合计	1 400	

将追加筹资方案与原有筹资方案汇总列表，见表9-11。

表9-11　汇总分析资料表

筹资方式	原资本结构		追加筹资方案（甲）		追加筹资方案（乙）		追加筹资后资本结构	
	资本额（万元）	资本成本	追加筹资额（万元）	资本成本	追加筹资额（万元）	资本成本	方案（甲）资本额（万元）	方案（乙）资本额（万元）
长期借款	400	10%	200	8%	100	7%	600	500
企业债券	300	9.5%	100	9%	300	9.5%	400	600
优先股	200	6%	—	—	—	—	200	200
普通股	500	15%	300	15%	200	15%	800	700
合计	1 400		600		600		2 000	2 000

甲方案追加筹资后的综合资本成本：

$$\frac{600}{2\,000} \times \frac{400 \times 10\% + 200 \times 8\%}{400 + 200} + \frac{400}{2\,000} \times \frac{300 \times 9.5\% + 100 \times 9\%}{300 + 100} + \frac{200}{2\,000} \times 6\% + \frac{800}{2\,000} \times 15\% = 11.275\%$$

乙方案追加筹资后的综合资本成本：

$$\frac{500}{2\,000} \times \frac{400 \times 10\% + 100 \times 7\%}{400 + 100} + \frac{600}{2\,000} \times 9.5\% + \frac{200}{2\,000} \times 6\% + \frac{700}{2\,000} \times 15\% = 11.05\%$$

甲方案的综合资本成本（11.275%）大于乙方案的综合资本成本（11.05%）。
因此，追加筹资乙方案优于甲方案。

（二）每股收益分析法

它是用每股收益的变化来判断资本结构是否合理的，即能够提高普通股每股收益的资本结构，就是合理的资本结构，也即是目标的资本结构。在资本结构管理中，利用债务资本的目的之一，就在于债务资本能够提供财务杠杆效应，利用负债筹资的财务杠杆作用增加股东财富。

每股收益受到经营利润水平、债务资本成本水平等因素的影响，分析每股收益与资本结构的关系，可以找到每股收益无差别点。所谓每股收益无差别点，即不同筹资方式下每股收益都相等时的息税前利润水平或业务量水平。根据每股收益无差别点，可以分析判断在一定息税前利润或产销业务水平前提下，适于采用何种筹资组合方式，进而确定企业的资本结构安排。

在每股收益无差别点上，无论是采取负债筹资方案，还是选择股权筹资方案，每股收益都是相等的。当预期息税前利润或业务量水平大于每股收益无差别点时，应当选择财务杠杆效应较大的筹资方案，反之亦然。在每股收益无差别点上，不同筹资方案的EPS是相等的。每股收益无差别点用公式表示如下。

$$EPS = \frac{(S - VC - F)(1 - T)}{N} = \frac{(EBIT - I)(1 - T)}{N}$$

式中，N——流通在外的普通股股数；

EPS——普通股每股收益。

若以EPS_1代表负债融资，以EPS_2代表权益融资，则有：

$$EPS_1=EPS_2$$

$$\frac{(S-VC-F-I_1)(1-T)}{N_1}=\frac{(S-VC-F-I_2)(1-T)}{N_2} \quad （3）$$

或者

$$\frac{(EBIT-I_1)(1-T)}{N_1}=\frac{(EBIT-I_2)(1-T)}{N_2} \quad （4）$$

能使公式（3）成立的S就是每股收益无差别点的销售额，能使公式（4）成立的$EBIT$就是每股收益无差别点的息税前利润。

[例9-10] N公司原有的总资本为1 500万元，其中：债务资本700万元，股本800万元（80万股，每股面值10元）。现在拟追加筹资500万元，有两种追加筹资方案可供选择：甲方案全部追加股本资本；乙方案全部追加债务资本。公司的变动成本率为50%，固定成本为400万元，债务资本利率为10%（不论债务资本金额大小），所得税税率为25%。

根据公式（3），代入相关数据，得：

$$\frac{(S-S\times50\%-400-700\times10\%)(1-T)}{130}=\frac{(S-S\times50\%-400-1\ 200\times10\%)(1-T)}{80}$$

求解后，

$S=1\ 200$（万元）

此时的每股收益额为：

$$\frac{(1\ 200-1\ 200\times50\%-400-700\times10\%)(1-25\%)}{130}=0.75（元/股）$$

上述每股收益无差别分析，可用坐标图9-3描述。

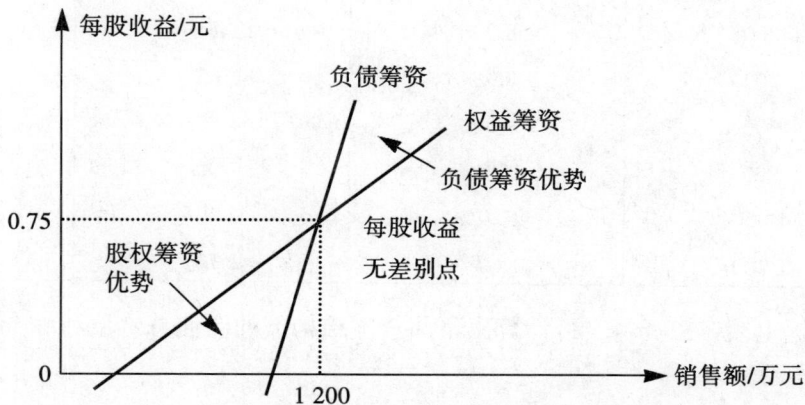

图9-3 每股收益图

从图9-3可以看出，当销售额为1 200万元时，不论采取股权筹资或债务筹资，每股收益是一致的，都是0.75元。当销售额高于1 200万元时，运用负债筹资可获得较高的每股收益；当销售额低于1 200万元时，运用股权筹资可获得较高的每股收益。

（三）公司价值分析法

上述两种方法都是从账面价值的角度进行资本结构的优化分析的，没有考虑市场反应，也没有考虑风险因素。而公司价值分析法是在考虑市场风险的基础上，以公司价值为标准，进行资本结构优化的，即能够提升公司价值的资本结构，就是合理的资本结构。这种方法主要用于对现有资本结构进行调整，适用于资本规模较大的上市公司的资本结构优化分析。同时，在公司价值最大的资本结构下，公司的平均资本成本率也是最低的。

设：V表示公司价值，B表示债务资本价值，S表示权益资本价值。公司价值应该等于资本的市场价值，即

$$V = S + B$$

为简化分析，假设公司各期的$EBIT$保持不变，债务资本的市场价值等于其面值，权益资本的市场价值可通过下式计算：

$$S = \frac{(EBIT-I)(1-T)}{K_s}$$

$$K_s = R_s = R_f + \beta(R_m - R_f)$$

此时，

$$K_w = K_b \frac{B}{V}(1-T) + K_s \frac{S}{V}$$

[例9-11] 某公司息税前利润为400万元，资本总额账面价值1 000万元，假设无风险报酬率为6%，证券市场平均报酬率为10%，所得税税率为25%。经测算，不同债务水平下的权益资本成本率和债务资本成本率如下表9-12所示。

表9-12　不同债务水平下的债务资本成本率和权益资本成本率

债务市场价值B（万元）	税前债务利息率K_b	股票β系数	权益资本成本率K_s
0	—	1.50	12.0%
200	8.0%	1.55	12.2%
400	8.5%	1.65	12.6%
600	9.0%	1.80	13.2%
800	10.0%	2.00	14.0%
1 000	12.0%	2.30	15.2%
1 200	15.0%	2.70	16.8%

根据上表9-12资料，可计算出不同资本结构下的企业总价值和综合资本成本，如下表9-13所示。

表9-13 公司价值和平均资本成本率

债务市场价值	股票市场价值	公司总价值	债务税后资本成本	普通股资本成本	平均资本成本
0	2 000	2 000	—	12.0%	12.0%
200	2 361	2 561	6.0%	12.2%	11.72%
400	2 179	2 579	6.375%	12.6%	11.63%
600	1 966	2 566	6.75%	13.2%	11.69%
800	1 714	2 514	7.5%	14.0%	11.93%
1 000	1 382	2 382	9.0%	15.2%	12.13%
1 200	982	2 182	11.25%	16.8%	13.75%

从表9-13资料可以看出，在没有债务资本的情况下，公司的总价值等于股票的账面价值。当公司增加一部分债务时，财务杠杆开始发挥作用，股票市场价值大于其账面价值，公司总价值上升，平均资本成本率下降。在债务达到400万元时，公司总价值最高，平均资本成本率最低。债务超过400万元后，随着利息率的不断上升，财务杠杆作用逐步减弱甚至显现负作用，公司总价值下降，平均资本成本率上升。因此，债务为400万元时的资本结构是该公司的最优资本结构。

📖练习题

一、简答题

1. 简述资本成本的含义、性质和作用。

2. 什么是资本结构？什么是经营风险、经营杠杆？影响经营风险的因素有哪些？

3. 什么是财务风险、财务杠杆？影响财务风险的因素有哪些？

4. 列举并阐述企业资本结构决策的方法？

5. 为什么筹资会有风险？如何防范筹资风险？

二、单选题

1. "每股收益变动率相当于销售额变动率的倍数"表示的是（　　）。

　　A. 财务杠杆系数　　　B. 经营杠杆系数　　　C. 总杠杆系数　　　D. 营业杠杆系数

2. 随着财务杠杆系数的增大，财务风险（　　）。

　　A. 增加　　　B. 减少　　　C. 不变　　　D. 不确定

3. 经营杠杆给企业带来的风险指的是（　　）的风险。

　　A. 成本上升　　　C. 业务量变动导致税前利润同比例变动

　　B. 利润下降　　　D. 业务量变动导致息税前利润更大变动

4. 某企业产品的变动成本率为30%，销售利润率为30%，且资产负债率为50%，则企业（　　）。

　　A. 只存在经营风险　　　　　　　　B. 只存在财务风险

　　C. 经营风险和财务风险呈负相关　　　D. 存在经营风险和财务风险

5. 当经营杠杆系数和财务杠杆系数均为2时，则总杠杆系数为（　　）。

　　A. 两者之和为4　　　B. 两者之积为4　　　C. 仍然为2　　　D. 两者之比为1

6. 企业资本决策的核心问题是（　　）。

　　A. 资本结构　　　B. 个别资本成本　　　C. 筹资方式　　　D. 筹资渠道

三、多选题

1. 决定加权平均资本成本的因素是（　　）。

　　A. 个别资本成本　　　B. 边际资本成本

　　C. 资金筹资渠道　　　D. 各种资本所占比重

2. 影响经营杠杆的因素有（　　）。

　　A. 固定成本总额　　　B. 单位变动成本　　　C. 销售价格　　　D. 债务利息

3. 可以扩大经营杠杆系数的活动是（　　）。

　　A. 购置新的固定资产　　　B. 员工加薪

　　C. 银行提高利息率　　　D. 增加原材料储备

4. 影响总杠杆的因素有（　　）。

　　A. 固定成本总额　　　B. 单位变动成本　　　C. 销售价格　　　D. 债务利息

5. 影响财务杠杆的因素有（　　）。

A. 产品边际贡献总额　　　B. 所得税税率　　　C. 固定成本　　　D. 财务费用

四、计算分析题

1. 某企业利用长期债券、普通股、优先股、留存收益来筹资2 000万元，它们占总资本的比例分别为：20%、35%、15%、30%。若筹资成本率分别是：6%、10%、12%、15%。请计算该资本结构的综合资本成本率。

2. 某公司现有资本5 000万元，该公司资产负债率为40%，普通股每股面值10元。有一新项目需要追加投资3 000万元，有两个筹资可供选择：A方案全部增加权益资本；B方案全部增加债务资本。已知：债务资本利率为8%，公司所得税税率为25%，增加投资后的息税前利润可达到1800万元。

　　要求：采用每股收益分析法选择最优筹资方案？

3. 某公司2009年A产品销售10 000件，全年固定成本为400万元，市场上产品销售价格为1 200元/件，变动成本率（变动成本占销售收入的比重）为30%，全年贷款500万元，贷款年利率10%。

　　要求：计算经营杠杆系数、财务杠杆系数和总杠杆系数。

第十章

项目投资管理

第一节　项目投资管理概述

投资是企业开展正常生产经营活动并获取利润的前提，也是企业扩大经营规模、降低经营风险的重要手段。

一、投资的含义和种类

投资是特定经济主体（包括国家、企业和个人）为了在未来可预见的时期内获得收益或使资金增值，在一定时期内向一定领域的标的物投放足够数额的资金或实物等货币等价物的经济行为。从特定企业的角度看，投资就是企业为获取收益而向一定对象投放资金的经济行为。

投资可按不同的标准进行分类。

1. 按投资行为的介入程度，分为直接投资和间接投资。直接投资是指不借助金融工具，由投资人直接将资金转移交付给被投资对象使用的投资，包括企业内部直接投资和对外直接投资。前者形成企业内部直接用于生产经营的各项资产，如各种货币资金、实物资产、无形资产等。后者形成企业持有的各种股权性资产，如持有子公司股份等。间接投资是通过购买被投资对象发行的金融工具而将资金间接转移交付给被被投资对象使用的投资，如企业购买特定投资对象发行的股票、债券、基金等。

2. 按投入的领域不同，分为生产性投资和非生产性投资。生产性投资是指将资金投入生产、建设等物质生产领域中，并能够形成生产能力或可以产出生产资料的一种投资。这种投资的最终成果将形成各种生产性资产，包括形成固定资产的投资、无形资产的投资、其他资产的投资和流动资金投资。非生产性投资是指将资金投入非物质生产领域中，不形成生产能力，但能形成社会消费或服务能力，满足人们的物质文化生活需要的一种投资。这种投资的最终成果是形成各种非生产性资产。

3. 按投资的方向不同，分为对内投资和对外投资。从企业的角度看，对内投资就是项目投资，是指企业将资金投放于为取得供本企业生产经营使用的固定资产、无形资产、其他资产和垫支流动资金而形成的一种投资。对外投资是指企业为购买国家及其他企业发行的有价证券或其他金融产品（包括期货与期权、信托、保险），或以货币资金、实物资产、无形资产向其他企业，如联营企业、信托、保险）或以货币资金、实物资产、无形资产向其他企业注入资金而发生的投资。

4. 除上述三种分类外，还可按投资内容的不同，分为固定资产投资、无形资产投资、流动资金投资、房地产投资、有价证券投资、期货与期权投资、信托投资、保险投资等多种形式。

二、项目投资的含义及特点

项目投资是一种以特定建设项目为对象，直接与新建设项目或更新改造项目有关的长期投资行为。从性质上看，项目投资是企业直接的、生产性的对内实物投资，本章所介绍的工业企业投资项目主要包括新建项目和更新改造项目两种类型。

新建项目是指以新增生产经营能力为目的的投资项目，包括单纯固定资产投资项目和完整工业投资项目。单纯固定资产投资项目简称固定资产投资，其特点在于在投资中只包括为取得固定资产而发生的垫支资本投入，不涉及周转资本的投入。完整工业投资项目不仅包括固定资产投资，而且还涉及流动资产投资，以及与项目相关的其他长期资产投资等。

更新改造项目是指以恢复或改善生产能力为目的的投资项目，包括固定资产的改良、扩建、更新或技术改造。

与其他投资形式相比，项目投资主要有以下特点。

1. 投资金额大

项目投资，特别是战略性的扩大生产能力投资一般都需要较多的资金，其投资额往往是企业或投资者多年的资金积累，在企业总资产中占有相当大的比重。因此，项目投资对企业未来的现金流量和财务状况都将产生深远的影响。

2. 影响时间长

项目投资的投资期及发挥作用的时间都较长，对企业未来的生产经营活动和长期经营活动将产生重大影响。

3. 变现能力差

项目投资一般不准备在一年或一个营业周期内变现，而且即使在短期内变现，其变现能力也较差。因为，项目投资一旦完成，要想改变是相当困难的，不是无法实现，就是代价太大。

4. 投资风险大

影响项目投资未来收益的因素特别多，加上投资金额大、影响时间长和变现能力差，必然造成其投资风险比其他投资的大，这会对企业未来的命运产生决定性的影响。无数事例证明，一旦投资决策失败，会给企业带来先天性的、无法逆转的损失。

三、项目投资程序

严格执行项目投资的决策程序，运用科学的方法进行投资方案的可行性分析，是保证决策正确的有效措施。项目投资决策程序一般包括以下几个步骤。

（一）投资项目的提出

企业领导人应组织由企业生产、技术、营销、财务等方面专业人员组成的专门工作小组，在调查研究、广泛收集信息的基础上，根据投资环境、市场状况、企业的发展方向和生产经营的需要提出投资方向，拟定投资项目建议书。在项目建议书中，应明确投资项目的作用和依据、所需固定资产的数量规模及其资金要求、经济效益等内容。

（二）投资项目评价

投资评价主要涉及四个方面的工作：① 根据投资项目的要求进行投资方案设计，

对未来的各种情况作出假设，预测各方案可能的收益和成本，预测现金流量，为分析评价做好准备；② 组织有关专家对投资项目进行技术、经济的可行性论证；③ 运用各种投资评价指标进行分析，并按各方案可行性的顺序进行排队；④ 全面客观地分析评价报告，报有关领导批准。

（三）投资项目决策

投资项目评价报告完成后，按企业投资决策管理权限，在不同层面进行决策。投资额较小的项目，一般由中层领导决策；投资额较大的项目一般由高层领导（总经理）决策；投资额特别大的项目要由董事会或股东大会投票决策。不管由谁作出决策，决策的结果通常有三种：一是接受项目，进行投资；二是拒绝投资这个项目，不进行投资；三是发还给项目的提出部门，重新调查研究后，再作决策。

（四）投资项目的执行

投资项目经决策批准投资后，应积极筹集投资项目所需资金，实施投资。在投资项目执行的过程中，要对工程质量、工程进度、施工成本进行严格的控制，以确保投资项目按预算规定如期保质完成。

（五）投资项目的再评价

在投资项目执行的过程中，应注意原来作出的决策是否合理、正确。一旦发现新问题而使原计划难以执行或无法执行时，应及时作出新的评价和决策，如果情况发生重大变化，原有投资项目已失去存在的意义，为了避免更大的损失，应对投资项目是否中途停止作出决策。

第二节　项目投资现金流量分析

一、现金流量的含义

（一）现金流量的定义

现金流量也称现金流动量，它是指投资项目在其计算期内因资本循环而可能或应该发生的各项现金收支，其中现金收入称为现金流入量，现金支出称为现金流出量。现金流入量与现金流出量相抵后的差额称为现金净流量，现金净流量也称净现金流量（Net Cash Flow，NCF）。

在一般情况下，投资决策中的现金流量通常指现金净流量。现金流量是计算项目投资决策评价指标的主要依据和重要信息之一。必须注意的是，本章阐述的现金流量与财务会计中现金流量表中使用的现金流量，无论是具体构成内容还是计算口径方面两者都存在较大的差异。这里的现金既指库存现金、银行存款等货币性资产，也可以指投资方案需要投入或收回的相关的非货币性资产（如原材料、设备等）的重置成本或变现价值。

（二）现金流量作为投资项目决策依据的原因

对于投资项目的决策而言，其决策的依据是现金流量而不是期间利润，其原因主要有以下几个方面。

① 现金流量信息所揭示的是未来期间现实货币资金收支运动，它可以按照时间顺序动态地反映项目投资的流向与回收之间的投入产出关系，使决策者处于投资主体的立

场上，便于完整、准确、全面地评价具体投资项目的经济效益。

② 利用现金流量指标代替期间利润作为反映项目效益的信息，可以摆脱财务会计中使用权责发生制时所必然面临的困境。对于同一投资项目来说，由于选择的会计政策不同，可能计算出来的利润也不同，从而形成不同的投资评价。

例如，某企业本期现金收入为100万元，假设成本费用只有折旧费一项。如果按加速折旧法，本期折旧费用为80万元，则利润为20万元；如果按直线法折旧，本期折旧费用可能只有10万元，则利润为90万元。在这两种情况下，后者利润比前者增加了70万元，但现金流量却没有增加，两者均为100万元。

尽管期间利润代表了投资方案的盈利水平，但期间利润是权责发生制的产物，是收入与费用配比的结果。收入与费用的确认标准和计量方法具有主观随意性。现金流量以现金实际收到或支付作为确认标准，避免了这种主观随意性。

③ 利用现金流量信息，排除了非现金收付内部周转的资本运动形式，从而简化了有关投资评价指标的计算过程。

④ 由于现金流量与项目计算期的各个时点密切结合，有助于在计算投资决策评价指标时，应用资金时间价值的形式进行动态投资效果的综合评价。

（三）确定现金流量的假设

为便于确定现金流量的内容，简化现金流量的计算，特作如下假设。

1. 投资项目类型的假设

假设投资项目只包括单纯固定资产投资项目、完整工业投资项目和更新改造投资项目三种类型。

2. 财务可行性分析假设

在进行投资项目的决策时，假设已经具备国民经济可行性和技术可行性，企业只需要从企业投资者的立场出发，对项目的财务可行性进行评价。若财务评价为项目可行，则认为该投资项目可以进行投资。

3. 自有资金投资假设

项目投入的资金均按自有资金对待，不具体区分自有资金和借入资金等具体形式的现金流量。

4. 建设期投入全部资金假设

不论投资项目是一次投入还是分次投入，假设它们都是在建设期全部投资。

5. 经营期与项目折旧年限一致假设

假设项目主要固定资产的折旧年限或使用年限与项目投产使用后的经营期相同。

6. 时点指标的假设

现金流量均假设在年初或年末两个时点上收付现金。其中，建设投资在建设期内有关年度的年初或年末投入；流动资产投资在建设期末投入；经营期各年的收入、成本、折旧、利润、税金等项目的确认均在年末发生；项目最终报废清理除更新改造项目外，均在终结点发生。

7. 确定性假设

假设与项目现金流量有关的价格、产销量、成本水平、所得税等因素均为已知常数，且假设收入都收到了现金，购货都支付了现金。

二、现金流量的内容

任何投资方案的现金流量，通常都包括现金流入量和现金流出量两部分。

（一）现金流入量的内容

现金流入量是指能够使投资方案的现实货币资金增加的项目，它包括以下内容。

1. 营业收入

它是指项目投产后在生产经营活动中每年实现的全部营业收入或业务收入，它是经营期主要的现金流入量项目。

2. 补贴收入

它是与运营收益有关的政府补贴。

3. 回收固定资产余值

它是指投资项目的固定资产在终结点报废清理或中途转让出售所回收的价值。

4. 回收流动资金

它是指项目运转终结时因不再发生新的替代投资而回收原垫支在全部流动资金上的投资额。回收流动资金和回收固定资产余值统称为回收额。

（二）现金流出量的内容

现金流出量是指能够使投资方案的现实货币资金减少或需要动用现金的项目，它包括以下内容。

1. 建设投资

它是指建设周期内按一定的生产经营规模和建设内容进行的固定资产投资、无形资产投资和开办费投资等项目的总称。它是建设期发生的主要现金流出量，其中的固定资产投资是所有投资项目中一定要发生的投资内容。

2. 流动资金投资

它是指投资项目完成形成了生产能力，需要在流动资产上垫支的资金。例如，垫支用于原材料、生产成本、在产品、产成品等方面的资金。

建设投资与流动资金投资合称为项目原始总投资。

3. 经营成本

它是指在生产经营期内为满足正常的生产经营活动而动用现实货币资金支付的成本费用，又称付现营运成本或付现成本。经营成本是生产经营阶段中最主要的现金流出项目，它不同于结转销售产品时的主营业务成本。

4. 相关税费

它是指项目投产后依法缴纳的、单独列示的各项税款，包括营业税、所得税等。

三、现金流量的估算

在进行投资决策之前，应对各个投资方案实施后可能产生的现金流入量和现金流出量进行估算，才能据以作出正确的决策。估算现金流量会涉及很多变量，并且需要有丰富经验的人员参加。例如，销售部门负责预测售价和销量，涉及产品效果、广告效果、竞争情况等；产品开发和技术部门负责估计投资方案的资本支出，涉及研制费用、设备购置、厂房建筑等；生产部门负责估计制造成本，涉及材料采购价格、生产工艺安排等；财务部门负责为销售、生产部门提供资金保障，涉及如何筹集资金、如何测算资本成本等。只有认真协调处理好参与预测的各部门之间的工作，才能较为准确地估算投资项目的现金流量。

（一）现金流出量的估算

1. 建设投资的估算

建设投资是建设期发生的主要投资，按形成资产的不同可分别按以下四部分费用进行估算。

（1）形成固定资产费用的估算

形成固定资产的费用是项目直接用于购置或安装固定资产应当发生的投资，具体包括建筑工程费、设备购置费、安装工程费和固定资产其他费用。

① 建筑工程费的估算

建筑工程费是指为建造永久性建筑物和构筑物所需要的费用，包括场地平整，建筑厂房、仓库、电站、设备基础、工业窑炉、桥梁、码头、堤坝、隧道、涵洞、铁路、公路、水库、水坝、灌区管线敷设、矿井开凿和露天剥离等项目工程的费用。可按单位建筑工程投资估算法和单位实物工程量投资估算法估算。

单位建筑工程投资估算法的计算公式为：

$$建筑工程费=同类单位建筑工程投资 \times 相应的建筑工程总量$$

单位实物工程量投资估算法的计算公式为：

$$建筑工程费=预算单位实物工程投资 \times 相应的实物工程量$$

［例10-1］A企业拟新建一个固定资产投资项目，土石方建筑工程总量为15万立方米，同类单位建筑工程投资为20元/立方；拟建厂房建筑物的实物工程量为2万平方米，预算单位造价为1 100元/平方米，根据资料，估算该项目的建筑工程费。

投资项目的土石方建筑工程投资=20 × 15=300（万元）

投资项目的厂房建筑工程投资=1 100 × 2=2 200（万元）

投资项目的建筑工程费=300+2 200=2 500（万元）

② 设备购置费的估算

广义的设备购置费是指为投资项目购置或自制的达到固定资产标准的各种国产或进口设备、工具、器具和生产经营用家具等应支出的费用。狭义的设备购置费是指为取得项目经营所必需的各种机器设备、电子设备、运输工具和其他装置应支出的费用。

・狭义设备购置费的估算

按设备来源的不同，分别估算国产设备的购置费和进口设备的购置费。

国产设备购置费的估算公式为：

$$设备购置费 = 设备购买成本 \times \left(1+ 运杂费率\right)$$

进口设备购置费的估算公式为：

$$设备购置费 = 以人民币标价的进口设备到岸价 + 进口从属费 + 国内运杂费$$

在估算以人民币标价的进口设备到岸价时，需要考虑按到岸价结算和按离岸价结算的不同结算方式。按到岸价结算的估算公式为：

$$\text{以人民币标价的进口设备到岸价} = \text{以外币标价的进口设备到岸价} \times \text{人民币外汇牌价}$$

按离岸价结算的估算公式为：

$$\text{以人民币标价的进口设备到岸价} = \left(\text{以外币标价的进口设备离岸价} + \text{国际运费} + \text{国际运输保险费}\right) \times \text{人民币外汇牌价}$$

其中：

$$\text{国际运费（外币）} = \text{离岸价（外币）} \times \text{国际运费率}$$

或

$$= \text{单位运价（外币）} \times \text{运输量}$$

$$\text{国际运输保险费（外币）} = \left(\text{以外币标价的进口设备离岸价} + \text{国际运费}\right) \times \text{国际运输保险费率}$$

进口从属费的计算公式为：

$$\text{进口从属费} = \text{进口关税} + \text{外贸手续费} + \text{结汇银行财务费}$$

$$\text{进口关税} = \text{以人民币标价的进口设备到岸价} \times \text{进口关税税率}$$

$$\text{外贸手续费} = \text{以人民币标价的进口设备到岸价} \times \text{外贸手续费率}$$

$$\text{结汇银行财务费} = \text{以人民币标价的进口设备到岸价} \times \text{人民币外汇牌价} \times \text{结汇银行财务费率}$$

进口设备的国内运杂费可按具体运输方式，根据运输单价和运量估算，也可按下式计算：

$$\text{国内运杂费} = \left(\text{以人民币标价的进口设备到岸价} + \text{进口关税}\right) \times \text{运杂费率}$$

[**例10-2**] A企业新建项目所需要的国内标准设备的不含增值税出厂价为1 000万元，增值税率为17%，国内运杂费率为1%；进口设备的离岸价为100万美元，国际运费率为7.5%，国际运输保险费率为4%，关税税率为15%，增值税率为17%，国内运杂费率为1%，外汇牌价为1美元=7元人民币。根据资料，估算设备赆置费指标如下。

国内标准设备购置费=1 000×（1+1%）=1 010（万元）

进口设备国际运费=100×7.5%=7.5（万美元）

进口设备国际运输保险费=（100+7.5）×4%=4.3（万美元）

以人民币标价的进口设备到岸价=（100+7.5+4.3）×7=782.6（万元）

进口关税=782.6×15%=117.39（万元）

进口设备国内运杂费=（782.6+117.39）×1%≈9（万元）

进口设备购置费=782.6+117.39+9=908.99（万元）

该项目狭义设备购置费=1 010+908.99=1 918.99（万元）

• 工具、器具和生产经营用家具购置费的估算

工具、器具和生产经营用家具购置费，是指为确保项目投产初期的生产经营而第一批购置的、没有达到固定资产标准的工具、卡具、模具和家具所发生的费用。为简化计算，可在狭义的设备购置费的基础上，按照部门或行业规定的购置费率进行估算。计算公式为：

$$\text{工具、器具和生产经营用家具购置费} = \text{狭义设备购置费} \times \text{标准的工具、器具和生产经营用家具购置费率}$$

[例10-3] 仍用[例10-2]的计算结果，A企业新建项目所在行业的标准工具、器具和生产经营用家具购置费率为狭义设备购置费的10％，根据资料，可计算该项目的广义设备购置费。

工具、器具和生产经营用家具购置费=1 918.99×10％≈191.90（万元）

该项目的广义设备购置费=1 918.99+191.90=2 110.89（万元）

③ 安装工程费的估算

需要吊装的设备，往往按需要安装设备的重量和单价进行估算；其他需要安装的设备通常按设备购置费的一定百分比进行估算。按后者估算，需要注意核实购置合同中包含了安装所需材料。若设备购置费中包括了安装材料，则安装费率就应较低。相关安装工程费估算公式如下：

$$\text{安装工程费} = \text{每吨安装费} \times \text{设备吨位}$$
$$\text{安装工程费} = \text{安装费率} \times \text{设备原价}$$
$$\text{安装工程费} = \text{单位实务工程安装费标准} \times \text{安装实务工程量}$$

[例10-4] 延续前例，A企业新建设项目进口设备的安装费按其吊装吨位计算，每吨安装费为1万元/吨，该设备为50吨；国内标准设备的安装费率为设备原价的2％。根据资料，可估算设备的安装工程费。

进口设备的安装工程费=1×50=50（万元）

国内标准设备的安装工程费=1 010×2％=20.20（万元）

建设项目的安装工程费=50+20.20=70.20（万元）

④ 固定资产其他费用的估算

固定资产的其他费用包括建设单位管理费、可行性研究费、研究试验费、勘察设计费、环境影响评价费、场地准备及临时设施费、引进技术和引进设备其他费、工程保险费、工程建设监理费、联合试运转费、特殊设备安全监督检验费和市政公用设施建设及绿化费等。估算时，可按经验数据、取费标准或项目的工程费用（即建筑工程费、广义设备购置费和安装工程费之和）的一定百分比测算。

[例10-5] 仍按A企业估算的计算结果，A企业新建项目的固定资产其他费用按工程费用的20％估算。根据资料，可估算A企业固定资产的其他费用。

建设项目工程费用=2 500+2 110.89+70.20=4 681.09（万元）

固定资产其他费用=4 681.09×20％=936.22（万元）

将上述形成固定资产的估算费用加总，便可计算出A企业新建项目形成固定资产的费用为：

2 500+2 110.89+70.20+936.22=5 617.31（万元）

将形成固定资产的费用加上资本化利息和预备费便可计算出新建项目的固定资产原价。

（2）形成无形资产费用的估算

形成无形资产的费用是指项目直接用于取得专利权、商标权、非专利技术、土地使用权和特许权等无形资产而应当发生的投资。

① 专利权和商标权的估算。通过外购方式取得专利权和商标权的产权，按预计的取得成本估算；通过投资转入取得专利权和商标权的产权，按约定作价或评估价进行估算。

② 非专利技术的估算。从外部一次性购入的非专利技术，可按取得成本估算；通过投资转入取得的非专利技术，可按市价法或收益法进行估算。

③ 土地使用权的估算。通过有偿转让方式取得的土地使用权，按预计发生的取得成本，即土地使用出让金估算；通过投资方投资转入的土地使用权，按投资合同或协议约定的价值估算，也可按公允价值估算。

（3）形成其他资产费用的估算

形成其他资产的费用是指建设投资中除形成固定资产的费用和无形资产的费用以外的部分，包括生产准备费和开办费两种。

① 生产准备费的估算

生产准备费是指新建项目或新增生产能力的企业为投产期初进行必要生产准备而应发生的费用，包括职工培训费、提前进厂熟悉工艺及设备性能人员的相关费用。生产准备费可按需要培训和预计培训费标准，以及需要提前进厂的职工人数和相关费用标准进行估算；也可按工程费用和生产准备费率进行估算。生产准备费的资金投入，一般假定在建设期末一次性投入。

② 开办费的估算

开办费是指在企业筹建期发生的、不能计入固定资产和无形资产、也不属于生产准备费的各项费用，可按工程费用和开办费率估算。开办费的资金投入假定在建设期内分次投入。

（4）预备费的估算

预备费又称不可预见费，是指在可行性研究中难以预料的投资支出，包括基本预备费和涨价预备费。预备费的资金投入，一般假定在建设期末一次投入。

① 基本预备费的估算

基本预备费是指由于建设期发生一般自然灾害而带来的工程损失或为防范自然灾害采取措施而追加的投资，又称工程不可预见费用。该费用估算可按下式进行。

$$\text{基本预备费} = \left(\text{形成固定资产的费用} + \text{形成无形资产的费用} + \text{形成其他资产的费用} \right) \times \text{基本预备费率}$$

② 涨价预备费的估算

涨价预备费是指为应付建设期内的通货膨胀而预留的投资，又称价格上涨不可预见费。涨价预备费通常要根据工程费用和建设期预计通货膨胀率来估算。

2. 流动资金投资的估算

流动资金投资的估算应根据与项目有关的经营期每年流动资产需用额和该年流动负债需用额的差来确定本年流动资金需用额，然后用本年流动资金需用额减去截止上年年末的流动资金占用额（即以前年度已经投入的流动资金累计数）确定本年的流动资金增加额。这项投资既可能发生在建设期末，也可能发生在试产期，而不像建设投资大多集中在建设期发生。流动资金投资估算计算公式为：

$$\begin{array}{l}某年流动 \\ 资金投资额\end{array} = \begin{array}{l}本年流动 \\ 资金需用额\end{array} - \begin{array}{l}截止上年流动 \\ 资金投资额\end{array}$$

或

$$= \begin{array}{l}本年流动 \\ 资金需用额\end{array} - \begin{array}{l}上年流动 \\ 资金需用额\end{array}$$

$$\begin{array}{l}本年流动 \\ 资金需用额\end{array} = \begin{array}{l}该年流动 \\ 资产需用额\end{array} - \begin{array}{l}该年流动 \\ 负债需用额\end{array}$$

[例10-6] A企业拟建某生产线项目，预计投产第一年的流动资产需用额为30万元，流动负债需用额为15万元，假定该项目投资发生在建设期末，预计投产第二年流动资产需用额为40万元，流动负债需用额为20万元，假定该项目投资发生在投产后第一年末。根据资料，可计算项目投产第一、第二年的流动资金投资额。

投产第一年的流动资金需用额=30-15=15（万元）

第一年流动资金投资额=15-0=15（万元）

投产第二年的流动资金需用额=40-20=20（万元）

第二年流动资金投资额=20-15=5（万元）

为简化分析，本章假定在建设期末将全部流动资金投资到位并投入新建项目中。在实务中，企业因生产经营期内资金周转速度的提高而发生某年流动资金增加额为负值的情况，即提前回收流动资金。本章假设不会发生这种情况。

3. 经营成本的估算

经营成本属于时期指标，为简化计算，假定其发生在运营期各年的年末。经营成本有加法和减法两种计算公式。

$$\begin{array}{l}某年经 \\ 营成本\end{array} = \begin{array}{l}该年外购原材料 \\ 燃料和动力费\end{array} + \begin{array}{l}该年职工 \\ 薪酬费\end{array} + \begin{array}{l}该年 \\ 修理费\end{array} + \begin{array}{l}该年 \\ 其他费\end{array}$$

$$\begin{array}{l}某年经 \\ 营成本\end{array} = \begin{array}{l}该年不包括财务 \\ 费用的总成本费用\end{array} - \begin{array}{l}该年 \\ 折旧费\end{array} - \begin{array}{l}该年无形资产和 \\ 其他资产的摊销额\end{array}$$

上式中，折旧费和摊销额可根据投资项目的固定资产原值、无形资产和其他资产数据，以及这些项目的折旧年限和摊销年限进行测算。"该年不包括财务费用的总成本费用"一项之所以将财务费用扣除，是根据自有资金的假设，不将财务费用作为现金流出量的内容，它可按照运营期内一个标准年份的正常产销量和预计成本消耗进行测算，其计算公式为：

$$\begin{array}{l}某年不包括财务 \\ 费用的总成本费用\end{array} = \begin{array}{l}该年固定成本 \\ （含费用）\end{array} + \begin{array}{l}单位变动成本 \\ （含费用）\end{array} \times \begin{array}{l}该年预计 \\ 产销量\end{array}$$

[例10-7] A企业拟建生产线项目，预计第一年外购原材料、燃料和动力的费用为48万元，职工薪酬费为24万元，其他费用为4万元，年折旧费为20万元，无形资产摊销额为5万元，开办费用摊销额为3万元；第2~5年每年外购原材料、燃料和动力的费用为60万元，职工薪酬费为30万元，其他费用为10万元，每年折旧费为20万元，无形资产摊销额为5万元；第6~20年每年不包括财务费用的总成本费用为160万元，其中，每年外购

原材料、燃料和动力费为90万元，每年折旧费为20万元，无形资产摊销额为0万元。根据资料，估算该项目各年的经营成本和不包括财务费用的总成本费用。

投产后第1年的经营成本=48+24+4=76（万元）

投产后第2~5年的经营成本=60+30+10=100（万元）

投产后第6~20年的经营成本=160-20-0=140（万元）

投产后第1年不包括财务费用的总成本费用=76+（20+5+3）=104（万元）

投产后第2~5年不包括财务费用的总成本费用=100+（20+5）=125（万元）

4. 相关税费的估算

运营期的相关税费包括营业税金及附加和调整所得税两项。

（1）营业税金及附加的估算

营业税金及附加的估算，需要考虑项目投产后在运营期内应交纳的营业税、消费税、土地增值税、资源税、城市维护建设税和教育费附加等因素。虽然应交增值税不属于营业税金的范畴，但在估算城市维护建设费和教育费附加时，还要考虑应交增值税因素。

在不考虑土地增值税和资源税的情况下，营业税金及附加的估算公式为：

$$\text{营业税金及附加} = \text{应交营业税} + \text{应交消费税} + \text{城市维护建设税} + \text{教育费附加}$$

其中，

$$\text{城市维护建设税} = \left(\text{应交营业税} + \text{应交消费税} + \text{应交增值税}\right) \times \text{城市维护建设税税率}$$

$$\text{教育费附加} = \left(\text{应交营业税} + \text{应交消费税} + \text{应交增值税}\right) \times \text{教育费附加率}$$

[**例10-8**] 仍按例10-7资料，A企业拟建生产线项目，预计投产后第1年的营业收入为180万元，第2~5年每年的营业收入为200万元，第6~20年每年的营业收入为300万元。A企业选用的增值税率为17%，城建税税率为7%，教育费附加率为3%，不缴纳营业税和消费税。根据资料，可估算该项目的相关税费。

$$\text{投产后第1年应交增值税} = \left(\text{营业收入} - \text{外购原材料燃料和动力费}\right) \times \text{增值税税率}$$

$$= （180-48） \times 17\%$$

$$=22.44（万元）$$

$$\text{投产后第2~5年每年应交增值税} = （200-60） \times 17\% = 23.8（万元）$$

$$\text{投产后第6~20年每年应交增值税} = （300-90） \times 17\% = 35.7（万元）$$

$$\text{投产后第1年应交城建税及教育费附加} = 22.4 \times （7\%+3\%） = 2.24（万元）$$

$$\begin{matrix}\text{投产后第2~5年每年应}\\\text{交城建税及教育费附加}\end{matrix} = 23.8 \times (7\% + 3\%) = 2.38（万元）$$

$$\begin{matrix}\text{投产后第6~20年每年应}\\\text{交城建税及教育费附加}\end{matrix} = 35.7 \times (7\% + 3\%) = 3.57（万元）$$

（2）调整所得税的估算

为简化计算，本章所称的调整所得税为息税前利润与适用的所得税税率的乘积。计算公式为：

$$\begin{matrix}\text{调整}\\\text{所得税}\end{matrix} = \begin{matrix}\text{息税前}\\\text{利润}\end{matrix} \times \begin{matrix}\text{适用的企业}\\\text{所得税税率}\end{matrix}$$

其中，

$$\begin{matrix}\text{息税前}\\\text{利润}\end{matrix} = \begin{matrix}\text{营业}\\\text{收入}\end{matrix} - \begin{matrix}\text{不包括财务费用}\\\text{的总成本费用}\end{matrix} - \begin{matrix}\text{营业税金}\\\text{及附加}\end{matrix}$$

[例10-9] 仍按例10-7和例10-8资料，A企业适用的所得税税率为25%，根据上述资料，计算该项目投产后各年的息税前利润和调整所得税。

投产后第1年的息税前利润=180-104-2.24=73.76（万元）

投产后第2~5年的息税前利润=180-125-2.38=72.62（万元）

投产后第6~20年的息税前利润=300-160-3.57=136.43（万元）

投产后第1年的调整所得税=73.76×25%=18.44（万元）

投产后第2~5年的调整所得税=72.62×25%≈18.16（万元）

投产后第6~20年的调整所得税=136.43×25%≈34.11（万元）

需要注意的是，增值税属于价外税，不属于现金流出量的内容，但在估算城建税和教育费附加时要考虑应交增值税指标。

（二）现金流入量的估算

1. 营业收入的估算

营业收入是项目运营期最主要的现金流入量，它是按项目在运营期内有关产品的各年预计单价（不含增值税）和预测销售量（假定运营期内每期均可以自动实现产销平衡）进行估算的。营业收入属于时期指标，为简化计算，假定营业收入发生于运营期各年的年末。营业收入的估算公式为：

$$\begin{matrix}\text{年营业}\\\text{收入}\end{matrix} = \sum \left(\begin{matrix}\text{该年生产产品}\\\text{的不含税单价}\end{matrix} \times \begin{matrix}\text{该产品的}\\\text{产销量}\end{matrix} \right)$$

2. 补贴收入的估算

补贴收入是与运营期有关的政府补贴，可根据政府退还的增值税、按销量或工作量分期计算的定额补贴和财政补贴等予以估算。

3. 固定资产余值的估算

在进行财务可行性评价时，假定主要固定资产的折旧年限等于运营期，则终结点回收的固定资产余值等于该主要固定资产的原值与其法定净残值率的乘积，或按事先确定的净残值估算；在运营期内，因更新改造而提前回收的固定资产余值等于固定资产的折余价值与预计可变现净收入之差。

4. 回收流动资金的估算

当项目处于终结点时，所有垫付的流动资金都将退出周转，因此，在假定运营期内不存在因加速周转而提前回收流动资金的前提下，终结点一次回收的流动资金必然等于各年垫支的流动资金投资额的合计数。

四、现金净流量的计算公式

为简化现金净流量的计算，根据项目计算期不同阶段上的现金流入量和现金流出量的具体内容，可直接计算各阶段的现金净流量。

（一）建设期现金净流量的计算公式

在建设期内，现金流量主要是流出量，没有流入量，所以建设期现金净流量可按以下简化公式计算：

$$建设期现金净流量 = -原始投资额$$

或者

$$NCF = -I_t \ (t=0, \ 1, \ 2, \ \cdots s, \ s \geq 0)$$

式中，I_t——第 t 年原始投资额；

s——为建设期年数。

当建设期 s 不为零时，建设期现金净流量的数量特征取决于投资方式是一次投入还是分次投入。

（二）运营期现金净流量的计算公式

在运营期内，既有现金流入量，又有现金流出量，所以现金净流量可按以下公式计算：

$$运营期某年所得税前净现金流量 = 该年息税前利润 + 该年折旧 + 该年摊销 + 该年回收额 - 该年维持运营投资 - 该年流动资金投资$$

假定运营期不再投入流动资金和追加运营投资，上述公式为简化为：

$$运营期某年所得税前净现金流量 = 该年息税前利润 + 该年折旧 + 该年摊销 + 该年回收额$$

考虑运营期所得税的影响，可计算运营期某年所得税后净现金流量的计算公式为：

$$运营期某年所得税后净现金流量 = 该年所得税前净现金流量 - \left(该年息税前利润 - 利息 \right) \times 所得税税率$$

（三）终结点现金净流量

终结点的现金净流量与运营期现金净流量计算方法基本相同，只是在终结点时加上终结点回收的固定资产余值收入和回收的垫支流动资金。其计算公式为：

$$终结点现金净流量 = 运营期现金净流量 + 回收额$$

五、现金净流量的计算

（一）单纯固定资产投资项目现金净流量的计算

[例10-10] 某公司有一固定资产项目需要一次性投资价款110万元，全部为自有资金，建设期为一年。该固定资产可使用10年，按直线法折旧，期满有残值10万元。项目完工投入使用后，可使运营期第1~7年每年增加营业收入88万元，第8~10年，每年营业

收入增加68万元。在经营期内每年的经营成本（付现）增加38万元，公司所得税税率为25％。根据所给资料，投资项目现金净流量计算如下：

（1）项目计算期=1+10=11（年）

（2）固定资产原值=110（万元）

（3）每年折旧额=（110-10）÷10=10（万元）

（4）运营期第1~7年每年所得税前净现金流量=（88-38-10）+10=50（万元）

　　　运营期第8~10每年所得税前净现金流量=（68-38-10）+10=30（万元）

（5）运营期第1~7年每年应交所得税=40×25％=10（万元）

　　　运营期第8~10年每年应交所得税=20×25％=5（万元）

（6）运营期第1~7年每年所得税后净现金流量=50-10=40（万元）

　　　运营期第8~10每年所得税后净现金流量=30-5=25（万元）

按简化公式计算各阶段的税后现金净流量为：

NCF_0=-110万元

NCF_1=0

NCF_{2-8}=40万元

NCF_{9-10}=25万元

NCF_{11}=25+10=35万元

（二）完整工业投资项目现金流量的计算

［例10-11］C公司准备扩充生产能力，需要原始投资2 000万元，使用寿命5年，采用直线法折旧，5年后残值为100万元。项目建设期三年，价款分三年付给承包商，第一年初400万元，第二、三年初各投资800万元。项目建成后，每年可增加营业收入800万元，付现成本第一年增加200万元，以后随着设备陈旧，逐年增加修理费10万元。另需垫支营运资金500万元。假定企业所得税税率为25％，计算投资方案各年的现金流量。

每年折旧额=（2 000-100）÷5=380（万元）

下面用表10-1计算方案经营期的现金流量。

表10-1　方案经营期的现金流量　　　　　　　　　　单位：万元

项目	第一年	第二年	第三年	第四年	第五年
营业收入	800	800	800	800	800
付现成本	200	210	220	230	240
折旧	380	380	380	380	380
税前利润	220	210	200	190	180
所得税	55	52.5	50	47.5	45
税后利润	165	157.5	150	142.5	135
现金流量	545	537.5	530	522.5	515

投资方案的全部现金流量如表10-2所示。

表10-2 投资方案的全部现金流量 单位：万元

项目	0	1	2	3	4	5	6	7	8	总计
固定资产投资	-400	-800	-800							-2 000
营运资金垫支				-500						-500
营业现金流量					545	537.5	530	522.5	515	2 650
固定资产残值									100	100
营运资金回收									500	500
现金流量合计	-400	-800	-800	-500	545	537.5	530	522.5	1 115	750

（三）更新改造项目现金流量的计算

[**例10-12**] 某公司现有一套4年前购进的尚可使用6年的旧设备，原价100 000元，直线法折旧，预计没有残值。现已提折旧40 000元，账面价值为60 000元。使用旧设备每年可获得收入为149 000元，每年支付经营成本为113 000元。企业准备购置一套新设备来替换。新设备的投资额为150 000元，估计使用6年，预计残值7 500元。购入新设备后，旧设备可作价35 000元。新设备使用后，每年可增加营业收入25 000元，同时，每年可节约经营成本10 000元，企业所得税税率为25%，计算更新设备项目在项目计算期内各年的净现金流量及其差额（ΔNCF）。

购进新设备现金流出量=150 000-35 000=115 000（元）

旧设备每年折旧额为10 000元。

新设备每年折旧额为=（150 000-7 500）÷6=23 750（元）

下面用表10-3计算两方案经营6年的现金流量差额。

表10-3 两方案经营6年的现金流量差额 单位：元

项目	旧设备	新设备	差额
营业收入	149 000	174 000	+25 000
年经营成本	113 000	103 000	-10 000
折旧	10 000	23 750	+13 750
税前利润	26 000	47 250	21 250
所得税	6 500	11 812.5	+5 312.5
税后利润	19 500	35 437.5	15 937.5
现金净流量	29 500	59 187.5	29 687.5

新设备替换旧设备后6年的现金净流量如表10-4所示。

表10-4 新设备替换旧设备后6年的现金流量 单位：元

项目	0	1~5	6	总计
固定资产投资	-115 000			-115 000
营业现金流量		29 687.5	29 687.5	178 125
固定资产残值			7 500	7 500
现金流量合计	-115 000	29 687.5	37 187.5	70 625

第三节　项目投资决策评价指标及其运用

投资决策是对各个投资方案进行分析和评价，从中选择最优方案的过程。为了客观、科学地分析评价各种投资方案是否可行，应使用不同的决策指标，从不同的侧面或不同的角度反映投资方案的内涵。各项指标在大多数情况下对于方案的取舍是一致的，但有时也会出现不一致的情况。所以按某一指标来选择投资方案，有时会造成偏差。在投资决策的分析评价中，应根据具体情况采用适当的方法来确定投资方案的各项评价指标，以供决策参考。

一、项目投资评价指标

项目投资决策评价指标可分为静态指标和动态指标两大类。其区别在于：静态指标不考虑资金的时间价值，计算比较简单。其评价指标有静态投资回收期、投资收益率等。动态指标考虑资金的时间价值，计算较为复杂。其评价指标有净现值、净现值率、内部收益率等。在实际运用中，以某一指标作为评价投资方案的标准，又可称该指标法，如，净现值法、净现值率法、投资回收期法等。

（一）静态指标

1. 静态投资回收期

静态投资回收期（Static Payback Period，缩写为SPP）是指以投资项目净现金流量抵偿原始总投资所需要的全部时间。为了避免意外情况，投资者总是希望尽快收回投资，即投资回收期越短越好。投资回收期越短，说明该项投资所冒的风险越小，方案越佳。

投资回收期一般以年为单位，它有两种形式：包括建设期的投资回收期（记作SPP）和不包括建设期的投资回收期（记作SPP'）。建设期用s表示，则$SPP'+s=SPP$。只要计算其中一种回收期，另一种便可推算出。

投资回收期根据运营期内每年的现金净流量是否相等，其计算方法有所不同。

（1）每年营业现金净流量相等的计算公式：

$$投资回收期（spp'）=\frac{建设期发生的原始投资合计}{运营期内前若干年每年相等的NCF}$$

（2）每年营业现金净流量不相等时，应把每年的现金净流量逐年加总，根据"累计净现金流量"的方式来确定投资回收期。假设用t表示项目计算期，则包括建设期的投资回收期用公式表示为：

$$\sum_{t=0}^{spp}NCF_t=0$$

在具体计算累计净现金流量时，有两种可能的结果：一是在各年累计净现金流量上可以直接找到等于零的t值，t值即为所求的包括建设期的投资回收期；二是在各年累计净现金流量上不能直接找到等于零的t值时，可按下式计算包括建设期的投资回收期。

$$spp=m'+\frac{\left|\sum_{t=0}^{m'}NCF_t\right|}{NCF_{(m'+1)}}$$

式中，m' ——净现金流量由负变正的头一年；

$NCF_{(m'+1)}$ ——第 $m'+1$ 年的净现金流量；

$\left| \sum\limits_{t=0}^{m'} NCF_t \right|$ ——第 m' 年尚未回收的投资额。

将计算的投资回收期与期望投资回收期相比，若方案回收期短于期望回收期，则方案可行；否则，方案不可行，应该放弃投资。如果几个方案都达到既定的回收期，且只能选择一个方案时，则应选择回收期最短的方案。

［**例10-13**］某公司拟建一工程项目，现有甲、乙、丙三种方案可供选择，甲、乙两方案的原始投资总额为80 000元，丙方案的原始投资总额为90 000元。各方案的营业现金净流量如表10-5所示。

表10-5　各方案的营业净现金流量　　　　　　　　单位：元

年份	甲方案	乙方案	丙方案
1	12 000	30 000	50 000
2	28 000	30 000	36 000
3	36 000	30 000	30 000
4	32 000	30 000	10 000
5	18 000		
合计	126 000	120 000	126 000

要求：计算投资项目的投资回收期。

由表10-5中可知，乙方案每年的 NCF 相等，可直接计算其投资回收期。

乙方案投资回收期 $= \dfrac{80\ 000}{30\ 000} = 2.67$（年）

由于甲、丙两个方案每年现金净流量不相等，所以采用累计净现金流量的方法计算，如表10-6所示。

表10-6　采用累计净现金流量方法计算的现金净流量　　　　　　单位：元

年份	甲方案		丙方案	
	现金净流量	累计现金净流量	现金净流量	累计现金净流量
0	−80 000	−80 000	−90 000	−90 000
1	12 000	−68 000	50 000	−40 000
2	28 000	−40 000	36 000	−4 000
3	36 000	−4 000	30 000	+26 000
4	32 000	+28 000	10 000	+36 000
5	18 000	+46 000		

甲方案的投资回收期 $= 3 + \dfrac{4\ 000}{32\ 000} = 3.125$（年）

丙方案的投资回收期 $= 2 + \dfrac{4\ 000}{30\ 000} = 2.13$（年）

从计算结果可知，丙方案投资回收期最短，即为最佳方案。

投资回收期能够直观地反映原始投资的返本期限，计算简单，易于理解，有利于促进企业加快投入资本的回收，尽早收回投资。但它存在两个缺点：一是忽视了现金流量的发生时间，未考虑货币的时间价值；二是忽略了投资回收期后的现金流量，只注重短期行为，而忽视长期效益。因此，运用投资回收期对备选方案只能进行初步的评价，必须与其他决策指标结合使用，才能作出较正确的决策。

2. 投资收益率

投资收益率（Rate of Return on Investment，缩写为ROI）是指达产期正常年份的年息税前利润或运营期年均息税前利润占项目投资总额的百分比。投资收益率也称投资报酬率，它的计算公式为：

$$投资收益率 = \frac{年息税前利润或年均息税前利润}{项目投资总额} \times 100\%$$

采用投资收益率进行决策时，将投资项目的投资收益率与决策人的期望投资收益率或基准的投资收益率相比，如果投资收益率大于期望的投资收益率或基准的投资收益率，则可接受该项投资方案；否则，拒绝该项投资方案。若有多个可接受的投资方案选择，则应选择投资收益率最高的方案。

根据表10-1资料，C公司扩建生产能力项目的投资收益率为：

$$ROI = \frac{(220+210+200+190+180) \div 5}{2\,000} \times 100\% = 10\%$$

投资收益率指标的优点是计算公式简单、明了，易于掌握；缺点是没有考虑货币的时间价值因素，不能正确反映建设期长短、投资方式的不同和回收额的有无对项目的影响，分子、分母计算口径的可比性较差，无法直接利用净现金流量信息。因此，投资收益率不能较为客观、准确地对投资方案的经济效益作出判断。

（二）动态指标

1. 折现率的确定

在财务可行性评价中，折现率是指计算动态评价指标时所依据的一个重要参数，它可以按以下方法确定：第一，以拟投资项目所在行业（而不是单个投资项目）的权益资本必要收益率作为折现率，这种折现率适用于资金来源单一的项目；第二，以拟投资项目所在行业（而不是单个投资项目）的加权平均资本成本作为折现率，这种折现率适用于相关数据齐全的行业；第三，以社会的投资机会成本作为折现率，这种折现率适用于已经持有投资所需资金的项目；第四，以国家或行业主管部门定期发布的行业基准收益率作为折现率，这种折现率适用于投资项目的财务可行性研究和建设项目评估中的净现值率指标的计算；第五，完全人为主观地确定折现率，这种折现率适用于按逐次测试法计算内部收益率指标。本章所使用的折现率按第四种或第五种方法确定。

在运用折现率时还需要注意三方面问题：一是折现率与金融业务中处理未到期票据贴现中所使用的票据贴现率不是同一个概念，两者不能混淆；二是在确定折现率时，往往需要考虑投资风险因素，可人为提高折现率水平；三是折现率不应当也不可能根据单个投资项目的资本成本计算出来。这是因为，在进行财务可行性评价时，不是以筹资决策和筹资行为的实施为前提的。筹资的目的是为投资项目筹措资金，只有具备财务可行性的项目才有筹资决策的必要，所以投资决策与筹资决策在时间顺序上不能颠倒，更不能互为前提。除非假定投资决策时项目所需资金已经全部筹措到位，否则，对于连是否具有财务可行性都不清楚的投资项目，根本没有进行筹资决策的必要，也无法计算出其资本成本。即使已经持有投资所需资金的项目，也不能用筹资形成的资本成本作为折现率，因为由筹资所形成的资本成本中只包括了资金供给者（原始投资者）所考虑的向筹资者进行投资的风险，并没有考虑资金使用者（企业）利用这些资金进行直接投资所面临的风险因素。

2. 净现值

净现值（Net Present Value，缩写为NPV）是指在项目计算期内，按设定的折现率或基准收益率计算的各年净现金流量的代数和。其计算公式为：

$$净现值（NPV）= \sum_{t=0}^{n}（第t年的净现金流量 \times 第t年的复利现值系数）$$

或者

$$NPV = \sum_{t=1}^{n} \frac{NCF_t}{(1+k)^t}$$

式中，NCF_t——第t年的现金净流量；

$\quad$ k——折现率；

$\quad$ n——项目预计使用年限。

采用净现值指标来评价投资方案，一般有以下步骤。

第一，测定投资方案每年的现金流出量和现金流入量；

第二，设定投资方案采用的折现率；

第三，按设定的折现率，分别将每年的净现金流量折算成现值；

第四，根据净现值大小评价方案。若净现值大于或等于零，则投资方案可行，即具有财务可行性；若净现值小于零，则投资方案不可行；如果几个方案的投资额相同，且净现值均大于零，那么净现值最大的方案为最优方案。

根据表10-5资料，假定折现率为10%，则，甲、乙、丙三方案的净现值为：

$$NPV_{甲} = -\frac{80\,000}{(1+10\%)^0} + \frac{12\,000}{(1+10\%)^1} + \frac{28\,000}{(1+10\%)^2} + \frac{36\,000}{(1+10\%)^3} + \frac{32\,000}{(1+10\%)^4} + \frac{18\,000}{(1+10\%)^5}$$

$$= -80\,000 + 12\,000 \times 0.909\,1 + 28\,000 \times 0.826\,4 + 36\,000 \times 0.751\,3 + 32\,000 \times 0.683\,0$$
$$\quad + 18\,000 \times 0.620\,9$$
$$= 14\,127.4（元）$$

$$NPV_{乙} = -\frac{80\,000}{(1+10\%)^0} + \frac{30\,000}{(1+10\%)^1} + \frac{30\,000}{(1+10\%)^2} + \frac{30\,000}{(1+10\%)^3} + \frac{30\,000}{(1+10\%)^4}$$

$$= -80\,000 + 30\,000 \times 0.909\,1 + 30\,000 \times 0.826\,4 + 30\,000 \times 0.751\,3 + 30\,000 \times 0.683\,0$$
$$= 15\,094（元）$$

$$NPV_{丙}=-\frac{90\,000}{(1+10\%)^0}+\frac{50\,000}{(1+10\%)^1}+\frac{36\,000}{(1+10\%)^2}+\frac{30\,000}{(1+10\%)^3}+\frac{10\,000}{(1+10\%)^4}$$

$$=-90\,000+50\,000\times0.909\,1+36\,000\times0.826\,4+30\,000\times0.751\,3+10\,000\times0.683\,0$$

$$=14\,574.4（元）$$

从三方案净现值的计算结果可知，甲、乙、丙三方案均可行，乙方案最佳。

净现值指标的优点有两个方面：一是考虑了货币的时间价值，能反映投资方案项目计算期内的全部净现金流量；二是净现值考虑了投资的风险性，因为折现率是企业根据投资项目的风险程度而确定的。

净现值指标的缺点有两个方面：一是不能从动态的角度直接反映投资项目的实际收益水平，且各项目投资额不等时，仅用净现值无法确定投资方案的优劣，必须与其他动态评价指标结合使用，才能作出正确的评价；二是与静态投资回收期指标相比，计算过程比较繁琐。

3. 净现值率

净现值率（Net Present Value Rate，缩写为NPVR），是指投资项目的净现值与原始投资额现值总和的比率。其计算公式为：

$$净现值率=\frac{项目的净现值}{原始投资现值合计}$$

从计算公式可见，净现值率大于等于0，投资项目可行，说明投资方案实施后的投资报酬率高于预期的投资报酬率；净现值率小于0，投资项目不可行，说明方案实施后的投资报酬率低于预期的投资报酬率。净现值率越大，投资方案越好。

根据净现值计算中的有关资料，可计算甲、乙、丙三个方案的净现值率为：

$$NPVR_{甲}=\frac{14\,127.4}{80\,000}=0.177$$

$$NPVR_{乙}=\frac{15\,094}{80\,000}=0.189$$

$$NPVR_{丙}=\frac{14\,574.4}{90\,000}=0.162$$

三方案净现值率均大于0，三方案均可行，乙方案最佳。

净现值率指标的优点是考虑了货币的时间价值，可以从动态的角度反映项目投资的资金投入与净产出之间的关系，克服了净现值指标在项目投资额不相等时，无法判断方案好坏的缺点。净现值率指标的缺点与净现值指标的缺点一样，不能从动态的角度直接反映投资项目的实际收益水平。

4. 内部收益率

内部收益率（Internal Rate of Return，缩写为IRR）也称内部报酬率，它是指能够使未来现金流入量的现值等于未来现金流出量现值的折现率，或者说使投资方案净现值为零的折现率。内部收益率的计算公式为：

$$\sum_{t=1}^{n}\frac{NCF_t}{(1+IRR)^t}=0$$

式中，*IRR*为内部收益率，其他符号同前。

内部收益率的计算方法因每年的*NCF*是否相等而不同。

（1）每年的*NCF*相等，且全部投资在建设起点一次投入时的计算方法

每年现金净流量相等是一种年金的形式，也即内部收益率的计算可按下式确定：

$$(P/A, IRR, n) = \frac{I}{NCF}$$

式中，*I*——在建设起点一次投入的原始总投资；

$P/A, IRR, n$ ——*n*期、设定折现率为*IRR*的年金现值系数；

NCF——投产后1~*n*年每年相等的净现金流量。

具体计算步骤为：第一步，计算出年金现值系数。第二步，查年金现值系数表。在相同的期数内，找出与计算出的年金现值系数相同的折现率，这个折现率就是内部收益率。若找不到与计算出的年金现值系数相同的折现率，仍然在相同期限内，找出与计算出的年金现值系数邻近的较大和较小的两个折现率。第三步，根据在年金现值系数表中查得的两个折现率和已求得的年金现值系数，采用插值法计算投资方案的内部收益率。

从表9-5中可知，乙方案每年的*NCF*相等，则可用年金的方法计算其内部收益率。

$$(P/A, IRR, 4) = \frac{80\,000}{30\,000} = 2.6667$$

查年金现值系数表*n*=4的年金现值系数与2.6667相邻近的年金现值系数其折现率在18%~20%之间，现用插值法计算如下：

$$
2\%
\begin{cases}
18\% \\
IRR_{\text{乙}} \\
20\%
\end{cases}
X\%
\qquad
0.1014
\begin{cases}
\left.
\begin{cases}
2.6901 \\
2.6667
\end{cases}
\right\} 0.0234 \\
\\
2.5887
\end{cases}
\qquad
\text{折现率} \qquad \text{年金现值系数}
$$

$$X\% = 18\% + \frac{0.0234}{0.1014} \times (20\% - 18\%) = 18.46\%$$

（2）每年的*NCF*不相等时的计算方法

投资方案每年现金净流量不相等，各年现金流量的分布就不是年金的形式，不能直接采用查年金现值系数的方法计算内部收益率，而需要采用逐次测试法。

逐次测试法具体步骤如下。第一步，先预估一个折现率，并按此折现率计算净现值。如果计算出的净现值为正数，则预估的折现率小于该项目的实际内部收益率，这时需要重估一个较高的折现率进行测算。如果计算出的净现值为负数，则表明预估的折现率大于该方案的实际内部收益率，这时需要重估一个较低的折现率进行测算。如此反复测算，直到找到等于零的折现率为止，这时找到的就是所要求的内部收益率。若找不到等于零的折现率，就找基本接近于零的一正、一负两个折现率。第二步，根据两个接近于零的折现率，采用插值法计算投资方案的内部收益率。

从表10-5中可知，甲、丙方案每年的*NCF*不相等，需用逐次测试法计算其内部收益

率。现计算甲方案的内部收益率，计算过程如下表10-7所示。

表10-7　甲方案内部收益率逐次测试表　　　　　　　　　　单位：元

年数	16%测试			18%测试		
	NCF	复利现值系数	现值	NCF	复利现值系数	现值
0	−80 000	1	−80 000	−80 000	1	−80 000
1	12 000	0.8621	10 345.2	12 000	0.8475	10 170
2	28 000	0.7432	20 809.6	28 000	0.7182	20 109.6
3	36 000	0.6407	23 065.2	36 000	0.6086	21 909.6
4	32 000	0.5523	17 673.6	32 000	0.5158	16 505.6
5	18 000	0.4762	8 571.6	18 000	0.4371	7 867.8
合计（NPV）			465.2			−3 437.4

根据表10-7测试结果，可计算内部收益率为：

$$
\begin{array}{cc}
\text{折现率} & \text{净现值} \\
2\%\left\{\begin{array}{l}16\% \\ IRR_Z \\ 18\%\end{array}\right\}Y\% & \quad 3\ 902.4\left\{\begin{array}{l}465.2 \\ 0 \\ -3\ 437.2\end{array}\right\}465.2
\end{array}
$$

$$Y\%=16\%+\frac{465.2}{3\ 902.4}\times（18\%-16\%）=16.24\%$$

内部收益率大于折现率，则投资方案可行；否则，投资方案不可行。从内部收益率计算结果可知，乙方案优于甲方案。

内部收益率的优点是考虑了货币的时间价值，可以从动态的角度直接反映投资项目的实际收益水平，而且不受折现率的影响，比较客观。但是内部收益率的计算过程较复杂，当运营期大量追加投资时，有可能导致多个IRR出现，缺乏实际意义。

（三）折现指标之间的比较

1. 净现值与内部收益率的比较

在对同一投资或相对独立的投资方案进行决策评价时，净现值和内部收益率两者得出的结论是相同的。因为，只要投资方案的内部收益率大于其折现率，决策者就可接受方案。而在一般情况下，若投资方案的内部收益率大于其折现率，则其净现值也一定大于零。但是，在对互斥投资方案进行评价比较时，在如下两种情况下，两者的评价结论会产生矛盾。一是初始投资额不一致，一个项目的初始投资额大于另一个项目的初始投资额；二是现金流入的时间不一致，一个在最初几年流入较多，另一个在最后几年流入较多。尽管在这两种情况下决策评价结论产生了差异，但引起差异的原因是共同的，即两种方法假定用中期产生的现金流入量再投资时，会产生不同的报酬率。净现值假定产生的现金流入量重新投资会产生相当于企业资本成本的利润率，而内部收益率假定现金流入量重新投资产生的利润率与此项目的特定的内部收益率相同。

仍用表10-5中乙方案和丙方案的资料，两者初始投资额不相等，详细情况如表10-8所示。

表10-8　方案乙、方案丙计算资料　　　　　　　　单位：元

项目	年度	乙方案	丙方案
初始投资额（元）	0	80 000	90 000
营业现金流量（元）	1	30 000	50 000
	2	30 000	36 000
	3	30 000	30 000
	4	30 000	10 000
NPV（元）		15 094	14 574.4
IRR（%）		18.46%	19.18%
NPVR		0.189	0.162
折现率（%）		10%	10%

下面计算不同的折现率下的两个项目的净现值，如表10-9所示。

表10-9　不同的折率下的方案乙和方案丙的净现值　　　　单位：元

折现率（%）	$NPV_乙$（元）	$NPV_丙$（元）
0	40 000	36 000
5	26 377	24 413
10	15 094	14 574.4
12	11 122	11 053.2
14	7 414	7 733
16	3 949	4 604.2
18	703	1 646.2
20	−2 339	−1 152.6

下面将表10-9中不同折现率情况下计算出的净现值绘入图中，如图10-1所示。

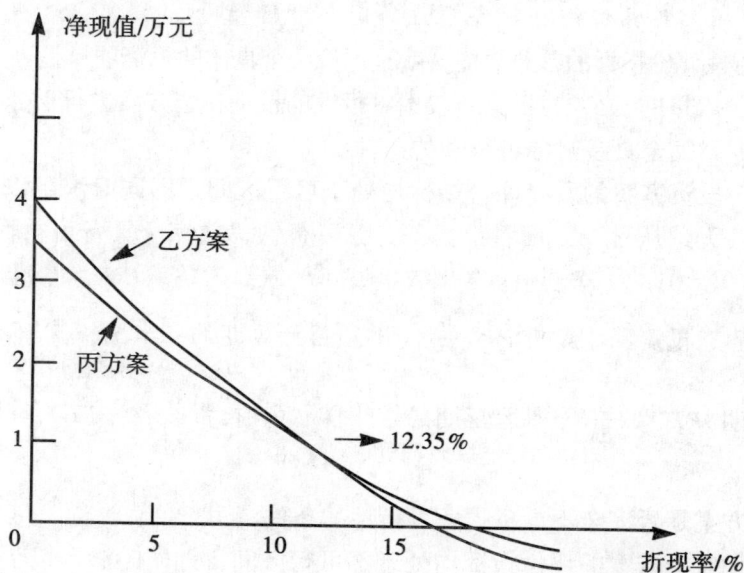

图10-1　净现值与内部收益率对比图

从表10-8中可以看出，如果以内部收益率为标准，则应选择丙方案拒绝乙方案；如果以净现值为标准，则应选择乙方案放弃丙方案。产生差异的根本原因是内部收益率假定乙方案若将前两期产生的现金流量继续投资，则会产生与18.46％相等的收益，而丙方案若将前两期的现金流量继续投资，则产生19.18％的收益率。与此相反，净现值假定若将前两期的现金流量继续投资，收益率应该相等，在本例中应为10％。如图10-1所示，两方案的净现值曲线相交于12.35％，这一点可称为净现值无差异点。如果资本成本率小于12.35％，则乙方案的净现值大于丙方案的净现值，乙方案优于丙方案；如果资本成本率大于12.35％，则丙方案的净现值大于乙方案的净现值，丙方案优于乙方案。在实际工作中，净现值的再投资假定比内部收益率的再投资更为合理，因此，在互斥方案的项目评价中，净现值指标优于内部收益率指标。

2. 净现值和净现值率的比较

净现值率和净现值对于独立投资项目与单个投资项目的决策分析结果是一致的，因为，若净现值为正数，则净现值率必然大于0，反之亦然。但是在互斥方案的选择中，由于净现值率考虑的是投资收益的相对值，净现值考虑的是投资收益的绝对值，所以两者也存在差异。

[例10-14] 运用表10-9中乙方案和丙方案的资料。在折现率为14％的情况下，NPV_Z=7 414元，$NPV_丙$=7 733元，而此时$NPVR_Z$=0.093，$NPVR_丙$=0.086。如以净现值为标准则应选择丙方案；如以净现值率为标准，则应选择乙方案。

只有初始投资额不相等的情况下，净现值和净现值率才会产生差异。最高的净现值符合企业的最大利益，也就是说，净现值越高，企业的收益越大。而净现值率只反映投资的回收程度，不反映投资回收的多少，在没有资本限量情况下的互斥方案选择中，应选用净现值较大的投资项目。换句话说，当净现值率与净现值得出的结论不同时，应以净现值为准。

总之，三种评价指标中，净现值是最好的评价指标。

（四）运用相关指标评价投资项目的财务可行性

财务可行性评价指标的首要功能，就是评价某个具体的投资项目是否具有财务可行性。在投资决策的实践中，必须对已具备技术可行性的投资备选方案进行财务可行性评价。

1. 判断方案完全具备财务可行性的条件

如果某一投资方案的所有评价指标均处于可行区间，即同时满足以下条件，则可断定该投资方案无论从哪个方面看都具备财务可行性，或完全具备可行性。这些条件是：① 净现值$NPV \geq 0$；② 净现值率$NPVR \geq 0$；③ 内部收益率$IRR \geq$基准收益率i_c；④ 包括建设期的静态投资回收期$SPP \leqslant \dfrac{n}{2}$（即项目计算期的一半）；⑤ 不包括建设期的静态投资回收期$SPP' \leqslant \dfrac{p}{2}$（即运营期的一半）；⑥ 投资收益率$ROI \geq$基准投资收益率$i$（事先给定）。

2. 判断方案是否完全不具备财务可行性的条件

如果某一投资方案的评价指标均处于不可行区间，即同时满足以下条件，则可断定该投资方案无论从哪个方面看都不具备财务可行性，或完全不具备可行性，应当彻底放弃该投资方案。这些条件是：① $NPV<0$；② $NPVR<0$；③ $IRR<i_c$；④ $SPP>\dfrac{n}{2}$（即项目计算期的一半）；⑤ $SPP'>\dfrac{p}{2}$；⑥ $ROI<i$。

3. 判断方案是否基本具备财务可行性的条件

如果某一投资方案的主要评价指标均处于可行区间（如$NPV\geqslant0$, $NPVR\geqslant0$, $IRR\geqslant i_c$），但次要或辅助指标处于不可行区间（如$SPP>\dfrac{n}{2}$, $SPP'>\dfrac{p}{2}$），则可断定该项目基本上具有财务可行性。

4. 判断方案是否基本不具备财务可行性的条件

如果某一投资方案的主要评价指标均处于不可行区间（如$NPV<0$, $NPVR<0$, $IRR<i_c$），但次要或辅助指标处于可行区间（如$SPP\leqslant\dfrac{n}{2}$, $SPP'\leqslant\dfrac{p}{2}$），则可断定该项目基本上不具有财务可行性。

二、项目决策评价指标运用

（一）固定资产更新投资决策

随着科学技术的迅猛发展，生产效益更高、消耗更低、性能更好的新设备不断出现，固定资产的更新周期大大缩短。尽管旧设备仍然可以使用，但从经济的角度考虑已不合算。更新设备投资已成为企业长期投资决策的重要内容。

运用前例10-12资料，根据表10-4计算的新设备替换旧设备后6年的现金净流量的差额可用净现值法进行决策。假定折现率为10%，计算过程如表10-10所示。

表10-10 用净现值法计算的现金净流量差额 单位：元

年度	NCF（元）	复利现值系数	现值（元）
0	–115 000	1	–115 000
1	29 687.5	0.9091	26 988.91
2	29 687.5	0.8264	24 533.75
3	29 687.5	0.7513	22 304.22
4	29 687.5	0.6830	20 276.56
5	29 687.5	0.6209	18 432.97
6	37 187.5	0.5645	20 992.34
合计（NPV）			18 528.75

从计算结果可知，NPV大于零，所以企业应更新设备。

（二）资本限量决策

在实际工作中，企业可筹集到的资金一般都有一定的限度。在资金有限的前提下，企业不可能对所有可接受的项目进行投资。为了获得最大的利益，企业应采取投资总额不超过资本限量而且净现值合计数最大的组合投资方案。这样的组合方案必须采用适当的方法进行选择，一般采用净现值率法和净现值法。

1. 使用净现值率法的步骤

第一步，计算所有项目的净现值率，并列出每一个项目的初始投资额。

第二步，接受净现值率大于或等于0的项目，如果所有可接受的项目都有足够的资金，则表明资本没有限量，选择过程至此结束。

第三步，如果资金不能满足所有的净现值率大于或等于0的项目，这时需要对所有项目在资本限量范围内进行各种可能的组合，并计算出各种组合的加权平均净现值率。

第四步，接受加权平均净现值率最大的一组项目。

2. 使用净现值法的步骤

第一步，计算所有项目的净现值，并列出每一个项目的初始投资额。

第二步，接受净现值大于或等于零的项目，如果所有可接受的项目都有足够的资金，则表明资本没有限量，选择过程至此结束。

第三步，如果资金不能满足所有的净现值大于或等于零的项目，这时需要对所有项目在资本限量范围内进行各种可能的组合，并计算出各种组合的净现值总额。

第四步，接受净现值合计数最大的组合。

[例10-15] 假设C公司有5个可供选择的投资项目A_1、B_1、B_2、C_1、C_2，其中B_1和B_2、C_1和C_2是互斥项目。C公司最大的资金限量为100万元。有关数据如表10-11所示。

表10-11　可选择投资项目资料数据　　　单位：元

投资项目	初始投资/元	NPVR	NPV/元
A_1	360 000	0.45	162 000
B_1	680 000	0.35	238 000
B_2	400 000	0.32	128 000
C_1	220 000	0.20	44 000
C_2	380 000	0.15	57 000

显然，C公司不能接受所有五个投资项目，公司应在资本限量范围内，列出所有可能的投资组合，如表10-12所示。

表10-12　可能的投资组合　　　单位：元

项目组合	初始投资（元）	加权平均NRVR	NPV合计（元）
$A_1B_2C_1$	980 000	0.334	334 000
A_1B_2	760 000	0.29	290 000
A_1C_1	580 000	0.206	206 000
A_1C_2	740 000	0.219	219 000
B_1C_1	900 000	0.282	282 000
B_2C_1	620 000	0.172	172 000
B_2C_2	780 000	0.185	185 000

在表10-12中，$A_1B_2C_1$组合中有20 000元资金未使用完，假设这20 000元可投资于有价证券，净现值率为0（以下组合相同）。则$A_1B_2C_1$组合的加权平均净现值率计算如下：

$$\frac{360\ 000}{1\ 000\ 000} \times 0.45 + \frac{400\ 000}{1\ 000\ 000} \times 0.32 + \frac{220\ 000}{1\ 000\ 000} \times 0.2 + \frac{20\ 000}{1\ 000\ 000} \times 0 = 0.334$$

从表10-12中可以看出，C公司应选取$A_1B_2C_1$三个项目组成的投资组合。

（三）项目寿命不等的投资决策

前面分析的事例中，都是假定投资项目的使用寿命是相同的，实际工作中，大部分资产投资会涉及到使用寿命不同的投资项目的决策。由于项目寿命期不同，就不能直接运用净现值、净现值率、内部收益率等指标进行分析判断。

[例10-16] D公司拟定对设备进行自动化改造，有A、B两个互斥方案可供选择。A方案需要初始投资200 000元，每年产生现金净流量90 000元，项目使用年限为3年，无残值；B方案初始投资280 000元，使用寿命6年，无残值，每年产生现金净流量72 000元。假定企业资本成本率为10%，D公司应选择哪个投资方案？

针对寿命不同的项目通常有两种决策方法。

1. 最小公倍寿命法

最小公倍寿命法是使两个项目的寿命周期相等，假设在寿命完结后可进行相同的投资，直到项目使用年限为两个项目原使用年限的最小公倍数。这样，项目就可在相同的时间基础上进行比较。

前例，对于D公司的A方案和B方案来说，它们的最小公倍寿命为6年，则B方案原寿命期为6年，不需要调整，其净现值为：

$$NPV_B=72\ 000 \times (P/A,10\%,6)-280\ 000$$
$$=72\ 000 \times 4.3553-280\ 000$$
$$=33\ 581.6（元）$$

A方案前三年的净现值为：

$$NPV_{A3}=90\ 000 \times (P/A,10\%,3)-200\ 000$$
$$=90\ 000 \times 2.4869-200\ 000$$
$$=23\ 821（元）$$

A方案后三年假定重复同样的投资，则A方案6年投资的净现值应等于前三年的净现值加上后三年的净现值。

$$NPV_{A6}=23\ 821+23\ 821 \times (P/F,10\%,3)$$
$$=23\ 821+23\ 821 \times 0.7513$$
$$=41\ 718（元）$$

由于A方案的净现值比B方案的净现值大，所以，D公司应选择A方案。

2. 年等额净回收额法

年等额净回收额法（记作NA），是指通过比较所有投资方案的年等额净回收额指标的大小来选择最优方案的决策方法。该法适用于原始投资额不相同，且项目计算期也不同的多方案的比较决策。在此法下，年等额净回收额最大的方案为最优方案。在实际工作中，采用最小公倍寿命法计算较复杂，例如，一个投资项目的使用寿命为9年，而另一个投资项目的使用寿命为11年，则它们的最小公倍寿命为99年。这样，计算工作量相当大。若使用年等额净回收额就十分简便。

年等额净回收额的计算公式为：

$$NA=\frac{NPV}{(P/A,i,n)}$$

式中，NA——年等额净回收额；

NPV——净现值；

（P/A，i，n）——建立在企业折现率i和项目寿命周期n上的年金现值系数。

上例中，A方案和B方案的年等额净回收额为：

$$NA_A = \frac{23\,821}{(P/A, 10\%, 3)} = \frac{23\,821}{2.486\,9} = 9\,578.59（元）$$

$$NA_B = \frac{33\,586.1}{(P/A, 10\%, 6)} = \frac{33\,586.1}{4.355\,3} = 7\,711.55（元）$$

A方案的年等额净回收额大于B方案的年等额净回收额，所以，D公司应选择A方案。

第四节　项目投资风险分析

在前面的决策中，对各种项目的现金流量都是假定到期肯定能够实现的。事实上，由于项目投资决策涉及的时间长，不确定因素较多，项目的成本、收益很难做到准确预测，所以项目投资决策在不同程度上存在着风险。项目投资风险决策分析的方法较多，常用的方法是风险调整折现率法和风险调整现金流量法。

一、风险调整折现率法

风险调整折现率法是将与特定投资项目有关的风险报酬加入到资本成本或企业要求达到的报酬率中，构成按风险调整的折现率，并据以进行投资决策分析的方法。风险高的投资项目，采用较高的折现率；风险较低的投资项目，采用较低的折现率。风险调整折现率的具体确定方法有以下几种。

（一）资本资产定价模型

在第二章中指出，总资产风险分为可分散风险和不可分散风险两种。可分散风险可通过多元化投资消除。进行投资分析时，值得注意的是不可分散风险。不可分散风险可通过资本资产定价模型调整。此时，特定投资项目按风险调整的折现率可按下式计算：

$$K_j = R_F + \beta_j \times (R_m - R_F)$$

式中，K_j——项目按风险调整的折现率或项目必要的投资报酬率；

R_F——无风险报酬率；

β_j——项目j的不可分散风险的β系数；

R_m——所有项目平均的折现率或必要的报酬率。

（二）风险报酬率模型

一项投资的总报酬可分为无风险报酬率和风险报酬率。用公式表示为：

$$K = R_F + bV$$

所以，特定项目按风险调整的折现率可按下式计算：

$$K_i = R_F + b_i V_i$$

式中，K_i——项目i的按风险调整的折现率；

b_i——项目i的风险报酬系数；

R_F——无风险报酬率；

V_i——项目i的预期基准离差率。

（三）按投资项目风险等级调整折现率

按投资项目风险等级调整折现率是指在分析影响投资项目风险的各种因素的基础上，根据评分来确定风险等级，并根据风险等级调整折现率。下面以表10-13为例说明。

表10-13 按风险等级调整的折现率表

| 相关因素 | 投资项目的风险状况及得分 | | | | | |
| | A | | B | | C | |
	状况	得分	状况	得分	状况	得分
1	差	10	很好	1	较好	3
2	较差	8	一般	4	一般	4
3	一般	5	较好	3	较差	8
4	一般	4	较好	3	一般	4
5	较差	9	很好	1	较好	3
总分		36		12		22

注：分数越高，风险越大。

影响投资项目的风险因素较多，而且相互关联，在选取相关因素时，应避免太多，应全面考虑各个因素的分数分配。

根据投资项目风险状况的得分情况，找到对应的调整折现率，如表10-14所示。

表10-14 不同风险等级调整的折现率

风险总分	风险等级	调整折现率
0~10	较低	8%
11~20	一般	10%
21~30	较高	14%
30~40	很高	17%
40以上	最高	20%以上

按风险调整折现率调整后的评价方法与无风险的评价方法基本相同。

二、风险调整现金流量法

风险调整现金流量法是按风险情况对各年的现金流量进行调整，然后再进行长期投资决策的评价方法。具体调整方法很多，这里介绍肯定当量法。

所谓肯定当量法，即把不确定的各年现金流量，按一定的系数（通常称为肯定当量系数）折算为大约相当于确定的现金流量的数量，然后再用无风险折现率来评价投资项目的决策方法。肯定当量系数是肯定的现金流量与相应的不肯定的现金流量的比值，通常用d表示，一般可根据各年现金流量风险的大小或标准离差率选取不同的肯定当量系数。当现金流量确定时，可取$d=1$；当风险较小，可取$0.8 < d < 1$；当风险一般时，可取$0.4 < d < 0.8$；当风险较大时，可取$0 < d < 0.4$。

肯定当量系数大小的设定，还受分析者风险偏好的影响，冒险型的分析者会采取较高的当量系数；保守型的分析者可能会选取较低的肯定当量系数。

[例10-17]假定某公司准备进行一项投资，其各年现金流量和分析人员确定的肯

定当量系数如表10-15所示，无风险折现率为10%，试分析判断该项目是否可行？

表10-15　肯定当量系数表

时间（年限）	0	1	2	3
NCF/元	−15 000	8 000	8 000	8 000
d（肯定当量系数）	1	0.95	0.9	0.8

该项目的NPV =0.95 × 8 000 × 0.9091+0.9 × 8 000 × 0.8264+0.8 × 8 000 × 0.7513

$\qquad$ −15 000

$\qquad$ =2 667.56（元）

根据计算结果可知，按风险调整了项目的现金流量后，净现值仍为正数，说明该项目可行。

📖 练习题

一、简答题

1. 在投资决策分析中为什么要用现金流量信息？
2. 现金流量包括哪些具体内容？
3. 项目投资决策有哪些评价指标？各有何优缺点？
4. 在投资项目寿命期不相等时应如何进行决策分析？
5. 动态评价指标之间有何关系？

二、单选题

1. 项目分析得出的最终结果取决于（　　）测算的准确性。

　　A. 项目预算　　　B. 投资支出　　　C. 现金流量　　　D. 资本预算

2. 已知某完整工业投资项目预计投产第一年的流动资产需用数为100万元，流动负债可用数为40万元；投产第二年的流动资产需用数为190万元，流动负债可用数为100万元。则投产第二年新增的流动资金额应为（　　）万元。

　　A. 150　　　B. 90　　　C. 60　　　D. 30

3. 下列指标中属于静态相对量正指标的是（　　）。

　　A. 静态投资回收期　　　B. 净现值率　　　C. 投资收益率　　　D. 内含报酬率

4. 当净现值率与净现值得出不同结论时，应以（　　）为准。

　　A. 净现值率　　　B. 净现值　　　C. 内部收益率　　　D. 净现值与内部收益率之差

5. 已知某投资项目按14%折现率计算的净现值大于零，按16%折现率计算的净现值小于零，则该项目的内部收益率肯定（　　）。

　　A. 小于14%　　　B. 大于16%　　　C. 大于14%小于16%　　　D. 等于15%

三、多项选择题

1. 现金流量包括（　　）。

　　A. 库存现金　　　B. 现金流入量　　　C. 现金流出量　　　D. 现金净流量

2. 在项目投资决策中，下列各项属于建设投资的有（　　）。

　　A. 固定资产投资　　　B. 开办费投资　　　C. 生产准备投资　　D. 流动资金投资

3. 三类投资项目现金流入量的共同内容包括（　　）。

　　A. 营业收入　　　B. 补贴收入　　　C. 回收流动资金投资　　　D. 回收固定资产余值

4. 净现值指标的优点有（　　）。

　　A. 考虑了资金时间价值　　　B. 能够利用项目计算期的全部净现金流量

　　C. 考虑了投资风险　　　D. 可从动态的角度反映投资项目的实际投资收益率水平

5. 下列指标中，属于动态评价指标的有（　　）。

　　A. 净现值　　　B. 净现值率　　　C. 内部收益率　　　D. 投资收益率

四、计算分析题

1. Y公司因业务发展需要，准备购入一套设备，现有甲、乙两个方案可供选择。甲方案需要投资20万元，使用寿命5年，采用直线法计提折旧，5年后无残值，5年中每年营业收入为8万元，每年付现成本为3万元。乙方案需要投资24万元，直线法折旧，使用寿命5年，5年后有4万元残值，5年中每年营业收入为10万元，付现成本第一年为4万元，以后随着设备不断陈旧，逐年增加日常修理费2 000元，另需垫支流动资金3万元，假定所得税税率为25%。要求：计算两个方案的现金流量。

2. 设有A、B两个投资项目，其现金流量如下表10-16所示。项目折现率为12%，要求计算：（1）项目投资回收期；（2）投资收益率；（3）净现值；（4）内部收益率。

表10-16　方案A、B的净现金流量　　　　　　　　　单位：元

年份	A方案	B方案
0	−150 000	−150 000
1	35 000	45 000
2	52 000	48 000
3	65 000	60 000
4	70 000	65 000
5	70 000	70 000

3. 某企业现有甲、乙、丙、丁四个投资项目，有关资料如下表10-17所示。要求：分别就以下不同情况作出多方案组合决策。

（1）投资总额不受限制；

（2）投资总额受到限制，分别为300万元、500万元。

表10-17　投资项目相关资料

项目	原始投资（万元）	净现值（万元）	净现值率
甲	300	90	30%
乙	200	70	35%
丙	100	28	28%
丁	100	45	45%

第十一章

证券投资管理

第一节　证券投资管理概述

证券是指根据一国政府的有关法律法规发行的、代表财产所有权或债权的一种信用凭证或金融工具。证券投资是指企业通过购买证券的形式所进行的投资，是企业对外投资的重要组成部分。科学地进行证券投资管理，可以充分利用企业的闲置资金，增加企业的收益，降低风险，有利于实现企业的财务目标。

一、证券的种类

证券的种类很多，可以按不同的标准进行分类。

（一）按证券投资对象的不同分类

按证券投资对象的不同可分为以下几类。

1. 债券投资

债券是某一社会经济主体为筹措资金而向投资者出具的、承诺按一定利率定期支付利息，并到期偿付本金的债权债务凭证。债券投资是指投资者购买债券以取得资金收益的一种投资活动。

2. 股票投资

股票种类较多，前面第六章已经介绍。股票投资是指投资者将资金投向股票，通过股票买卖和收取股利的方式获得收益的投资行为。

3. 基金投资

基金投资是指投资者通过投资基金或受益凭证来获取收益的投资方式。这种方式可使投资者享受专家服务，有利于分散风险、获得较高的、较稳定的投资收益。

4. 期货投资

期货投资是指投资者通过买卖期货合约躲避风险或赚取利润的一种投资方式。所谓期货合约，是指在将来一定时期以指定价格买卖一定数量和质量的商品、由商品交易所制定的统一的标准合约，它是确定期货交易关系的一种契约，是期货市场的交易对象。

5. 期权投资

期权投资是指为了实现盈利目的或者规避风险而进行期权买卖的一种投资方式。

6. 证券组合投资

证券组合投资是指企业将资金同时投资于多种证券，是企业等法人单位进行证券投资时常用的投资方式。

（二）按证券到期时间分类

按证券到期时间的不同，可为短期证券和长期证券。短期证券是指到期时间在一年以内的各种证券，如国库券、商业票据等。长期证券是指到期时间在一年以上的各种证券，如股票、债券等。相对长期证券而言，短期证券投资的时间短，风险小，变现能力较强，但收益相对较低。长期证券投资时间长，风险大，收益一般较高。

（三）按证券收益状况分类

按证券收益状况的不同，可分为固定收益证券和变动收益证券。固定收益证券是指投资者可定期获得稳定收入的证券，如各种债券、优先股股票。对于这种证券，投资者在投资时就知道证券的收益率，且该收益率在整个投资期内一般不会发生变动。变动收益证券是指投资时并不知道投资的收益率，投资收益主要随被投资企业的生产经营情况确定，如普通股股票。一般说来，固定收益证券风险小，收益不高，而变动收益证券风险较大，但收益也高。

（四）按证券体现的权益关系分类

按证券体现的权益关系不同，可分为债权性证券、权益性证券和混合性证券。

债权性证券是一种定期支付利息并按期偿还的证券，如国库券、国家重点建设债券等。证券投资者与被投资者之间是一种债权债务的关系。

权益性证券是一种不定期支付利息、也无固定偿还期的证券，如普通股股票。这种证券表示投资者在被投资企业所占权益的份额。

混合性证券是一种具有债权性和权益性双重性质的证券。例如优先股股票，这种股票规定有一定的股利率，股利支付优于普通股股利，具有债权性质，但优先股无到期时间，有可能收不回股本，具有权益性证券性质。此外，投资者持有的可转换债权性证券可转换为权益性证券。

二、证券投资的目的

企业进行证券投资的目的主要有以下几个方面。

（一）利用闲置资金，增加企业的收益

企业在生产经营过程中，由于各种原因有时会出现资金闲置、现金结余较多的情况。这些资金可以投资于股票、债券等有价证券上，获取投资收益。这些投资收益主要表现在股利收入、债券利息收入、证券买卖差价的资本利得等方面。企业资金闲置是暂时性的，出于预防的动机，可将闲置资金投资于流通性较强的有价证券，以便随时变现，满足企业经营需要，并增加企业的收益。

（二）分散资金投向，降低投资风险

将资金投放于多个相关程度不同的项目，实行多元化经营，能够有效地分散投资风险。当某个项目的经营出现不景气状况，导致利润下降甚至亏损时，其他项目有可能获取较高的收益。将企业的资金分成内部经营投资和对外证券投资两个部分，以实现企业经营的多元化。证券投资与对内投资相比，对外证券投资不受地域和经营范围的限制，投资选择面非常广，投资资金的退出和收回也比较容易，是多元化投资的主要形式。

（三）稳定客户关系，保障生产经营

企业生产经营环节中，供应和销售是企业与市场相联系的重要通道。没有稳定的原材料供应来源或是稳定的销售客户，就会使企业的生产经营中断。为了与客户保持良好而稳定的业务关系，可以对原材料供应商和销售企业保持一定的债权或股权，甚至进行控股。这样，企业就可以通过这些债权或股权对关联企业的生产经营施加一定的影响和控制，保障本企业生产经营的顺利进行。

（四）提高资产的流动性，增强偿债能力

资产流动性强弱是影响企业财务安全性的主要因素。除货币资金以外，有价证券是企业流动性最强的资产，是企业速动资产的主要构成部分。在企业需要支付大量现金而现有现金储备又不能满足需要时，可以通过变卖有价证券迅速获取大量现金，保证企业的及时支付。

三、证券投资的风险与报酬

由于证券市价波动频繁，证券投资的风险往往较大，如何做到风险与收益均衡是证券投资的主要财务问题。企业应否投资，投资于何种证券，只有在认真分析了证券投资的风险和收益后才能作出决策。

（一）证券投资风险

证券投资风险是指投资者在证券投资过程中遭受损失或不能达到预期收益的可能性。证券投资风险主要有以下风险。

1. 市场风险

它是指由于证券市场价格上升或下降交替变化而使投资者投资收益遭受损失的风险。在证券市场上，证券价格波动频繁，尤其是股票价格的变动，更是时起时伏，难以预料。对间接投资者来说，存在着收益损失的风险。

2. 利率风险

它是指由于利率变动而使证券价格发生变动，从而使投资者遭受损失的风险。一般说来，在其他因素不变的情况下，利率的升降与证券价格呈反方向变动。银行利率上升，证券价格下降；银行利率下降，证券价格上升。证券期限越长，利率风险越大。利率的变动也影响着企业资本成本的变动，因此，也影响企业收益的大小。

3. 购买力风险

购买力风险也称通货膨胀风险，是指由于通货膨胀的原因而使证券到期或出售所获得的资金的购买力减少的风险。一般来说，在通货膨胀期间，购买力风险对投资者具有较大的影响，变动收益证券比固定收益证券要好，普通股股票比公司债券和其他固定收益的证券更能避免购买力风险。企业证券投资，特别是中长期证券投资要充分考虑通货膨胀因素的影响。

4. 公司经营风险

它是指由于被投资企业生产经营方面的原因而导致投资者发生投资损失的风险。造成企业经营风险的原因可分为两大类：一类是被投资企业外部的原因，如自然灾害、市场疲软等不可控因素引起的风险；另一类是被投资企业内部生产经营管理方面的原因，如经营方向、

成本状况、管理水平等引起的风险。这两类原因可能使企业盈利水平下降或发生亏损，从而使投资存在风险，严重的可能会使被投资企业破产倒闭，投资本金也可能收不回来。

5. 违约风险

它是指企业不能按照证券发行契约或发行承诺支付投资者的利息、股息、红利及偿还本金，从而给投资者带来损失的风险。一般来说，企业发行证券的违约风险最大，金融机构发行证券的违约风险次之，政府发行证券的违约风险最小。企业发行证券的违约风险与企业的经营风险存在一定的关联关系，违约风险的发生绝大多数是缘于企业经营风险，经营风险使得企业无力履行或兑现承诺。当然，有时也会出现虽有兑现能力却不予履行的故意违约。

6. 汇率风险

它是指本国货币和外国货币之间的汇率变动，引起本国货币币值波动，从而引起投资者收益发生损失的风险。当企业投资于外国证券资产时，就可能受到因本国货币或外币币值的变动而引起的投资风险。

（二）证券投资收益

证券投资的主要目的是获得投资收益。证券投资收益包括投资的利息收益和投资的资本利得两部分。证券投资收益既可用绝对数表示，也可用相对数表示。为方便比较，一般用相对数表示，即用投资收益率表示，其计算公式如下。

$$证券投资收益率 = \frac{利息收益 + 资本利得收益}{证券投资成本} \times \frac{360天}{证券持有天数}$$

式中，利息收益是证券投资者按期从证券发行人手里取得的资金使用费收入，如债券的利息、股票的股利等；资本利得收益是证券卖出价与买入价之差；证券投资成本是指证券买入价；证券持有天数是指从证券买入日起至证券卖出日止的天数。

四、证券投资的一般程序

企业在进行证券投资时，一般按下面的基本程序进行。

（一）合理选择投资对象

合理选择投资对象是决定证券投资成败的关键一环。证券的种类多种多样，企业应对各种证券作出具体的评价，对各种影响证券价格变化的因素进行正确分析。企业应尽量选择收益高、风险小的投资项目作为投资对象，以减少投资损失。证券的投资分析和选择，不只是在投资之前进行，企业需要经常地对其投资的证券进行调查分析，随时确定何种证券应当买进，何种证券应当卖出。

（二）委托买卖

企业选择好投资对象后，就应选择合适的经纪人，委托证券经纪人代理证券买卖交易。一个信誉好的经纪人对证券投资起着重要作用。在代理买卖之前，企业必须派人到所选择的证券交易所的登记公司办理名册登记，开立资金账户与证券账户，确定企业与证券经纪公司间委托代理的法律关系。因证券价格变动频繁，企业投资还应把握好投资的最佳时机，一旦确定，就应立即向经纪人发出各种委托指示，明确买进或卖出证券的名称与数量、委托价格、有效时限、交割方式等事项。

（三）交割和清算

经纪人接受委托后，应立即通知派驻交易大厅内证券交易员进行申报竞价交易。如果成功，交易员迅速将成交情况通知投资者，投资者在规定的时间内办理交割、清算手续，结算款项。

（四）办理证券过户

证券过户是指投资者从交易市场买进证券后，到证券的发行公司办理变更持有人姓名的手续。办理过户的目的是保障投资者的权益。只有办理了过户手续，投资者才能成为被投资企业的新股东，享有应有的权利。

第二节　股票投资

一、股票投资的目的

企业进行股票投资的根本目的是获取盈利，提高企业价值，降低企业风险。具体分析，股票投资的目的主要有两种：一是获利，即以获取股票股利和买卖价差为目的；二是控股，即通过购买股票达到控制或影响被投资企业的目的。而通过控制或影响被投资企业，企业可以扩大经营范围，降低经营风险，或者使被投资企业成为企业价值链的有效组成部分。对于这种情况的投资，被投资企业目前的盈利水平并不是投资考虑的重点，从长远发展角度看对企业有利才是投资决策的根本。

二、股票投资的优缺点

（一）股票投资的优点

股票投资是一种最具挑战性的投资，其优点有以下几个方面。

① 能获得比较高的报酬。股票价格虽然变动频繁，但从长期来看，股息率通常高于债券利率，尤其是业绩优良的股票，能使投资者获得丰厚的投资报酬。

② 能适当降低购买力风险。普通股股利不固定，在通货膨胀率较高时，股份公司盈利增加，股利支付也随之增加。持有普通股股票相比持有固定收益证券，可以减少货币贬值造成的损失，有效地降低购买力风险。

③ 拥有一定的经营管理权。普通股股票持有者作为股东，有权监督和控制股份公司的生产经营情况。控制权的大小取决于股东所掌握股票在股份公司总股本中所占的比例。比例越大，控制权越大。

（二）股票投资的缺点

股票投资也有缺点，包括以下几个方面。

① 普通股对企业资产和盈利的索偿权居于最后。股份公司先支付优先股股息，之后再支付普通股股利。当企业破产时，债券、优先股索偿权在普通股之先，普通股最后，而且很可能收不回本金。

② 普通股价格很不稳定，投资风险大。影响普通股价格的因素很多，如政治因素、经济因素、投资人心理因素、企业盈利状况等，投资风险较大。

③ 普通股收益不稳定。普通股股利的多少要根据股份公司的生产经营状况和财务

状况确定。每年是否发放，发放多少均无法律保障。股利收入的风险比固定收益证券的要大得多。

三、股票估价

股票估价就是对股票的价值进行评估，企业进行股票投资应了解股票价格的计算方法。

（一）短期持有股票、未来准备出售的股票估价模型

这种估价模型适用于投资者投资股票不准备获得股利收入，而只希望在未来出售股票时，从价格的上涨中得到收益的情况。其计算公式为：

$$V = \sum_{j=1}^{n} \frac{d_j}{(1+K)^j} + \frac{V_n}{(1+K)^n}$$

式中，V——股票现在价格；

V_n——股票出售时预计股价；

d_j——第j期预计股利；

n——预计持有股票的期数；

K——投资人希望的报酬率。

[**例11-1**] 某企业准备购入A公司股票，根据A公司的生产经营状况及近几年的股利分配政策，预计今后两年内每年可分别获得股利0.5元和0.4元，该股票目前价格为20元，预计2年后出售价格为25元，预期报酬率为12%，试决策A公司股票是否值得投资？

$$股票价值V = \frac{0.5}{1+12\%} + \frac{0.4}{(1+12\%)^2} + \frac{25}{(1+12\%)^2}$$

$$= 0.5 \times 0.8929 + 0.4 \times 0.7972 + 25 \times 0.7972$$

$$= 20.70（元）$$

该企业股票价值大于目前的市场价格，值得企业投资。

（二）长期持有股票、股利稳定不变的股票估价模型

这种估价模型适用于投资者持有股票的时间较长，且每年的股利收入稳定不变的情况。其计算公式为：

$$V = \frac{d}{K}$$

式中，d——每年的固定股利；

V、K含义同前。

[**例11-2**] 某企业拟投资B优先股，该股票面值100元，票面股利率为10%，企业要求的报酬率为9%，计算该股票的内在价值。如果该股票目前的市价为108元，企业是否应进行投资？

$$股票价值 = 100 \times 10\% \div 9\%$$

$$= 111.11（元）$$

该股票市价低于其内在价值，可以进行投资。

（三）长期持有股票，股利固定增长的股票估价模型

这种估价模型适用于投资业绩优良的股票，投资者持有时间长，股利较稳定的情况。

假设上年股利为 d_0，每年股利比上年增长率为 g，则：

$$V = \frac{d_0(1+g)}{(1+K)} + \frac{d_0(1+g)^2}{(1+K)^2} + \cdots + \frac{d_0(1+g)^n}{(1+K)^n}$$

假设 $K > g$，把上式两边同乘以 $\frac{1+K}{1+g}$，再减去上式得：

$$\frac{V(1+K)}{(1+g)} - V = d_0 - \frac{d_0(1+g)^n}{(1+K)^n}$$

当 $n \to \infty$ 时，

$$\frac{d_0(1+g)^n}{(1+K)^n} = 0$$

由此可推出：

$$\frac{V(1+K)}{(1+g)} - V = d_0$$

$$V = \frac{d_0(1+g)}{(K-g)} = \frac{d_1}{K-g}$$

式中，d_1 表示第一年的股利。

[例11-3] Z公司准备投资某股份有限公司的股票，该股票去年股利为1元，预计以后每年以5%的增长率增长，Z公司已确定12%为这一股票的报酬率，试计算该股票的价值。

$$V = \frac{1 \times (1+5\%)}{12\% - 5\%} = 15（元）$$

即Z公司在股票价格15元以下才能投资。

四、股票投资收益率的计算

股票投资收益率具有很大的不确定性，根据投资持有时间的长短可分别计算短期投资收益率和长期投资收益率。

（一）短期投资收益率

股票没有到期日，因此股票短期投资收益率只计算持有期间的收益率，其计算公式为：

$$K = \frac{S_1 - S_0 + P}{S_0} \times 100\%$$

式中，K——股票投资收益率；

S_1——股票出售价格；

S_0——股票购买价格；

P——股利。

[例11-4] W公司于2009年8月6日，以买入成本价8元的价格，购入C公司股票1万股，2010年3月W公司获得C公司股票每股0.24元（税后）的现金股利。2010年6月9日，W公司以每股8.6元出售全部股票，则股票投资收益率为：

$$K = \frac{(8.6-8) \times 10\ 000 + 0.24 \times 10\ 000}{8 \times 10\ 000} \times 100\% = 10.5\%$$

（二）长期投资收益率

在计算长期投资收益率时需要同时考虑时间价值与通货膨胀两个因素。现举例说明仅考虑资金时间价值的股票投资收益率的计算，考虑通货膨胀因素的计算参见下一节债券投资收益的计算。

[例11-5] B公司于2007年4月1日，投资580万元购买某种股票100万股，在2008年、2009年、2010年的3月31日每一股各得现金股利（税后）0.40元、0.80元、0.40元。2010年4月1日，以每股6.50元的价格全部出售。试计算该项股票投资的收益率。

对于股票长期投资收益率，先用逐步测试法，再用插值法进行计算，具体计算过程如表11-1所示。

表11-1　插值法计算过程表

时间	股利及出售现金流量/万元	测试12%		测试14%		测试16%	
		系数	现值/（万元）	系数	现值/（万元）	系数	现值/（万元）
2008年	40	0.8929	35.72	0.8772	35.09	0.8621	34.48
2009年	80	0.7972	63.78	0.7695	61.56	0.7432	59.46
2010年	690	0.7118	491.14	0.6750	465.75	0.6407	442.08
合计			590.64		562.40		536.02

根据表11-1中资料，用插值法计算收益率。

$$
\begin{array}{cc}
\text{折现率} & \text{现值} \\
2\%\left\{\begin{array}{l}12\% \\ i \\ 14\%\end{array}\right\}?\,\% & 28.24\left\{\begin{array}{l}590.64 \\ 580 \\ 562.40\end{array}\right\}10.64
\end{array}
$$

$$i=12\%+\frac{10.64}{28.24}\times(14\%-12\%)=12.75\%$$

所以，B公司购买股票的收益率为12.75%。

第三节　债券投资

一、债券投资的目的

企业债券投资按投资时间的长短，可分为短期债券投资和长期债券投资两类。企业进行短期债券投资主要是为了合理利用暂时闲置资金，调节现金余额，获得收益。当现金余额太多时，便投资于债券，使现金余额降低；当现金余额太少时，则出售原来投资的债券，收回现金，使现金余额提高。企业进行长期债券投资主要是为了获得长期稳定的收益。

二、债券投资的特点

（一）债券投资的优点

债券投资的优点主要表现在以下几个方面。

① 本金安全性较高。与其他有价证券相比，债券投资风险较小，安全性较高。筹资人在债券到期之时，必须按预定的利率向投资者支付利息，并偿还本金。而且，企业债券的索偿权在股票之前，本金损失的可能性较小。

② 收入比较稳定。债券票面的利率是固定的，它不受银行利率变动的影响，投资债券可获得固定且高于银行存款利率的利息收入。

③ 流动性较好。目前，政府以及许多大型企业发行的债券可在金融市场上进行买卖交易，其流动性仅次于银行存款。当债券投资者急需资金时，可将其拥有的债券在证券市场上出售，也可到金融机构将债券作为抵押品而取得一笔抵押资金。

（二）债券投资的缺点

债券投资的缺点主要表现在以下两个方面。

① 购买力风险比较大。债券在发行时，债券面值就已确定，如果投资期间发生通货膨胀，则本金和利息的购买力将受到不同程度的影响。当通货膨胀较高时，债券投资者虽然获得了名义上的投资收益，实际上可能却是损失。

② 没有经营管理权。进行债券投资，投资者与被投资者之间只有债权、债务关系，投资者而无权参与被投资企业的生产经营管理，也无权对被投资企业施加影响和控制。

三、债券估价

以购买债券作为一种长期投资要对其未来投资收益进行估价。购买债券的实际支出，即债券买价是投资的现金流出；未来到期或中途出售本息的回收是投资的现金流入。债券未来流入量的现值，称为债券价值或债券的投资价值。显然，只有当债券的价值大于债券投资的现行买价并达到期望的报酬率时，这种债券才值得购买。债券估价就是对债券的价值进行评估。债券价值评估常见的计算方法或估价模型有三种。

（一）按复利方式计算的债券估价模型

按复利方式计算的债券估价模型的计算公式为：

$$P_0 = \sum_{t=1}^{n} \frac{iF}{(1+k)^t} + \frac{F}{(1+k)^t} = I \times (P/A, i, n) + F \times (P/F, i, n)$$

式中，P_0——债券价格；

i——债券票面利率；

K——市场利率或投资者要求的报酬率；

n——利息总期数；

F——债券面值；

I——年利息；

（P/A, i, n）——年金现值系数；

（P/F, i, n）——复利现值系数。

[例11-6] 假定Z公司拟进行债券投资，现有甲企业发行的面值为1 000元一张的债券，票面利率为10%，债券期限为3年，利息逐年支付。Z公司要求获得12%的报酬率，试决定债券价格为多少时，Z公司才能投资。

债券价格$=1\ 000 \times 10\% \times$（$P/A$，$12\%$，$3$）$+1\ 000 \times$（$P/F$，$12\%$，$3$）

$\qquad =100 \times 2.4018+1\ 000 \times 0.7118$

$\qquad =951.98$（元）

因此，Z公司要想获得12%的报酬率，债券价格应在951.98元以下才能进行投资。

（二）按单利方式计算一次还本付息且不计复利的债券估价模型

按单利方式计算一次还本付息且不计复利的债券估价模型的公式为：

$$P_0 = \frac{F+F \cdot i \cdot n}{(1+k)^n} = (F+i \cdot F \cdot n) \times (P/F, i, n)$$

式中符号含义与第一种模型相同。

续前例，假设甲企业的债券为一次还本付息的债券，则债券价格为：

$$P_0 = \frac{1\ 000+1\ 000 \times 10\% \times 3}{(1+12\%)^3} = 1\ 300 \times 0.7118$$

$$=925.34（元）$$

即债券价格低于925.34元时，企业才能投资。

（三）折现发行时债券估价模型

按折现方式发行债券，一般不标明票面利率，到期按面值偿还，这种债券估价模型的计算公式为：

$$P_0 = \frac{F}{(1+k)^n} = F \times (P/F, i, n)$$

[例11-7] 某债券面值为1 000元，期限为5年，以折现方式发行，期内不计算利息，到期按面值偿还，当时市场利率为6%，其价格为多少时，企业才能购买？

$$P_0 = \frac{1\ 000}{(1+6\%)^5} = 1\ 000 \times (P/F, 6\%, 5)$$

$$=1\ 000 \times 0.7473$$

$$=747.30（元）$$

即只有该债券价格低于747.30元时，企业才能购买，否则，就不能获得6%的收益。

四、债券投资收益率

债券收益可分为两部分，一部分是利息收入，即债券发行单位按债券面值和票面利率支付给投资者的利息；另一部分是投资者购入价格与出售价格之差，即利得。债券投资收益率就是债券投资者在债券上获得的收益与投入本金的比率，它与票面利率并不一致。债券投资收益率分为名义收益率和真实收益率。

（一）名义收益率

它是指不考虑资金的时间价值和通货膨胀因素的投资收益水平，包括本期收益率、持有期间收益率和到期收益率。

1. 本期收益率

本期收益率又称本期息票收益率，它是指每年支付的息票利息与本期债券市价的比率，是以目前的市价为基础来衡量投资者购买债券每年可获得的现金收入的。其计算公式为：

$$本期收益率=\frac{每年息票利息}{本期债券市价}\times100\%$$

2. 持有期间收益率

它是指投资者在债券到期前出售债券时的平均收益率。

到期一次付款公式为：

$$持有期间收益率=\frac{（出售价格-购买价格）\div持有年限}{购买价格}\times100\%$$

逐年付息计算公式为：

$$持有期间收益率=\frac{面值\times票面利率+（出售价格-购买价格）\div持有年限}{购买价格}\times100\%$$

[例11-8] 某公司于2008年11月6日，以920元的价格购入面值为1 000元的企业债券1 000张，票面利率为5%，每年付息一次。2009年11月6日，公司以980元的价格出售全部债券，债券投资收益率为：

$$K=\frac{(980-920)\div1+1\,000\times5\%}{920}\times100\%=11.96\%$$

3. 到期收益率

它是指从购入债券至债券期满期间的年平均收益率。

到期一次付息计算公式为：

$$到期收益率=\frac{[面值\times票面利率\times偿还年限+（面值-购买价格）]\div偿还年限或剩余年限}{购买价格}\times100\%$$

逐年付息计算公式为：

$$到期收益率=\frac{面值\times票面利率+（面值-购买价格）\div偿还年限或剩余年限}{购买价格}\times100\%$$

（二）真实收益率

按名义收益率计算的投资收益水平，由于不考虑资金的时间价值和通货膨胀因素，不能确切地反映投资的收益水平，所以还应计算投资的真实收益率。以下分别针对短期债券、长期债券介绍真实收益率的计算。

1. 短期债券投资收益率

它是指投资期限在一年以内的债券投资收益水平。短期债券投资收益率主要受年初、年末物价指数的影响，计算时可在名义利率的基础上剔除通货膨胀因素的影响。

假设某年年初平均物价指数为P_0，年末平均物价指数为P_1，I_m为投资期间的名义利率，I_s代表投资期间的真实收益率，则

$$\frac{1+I_m}{P_1\div P_0}=1+I_s$$

或者

$$I_s=\frac{1+I_m}{P_1\div P_0}-1$$

从以上公式可知，真实收益率主要受物价指数变化的影响。若物价指数$P_0=P_1$，则$I_m=I_s$。在通货膨胀期间，$I_s<I_m$。投资者对物价指数的变动趋势应作出合理预测，才能保

证投资的实际收益水平。

2. 长期债券投资的真实收益率

计算长期债券投资的真实收益率要考虑资金时间价值的影响，或同时考虑通货膨胀因素和资金时间价值两个因素的影响。

在投资期间，若物价稳定，长期债券投资的真实收益率可只考虑资金时间价值的影响，其真实收益率应为债券面值（或卖出价值）与利息的现值之和，等于该债券目前市价的折现率。若到期一次还本每年付息，则其计算公式为：

$$V = \frac{I}{(1+i)^1} + \frac{I}{(1+i)^2} + \cdots + \frac{I}{(1+i)^n} + \frac{F}{(1+i)^n}$$

$$= I \cdot (P/A, i, n) + F \cdot (P/F, i, n)$$

式中，V——债券的购买价格（市价）；

I——每年获得的固定利息；

F——债券到期收回的本金或中途出售收回的资金；

i——考虑资金时间价值的到期真实收益率；

n——投资期限。

[**例11-9**] A公司于2009年2月1日以924.28元的成本价购买一张面值为1 000元的债券，债券票面利率为8％，每年2月1日计算并支付一次利息。该债券于2010年1月31日到期，按面值收回本金。试计算该债券考虑时间价值的真实收益率。

根据题意可列出方程式为：

924.28=1 000×8％×$(P/A, i, 5)$+1 000×$(P/F, i, 5)$

先用不同的i进行测试，若测试出的现值刚好等于924.28，说明这个i就是所要求的收益率。若逐步测试不能找到现值刚好等于924.28的i，再用插值法进行计算。

假设公司要求的收益率9％，则其净现值为：

V=1 000×8％×$(P/A, 9\%, 5)$+1 000×$(P/F, 9\%, 5)$

　=80×3.8897+1 000×0.6499

　=961.08（元）

961.08元大于924.28元，说明债券投资收益率应大于9％，下面用10％进行测试，其现值为：

V=1 000×8％×$(P/A, 10\%, 5)$+1 000×$(P/F, 10\%, 5)$

　=80×3.7908+1 000×0.6209

　=924.28（元）

说明A公司购买该债券的收益率为10％。

若同时考虑通货膨胀和资金时间价值两因素的影响，计算长期债券投资收益真实率可分为两个步骤：首先，将各年的名义收益率剔除通货膨胀因素调整为真实收益率；然后按一定的折现率将各年的真实收益率换算为投资期初的净现值率的总和，再除以年金现值系数，即可得到年均真实收益率。

设折现率为r，各年真实收益率为S，投资期限为n，各年真实收益率换算为投资期初的净现值率总和为T，年均真实收益率为q，则：

$$T = \sum_{t=1}^{n} \frac{S_t}{(1+r)^t}$$

$$q = \frac{T}{\text{年金现值系数}}$$

[**例11-10**] Z公司购买了三年期限的政府债券，票面利率为12%，购买期初物价指数为110，第一、第二、第三年末的定基物价指数分别为115，118，120，折现率为9%，计算该债券年均真实收益率。

各年的真实收益率分别如下。

第一年：$\dfrac{1+12\%}{115 \div 110} - 1 = 7.13\%$

第二年：$\dfrac{1+12\%}{118 \div 110} - 1 = 4.41\%$

第三年：$\dfrac{1+12\%}{120 \div 110} - 1 = 2.67\%$

则：$T = \dfrac{7.13\%}{1+9\%} + \dfrac{4.41\%}{(1+9\%)^2} + \dfrac{2.67\%}{(1+9\%)^3}$

$\quad = 7.13\% \times 0.9174 + 4.41\% \times 0.8417 + 2.67\% \times 0.7722$

$\quad = 12.31\%$

$q = \dfrac{12.31\%}{(P/A, 9\%, 3)} = \dfrac{12.31\%}{2.5313} = 4.86\%$

第四节　基金投资

一、投资基金的含义

投资基金是一种利益共享、风险共担的集合投资方式，即通过发行基金股份或受益凭证等有价证券聚集众多的不确定投资者的资金，交由专业投资机构经营运作，以规避投资风险并谋取投资收益的证券投资工具。

投资基金作为一种有价证券投资，它与股票、债券有明显的不同。

第一，发行主体不同。投资基金证券是由基金发起人发行的，投资基金证券投资人与发起人之间是一种契约关系，投资人与发起人不参与基金的运营管理，而是委托基金管理人根据"受人之托，代人理财，忠实服务，科学运营"的原则，按基金章程规定的投资限制，对基金进行自主运用，以保证投资人有较丰厚的收益。发起人与管理人、托管人之间完全是一种信托契约关系。

第二，风险和收益不同。投资基金是委托由专家组成的专门投资机构进行分散投资的组合，它可以分散风险。投资基金的风险小于股票投资，大于债券投资。投资基金收益不固定，一般小于股票投资，大于债券投资。

第三，存续时间不同。投资基金规定有一定的存续时间，期满即终止，但是投资基金经持有人大会或基金公司董事会决定可以提前终止，也可期满延续。

二、投资基金种类

（一）按其组织形式的不同，可分为契约型投资基金和公司型投资基金

契约型投资基金，也称信托型投资基金，它是基于一定的信托契约而联结起来的代理行为，是发展历史最为悠久的一种投资基金。在契约型基金的运作中，委托人（基金管理公司）与受托人（基金保管公司）之间签订信托契约，以基金管理公司作为发起人发行受益证券的形式募集投资基金，交由基金保管公司保管，自己专注于下达投资指令。投资者购买基金发起人发行的受益证券后，成为该投资基金的受益人，在约定的投资基金存续时间内凭所持受益证券分享投资收益。

公司型投资基金是按公司法组建股份有限公司而构建的代理投资组织。公司型基金本身就是一个基金股份公司，通常称之为投资公司。投资公司向社会发行基金股份，投资者通过购买股份成为股东，股东大会选出董事，监督基金资产的运用，负债基金资产的安全与增值。

契约型投资基金与公司型投资基金的主要区别在于：契约型投资基金是根据信托契约来运营信托财产的，它没有法人资格，受益人不是股东，而是基金持有人，基金持有人大会对基金的运营具有发言权；公司型投资基金是根据公司章程来运营信托财产的，它具有法人的资格，基金受益人是基金公司的股东，可以享有股东应有的权利。投资公司与一般的股份有限公司并无多大区别，但投资公司是一个自身不开展业务的经营实体。我国的投资基金多属于契约型投资基金。

（二）按其变现方式的不同，可分为封闭式基金和开放式基金

封闭式基金，是指基金发起人在设立基金时，限定了基金单位的发行总额，筹集到这个总额后，基金即宣告成立，并进行封闭，在一定时期内不再接受新的投资。基金单位的流通采取在交易所上市，通过二级市场进行竞价交易。

开放式基金，是指基金发起人在设立基金时，基金单位的总规模是不固定的，可视经营策略和发展需要追加发行。投资者也可根据市场状况和各自的投资决策，或者要求发行机构按现期净资产值扣除赎回股份或受益凭证，或者再买入股份或受益凭证，增加其基金单位份额。

封闭式基金与开放式基金的主要区别在于：封闭式基金通常有固定的封闭期，开放式基金没有固定的期限，投资者可随时向基金管理人赎回；封闭式基金在招募说明书中列明其基金规模，开放式基金没有规模的限制；封闭式基金的投资者在封闭期内不能要求赎回基金单位，开放式基金的投资者则可以在首次发行结束一段时间后，随时向基金管理人或中介机构提出购买或赎回申请；封闭式基金的买卖价格受市场供求关系的影响，并不必然反映公司的净资产值，开放式基金因基金单位可随时赎回，为应对投资者随时赎回兑现，基金资产不能全部用于投资，更不能把全部资本用于长线投资，必须保持基金资产的流动性。

（三）根据投资标的不同，可分为股票基金、债券基金、货币基金、期货基金、认股权证基金和专门基金等

股票基金，是所有基金品种中最为流行的一种类型，它是投资于股票的投资基金，

其投资对象通常包括普通股和优先股，其风险程度较个人投资股票市场要小得多，且具有较强的变现性和流动性，因此它是一种比较受欢迎的基金类型。

债券基金，是指投资管理公司为稳健型投资者设计的、投资于政府债券、市政公债、企业债券等各类债券品种的投资基金。债券基金一般情况下定期派息，其风险和收益水平通常较股票基金较低。

货币基金，是指由货币存款构成投资组合，协助投资者参与外汇市场投资，赚取较高利息的投资基金。其投资工具包括银行短期存款、国库券、政府公债、公司债券、银行承兑票据及商业票据等。这类基金的投资风险小，投资成本低，安全性和流动性较高，在整个基金市场上属于低风险的安全基金。

期货基金，是指投资于期货市场以获取较高投资回报的投资基金。由于期货市场具有高风险和高回报的特点，因此投资期货基金既可能获得较高的投资收益，同时也可能面临着较大的投资风险。

期权基金，是指以期权为主要投资对象的基金。期权是一种选择权，是买卖期货合约的选择权利。期权交易就是期权购买者向期权出售者支付一定费用后，取得在规定时期内的任何时候，以事先确定好的协定价格，向期权出售者购买或出售一定数量的某种商品合约权利的一种买卖。

认股权证基金，是指以认股权证为主要投资对象的基金。由于认股权证的价格是由公司的股份决定的，一般来说，认股权证的投资风险较通常的股票要大得多，因此，认股权证属于高风险基金。

专门基金是由股票基金发展演化而成的，属于分类行业股票基金或次级股票基金，它包括黄金基金、资源基金、科技基金和地产基金等。这类基金的投资风险较大，收益水平易受到市场行情的影响。

三、投资基金的估价

投资基金的价值是指投资基金所能带来的现金净流量。基金估价涉及基金的价值、基金单位净值和基金报价。

（一）基金的价值

基金的价值取决于基金净资产的现在价值。由于投资基金不断变换投资组合对象，再加上资本利得是投资基金的主要收益来源，证券价格的波动变幻莫测，对投资基金未来收益的预测非常困难。

（二）基金单位净值

基金单位净值，也称单位净资产值或单位资产净值，它是指某一时点每一基金单位（或基金股份）所具有的市场价值。其计算公式为：

$$基金单位净值 = \frac{基金净资产价值总额}{基金单位总份额}$$

式中，基金净资产价值总额等于基金资产总额减去基金负债总额。基金负债包括以基金名义对外融资借款以及应付给投资者的分红、应付给基金管理人的经理费用等。基金净资产的价值主要取决于基金总资产的价值。基金总资产的价值不是指资产总额的账面价值，而是指资产总额的市场价值。

由于基金的价值取决于基金净资产的现在价值，所以基金净资产的价值是评价基金业绩最基本和最直观的指标，也是开放型基金申购价格、赎回价格以及封闭型基金上市交易价格确定的重要依据。

（三）基金的报价

从理论上说，基金的价值决定了基金的价格，基金的交易价格是以基金单位值为基础的，基金单位净值高，基金的交易价格也高。封闭式基金在二级市场上竞价交易，其交易价格由供求关系和基金业绩决定，围绕基金单位净值上下波动。开放式基金的柜台交易价格则完全以基金单位净值为基础，通常采用两种报价形式：认购价（卖出价）和赎回价（买入价）。

$$基金认购价=基金单位净值+首次认购费$$
$$基金赎回价=基金单位净值-基金赎回费$$

四、投资基金的收益率

基金收益率是反映基金增值情况的指标，它是通过基金净资产的价值变化来衡量的。基金净资产的价值是以市价计量的，基金资产的市场价值增加，意味着投资者的权益增加，基金的投资收益也随之增加。基金收益率的计算公式为：

$$基金收益率=\frac{年末持有股份×基金单位净值年末数-年初持有股份×基金单位净值年初数}{年初持有股份×基金单位净值年初数}$$

式中，持有股份是指基金单位的持有份数，如果年末和年初基金单位的持有份数相同，基金收益率就可简化为基金单位值在本年内的变化幅度。

年初的基金单位净值相当于是购买基金的本金投资，基金收益率也就相当于一种简便的投资收益率。

第五节 证券投资组合

证券投资组合又叫证券组合，是指在进行证券投资时，不是将所有的资金都投向单一的某种证券，而是有选择地投资于一组证券，这种同时投资多种证券的做法便叫证券的投资组合。证券投资组合是证券投资的重要手段，科学有效地进行证券投资组合，可以帮助投资者捕捉获利机会，降低投资风险。

一、有效投资组合

美国财务学家马柯维茨（H·M·Markowize）提出，证券投资组合在降低风险的同时，收益也可能被降低，因此，投资者总是寻找有效的投资组合。所谓有效组合，是指按既定收益率下风险最小化或既定风险下收益最大化的原则建立起来的证券组合。假设有两种证券A和B，用$E(R)$表示证券可能的投资报酬率，σ表示证券的标准离差，σ_p表示证券组合的标准离差。有效投资组合如图11-1所示。

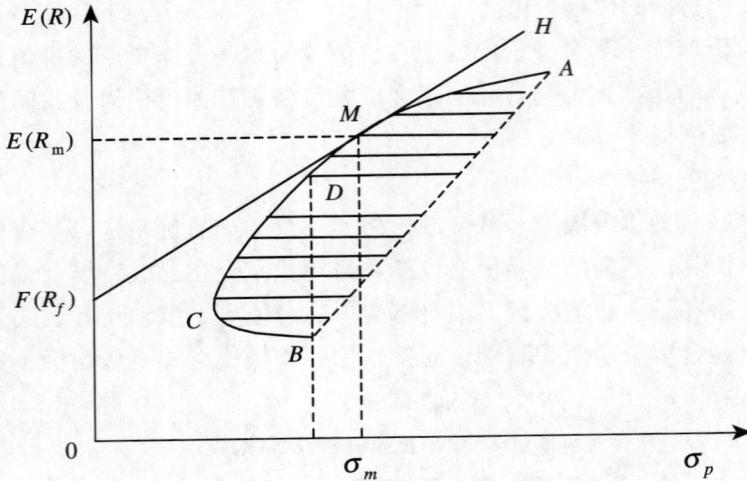

图11-1　有效的投资组合图

在图11-1中，曲线 $AMCB$ 上的点表示：当相关系数在–1至+1之间时，A、B 两种证券所有可能的不同比重的组合。点 A 表示所有资金全部投在 A 证券上，点 B 表示所有资金全部投在 B 证券上。显然，投资者不会选择 CB 曲线段上的投资组合，因为在这一段的任意一点，总能找到一个风险水平相同而预期报酬更高的其他投资组合。例如，D 点与 B 点的风险相同，但预期报酬更高。因此，曲线 AMC 曲线段是有效投资组合。$AMCB$ 曲线所包含的面积都是可能的投资组合，但有效投资组合只落在 AMC 曲线段上。AMC 曲线段是将所有有效组合的预期报酬和风险的坐标连接而成的轨迹，称为有效边界。

在直线 FH 上，如果把所有的资金都投向无风险资产 F 上，将得到报酬率 R_f；把所有资金投向于风险资产形成的组合 M 上，将得到报酬率 $E(R_m)$。MF 表示风险资产与无风险资产的组合，在风险相同的情况下，MF 段的报酬高于 MC 段，即 MF 段风险资产与无风险资产的组合优于 MC 段风险资产之间的组合。

风险资产与无风险资产的组合（即直线 FH 上的点），优于有效边界上风险资产之间的组合，有效边界与直线 FH 的切点 M 是最优的风险资产组合，称为市场组合。除此之外，投资者在风险资产与无风险资产之间进行投资组合，即有效投资组合，为直线 FH 上的任意一点。

连接无风险资产 F 和市场组合 M 的直线，称为资本市场线（Capital Market Line，缩写为CML），资本市场线的函数表达式为：

$$E(R_p)=R_f+\frac{E(R_m)-R_f}{\sigma_m}\times\sigma_p$$

资本市场线表明有效投资组合的期望报酬率由两部分组成：一部分是无风险报酬率 R_f；另一部分是风险报酬率，它是投资者承担的投资组合风险 σ_p 所得到的补偿。$E(R_m)-R_f$ 是资本市场提供给投资者的风险报酬，斜率 $[E(R_m)-R_f]\div\sigma_m$ 则是单位风险的报酬率或称为风险的市场价格，它告诉我们当标准差增长某一幅度时相应要求的报酬率的增长幅度。任何投资者在进行风险与收益的决策时都会考虑风险的市场价格。

二、证券组合的策略

投资者对待风险的态度不同，证券投资组合的策略也不同。证券组合的策略一般有以下三种。

（一）保守型策略

保守型策略是风险厌恶型投资者采用的策略。这种策略认为，最佳的证券组合要尽量模拟市场现状，将尽可能多的证券包括进来，这样就可以分散掉所有的非系统风险，获得相当于市场平均水平的收益率。该种证券组合操作简单，不需要专业的证券投资知识，但需要有足够多的资金，否则，将无法包含足以降低风险的证券种类。另外，在存在交易费用的情况下，保守策略将增加交易成本，降低投资收益。

（二）冒险型策略

冒险型策略是风险爱好型投资者采用的策略。采用这种策略往往会选择高风险、高收益的成长型证券进行组合，且组合的随意性强、变动频繁，注重的是眼前利益，一般不愿意做长期的投资。

（三）适中型策略

适中型策略是风险中立者采用的策略。这种策略认为，证券的价格，特别是股票的价格，主要是由企业的经营业绩来决定的，是以其内在价值为基础的。证券市场价格的变动，虽然短期内可能暂时背离其内在价值，但从长期来看，证券价格终究会体现其内在价值。因此，应对证券所处的行业、企业业绩和财务状况进行细致深入的分析，通过分析，选择那些业绩好、内在价值高于市场价值的证券构成投资组合。这种策略运用得好，既可以获得较好的投资收益，又不会冒太大的风险。适中型策略要求投资者要有充分的理性，要有足够的信息和较高的专业技能。

三、证券组合的方法及其调整

（一）证券组合的方法

证券组合方法一般有以下几种。

1. 不同风险等级的证券组合

证券风险等级是指证券风险大小的程度。一般说来，债券的风险比股票的小，而政府债券和金融债券的风险要比企业债券的小。对于股票，投资者可通过对市盈率、投资收益率等指标进行比较，对各种证券的风险加以排队，然后依托自身的风险承受能力，进行证券投资组合。若企业确定投资收益率为15%，则可在收益率15%以上的各种证券中选择风险最小的证券；若企业确定风险的承受能力为25%（投资损失），则企业可在同等或更低风险的证券中选择收益率较高的证券进行组合。

2. 不同弹性的证券投资组合

证券的弹性是指证券清偿、转让或转换的可能。它是证券流动性大小的重要标志。按证券弹性大小可分为三类：第一类是可随时清偿、转让或转换的证券；第二类是不可随时清偿、转让或转换的证券；第三类为介于第一类与第二类之间的证券。

可上市流通的股票和债券都有可转让的性质，但股票和债券的流动性程度不同，债券比股票的流动性好，短期债券比长期债券的流动性好，业绩较好的股票要比业绩较差的股票流动性好。企业应按不同证券弹性的高、中、低，以及不同的比例进行组合，以便分散风险、降低风险，稳定投资收益。

3. 按不同证券投资方式组合

投资期限不同，投资风险也不同。企业可将投资分别按长期投资、中期投资、短期投资进行组合。长期投资主要投资于盈利能力强、有稳定的收益增长的绩优股上；中期投资主要投资于市价及收益不明确的新上市股票或收益有周期性波动的周期股上；短期投资主要投资于市价波动较大的投机性股票上。

除上述三种组合外，企业还可以按照行业、企业的不同进行证券投资组合，按照资金投入时间的不同进行投资组合，以及通过购买投资基金进行证券投资组合等。

（二）证券投资组合的调整

企业投资组合一经确定，应保持相对的稳定，但随着投资双方经营情况的不断变化，被投资企业的经营收益有可能下降，或者说投资企业风险的承受能力发生了变化，这时，需要对投资证券组合进行必要的调整。如果企业风险的承受能力增强，就可将低风险、低收益的证券调整为高风险、高收益的证券，反之，则向低风险、低收益的证券调整。投资者应根据市场行情的变化情况，及时作些调整。

判断证券组合的调整是否有效，其标准是收益升降幅度与风险的升降幅度。若收益提高的幅度大于风险上升的幅度或风险降低的幅度超过收益降低的幅度，则说明调整有效。反之，则说明调整无效。收益、风险升降幅度计算公式如下：

$$收益升降幅度=\frac{调整后加权平均期望收益率-调整前加权平均期望收益率}{调整前加权平均收益率}$$

$$风险升降幅度=\frac{调整后加权平均标准离差率-调整前加权平均标准离差率}{调整前加权平均标准离差率}$$

[例11-11] 有D、E、F三种证券，据测定，期望收益率分别为11％、12.8％、11.5％，其标准离差率分别为79.27％、15.23％、151.92％。假设Z公司原选用D、F两种证券的投资组合，投资额均为200万元。后来公司拟用证券E替换证券F，且将投资于证券D的资金削减100万元并增至E证券，试分析调整后收益的升降幅度和风险的升降幅度。

$$调整前加权平均收益率=11\%\times\frac{200}{400}+11.5\%\times\frac{200}{400}=11.25\%$$

$$调整后加权平均收益率=11\%\times\frac{100}{400}\times12.8\%\times\frac{300}{400}=12.35\%$$

$$收益升降幅度=\frac{12.35\%-11.25\%}{11.25\%}=9.78\%$$

$$调整前平均标准离差率=79.27\%\times\frac{200}{400}+151.92\%\times\frac{200}{400}=115.60\%$$

$$调整后平均标准离差率=79.27\%\times\frac{100}{400}+15.23\%\times\frac{300}{400}=31.24\%$$

$$风险升降幅度=\frac{31.24\%-115.60\%}{115.60\%}=-72.96\%$$

从计算结果可知，调整组合在收益率提高9.78％的情况下，风险不仅没有加大，反而下降了72.96％，说明投资组合调整有效。

📖 练习题

一、简答题

1. 证券投资有何目的？

2. 证券投资存在哪些风险？

3. 股票投资和债券投资有何优缺点？

4. 证券投资组合有哪些投资策略？

二、单选题

1. 以下被称为"金边债券"的是（　　）。

　　A. 国债　　　B. 市政债券　　　C. 金融债券　　　D. 公司债券

2. （　　）的投资者作为公司的股东，有权对公司的重大投资决策发表意见，进行表决。

　　A. 公司型投资基金　　　B. 契约型投资基金

　　C. 股票型投资基金　　　D. 货币市场基金

3. 从长期来看，股票的价格由其内在价值决定，但就中、短期的价格分析而言，股价由（　　）决定。

　　A. 资本收益率　　　B. 供求关系　　　C. 市盈率　　　D. 每股收益

4. 对证券持有人而言，证券发行人无法按期支付债券利息或偿付本金的风险称为（　　）。

　　A. 流动性风险　　　B. 系统风险　　　C. 违约风险　　　D. 购买力风险

三、多选题

1. 以下（　　）属于按基金投资标的不同划分的。

　　A. 股票基金　　　B. 货币基金　　　C. 债券基金　　　D. 期货基金

2. 股票的特征表现为（　　）。

　　A. 期限上的永久性　　　B. 决策上的参与性

　　C. 责任上的无限性　　　D. 报酬上的剩余性

3. 债券投资的优点是（　　）。

　　A. 市场流动性好　　　B. 收入稳定性强　　　C. 本金安全性高　　　D. 购买力风险低

4. 开放型投资基金与封闭型投资基金相比，具有（　　）优点。

　　A. 随时可按净值兑现　　　B. 流动性强　　　C. 投资风险小　　　D. 安全便利

四、计算分析题

1. 某公司以1 030元的价格购买A公司债券，债券面值1 000元，票面利率为10%。分别回答下列问题：（1）计算该债券的票面利率；（2）如果该债券按年付息，计算该债券的本期收益率；（3）如果该债券为到期一次还本付息，持有半年后以1 060元的价格出售，计算该债券的持有期收益率。

2. 某公司普通股基年股利为6元，估计年股利增长率为6%，期望的收益率为15%，打算两年以后转让出去，估计转让价格为30元，计算普通股的价值？

第十二章

营运资本管理

第一节　营运资本管理概述

一、营运资本的概念和特点

（一）营运资本的概念

营运资本有广义和狭义之分。广义的营运资本是指一个企业流动资产的总额，又称毛营运资本；狭义的营运资本是指企业流动资产减去流动负债后的余额，又称净营运资本。本章所指的营运资本是狭义的营运资本。营运资本的管理包括流动资产的管理和流动负债的管理。

1. 流动资产

流动资产是指可以在1年或超过1年的一个营业周期内变现或耗用的资产。流动资产具有占用时间短、周转快、易变现等特点。流动资产在企业生产经营活动中具有十分重要的地位，是企业从事生产经营活动必不可少的血液。企业正常经营和扩大再生产在很大程度上维系于流动资产的管理和流转效率。企业拥有较多的流动资产，可在一定程度上降低企业的财务风险。流动资产可按不同的标准进行分类，常见分类方式如下。

（1）按占用的形态，分为现金、交易性金融资产、应收及预付款项、存货等。

（2）按在生产经营过程中所处的环节不同，分为生产领域中的流动资产、流通领域中的流动资产和其他领域的流动资产。

2. 流动负债

流动负债是指将在1年或超过1年的一个营业周期内偿还的债务。流动负债又称短期负债，具有成本低、偿还期短的特点。流动负债可按不同的标准进行分类，常见分类方式如下。

（1）以偿付金额的确定程度为标准，可分为应付金额确定的流动负债和应付金额不确定的流动负债。应付金额确定的流动负债是指那些根据合同或法律规定到期必须偿还，并有确定金额的流动负债，例如，应付账款、应付票据、应付职工薪酬等。应付金额不确定的流动负债是指那些需要根据企业经营状况，到一定时期或具备一定条件时才能确定的流动负债，或是需要根据一定的办法估计应付金额的流动负债，例如，应交的各种税费、应付股利等。

（2）以流动负债的形成情况为标准，可分为自然性流动负债和人为性流动负债。自然性流动负债是指不需要正式安排，由于结算程序或有关法律法规的规定等原因而自然形成的流动负债，例如，应付职工薪酬。人为性流动负债是指根据企业对短期资金的需求情况，通过人为安排而形成的流动负债，如短期借款等。

（二）营运资本的特点

为了有效地管理企业的营运资本，必须研究营运资本的特点，以便有针对性地进行管理。营运资本一般具有如下特点。

1.营运资本的来源具有灵活性

与筹集长期资本的方式相比，企业筹集营运资本的方式较为灵活多样，通常有银行短期借款、短期融资券、商业信用、应付股利、应交税费、应付职工薪酬、预收账款、票据贴现等多种内外融资方式。

2.营运资本的数量具有波动性

流动资产的数量会随着企业内外条件的变化而变化，时高时低、波动很大。季节性企业如此，非季节性企业也如此。随着流动资产数量的变动，流动负债的数量也会相应发生变动。

3.营运资本的周转具有短期性

企业占用在流动资产上的资金，通常会在1年或一个营业周期内收回。根据这一特点，营运资本可以用商业信用、银行短期借款等短期筹资方式来加以解决。

4.营运资本的实物形态具有变动性和易变现性

企业营运资本的实物形态是经营变化的，一般按照现金、材料、在产品、产成品、应收账款、现金的顺序转化。因此，在进行流动资产管理时，必须合理配置各项流动资产的资金数额，使其结构合理，以促进资金周转顺利进行。此外，交易性金融资产、应收账款、存货等流动资产一般具有较强的变现能力。如果遇到意外情况，企业出现资金周转不灵、现金短缺时，便可迅速变卖这些资产，以获取现金。这对财务上应付临时性资金需求具有重要意义。

二、营运资本管理原则

企业的营运资本在其全部资本中占有相当大的比重，而且由于营运资本周转期短、形态变换频繁，营运资本管理是企业财务管理工作的重要内容。营运资本管理涉及企业资金占用成本和偿债风险，应遵循下列相关原则。

（一）正确预测营运资本的需要量

企业营运资本的需要量与企业生产经营的规模成正比，与资金的周转速度成反比。企业财务部门应经常分析企业生产经营情况和资金周转情况，合理预测企业营运资本的需要量，以免发生不必要的资金闲置或资金短缺，同时也为企业及时筹措和供应营运资本提供可靠的前提。

（二）在保证生产经营需要的前提下，力求节约资本使用成本

企业筹措的短期债务资本是生产经营的主要来源之一，使用短期债务资本不仅有成本，还有较大的偿债风险。企业应在保证生产经营需要的前提下，力求节约使用资金，以降低资本成本和财务风险。当流动资金大于流动负债时，部分营运资本（也就是狭义的营运资本）还来源于企业筹措的长期债务资本和权益资本，虽然这些资金来

源的风险相对较小，但其成本却相对较高。所以，有学者提出零净营运资本概念，这可以大幅降低资金占用成本，但对企业管理和财务管理水平提出了很高的要求，一般的企业难以做到。

（三）加速营运资本周转，提高资金使用效益

企业资金周转速度的快慢，很大程度上取决于营运资本的周转速度。营运资本的周转是指由现金转化为存货，再由存货转化为现金的这种不断循环往复的过程。显然，当企业营运资本的周转陷于停顿时，企业其他资金的周转也必然终止。因此，在其他条件不变情况下，企业营运资本周转速度越快，企业资金的整体使用效益越好。在完成相同的业务量条件下，企业营运资本周转速度越快，营运资本占用就越少。

（四）保持合理数量的营运资本，确保企业的短期偿债能力

就狭义营运资本来说，我国企业还不具备条件去实现零营运资本的管理模式。保持一定数量的营运资本是企业短期偿债能力强弱的重要标志，也是衡量企业风险大小的标志。企业营运资本越多，企业的违约风险越小，举债能力也越强；但是另一方面，企业营运资本越多，资本成本也越大。因此，在企业营运资本管理中，合理地保持一定数量的营运资本，合理地安排流动资产和流动负债的比例关系，既可节约使用资金，又能保证企业有较强的短期偿债能力。

三、营运资本的筹资策略

企业生产经营受季节性或经营周期性影响，流动资产所占用的资金会有一定的波动。满足正常生产经营需要的流动资产，称为企业长期流动资产；满足企业季节性或经营周期性生产经营所需的流动资产，称为企业短期流动资产。营运资本的筹资策略就是合理安排企业短期流动资产和长期流动资产资金来源的渠道和执行方案。

营运资本的筹资策略包括以下三个。

（一）正常的筹资策略

正常的筹资策略是按照流动资产用途和性质的不同来合理安排资金来源的方针与计划的。其特点是：对于短期流动资产，采用短期负债资金方式来筹资；对于长期流动资产，采用长期负债或权益资金方式来筹资。正常的筹资策略要求企业短期负债资金的融资计划很严密，以实现企业短期流动资产和短期负债资金在期限与金额上的吻合。

（二）激进的筹资策略

激进的筹资策略是以企业资本成本最低为标准来安排资金来源的方针和计划的。其特点是：长期流动资产中也有一部分用短期负债资金来筹措。用短期负债资金来筹措一部分长期流动资产，能降低企业的利息开支，增加企业的收益，资本成本较低；但另一方面这种做法也加大了企业的偿债风险。激进的筹资策略要求企业随时保持对财务风险的警惕，设立财务风险预警机制，尽量将风险控制在可承受的范围内。只要企业的收益与风险相配比，企业是愿意冒一定风险的，这是一种风险与收益都较高的筹资策略。

（三）保守的筹资策略

保守的筹资策略是指企业只用部分流动负债资金来解决波峰期对营运资本的季节性

需求，其余波动部分仍依赖长期负债资金弥补。其特点是：部分短期流动资产由长期负债资金解决。采用这种筹资策略，企业的净营运资金数量较大，因而偿债能力较强，短期财务风险较小，但资本成本较高，这会导致收益降低。尤其是在短期流动资产需要波动的底部，部分长期负债资金将产生过剩，从而造成资金浪费，这是一种风险与收益都较低的筹资策略。

上述三种筹资策略的比较如表12-1所示。

表12-1   筹资策略的比较

资产划分	固定资产	永久流动资产	波动性流动资产
正常策略	长期来源		短期来源
保守策略	长期来源		短期来源
激进策略	长期来源	短期来源	

四、营运资本的投资策略

一个企业必须选择与其业务需要和管理风格相符合的流动资产投资策略。如果企业管理政策趋于保守，就会选择较高的流动资产水平，保证更高的流动性（安全性），但盈利能力也更低，如果管理者偏向于为了产生更高的盈利能力而承担风险，那么它将以一个低水平的流动资产与销售收入比率来运营。在企业维持正常生产经营的前提条件下，保持最低水平的流动资产是营运资本管理的最佳状态。按流动资产是否留有保险储备以及留有多少保险储备，可以将营运资本的投资策略分为以下几种。

（一）正常的投资策略

正常的投资策略是企业按照正常生产经营和周转速度的需要，再加上必要的保险储备来安排流动资产总额及其构成的计划。例如，某企业年销售额为300万元，流动资产每年周转6次，必要的保险储备为年销售额的10%，则

正常的流动资产需要量=（300/6）+300×10%=80（万元）

（二）激进的投资策略

激进的投资策略是企业只按照正常生产经营和周转速度的需要来安排流动资产总额及其构成，而不考虑（或只安排较少）必要的保险储备的计划。采用这一策略，当企业经营不发生意外情况或能有效防范并处置意外情况时，可以提高企业的收益水平；否则，会由于意外情况而导致企业生产经营受阻，从而影响企业的收益。激进的投资策略是一种风险与收益都较高的投资策略。

（三）保守的投资策略

保守的投资策略是充分估计企业生产经营所面临的意外情况而予以增加额外保险储备的计划。采用这一策略，企业违约风险较小，偿债能力较强，但过多的保险储备会造成资产的沉淀，使资产的效益较低，也会带来额外的资本成本。保守的投资策略是一种风险与收益都较低的投资策略。

上述三种投资策略的比较如图12-1所示。

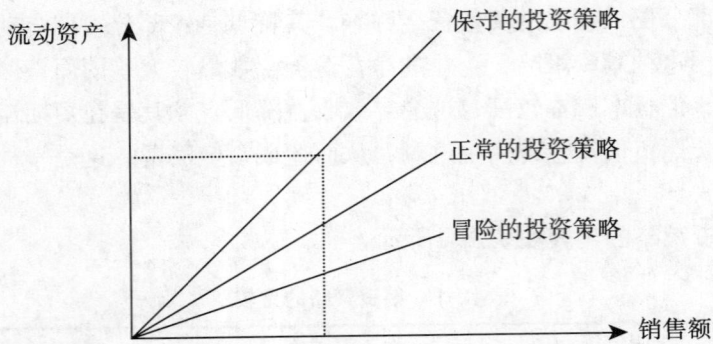

图12-1 营运资本投资策略比较图

第二节 现金管理

现金有广义和狭义之分，广义的现金是指在生产经营过程中以货币形态存在的资金，包括库存现金、银行存款和其他货币资金等。狭义的现金仅是指企业的库存现金，即存放在财务部门以备日常使用的现钞。本节所指的现金是广义的现金。现金是流动性最强，但盈利性最弱的流动资产。加强对现金的管理，保持合理的现金水平，使其可以满足企业生产经营开支的各种需要，也是还本付息和履行纳税义务的保证。拥有足够的现金对于降低企业风险、增强企业资产的流动性和债务的可清偿性具有重要的意义。

一、现金管理的目标

（一）企业持有现金的动机

要了解现金管理的目标，就需要说明企业持有现金的动机。企业持有现金的动机是出于以下三种需求。

1. 交易性需求

交易性需求是企业为了维持日常周转及正常商业活动所需持有的现金额，如购买原材料、支付职工薪酬、分配股利等。由于企业每天都会发生的现金收入和现金支出很少会同时等额发生，生产季节性的变化会造成现金需要量的临时增加，有些偶然的、难以预测的交易活动（如临时增加生产设备）随时会发生，都要求企业必须保留一定的现金储备，才能满足这些交易活动的现金需要。

2. 预防性需求

预防性需求是指企业持有现金用于防止意外情况的发生。当意外事件发生时，会出现预料不到的开支，例如，地震、水灾、生产事故、债务人破产等致使到期现金不能回收，这些因素都难以预测，使企业不得已需要储备一定的现金以防不测。尽管财务主管试图利用各种方式来较准确地估算企业需要的现金数额，但这些突发事件会使原本很好的财务计划失去效果。因此，企业为了应付突发事件，有必要维持比日常正常运转所需要金额更多的现金。预防性现金的数量一般取决于以下四个因素：① 现金流量的不确定性或现金收支预测的可靠性程度；② 企业的临时借款能力；③ 企业持有的有价证券的变现能力；④ 企业愿意承担的风险程度。

3. 投机性需求

投机性需求是指企业为了抓住突然出现的获利机会而持有的现金，例如，通过证券市场、期货市场或其他实物资产交易市场进行投机，获取投机收益。当证券行情高涨而投资证券有利可图时，企业就会动用投机性储备的现金。但就一般企业而言，保持一定数量现金储备的主要目的不是满足投机的需求，如果遇到不寻常的购买机会，企业会想方设法筹集临时资金以获取投机收益。

（二）现金管理的目的

如果缺乏必要的现金，企业的某些现金需求就无法得以满足，经济利益就会遭受损失，由此而造成的损失称为现金短缺成本。现金短缺所产生的后果主要是丧失购买机会所带来的经济利益，经常性的现金短缺还可能造成信用损失和得不到现金折扣的好处。失去信用而造成的损失往往难以准确计量，其影响非常大，有可能导致材料供应商拒绝供货、银行拒绝提供贷款等不良后果；严重时可能会使企业面临资金周转困难甚至无法偿还债务的危险，企业也因此有可能破产。

企业储备过量的现金，又会造成资金沉淀而不能投入周转，无法获取利润，使企业遭受经济损失。此外，在市场正常的情况下，一般来说，流动性强的资产收益率较低，这意味着企业应尽量少地置存现金，即使不将其投入本企业的经营周转，也应尽可能多地投资于企业外部以获取利益，例如，利用暂时闲置的资金购买短期证券以避免因资金闲置或被用于低收益资产而给企业造成损失。

通过上述分析可知，企业面临现金不足和现金过量两方面的威胁，企业现金管理的目的就是要在资产的流动性和盈利能力之间进行权衡，作出正确的选择，在保证企业正常运营及偿债的前提下，将现金余额降低到足以维持企业营运的最低水平，以获取最大的、稳定的、可靠的长期利润，达到企业价值的最大化。为了实现提高现金收益水平的目的，企业应建立完善的企业现金管理制度，运用科学合理的日常现金管理措施，用活用好现金资产；实施现金考核制度，分析一定时期现金变动的原因，提出改进措施，不断提高现金管理水平，全面推进企业管理水平的提高。

二、最佳现金持有量的确定

为将现金余额降低到足以保持企业营运的最低水平，企业除应编制好现金预算、确定现金收支的余缺，以便企业预先作出财务安排、防止因现金过剩或不足而造成不利影响外，还应确定最佳现金持有量。现金预算的编制必须尽量解决企业最佳现金持有量的问题，特别是在存在有价证券这一准货币的情况下，企业更应处理好二者的分割比例与转换关系，这样才能既保证了企业业务经营对现金的需要，又能对闲置的现金加以充分利用，取得最佳的现金管理效果。确定最佳现金持有量是现金管理工作的重要内容。确定最佳现金持有量的方法主要有成本分析模型、存货模型、随机模型和经验模型，现分别介绍如下。

（一）成本分析模型

成本分析模型是通过分析持有现金的成本，寻找使持有成本最低的现金持有量。公司持有现金的成本分为机会成本、管理成本和短缺成本三种。

1. 机会成本

现金的机会成本，是指企业因持有一定现金余额而丧失的再投资收益。再投资收益是企业不能同时用该现金进行有价证券投资所产生的机会成本，这种成本在数额上等于资本成本。现金持有量越大，机会成本就越高。假如某公司的资本成本为15%，年均持有现金100万元，则该企业每年现金的成本为15万元。机会成本属于变动成本，它与现金持有量的多少密切相关。企业为应对各种情况，需要持有一定量的现金，付出必要的机会成本是不可避免的，关键是将机会成本控制在合理的范围内，否则，持有现金从经济利益角度出发就不合算了。

2. 管理成本

现金管理成本是指对置存的现金进行管理而发生的费用。例如，管理人员的工资、安全措施费用、必要的设备添置费用等。现金管理成本的高低与企业现金持有量没有明显的关系，可以将其看做是固定成本。

3. 短缺成本

现金短缺成本是指企业由于现金持有量不足，又无法及时通过有价证券变现加以补充而给企业造成的损失。现金短缺成本随现金持有量的增加而下降，随现金持有量的减少而上升。现金短缺成本主要包括丧失购买机会的损失、信用损失、得不到折扣好处的损失、丧失偿债能力损失等。例如，市场上某材料即将大幅度提价，企业由于现金短缺而无法提前大量储备，致使丧失了购买机会，从而造成了以后高价购买材料的损失。企业现金短缺成本与持有现金数量成反方向变化。

能使以上三项成本之和最小的现金持有量，就是最佳现金持有量，如图12-2所示。

现金持有量与上述三种成本之间的关系是：现金持有量越大，机会成本越大，而短缺成本越小。管理成本是一种相对固定的费用，与现金持有量之间无明显的变化关系。最佳现金持有量的成本分析模型，就是对上述三项持有成本进行分析，使其总成本最小。最佳现金持有量的具体计算，可根据本行业先进水平和市场情况，制定多个现金持有方案，然后分别测算每个方案的投资报酬率和机会成本、管理成本、短缺成本，再从备选方案中选取总成本最低的方案，其对应的现金量就是最佳现金持有量。

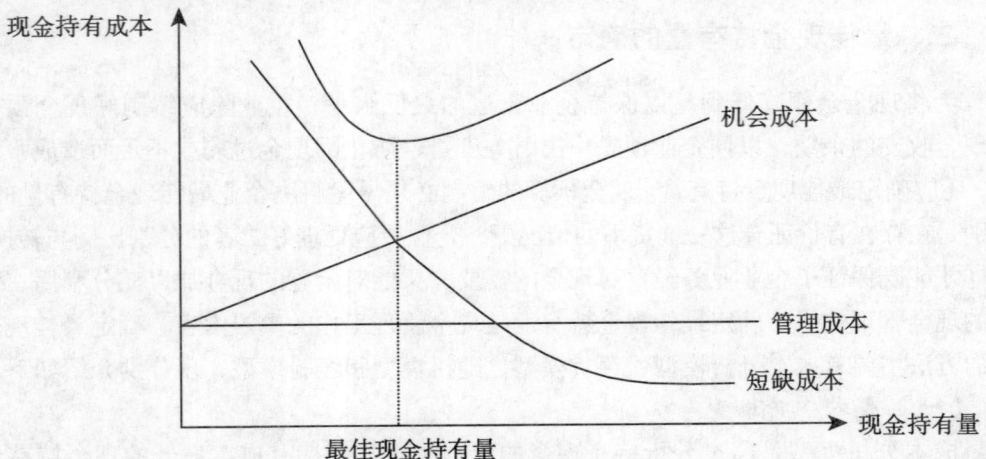

图12-2　现金持有量成本分析图

[**例12-1**] N公司有四个现金持有方案，根据测算投资报酬率为15%，它们各自的三项成本如表12-2所示：

表12-2　现金持有量备选方案及成本比较表　　　　　　　　　单位：元

方案 项目	甲方案	乙方案	丙方案	丁方案
现金持有量	100 000	150 000	200 000	250 000
机会成本	15 000	22 500	30 000	37 500
管理成本	30 000	30 000	30 000	30 000
短缺成本	40 000	20 000	0	0
总成本	85 000	72 500	60 000	67 500

由表12-2可知：甲方案现金持有量的总成本最高，丙方案现金持有量的总成本最低，因此，丙方案属于最佳的现金持有方案，其持有现金量200 000元属于最佳现金持有量。

（二）存货模型

存货模型是根据经济进货批量模型的基本原理来确定企业最佳现金持有量的。此方法主要解决的是现金资产的持有量与一定时期内企业有价证券最佳变现次数的关系。该模式是美国财务专家威廉·鲍默（Baumol Willian）于1952年用于现金管理的，所以又称为鲍默模型。

在预算期现金需求总量既定的条件下，现金与有价证券的分割比例或最佳现金持有量的影响因素主要有现金的持有成本以及有价证券与现金彼此之间的转换成本（又称交易成本）。持有成本是一种机会成本，这里通常用有价证券的平均收益率或银行贷款利率表示。转换成本是企业在转换有价证券或借入资金时，必须负担的一笔相对固定的交易成本，如委托买卖证券佣金、手续费、过户费等。这种成本与转换有价证券的次数有关，与借入资金的频率也有关。企业持有的现金余额越多，转换次数越少，转换成本就低；反之，转换成本就高。最佳现金持有量就是要在转换成本与持有成本之间作出最佳选择。

运用存货模型来确定最佳现金持有量，是以下假设为前提的：① 企业所需要的现金均可通过证券变现取得，且证券变现的不确定性很小；② 企业预算内现金需要量可以预测；③ 现金的支付过程比较稳定，波动性小，而且每当现金余额降至零时，均可通过部分证券变现得以补足；④ 证券的利率或报酬率以及每次的固定交易费用可以获悉。如果这些假设的条件基本得到满足，企业便可以利用存货模型来确定现金的最佳持有量。

存货模型可用图12-3表示。

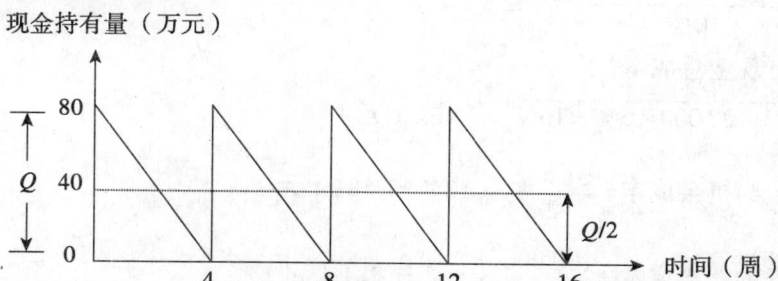

图12-3　最佳现金持有量的存货模型

从图12-3中可以看出，企业起始现金持有量 Q 等于80万元，每周现金流出超过流入为20万元，到第四周末的现金持有量降至零。这时企业必须出售有价证券或从银行贷款以补充现金，才能使现金持有量恢复到80万元的原有水平，再开始下一轮循环。如果企业持有120万元现金，则现金能维持6周经营的需要，企业就可以减少出售有价证券的次数，降低证券交易成本，即降低有价证券与现金之间的转换成本。在存货模型下，现金持有的总成本包括两部分：一是持有成本，即现金的机会成本；二是转换成本，即证券变现的交易成本。

现金持有成本表达式为：

$$持有成本 = \frac{Q}{2} \times K$$

式中，Q——企业起始现金持有量，也就是每次证券变现或贷款数额；

$Q/2$——企业平均现金持有量；

K——持有现金的机会成本，即有价证券的收益率或贷款利率。

转换成本表达式为：

$$转换成本 = \frac{T}{Q} \times F$$

式中，T——企业在一定时期所需要的现金总额；

F——每次转换有价证券的交易成本。

$$持有现金总成本（TC）= 持有成本 + 转换成本$$

$$TC = \frac{Q}{2} \times K + \frac{T}{Q} \times F$$

在持有现金的总成本中，持有成本与转换成本是反方向变动的。必须找到一个现金持有量使其总成本最低，这样就需要对公式中的 Q 求一阶导数，并令其导数为零，从而计算得到现金最佳持有量 Q^*。

$$Q^* = \sqrt{\frac{2 \times T \times F}{K}}$$

对应的最低持有现金总成本为：

$$TC = \sqrt{2T \times F \times K}$$

[例12-2] 华达公司2010年预计需要现金10万元，且在年内均衡支付，现金与有价证券的转换成本每次为500元，有价证券年平均收益率为10%，则其最佳现金持有量为：

$$Q^* = \sqrt{\frac{2 \times 100\,000 \times 500}{10\%}} = 31\,622（元）$$

最低持有现金总成本为：

$$TC = \sqrt{2 \times 100\,000 \times 500 \times 10\%} = 3\,162（元）$$

持有现金的机会成本 $= \dfrac{31\,622}{2} \times 10\% = 1\,581（元）$

有价证券的转换成本 $= \dfrac{100\,000}{31\,622} \times 500 = 1\,581（元）$

$$有价证券转换次数 = \frac{100\,000}{31\,622} = 3.16（次）$$

$$有价证券转换间隔期 = \frac{360}{3.16} = 114（天）$$

（三）随机模型

存货模型假设企业各期现金的收支是稳定的、企业一定时期对现金需要的总量是可以预测的。但如果这两个条件不能满足的话，则可以考虑随机模型。随机模型是在现金需求量难以预知的情况下进行现金持有量控制的方法。随机模型是由默顿·米勒（Miller Merton）与丹尼尔·奥尔（Orr Daniel）于1966年首先提出的，因此又称作米勒—奥尔模型，这是他们将存货模型的简单假设与企业现金收付的实际情况相比较后提出的。

该模型假设企业无法确切地预知每日的实际现金收支状况，只是规定了现金持有量的上下限，并据此判定企业在现金和有价证券之间转换的时间和数量，如图12-4所示。

当企业每天实际的现金持有量在上下限之间变动时，表明企业的现金储备处于一个合理的范围内，无须进行调整。但当企业现金持有量在t_1时点达到控制上限（H）的A点时，表明企业的现金持有量超出了合理的范围，企业应动用现金购买有价证券，使企业现金持有量回落到现金返回线（R）水平；当企业现金持有量在t_2时点达到控制下限（L）的B点时，表明企业的现金持有量太少，企业应转让有价证券换回现金，使企业现金持有量回升至现金返回线（R）水平，以保证企业生产经营的需要。

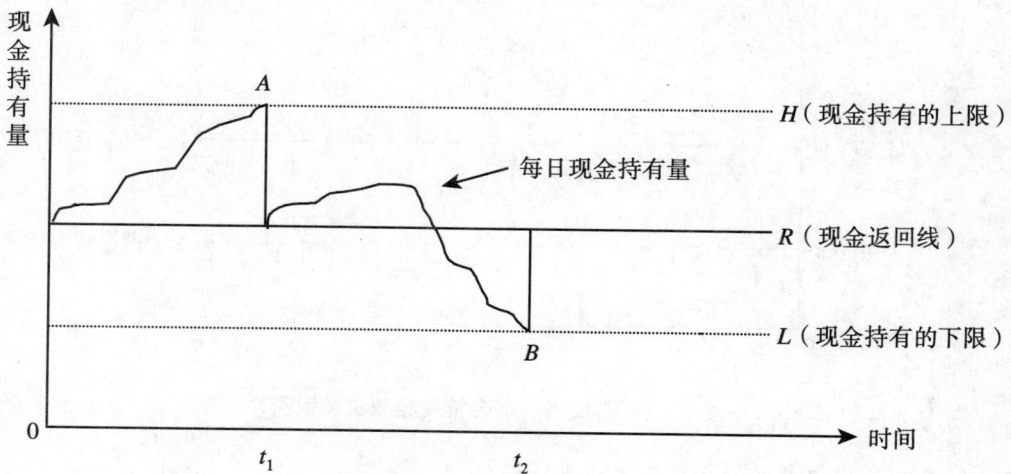

图12-4　现金持有量随即模式

上述关系中H和R可由下列公式计算：

$$R = \sqrt[3]{\frac{3F\alpha^2}{4i}} + L$$

$$H = 3R - 2L$$

式中，F——每次有价证券的固定转换成本；

$\quad\quad i$——有价证券的日利息率；

$\quad\quad \alpha$——预测每日现金持有量变化的标准差（可根据历史资料预测）；

L的确定要受到企业每日最低现金需要、管理人员的风险承受倾向等因素的影响。

[**例12-3**] 假设有价证券的日利率为0.02%，每次固定转换成本为50元，企业认为任何时候其现金持有量都不能低于10 000元，又根据以往经验测算出现金持有量波动的标准差为100元。最优现金返回线R、现金控制上限H的计算为：

$$R=\sqrt[3]{\frac{3\times50\times100^2}{4\times0.02\%}}+10\,000=11\,233.11（元）$$

$$H=3R-2L=3\times11\,233.11-2\times10\,000=13\,699.33（元）$$

通过计算可知，当企业持有的现金量为13 699.33元时，说明企业持有的现金量超出了合理的范围，应动用2 466.22元（13 699.33–11 233.11）的现金去购买有价证券，使现金回落至11 233.11元；当企业持有的现金量为10 000元时，说明企业持有的现金量不足，则应转让1 233.11元（11 233.11–10 000）的有价证券以换取现金，使现金持有量上升至11 233.11元。这可以用图12-5表示。

随机模式建立在企业未来的现金需求总量和收支不可预测的前提下，因此计算出来的现金持有量偏于保守。

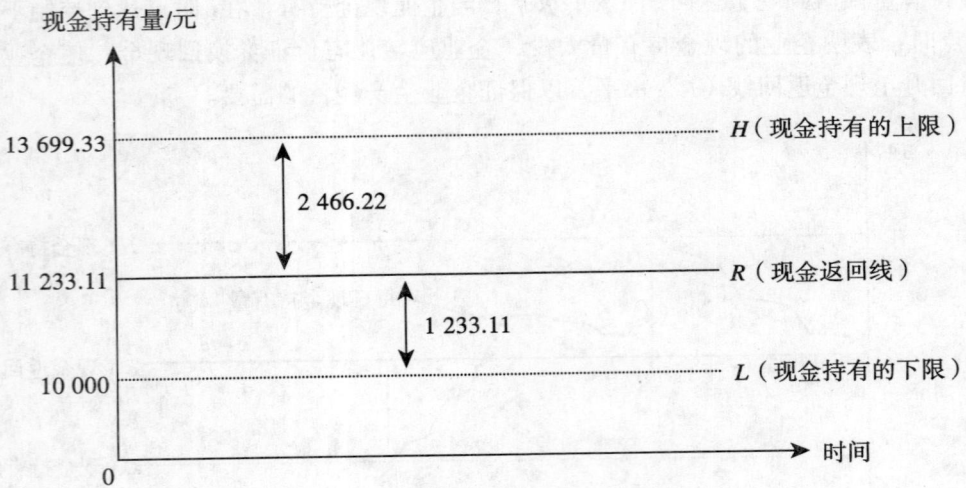

图12-5　现金持有量随机模型图

（四）经验模型

成本分析模型、存货模型和随机模型是西方国家运用得比较多的方法，主要是西方国家证券市场发达，现金可以与证券随时自由转换。但中国的证券市场还不完善，上述三种模型应用起来还有一定的困难，我们可以用经验模型公式来确定企业的最佳现金持有量。

最佳现金持有量=（上年现金持有量–不合理占用）×（1±营业收入变化%）

[**例12-4**] S公司2009年平均占用现金为500万元，经分析，其中原材料不合理储备为10万元，预计2010年的营业收入将增长20%，则2010年公司的最佳现金持有量为：

最佳现金持有量=（上年现金持有量–不合理占用）×（1±营业收入变化%）

= （5 000 000–100 000）×（1+20%）=5 880 000（元）

三、现金的日常收支管理

（一）现金周转期

现金周转期是指企业从购买材料支付现金到销售商品收回现金的时间。企业进行产品的生产，首先要购买原材料，材料的货款并不是购买的当天就付出，这一延迟的时间就是应付账款的周转期。企业对原材料进行加工，最终将其转变为产成品并将之卖出。这一时间段被称为存货周转期。产品卖出到收到顾客支付货款这一时间段被称为应收账款的周转期。现金周转期就是存货周转期与应收账款周转期之和减去应付账款的周转期。各时间段的具体划分如图12-6所示。

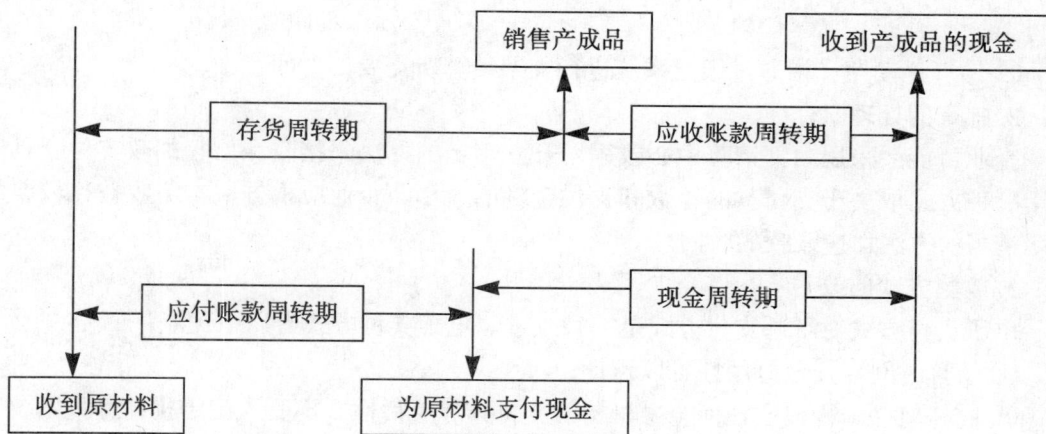

图12-6　现金周转期图

现金周转期用公式表示为：

现金周转期=存货周转期+应收账款周转期–应付账款周转期

其中，

$$存货周转期=\frac{平均存货}{每天的销货成本}$$

$$应收账款周转期=\frac{平均应收账款}{每天的销货收入}$$

$$应付账款周转期=\frac{平均应付账款}{每天的购货成本}$$

现金周转期越长，现金周转越慢。企业要缩短现金周转期，可以从以下方面着手：加快制造与销售产成品的时间，减少存货周转期；加快应收账款的回收速度，缩短应收账款周转期；减缓应付账款的支付时间，延长应付账款周转期。

（二）现金收款管理

现金收款管理的目的是尽可能缩短现金的收账时间，加速现金的周转。

1. 收账的流动时间

一个高效率的收款系统能够使收款成本和收款浮动期达到最小，同时能够保证与客户汇款及其他现金流入来源相关的信息的质量。收款系统成本包括浮动期成本、管理收款系统的相关费用（如银行手续费）及第三方处理费用或清算相关费用。在获得资金之前，收款在途项目使企业无法利用这些资金，这会产生机会成本。信息的质量包括收款方得到的付款人的姓名、付款的内容和付款时间。信息要求及时、准确地到达收款方，以便收款人及时处理资金，作出发货的安排。

收款浮动期是指从支付开始到企业收到资金的时间间隔。收款浮动期主要是纸基支付工具导致的，有下列三种类型。

① 邮寄浮动期：指从付款人寄出支票到收款人或收款人的处理系统收到支票的时间间隔。

② 处理浮动期：指支票的接受方处理支票和将支票存入银行以收回现金所花费的时间。

③ 结算浮动期：指通过银行系统进行支票结算所需要的时间。

2. 邮寄的处理

企业可能会采用内部清算中心或采用开立锁箱的办法来接收和处理邮政支付。具体采用哪种方式取决于支付款的笔数和支付金额的大小。企业应根据成本与收益比较原则选用适当的方法加速账款的收回。

3. 收款方式的改善

电子支付方式对纸基支付方式是一种改进。电子支付方式有以下优点：

① 结算时间和资金可用性可以预计；

② 向任何一个账户或任何金融机构的支付具有灵活性，不受人工干扰；

③ 客户的汇款信息可与支付同时传送，更容易更新应收账款；

④ 客户的汇款从纸基方式转向电子方式，减少或消除了收款浮动期，降低了收款成本，收款过程更容易控制，并且提高了预测精度。

（三）现金付款管理

现金付款管理是在合法合理的前提下，尽可能延缓现金的支出时间。企业可从以下方面进行。

1. 使用现金浮游量

现金浮游量是指由于企业提高收款效率和延长付款时间所产生的企业账户上的现金余额和银行账户上的企业存款余额之间的差额。

2. 推迟应付款的支付

推迟应付款的支付，是指企业在不影响自己信誉的前提下，充分运用供货方所提供的信用优惠，尽可能地推迟应付款的支付期。

3. 商业汇票代替支票

商业汇票分为银行承兑汇票和商业承兑汇票，它与支票不同的是，商业汇票不是见票即付，推迟付款期最长可达六个月。商业汇票结算的优点是推迟了企业调入资金支付票额的实际所需时间，其缺点是某些供应商可能不喜欢商业汇票结算付款。采用银行承兑汇票结算，银行会收取较高的手续费用。

4. 争取现金流出与现金流入同步

企业应尽量使现金流出与现金流入同步，这样，就可降低交易性现金余额，同时可以减少有价证券转换为现金的次数，提高现金的利用效率，节约转换成本。

5. 使用零余额账户

企业与银行合作，保持一个主账户和一系列子账户。企业只在主账户上保持一定的安全储备，而子账户上并不需要保持安全储备。当从某个子账户签发的支票需要现金时，所需要的资金立即从主账户划拨过来，从而使更多的资金可以用作他用。

企业若能有效控制现金支出，同样可带来大量的现金结余，控制现金支出的目标是在不损害企业信誉条件下，尽可能推迟现金的支出。

第三节　应收账款管理

一、应收账款管理的目的

应收账款是企业因对外销售商品、材料、提供劳务及其他原因，应向购货单位、接受劳务的单位以及其他单位收取的款项，包括应收销货款、其他应收款、应收票据等。发生应收账款的主要原因是商业竞争。

（一）应收账款的功能

1. 增加销售功能

在市场竞争比较激烈的情况下，赊销是促进销售的一种重要手段，特别是购买单位资金紧张、银根紧缩、市场疲软的情况下，赊销的促销作用是十分明显的。在企业销售新产品、开拓新市场时，赊销效果尤其突出。

2. 减少存货功能

企业采用较为优惠的信用条件进行赊销，会促使购买者产生购买冲动，从而把企业库存的存货销售出去，转化为应收账款，这样，既增加了营业收入，又可减少仓储费用、管理费用和财产保险费用等。

（二）应收账款的成本

企业持有应收账款也要付出一定的代价。

1. 应收账款的管理成本

应收账款的管理成本主要是指进行应收账款管理时所增加的费用，包括调查顾客信用状况的费用、收集各种信息的费用、账簿的记录费用、收账的差旅费用及通信费用等。

2. 应收账款的机会成本

应收账款的机会成本是指企业由于资金被应收账款占用而导致丧失的其他投资收益。应收账款的机会成本一般按银行贷款利率或有价证券的收益率来计算。

3. 应收账款的坏账成本

应收账款的坏账成本是指企业由于应收账款收不回而产生坏账所带来的经济损失。

应收账款的坏账成本一般与企业的信用条件有关，与应收账款金额的大小成正比。

（三）应收账款管理目的

应收账款的收益与成本是并存的。企业应收账款管理的目的，就是要在应收账款信用政策放宽所增加的营业利润与增减的成本之间进行权衡，以便确定适当的信用政策，提高企业的经济效益。也即在利用应收账款提高公司的竞争力、充分发挥应收账款功能的同时，通过制定恰当的信用标准、信用条件和收账措施，尽可能降低应收账款的管理成本、机会成本和坏账成本，最大限度地提高应收账款的投资收益，加快存货和应收账款的周转速度。

二、信用政策

信用政策又称应收账款管理政策，是企业对应收账款进行规划和控制的基本策略与措施，包括信用标准、信用条件和收账政策三个方面，也是应收账款控制的主要内容。

（一）信用标准

信用标准是客户获得企业商业信用所应具备的最低条件，通常以预期的坏账损失率作为判别标准。如果企业提供的信用条件偏严，只对信誉良好、资金实力雄厚的顾客给予赊销，则会减少坏账损失和应收账款的机会成本，但却会造成销售额下降，影响收入总量；反之，如果企业提供的信用条件偏宽，虽然会增加企业的营业收入，但会增加坏账成本和应收账款的机会成本。企业要确定最优的信用标准，应在信用的边际成本同增加营业额的边际利润之间作出合理的选择。

1. 影响信用标准的因素分析

企业在制定或选择信用标准时应考虑三个因素：① 同行业竞争对手的情况；② 企业承担违约风险的能力；③ 客户的资信程度。对客户资信程度的判断方法主要有两种。

（1）估计坏账

信用成本和信用质量是相互联系的，判断客户的信用质量至关重要。一般可用坏账损失率来估计，常用的方法有应收账款余额百分比法、账龄分析法、赊销百分比法。

（2）信用品质判断的"6C"系统

"6C"系统是用于评价信贷风险、决定是否提供信用的6个基本条件，包括客户的信用品质（character）、偿付能力（capacity）、资本（capital）、抵押品（collateral）、经济状况（conditions）和连续性（continuity）。

客户的信用品质也称信誉，是指客户试图履行其偿债义务的诚意。品质是评估中最为重要的因素，通常可以通过了解企业过去的付款记录来判断企业的品质。偿付能力是指客户的偿债能力，判断的主要依据通常是客户的偿债记录、经营手段以及对客户的工厂与公司所作的实地考察。资本是指企业的总体财务状况和资本实力，例如，客户的资产负债率、流动比率、速动比率、产权比率、已获利息倍数和投资利润率等，其中应重点关注的是企业的有形净资产。抵押品是指客户为了获得交易信用提供给企业用于担保的资产。经济状况是指可以影响客户偿债能力的一般经济趋势及某些地区或经济领域的特殊发展的影响。连续性是指公司的经营政策及财务政策是否保持连续。

2. 信用标准的确定

信用标准的确定是通过对信用标准的定量分析进行的，目的在于确定客户拒付款项的风险，以便具体确定客户的信用等级，作为给予或拒绝客户信用的依据。信用标准的确定必须严谨而务实，具体做法如下。

（1）获取客户信息资料

只有掌握了客户的第一手信息资料，并客观地加以分析，才能确定客户拒付账款的风险和信用等级。客户信息资料来源渠道有以下几个。① 客户公开的财务资料，如资产负债表、利润表、现金流量表、所有者权益变动表和报表附注等。这些财务信息可以从企业提供的公开财务报告中获取，但是否完全真实可靠，还有待于核实。② 客户所在的开户银行或贷款支持银行。但银行出于商业秘密考虑，往往不愿意提供这些信息。③ 中介机构。企业资本验资、年度财务报告审查、财产评估、信用评估等，都要由中介机构出具公平、公正的报告。这些评估报告是很重要的信息资料，但资料的取得有难度。④ 客户业务合作的对象。客户业务合作对象提供的信息代表了与该客户进行往来的直接评价和看法，只要是客观的，就是最有用的信息。⑤ 委托专业机构调查。例如，委托企业信息调查公司进行专业调查，以获取客户的信用资料，了解客户真实的财务实力。

（2）设立信用等级的评价标准

设立信用等级的评价标准是根据对客户信用资料的调查分析确定的。对信用信息的分析应从反映客户偿债能力的相关财务指标入手，重点考虑资产流动性、资产周转率和获利能力，依据行业一般规范来设定信用的评价标准和评价指标。具体如表12-3所示。

表12-3 企业信用评价标准参照表

评价指标	信用标准	
	信用好	信用差
资产负债率	0.4 : 1	0.7 : 1
流动比率	2 : 1	1 : 1
速动比率	1.5 : 1	0.8 : 1
已获利息倍数	3.5 : 1	2 : 1
有形资产净值债务率	3 : 1	1.5 : 1
存货周转率	8次	4次
资产利润率	20%	5%
赊购付款履约率	按时履约付款率100%	按时履约付款率50%

（3）根据收集的客户信用资料，计算信用指标值并与上述标准比较，分析拒付的风险

比较方法如下：① 若某客户的某项指标值≤差的信用标准，则该客户的拒付风险系数增加10%；② 若差的信用标准<若某客户的某项指标值<好的信用标准，则该客户的拒付风险系数增加5%；③ 若好的信用标准≤若某客户的某项指标值，则该客户的拒付风险系数为零。将计算得到的客户拒付风险系数进行累加，作为该客户发生坏账损失的总比率，以便确定客户的信用等级。举例说明A客户的各项指标值及累计风险系数，如表12-4所示。

表12-4　A客户信用指标值及累计风险系数

评价指标	指标值	拒付风险系数
资产负债率	0.5：1	5%
流动比率	2.2：1	0
速动比率	1.8：1	0
已获利息倍数	3：1	5%
有形资产净值债务率	3.5：1	0
存货周转率	7次	5%
资产利润率	30%	0
赊购付款履约率	按时履约付款率90%	5%
累计拒付风险系数		20%

从表12-4中可以看出，客户的流动比率、速动比率、有形资产净值债务率、资产利润率四个信用指标值为好信用，而资产负债率、已获利息倍数、存货周转率、赊购付款履约率四个信用指标值处于好信用与差信用之间，预期该客户可能发生的坏账损失率为20%。企业设置信用评价指标越多，所得到的客户信用好或差的评价结论越接近实际，对企业制定信用政策和信用条件越有利。拒付风险系数由企业自行确定，没有统一的标准，只要有利于企业详尽地对客户的拒付风险作出正确判断就行。

（4）进行风险排队，并确定客户的信用等级

依据收集到的客户信用资料，按照客户累计拒付风险系数的大小进行排队（由大到小或由小到大）。根据企业能够承受付款违约风险的能力以及市场竞争态势，具体划分客户的信用等级。例如，累计拒付风险系数在10%以内的为一级客户，在10%~20%之间的为二级客户，超过20%的为三级客户（假设为公司不提供信用政策的客户）。对于不同信用等级的客户，分别采取不同的信用政策，包括拒绝或接受客户信用订单，以及给予不同的信用优惠条件或附加某些限制性条款等。

对信用标准进行定量分析，有利于企业提高应收账款投资的决策效果。但由于实际情况比较复杂，同一指标的相同数值往往存在着很大的差异，实际中很难按照统一的标准进行衡量。因此，企业财务决策必须在对客户各项指标内在质量进行充分调查与分析的基础上，结合以往经验，作出合理、科学的决策。

（二）信用条件

信用条件是指企业要求客户支付赊销账款的条件。一般包括信用期限、折扣期限和现金折扣。

1. 信用期限

信用期限是企业要求客户付款的最长时限，只要客户在此时限内付款，企业即认为该客户没有违约，属于信誉好的客户。企业提供信用期限客观上刺激了客户的消费欲望，提高了销售额，但同时也增加了企业应收账款的机会成本、管理成本，并加剧了坏账损失风险。因此，最优的信用期限是根据销售增加所带来的边际收益与边际成本而确定的，即使得边际收益率最大的时限为企业提供的最优信用期限。

2. 折扣期限和现金折扣

折扣期限是指企业为客户规定的可享受现金折扣的付款时限。现金折扣是客户在折扣

期限内付款所得到的优惠待遇。企业提供现金折扣既有利于增加销售额，又能降低应收账款的余额，从而减少坏账损失的风险，但提供现金折扣也要付出相应的成本，即现金折扣所带来的价格损失。如果加速应收账款周转速度所带来的机会收益大于现金折扣的价格损失，企业就愿意提供现金折扣政策或延长折扣期限，以求扩大销售市场或抢占更多的市场份额。

（三）收账政策

收账政策是指企业应对客户违反信用政策和信用条件所采取的收账对策与措施。客户违反信用政策和信用条件时，会造成企业的应收账款余额超过企业的预期，加大坏账损失风险。一般来说，企业在为客户提供商业信用时就要考虑该客户是否会拖延付款，甚至拒绝付款或无力付款，而这主要是通过前述的客户信用品质调查和严格的信用审批制度等来防范的。企业信用调查的范围总是有限的，不可能百分之百正确，总会有客户违反信用政策和信用条件。因此，制定合理的收账政策是十分必要的，可以大大降低产生坏账损失的风险。

通常，对于拖欠时间较短的客户，可以采用电话等委婉方式提醒客户，不宜马上进行催收，以免将来失去这一现成的客户资源；对于拖欠时间稍长的客户，则可以通过信函、电报或上门进行催收；对于拖欠时间较长的客户，则可以通过措辞严厉的信函、电报或上门进行催收；对于拖欠时间很长的客户，则可以通过律师函进行催收，必要时提请仲裁机构进行仲裁或提起法律诉讼解决。

收账政策的宽严程度不同，所涉及的成本和收益也不同，宽松的收账政策可以减少收账费用，但会增加坏账成本和机会成本；严格的收账政策可以减少坏账成本和机会成本，但会增加收账费用。因此，企业对收账政策的选择，需要在收账费用与坏账成本和机会成本之间进行权衡。

三、应收账款投资决策

应收账款投资决策就是企业依据信用政策和市场竞争的需要，作出是否改变信用政策和信用条件、可否接受客户的信用订单以及应当采取怎样的收账方案的决策选择。

（一）信用政策和信用条件决策

如前所述，信用政策和信用条件的改变，必然会对收益和成本两个方面产生影响。因此，决策的思路就是通过比较信用政策、信用条件调整前后收益和成本的变动，遵循边际收益大于边际成本的原则，作出方案的选择。具体方法有差量分析法和净现值法。

1.差量分析法

差量分析法的具体步骤如下。

（1）计算差量收益

确定信用标准放宽后增加营业收入所相应增加的边际贡献；提高现金折扣后加速账款的回收所相应减少的机会成本、管理成本和坏账成本。注意固定成本在相关范围内是不变的。

（2）计算差量成本

确定信用标准放宽后增加应收账款的机会成本、坏账成本和收账费用；确定由于提高现金折扣直接导致的现有营业收入较原方案减少的差额。

（3）计算差量损益，确定信用政策

确定信用标准放宽后所增加的差量收益与差量成本的差额，如果差量损益大于零，则可以进一步放宽信用标准或信用条件；如果差量损益小于零，则应收缩信用标准或信用条件。

[**例12-5**] 某企业现在采用20天按发票金额95%付款的信用政策，假设该企业尚有生产能力和足够的现金储备，拟将信用政策放宽至50天，按发票金额95%付款。该企业最低的投资报酬率为30%，收账费用和坏账损失率按赊销额的一定比率计算，相关数据如表12-5所示。

表12-5 差量收益分析有关数据及其计算表

信用期/（天） 项目	20	50
销售量（件）	200 000	300 000
销售额（10元/件）	2 000 000	3 000 000
现金折扣（元）	100 000	150 000
销售成本		
其中：变动成本（5元/件）	1 000 000	1 500 000
固定成本（元）	400 000	400 000
毛利（元）	500 000	950 000
可能发生的收账费用（元）	2 000 000×0.8%=16 000	3 000 000×1.2%=36 000
可能发生的坏账损失（元）	2 000 000×1%=20 000	3 000 000×3%=90 000

根据表12-5资料，分别计算差量收益、差量成本和差量损益。

第一步，计算差量收益。

增加的差量收益=增加的销售量×增加的单位边际贡献

$$=（300\ 000-200\ 000）×（10-5）$$

$$=500\ 000（元）$$

第二步，计算差量成本。

计算差量机会成本。在信用政策改变后，变动成本是企业唯一必须另筹资的成本要素，所以在计算应收账款的机会成本时，只将变动成本作为企业在应收账款上的投资。

应收账款机会成本=应收账款占用资金×机会成本率

应收账款占用资金=应收账款平均余额×变动成本率

应收账款平均余额=日销售额×平均收现期

20天信用期机会成本=$\dfrac{2\ 000\ 000}{360}×20×30\%=33\ 333$（元）

50天信用期机会成本=$\dfrac{3\ 000\ 000}{360}×50×30\%=125\ 000$（元）

增加的机会成本=125 000-33 333=91 667（元）

计算差量的收账费用和坏账成本：

增加的收账费用=36 000-16 000=20 000（元）

增加的坏账成本=90 000-20 000=70 000（元）

计算现金折扣差额：

增加的现金折扣=150 000−100 000=50 000（元）

增加的成本费用总额=91 667+20 000+70 000+50 000=231 667（元）

第三步，计算差量损益。

改变信用期后增加的净损益=500 000−231 667

$$=268\ 333（元）$$

由于增加边际收益大于增加的边际成本，所以企业可以采用50天信用期的信用政策。

2. 净现值法

美国财务学者萨托斯·希尔（Sartoris—Hill）还提出了用净现值法评估信用期限和整个信用政策的模型。其基本原理是信贷政策的变化影响了收款期，进一步影响了总营业额和生产量，从而改变了这些领域里现金流量的水平和时间。他们提出对不同的信用政策作净现金流的分析，是把流动资产管理的各要素同企业价值最大化的目标连续起来，通过计算信用政策变化所产生的营业净现值，来说明价格、成本、现金折扣、坏账损失、现金流量的时间选定、存货和销售增加之间的关系。净现值法用公式表示为：

$$NPV = \frac{PQ(1-b)}{(1+K)^t} - CQ$$

式中，NPV——企业日营业净现值；

P——产品售价；

Q——产品的日销售量；

b——坏账损失率；

K——日利率；

C——产品的单位成本；

t——平均收账期。

［例12-6］某企业原来提供信用期为20天的商业信用政策，每日销售量100件，每件售价50元，单位成本30元，平均收账期40天，坏账损失率为5%。为应对竞争，扩大销售，拟将提供信用期改成为50天，平均收账期60天，每日销售量将达到120件，售价和单位成本不变，坏账损失率上升至8%，若目前日利率为0.02%，请确定是否采用新的信用政策？

根据上述资料，测算两种信用政策方案的日现金净现值。

信用期为20天的日现金净现值：

$$NPV_1 = \frac{50 \times 100 \times (1-5\%)}{(1+0.02\%)^{40}} - 30 \times 100 = 1\ 712（元）$$

信用期为50天的日现金净现值：

$$NPV_2 = \frac{50 \times 120 \times (1-8\%)}{(1+0.02\%)^{60}} - 30 \times 120 = 1\ 855（元）$$

信用政策改变后的现金净现值（1 855元）大于原信用政策的现金净现值（1 712元），故企业应改变原有的信用政策或信用标准。

（二）客户信用订单的拒绝或接受决策

当客户提出赊购订单时，企业必须对此作出拒绝或接受的选择。决策思路为：假设接受客户赊购订单，比较其所获得的收益与可能付出的成本代价，若收益大于成本则可以接受客户的订单；若收益小于成本则拒绝接受客户的订单。

接受客户信用订单的计算公式为：

$$增加的边际收益=单位边际贡献×订单数量×（1-坏账损失率）$$

$$增加的边际成本=坏账成本+机会成本+管理费用$$

$$坏账成本=赊销单价×订购数量×预期坏账损失率$$

$$机会成本=单位变动成本×订购数量×投资报酬率×\frac{应收账款平均收款期}{360}$$

应收账款的管理费用可视为固定成本。

判断准则：如果接受客户信用订单所获得的边际收益大于边际成本，说明接受订单是可行的；反之，边际成本大于边际收益，则应拒绝接受客户订单。

[例12-7] 某企业出售A产品，售价500元/台，单位变动成本400元/台，应收账款年投资报酬率为30%。有一客户提出赊购50件A产品，该客户信用等级为C级，试判断是否接受该客户的订单？如果客户订单追加至100件，又应如何决策？有关资料见表12-6。

表12-6 信用等级及相应指标

信用等级	应收账款平均收款期（天）	应收账款管理费用（元）	坏账损失率
A（优级）	30	500	0
B（良好）	45	1 000	5%
C（一般）	60	1 500	10%
D（劣级）	90	6 000	30%

假设接受客户提出赊购50件A产品的信用订单，则：

增加的边际收益=（500-400）×50×（1-10%）

$\qquad$ =4 500（元）

增加的边际成本=500×50×10%+400×50×30%×$\frac{60}{360}$+1 500

$\qquad$ =5 000（元）

假设接受客户提出赊购100件A产品的信用订单，则：

增加的边际收益=（500-400）×100×（1-10%）

$\qquad$ =9 000（元）

增加的边际成本=500×100×10%+400×100×30%×$\frac{60}{360}$+1 500

$\qquad$ =8 500（元）

通过计算可知，当客户提出信用订购50件A产品时，由于边际收益（4 500元）小于边际成本（5 000元），企业应该拒绝客户订单；但当客户提出信用订购100件A产品时，由于边际收益（9 000元）大于边际成本（8 500元），企业应该接受客户订单。

上述分析是企业同客户初次进行交易时，对是否应该向客户提供信用而进行的决策。当客户的订单不止一份，而是在一定时期内连续有多份时，为了避免重复地对客户进行信用分析和信用标准的评估，就可根据测定值对不同的客户制定相应的信用额度。只要该客户在决策期内累计赊购额不超过信用额度上限，企业就可以接受客户多份连续订单，这样可以大大减少评估工作量。当然，企业应根据实际情况不断地修正信用额度和信用标准，有效降低可能产生的坏账损失风险。

（三）应收账款收账决策

当客户违约而不按时或拒绝付款时，企业就必须依据收账政策来制定具体的收账方案，以尽可能低的代价回收应收账款，最大限度地减少坏账损失。应收账款收账决策就是在收账费用的增加与坏账成本的减少之间进行利弊的权衡。

在一定的期限内，催账措施越得力就会产生越多的催账费用，应收账款的坏账成本和机会成本也会越低，但两者并非呈线性关系，它们之间的关系是：① 最初支付的催账费用不会导致坏账成本和机会成本大量减少；② 催收力度加大，催收费用陆续增加，应收账款的坏账成本和机会成本会有较大幅度的减少，相互之间影响力越来越大；③ 催收费用增加到一定程度后，对应收账款的坏账成本和机会成本影响力减弱，甚至无效果。合理的收账政策应该避免使收账费用达到或超过这个饱和点。判断催账费用是否已达到饱和点的基本方法是：随着催账费用支出效果的减弱，如果呆坏账的边际减少额加上其边际再投资收益等于催账费用的边际增加额时，一般认为催账费用已达到饱和点。企业就不应该再投入资金用于催账。

[**例12-8**] 某企业有甲、乙、丙三个收账方案，假设企业全年应收账款为200万元，机会成本率为8%，根据表12-7所示，分析并确定最优的收账方案。分析结果见表12-8所示。

表12-7　收账决策分析数据

项目	收账方案		
	甲	乙	丙
收账费用（元）	20 000	35 000	52 000
平均收账期（天）	72	45	36
坏账损失（元）	50 000	30 000	15 000
应收账款周转次数（次）	5	8	10
应收账款平均余额（元）	400 000	250 000	200 000
机会成本（元）	400 000×8%=32 000	250 000×8%=20 000	200 000×8%=16 000

表12-8　收账政策比较分析表　　　　　　　单位：元

项目	甲方案	乙方案	丙方案
坏账损失节约额	—	20 000	35 000
机会成本节约额	—	12 000	16 000
坏账损失和机会成本节约额合计	—	32 000	51 000
收账费用增加额	—	15 000	32 000
可获收益额	—	17 000	19 000

通过表12-8中数据可知，丙方案可获收益额最大，是最优的收账方案。

（四）应收账款投资决策应考虑的其他因素

在生产经营活动中，企业在制定信用政策时可能考虑的因素更多，除了将信用期限、现金折扣、信用标准、收账政策等因素作为一个系统来加以考虑外，尚需考虑以下因素。

1. 企业的生产经营能力

企业制定相对宽松的信用政策，从理论上分析可以扩大销售额，但企业生产能力能否扩大，受到资金、技术和人才的限制。市场是否能够接受和容纳企业的增产规模，扩大产销规模后是否需降低产品的价格，这些都是基本的制约因素，企业必须对现有的各种因素作出预计后，才能合理地进行信用政策的决策。

2. 外部市场经济环境

外部环境主要是指本行业的信用政策惯例、竞争对手的信用政策、商品市场和资金市场上的有关情况等，这些因素影响着企业销售收入实现的可能性。

3. 需要对原有的信用政策及其实施成效进行全面评估

通过对原有的信用政策及其实施成效进行全面评估，可以总结经验，发现问题，并在原有信用政策的基础上，制定适合未来生产经营所需要的新的信用政策。新的信用政策应与原有的信用政策保持连续性，将不合乎市场和销售需要的部分进行修订，全面考虑企业承受能力和抵御坏账风险的能力。

通过上述分析可知，信用政策事关企业经营活动的全局，为了保证信用政策合理、科学而有效地执行，企业应设立专门的信用管理机构或指定专人负责，定期对正在执行的信用政策进行评估，由企业最高决策机构根据评估结论，作出合适的、符合企业和市场需要的信用政策。

四、应收账款日常管理

对于应收账款的管理除应做好投资决策工作外，还必须采取有力措施做好以下几个方面的日常管理工作。

（一）建立应收账款收现控制标准和应收账款责任制

1. 应收账款收现水平控制标准

应收账款的回收，不仅仅在于避免了坏账损失发生的可能，更为直接的意义是要满足企业同期必需的现金支付要求，特别是满足具有刚性约束的纳税债务及不得延期或调换的一般性到期债务偿付的需要。因此，企业必须对应收账款收现水平制定一个必要的控制标准，即确定应收账款收现保证率。应收账款收现保证率是为符合企业现金收支匹配关系的需要所确定的有效收现的账款占全部应收账款的百分比，是企业应保持的最低应收账款收现比例。其计算公式为：

$$应收账款收现保证率 = \frac{当期必要现金支付总额 - 当期其他稳定取得的现金流入总额}{当期应收账款总额}$$

式中的当期其他稳定取得的现金流入总额是指企业从应收账款收现以外的途径可以取得的现金流入数额，包括有价证券变现净额、上期现金留存数额、银行贷款或民间融资等。应收账款收现保证率指标反映了企业既定会计期间预期必要现金支付额扣除其他途径现金流入后的差额，是必须通过应收账款有效收现予以弥补的最低保证程度，是企业控制应收账款收现水平的基本依据。

2. 实行限额、限时管理，建立健全收款岗位责任制

限额管理就是根据应收账款与商品销售额的一定关系，结合计划期商品销售数量，确定出应收账款的目标限额，并据以控制应收账款的发生。应收账款限额可以在上期基础上经过分析推算得到，其计算公式为：

$$应收账款目标限额=\frac{上期应收账款平均余额-不合理占用}{上期实际商品销售额}\times 计划期商品销售额$$

[例12-9] 某企业2009年销售A产品为6 000万元，应收账款平均余额为500万元（其中：不合理占用20万元），2010年预期销售额将增长30%，则：

$$2010年应收账款目标限额=\frac{500-20}{6\ 000}\times 6\ 000\times（1+30\%）=624（万元）$$

应收账款目标限额确定后，企业就必须严格执行。在制定信用政策时，应以目标限额为依据，确定信用标准；在签订销售合同的过程中，掌握收款时间和进度，尽量做到均衡生产和均衡交货。能够收现的货款，一般不安排逾期收款，以减少因应收账款过量占用而造成资金周转率降低，提高资金利用效率。

应收账款限时管理是指对各主要销货地点的应收账款平均在途时间的控制。应收账款在途时间包括：银行受理委托时间、单据邮递时间、付款承付时间、银行通知入账时间等。应收账款在途时间可以根据历史资料推算，其公式为：

$$应收账款平均在途时间=\frac{上期应收账款平均余额}{上期应收账款每月收回额}$$

[例12-10] 某企业2009年应收账款平均余额为500万元，平均每日回收额为40万元，则2009年应收账款平均在途时间为：

$$应收账款平均在途时间=\frac{500}{40}=12.5（天）$$

应收账款实行限时管理，除确定限时目标天数外，还应考虑选择何种结算方式才最有利于缩短应收账款的在途时间。由于应收账款涉及企业内部的各个方面，比如销售部门、财务部门、信用评估部门等，企业应当按照内部各环节各部门所承担的职责，建立健全岗位责任制，做到分工明确，责任到岗，及时考核应收账款的产生、回收和拖欠情况。真正做到哪些环节或部门出问题，就能追究到其责任；哪个环节或部门工作出色，就能奖励到位，以期达到激励优秀，鞭策落后的效果。

（二）应收账款追踪分析

企业提供商业信用就必然会产生相应的应收账款，赊销企业必须考虑能否如期并足额收回的问题。因此，在收回账款之前，应对应收账款的运行全过程进行追踪分析。

① 加强对重点对象的追踪分析。所谓重点对象就是那些赊购金额大、赊购时间较长、信用品质不佳、新客户或地理位置比较偏远的客户，它们所产生的应收账款是重点考察的对象。

② 追踪分析的重点是赊销商品的销售和变现以及赊购者的信用品质和偿债能力。如果客户赊购商品不能顺利销售变现，客户信用品质不佳，或者现金匮乏，或者现金调剂能力不足，那么赊销企业的应收账款被拖欠就在所难免，这些情况都应纳入追踪分析范围内。

（三）应收账款账龄分析

企业已发生应收账款的时间有长有短，有的尚未超过信用期，有的则超过了信用期。拖欠的时间越长，款项收回的可能性就越小，回收难度和坏账产生的概率就越大。因此，企业应对应收账款的账龄给予特别的注意，并定期进行分析，计算不同账龄的应收账款比例，以便有针对性地加强管理。应收账款账龄的分析，就是对应收账款账龄结构的分析，即分析不同时间段的应收账款余额占应收账款总余额的比例。应收账款账龄分析如表12-9所示。

表12-9 应收账款账龄分析表

应收账款账龄	账户数	百分率（%）	金额（万元）	百分率（%）
信用期内	200	47.6	100	29
超过信用期1~30天	80	19	50	14
超过信用期31~60天	50	11.9	40	11
超过信用期61~90天	35	8.3	30	9
超过信用期91~180天	25	6	60	17
超过信用期181~365天	20	4.8	20	6
超过信用期1~2年	8	1.9	15	4
超过信用期2年以上	2	0.5	35	10
合计	420	100	350	100

利用账龄分析表，企业可以获得以下信息。

① 多少欠款在信用期内。从表12-9可知，有200个客户（占总客户的47.6%）且金额共计100万元的应收账款（占应收账款总余额的29%）在信用期内。这些欠款属于正常情况，还未到付款期，不属于重点的分析对象，但仍需要企业跟踪分析。

② 有多少欠款超过了信用期、超过时间长短及其结构比例。从表12-9可知，有220个客户（占总客户的52.4%）且金额共计250万元的应收账款（占应收账款总余额的71%）超过了信用期，说明企业信用政策出了问题。拖欠时间在半年以内的应收账款总金额为180万元，占应收账款总余额的51%，收回的可能性较大，只要加大催收力度，坏账可以得到有效控制；拖欠时间在半年以上至1年以内的应收账款（总金额为20万元，占应收账款总余额的6%），收回有一定难度，产生坏账的概率增大；拖欠时间在1~2年的应收账款（总金额为15万元，占应收账款总余额的4%），收回的可能性很小，坏账风险极大；拖欠时间在2年以上的应收账款（总金额为35万元，占应收账款总余额的10%），收回基本无望。针对不同时间段的应收账款，企业应采取不同的收账方式，尤其对拖欠1年以上的账款，企业应考虑采取法律手段予以收回，尽量降低坏账给企业造成的经济损失。

（四）收账的日常管理

将在外的账款收回来，是企业财务管理中的一项重要工作，这项工作主要分为两部分。

1. 采取循序渐进的原则确定收账的程序

客户拖欠逾期的原因各有不同，采取的收账方式应区别对待。当客户拖欠账款时，要把握主动权，先给客户一个电话，同时有礼节地致信委婉催收，取得客户支持；若客户推辞付款，应派业务人员和财务人员上门直接催收，争取客户尽早付款或确定一个可行的付款计划；若协商无效，则应尽快采取相应的法律手段，提请仲裁或法律诉讼等。

2. 确定合理的收账方法

有些客户是因为财务出现暂时困难而无法按期偿还到期货款的，对于这部分客户，企业因灵活应对，给予客户一定的宽限期，帮助客户渡过难关，这样有利于长期合作并避免形成坏账；对于濒临破产的客户，则应及时采取法律手段，尽可能多地收回账款；对于有偿还能力而故意拖欠的客户，则采取先礼后兵的策略收回账款。

（五）应收账款保理

应收账款保理是指企业将赊销形成的未到期应收账款在满足一定条件的情况下，转让给商业银行（保理商），银行为企业提供资金，并负责管理、催收应收账款和坏账担保等业务，企业可借此收回账款，加快资金周转。

1. 保理种类

按照保理商是否有追索权分为有追索权的保理和无追索权的保理。有追索权保理是指销售合同并不真正转让给银行，银行只是拿到该合同的部分收款权，一旦采购商最终没有履行合同的付款义务，银行有权向销售商要求付款。无追索权保理是指银行将销售合同完全买断，并承担全部的收款风险。

按保理商是否将保理业务通知买方，分为明保理和暗保理。明保理是指银行和销售商需要将销售合同被转让的情况通知采购商，并签订银行、销售商、采购商之间的三方合同。暗保理是指销售商为了避免让客户知道自己因流动资金不足而转让应收账款，并不将债权转让情况通知客户，货款到期时仍由销售商出面催款，再向银行偿还借款。

折扣保理和到期保理。折扣保理又称为融资保理，即在销售合同到期前，银行将剩余未收款部分先预付给销售商，一般不超过全部合同额的70％％~90％％。到期保理是指银行并不提供预付账款融资，而是在赊销到期时才支付，届时不管货款是否收到，银行都必须向销售商支付货款。如果保理商不提供预付账款融资，而是在赊销到期时才支付，则为到期保理，届时不管货款是否收到，保理商都必须支付货款。

2. 保理业务在应收账款管理中的作用

应收账款保理的作用主要有以下几个方面。

（1）融资功能

应收账款保理，其实质也是一种利用未到期应收账款这种流动资产作为抵押从而获得银行短期借款的一种融资方式。对于那些规模小，销售业务少的企业来说，向银行贷款将会受到很大的限制，而自身的积累又不能支撑企业的高速发展，通过保理业务进行融资可能是企业较为明智的选择。

（2）减轻企业应收账款的管理负担

推行保理业务是市场分工思想的运用，面对市场的激烈竞争，企业可以把应收账款让于专门的保理商进行管理，使企业从应收账款的管理之中解脱出来，由专业的保理公司对应收账款进行管理，利用保理商的专业知识、专业技能和信息，建立企业的客户体系，及时收回应收账款，减轻企业财务管理负担，提高财务管理的效率。

（3）减少坏账损失，降低经营风险

以往应收账款的坏账风险全部由企业承担，实行应收账款保理业务后，一方面可以提供信用风险控制与坏账担保,降低客户违约风险;另一方面可以借助专业保理商催收账款,可有效控制坏账损失的可能性,大大降低应收账款的占用水平,降低企业的经营风险。

(4)改善企业的财务结构

在无追索权的买断式保理方式下,企业可以在短期内将流动性稍弱的应收账款置换为具有高度流动性的货币资金,从而增强了资产的流动性,提高了企业的债务清偿能力,改善了企业的财务结构。

第四节 存货管理

存货是指企业在生产经营过程中为销售或耗用而储备的物资,包括原材料、燃料、包装物、低值易耗品、委托加工物资、在产品、半成品、库存商品等。企业存货占流动资产比重较大,一般在40%~70%之间,又是流动性较差的资产。存货管理水平的高低和周转速度的快慢直接影响到企业的生产经营能否顺利进行,并最终影响企业的收益、风险等状况。因此,加强存货的管理和控制,保持最优存货量是财务管理的一项重要工作。

一、存货管理目标

(一)存货的功能

保持一定量的存货是维系企业正常生产经营的需要,其功能在于:

① 储备必要的原材料和在产品,是企业生产得以正常进行的物质基础,否则就可能造成生产中断、停工待料的现象;

② 储备必要的库存商品,能够增加生产和销售的灵活性,以适应市场销售变化的需要;

③ 储备必要的存货(保险储备)以防供产脱节,避免造成意外损失,如运输意外;

④ 储备必要的存货可以有效降低采购成本,批量采购往往能得到价格上的优惠。

(二)存货成本

企业保持一定量的存货就会产生相应的成本开支,存货成本有以下三项。

1. 采购成本

采购成本是指为采购存货本身所支出的成本,它由买价、运杂费、途中合理损耗等构成。采购成本一般与采购数量成正比。影响采购成本的因素很多,为降低成本,企业需要研究材料的供应情况,做到货比三家,尽量以公开竞价的方式选择供应商,以便采购到价廉物美的材料物资。

2. 订货成本

订货成本是指为订购货物而发生的开支,如办公费、差旅费、邮资、电报电话费等支出。订货成本一般不受采购数量的影响,而与订货次数有关。企业要想降低订货成本,可以减少订货次数,提高单次采购批量,也可以运用电子商务平台进行订货。

3. 储存成本

储存成本是指企业为储存存货而发生的仓储费、搬运费、保险费和占用资本成本等。储存成本等于储备期内平均存货量与单位储存成本的乘积。降低储存成本的途径有两条:

一是通过小批量采购来降低储备期内平均存货量；二是缩短储存时间。

除上述三种成本之外，还需要注意存货储存时间过长会导致损坏变质；储存太少不能满足生产和销售需要又会导致利润降低等因素。

（三）存货管理目标

如前所述，要维系企业正常生产经营活动，就必须持有一定的存货，存货过多或太少都会影响企业获利而使企业蒙受经济损失。所以，存货管理的目标，就是要尽力在各种存货成本与存货效益之间作出权衡，在充分发挥存货功能的基础上，降低存货成本，实现两者的最佳结合。

二、存货决策

存货决策涉及四项内容：决定进货项目、选择供应单位、决定进货时间和决定进货批量。决定进货项目和选择供应单位是供应部门、生产部门与销售部门的责任，财务部门要做的是决定进货时间和决定进货批量。按照存货管理的目标，必须通过合理的进货批量和进货时间，来控制存货总成本并使其最低，这个批量就是经济订货量或经济批量。一般是先确定经济订货量或经济批量，再根据生产进度来合理安排进货时间。

影响存货成本因素很多，先从简单因素研究着手，然后逐步扩展到复杂因素，以便建立数学分析模型。

（一）经济订货量基本模型

建立经济订货量基本模型的假设前提包括：

① 企业能够及时补充存货，即需要订货时可以立即解决；

② 集中到货，而不是陆续入库；

③ 不允许缺货，即无缺货成本；

④ 需求量稳定，并且能预测；

⑤ 存货单价不变，不考虑现金折扣；

⑥ 企业现金充沛，不会因现金短缺而影响进货；

⑦ 所需存货市场供应充足，不会受买不到需要的存货所影响。

根据上述假设，存货总成本的公式为：

$$TC = \frac{M}{Q} \times K + \frac{Q}{2} \times C + MV$$

式中，TC——存货总成本；

$\quad\quad M$——存货年需要量；

$\quad\quad Q$——每次进货量；

$\quad\quad K$——每次订货成本；

$\quad\quad C$——单位存货储存成本；

$\quad\quad V$——存货单价。

在公式中，M、K、C均为常量，TC的大小取决于Q的变化，根据数学原理，要使TC最小，需要对TC求导（Q为变量），推导得到：

$$Q' = \sqrt{\frac{2KM}{C}}$$

上述数学公式就是经济订货量基本模型，Q' 是使 TC 为最小值的最佳订货量，即经济订货量。由此可以推导：

每年最佳订货次数（N'）的数学模型：

$$N' = \sqrt{\frac{MC}{2K}}$$

存货总成本 TC（Q'）的数学模型：

$$TC(Q') = \sqrt{2KMC}$$

经济订货量占用资金（I'）的数学模型：

$$I' = (\frac{Q}{2} \times V) = V\sqrt{\frac{MK}{2C}}$$

[例12-11] 某企业2010年预计耗用钢材1 000吨，单价3 000元/吨，每吨钢材储存成本为20元，订货一次成本100元。则：

经济订货量为：

$$Q' = \sqrt{\frac{2 \times 1\,000 \times 100}{20}} = 100 \ （吨）$$

每年最佳订货次数（N'）为：

$$N' = \sqrt{\frac{1\,000 \times 20}{2 \times 100}} = 10 （次）$$

最佳订货周期为：

$$T' = \frac{360}{N'} = \frac{360}{10} = 36 （天/次）$$

存货总成本为：

$$TC(Q') = \sqrt{2 \times 1\,000 \times 100 \times 20} = 2\,000 （元）$$

经济订货量占用资金为：

$$I' = 3\,000 \times \sqrt{\frac{1\,000 \times 100}{2 \times 20}} = 150\,000 （元）$$

（二）基本模型的扩展

经济订货量的基本模型是在有关假设前提下建立的，但企业在现实生产经营过程中，能够满足假设条件的情况很少，这就需要根据现实条件进一步分析并建立新的模型。

1. 订货提前期

一般情况下，企业的存货难以完全做到随用随补充，因此不能等到存货用完再去订货，而需要在没有用完时提前订货。在订货提前的情况下，企业再次发出订货单时，尚有一定数量的存货未用完，称为再订货点，用 R 来表示。它的数量等于交货时间（L）和每日平均需要量（d）的乘积：

$$R = L \times d$$

[**例12-12**] 某企业2010年预计耗用钢材1 000吨，单价3 000元/吨，每吨钢材储存成本为20元，订货一次成本100元。若订货日至到货日需要5天，每天需要耗用钢材2.8吨，则：

$R = L \times d = 5 \times 2.8 = 14$（吨）

即企业在尚有14吨钢材时，就应再次发出订货信号，等到下批钢材到货时（再次发出订货5天后），原有钢材正好用完。此时，有关存货的每次订货批量、订货次数、订货间隔时间等并无变化，与即时供货相同。订货提前期的情形如图12-7所示。这就是说，订货提前期对经济订货量并无影响，可仍以原来即时供货情况下的100吨为订货批量，只不过在达到再订货点（尚有库存钢材14吨）时即发出订货单而已。

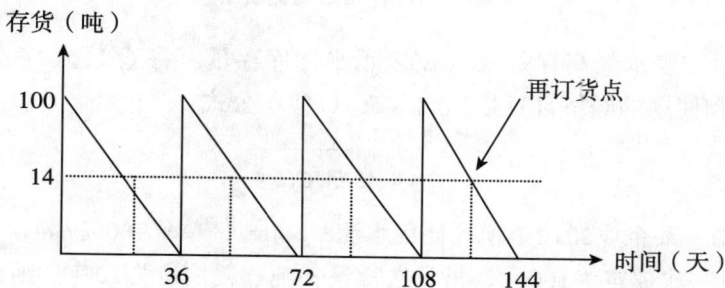

图12-7　订货提前期图

2. 存货分批到达的经济订货量

在建立基本模型时，假设存货一次性全部入库，故存货增加（入库）时存量变化为一条垂直的直线。但在实际生产经营过程中，各批存货可能是陆续到达企业并办理入库手续的，存货属于陆续增加，尤其是产成品和在产品，一般都是陆续入库和转移的。为此，需要对最佳经济订货量的基本模型进行修正。

设 P 为每日到货量、d 为每日耗用量，则该批存货全部到达需要天数为 Q/P，称为送货期。

送货期内的全部耗用量为：

$$\frac{Q}{P} \times d$$

由于存货边送边用，每批货物送完时的存货最高库存量为：

$$Q - \frac{Q}{P} \times d$$

平均存货量则为：

$$\frac{1}{2} \times (Q - \frac{Q}{P} \times d)$$

进货批量的总成本为：

$$TC = \frac{M}{Q} \times K + \frac{1}{2}(Q - \frac{Q}{P} \times d) \times C$$

对TC求导（Q为变量），推导得到：

$$Q' = \sqrt{\frac{2KM}{C} \times \frac{P}{P-d}}$$

上述数学公式就是陆续订货的最佳经济批量模型，存货数量的变动见图12-8所示。

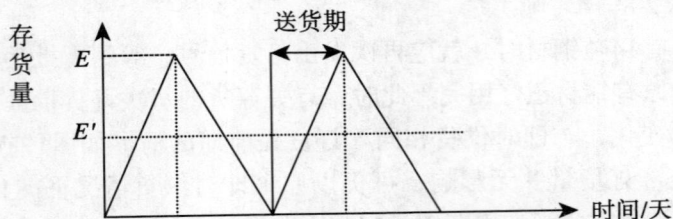

图12-8　存货数量变动图

图12-8中，E表示最高存货量，E'表示平均库存量。将Q'代入TC公式中，可得到存货陆续到货和使用的经济订货量总成本$TC(Q')$公式：

$$TC(Q') = \sqrt{2KMC(1-\frac{d}{P})}$$

[**例12-13**]某企业2010年预计耗用水泥3 600吨，单价300元/吨，每吨水泥储存成本为5元，订货一次成本为100元，每日送货量60吨、耗用量为10吨。则：

$$Q' = \sqrt{\frac{2 \times 100 \times 3\ 600}{5} \times \frac{60}{60-10}} = 416 \text{（吨）}$$

$$TC(Q') = \sqrt{2 \times 100 \times 3\ 600 \times 5 \times (1-\frac{10}{60})} = 1\ 732 \text{（元）}$$

陆续供应和使用的经济订货量模型，还可用于自制和外购的选择决策。自制零件属于边送边用的情况，单位成本可能较低，但每批零件投产的生产准备成本比一次外购订货的订货成本可能高出许多。外购零件的单位成本可能较高，但订货成本可能较低。要在自制零件和外购零件之间作出选择，需要全面衡量它们各自的总成本，才能得出最终的选择结论。

[**例12-14**]某企业生产使用G零件，可以外购，也可以自制。如果外购，单价5元，一次订货成本20元；如果自制，单位成本3元，每次生产准备成本400元，每日产量60件。全年需要G零件3 600件，日均需求量为10件，储存成本为零件价值的10%。

分别计算外购和自制的总成本，比较各自的大小。

① 外购零件

$$Q' = \sqrt{\frac{2KM}{C}} = \sqrt{\frac{2 \times 20 \times 3\ 600}{5 \times 10\%}} = 537 \text{（件）}$$

$$TC(Q') = \sqrt{2KMC} = \sqrt{2 \times 20 \times 3\ 600 \times 5 \times 10\%} = 268.33 \text{（元）}$$

$$TC = TC(Q') + MV = 268.33 + 3\ 600 \times 5 = 18\ 268.33 \text{（元）}$$

② 自制零件

$$Q' = \sqrt{\frac{2KM}{C} \times \frac{P}{P-d}} = \sqrt{\frac{2 \times 20 \times 3\,600}{5 \times 10\%} \times \frac{60}{60-10}} = 588（件）$$

$$TC(Q') = \sqrt{2KMC(1-\frac{d}{P})} = \sqrt{2 \times 400 \times 3\,600 \times 3 \times 10\% \times (1-\frac{10}{60})} = 848.53（元）$$

$TC=TC(Q')+MV=848.53+3\,600 \times 3=11\,648.53$（元）

由于零件自制的总成本（11 648.53元）低于外购成本（18 268.33元），所以应该选择自制。

3. 涉及进货折扣的经济批量的确定

企业在发生进货折扣的情况下，不仅全年存货进价成本发生变化，而且订货成本和储存成本也都随着进货批量的变化而变化。因而，在确定其经济进货批量时，既要考虑成本因素，又要考虑存货本身的采购成本。

［**例12-15**］某企业需要采购A材料8 000吨，每次订货成本为80元，每吨年储存成本8元。正常情况下购买价30元/吨，如果一次性进货达到500吨，进货价下调5%。试确定采购批量。

① 正常情况下的最佳经济批量

$$Q' = \sqrt{\frac{2KM}{C}} = \sqrt{\frac{2 \times 80 \times 8\,000}{8}} = 400（吨）$$

$$TC(Q') = \sqrt{2KMC} = \sqrt{2 \times 80 \times 8\,000 \times 8} = 3\,200（元）$$

$TC=TC(Q')+MV=3\,200+8\,000 \times 30=243\,200$（元）

② 为争取进货折扣，按500件进货，其成本为：

全年采购成本$=MV \times$（1-折扣率）$=8\,000 \times 30 \times$（1-5%）$=228\,000$（元）

全年订货成本$=KM/Q=80 \times 8\,000/500=1\,280$（元）

全年储存成本$=QC/2=500 \times 8/2=2\,000$（元）

$TC=MV \times$（1-折扣率）$+KM/Q+QC/2=231\,280$（元）

通过计算分析可见，一次进货500件的进货总成本（231 280元）小于正常情况下的最佳经济批量的进货总成本（243 200元），应该选择享有5%进货折扣的经济进货批量（500件）。

4. 保险储备

上述讨论假定存货的供需稳定且已知，即每日需求量不变，交货时间也固定不变。在实际生产经营过程中，每日需求量不可能不变，交货时间受多种因素影响也会有所变化。按照某一订货经济批量和再订货点发出订单后，如果生产经营临时增加需要或推迟交货，就必然导致缺货或供货中断。为应对存货不足造成损失，就需要在正常储备之外储存一定的保险储备，即安全存货量，以备应急之用，这些存货在正常情况下不动用。保险储备如图12-9所示。

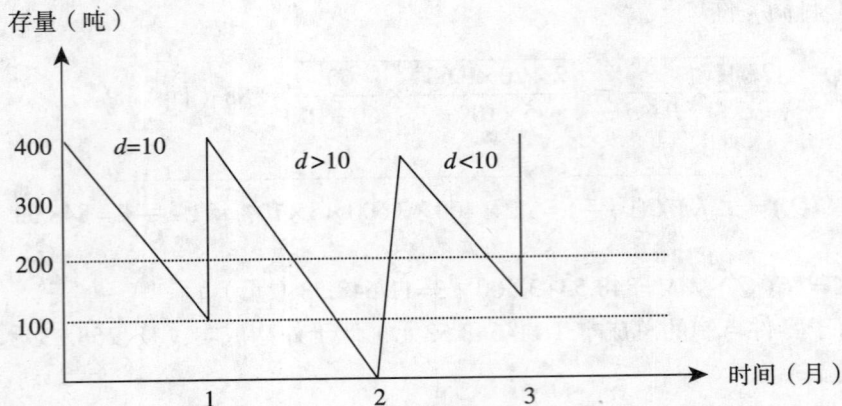

图12-9　保险储备图

图12-9中，年需用量（M）为3 600吨，若计算出经济订货批量为300吨，每年订货12次。同时全年平均日需要量（d）为10吨，平均每次交货时间（L）为10天。应对需求变化引起缺货损失，企业保险储备量（B）为100吨，再订货点R就应考虑保险储备量。

R=交货时间×平均日需要量+保险储备量=$L \cdot d + B$

　　=$10 \times 10 + 100 = 200$（吨）

在第一个订货周期内，$d=10$，不需要动用保险储备；在第二个订货周期内，$d>10$，需求量大于供货量，需要动用保险储备；在第三个订货周期内，$d<10$，不仅不需要动用保险储备，正常储备存货也用不完时，下批存货即已送到企业。

三、存货的日常管理

（一）存货的归口分级管理

存货的归口分级管理是加强存货日常管理的一种重要方法。这一管理方法包括如下三项内容。

1. 实行存货资金统一管理

在厂长经理（或企业总裁，即CEO）的领导下，财务部门对存货资金实行统一管理。企业必须加强对存货资金的集中和统一管理，促进供、产、销互相协调，实行资金使用的综合平衡，加速资金周转，以提高资金利用效率。财务部门的统一管理主要包括如下几个方面。

① 根据国家财务制度和企业具体情况制定企业的资金管理制度。

② 认真测算各种资金占用数额，汇总编制存货资金计划。

③ 把有关计划指标进行分解，落实到有关单位和个人。

④ 对各单位的资金使用情况进行检查、分析和考核。

2. 实行资金的归口管理

根据使用资金和管理资金相结合、物资管理和资金管理相结合的原则，每项资金由哪个部门使用，就归哪个部门管理。各项存货资金归口的具体情况如下。

① 原材料、燃料、包装物等资金归口供应部门管理。

② 在产品和自制半成品占用资金归口生产部门管理。

③ 产成品资金归口销售部门管理。

④ 工具用具占用资金归口工具部门管理。

⑤ 修理用备件占用资金归口设备动力部门管理。

3. 实行资金的分级管理。

各归口的管理部门要根据具体情况将资金计划指标进行分解，分配给所属单位或个人，层层落实，实行分级管理。具体分级过程可按以下方式进行。

① 原材料资金计划指标可分配给供应计划、材料采购、仓库保管、整理准备业务组管理。

② 在产品资金计划指标可分配给各车间、半成品库管理。

③ 成品资金计划可分配给销售、仓库保管、成品发运各业务组管理。

（二）ABC分类管理法

当企业存货品种繁多，单价高低悬殊，存量多少不同时，若对每一种存货均实行周密的计划和严格的控制，势必抓不住重点，既不经济，在实际工作中又难以做到。为使存货控制能够突出重点，区别对待，实行ABC分类管理法较为适宜。

1. ABC分类管理法基本原理

ABC分类管理法，最早于十九世纪由意大利经济学家巴雷特引入经济领域，经不断发展和完善，现已广泛用于存货管理之中。ABC分类管理法的基本原理是将企业内部的全部存货划分为A、B、C三类，并对不同的类别采取不同的控制措施。划分的标准是金额标准和品种数量标准。其中金额标准是基本的，品种数量标准仅供参考。凡品种数量占全部存货品种数量的10%左右、资金占用额占全部资金占用额的70%左右的存货划为A类；凡品种数占全部存货品种数的70%左右、资金占用额只占全部资金的10%左右的存货划分为C类；介于A类和C类两者之间的存货，即品种数和资金占用额各占20%左右的存货划分为B类。

2. ABC分类管理法的具体步骤

ABC分类管理法的具体步骤可分为以下四步。

① 根据每一种存货按其全年耗用量和单位成本计算出该种存货的资金占用额。

② 计算出每一种存货资金占全部存货资金总额的百分比，并按比例大小排序。

③ 将存货按其百分比从大到小分成三类。百分比大、品种少的存货为A类，百分比和品种均较小的为B类；百分比小、品种多的为C类。

④ 对A类存货实施重点规划和控制，对B类存货实施次重点管理，对C类存货实施一般性管理。

[**例12-16**] 某制造企业的材料存货有15种，其全年耗用量、单位成本、资金占用额、材料项目编号及排序如表12-10所示。

表12-10 某制造企业材料存货表

材料编号	需要量（千克）	单位成本（元/千克）	金额（元）	占资金总额的百分比	排序	类别
1	4 000	10	40 000	0.8%	13	C
2	800	40	32 000	0.64%	15	C
3	4 000	20	80 000	1.6%	7	C
4	15 000	4	60 000	1.2%	8	C
5	1 500	22	33 000	0.66%	14	C
6	60 000	1	60 000	1.2%	8	C
7	11 000	5	55 000	1.1%	10	C
8	2 000	25	50 000	1.0%	11	C
9	10 000	200	2 000 000	40.0%	1	A
10	32 000	50	160 000	32.0%	2	A
11	2 000	200	400 000	8.0%	3	B
12	3 000	100	300 000	6.0%	4	B
13	5 000	30	150 000	3.0%	5	B
14	1 250	40	50 000	1.0%	11	C
15	1 500	60	90 000	1.8%	6	C
合计			500 000	100%		

根据表12-10可编制ABC分类管理法分析表，如表12-11所示，根据表12-11结果，用坐标图显示分类结果如图12-10所示。

表12-11 ABC分类管理分析表

类别	品种	该类品种占全部品种比重	材料资金占用额（元）	该金额占全部资金额比重
A	2	13.3%	3 600 000	72%
B	3	20%	850 000	17%
C	10	66.7%	550 000	11%
合计	15	100%	5 000 000	100%

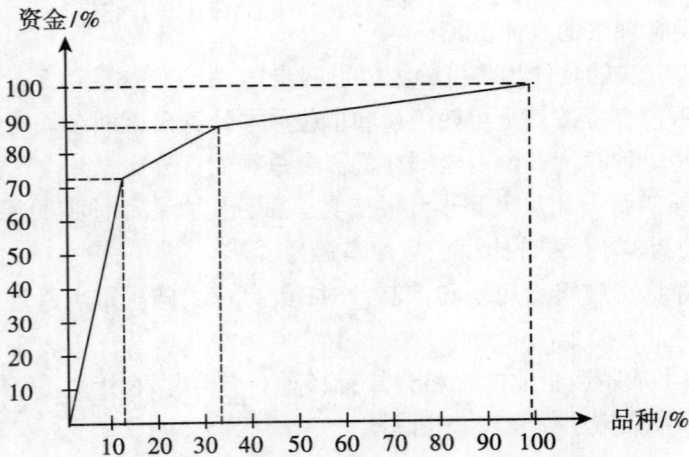

图12-10 ABC分类管理图

从表12-11中资料可知，A类物资品种少，占用资金百分比达到72%，应作为企业控制的重点，严格把关，正确规划，分别按品种实行定量控制，即在保证生产经营需要的前提下，分别按品种控制采购量、储备量和订货点储备量。有效地控制了A类存货，就能基本保证存货资金的有效管理，对于促进整个企业节约资金、降低成本极为有利。

B类物资的品种金额相对A类物资均较少，一般采用总量控制措施，即分大类为每个项目计算经济订货量和订货点，平时采用永续盘存制记录。与A类物资不同的是，对B类物资无须逐项对比分析、严格监督，只要定期进行检查即可。

C类物资品种多、金额少，不将其作为控制重点，不必像对A类、B类物资那样，逐项计算经济订货量和订货点，可酌量增大每次订货量，减少全年订货次数，节约采购费用，采用总额控制措施。

（三）适时制管理

适时制（just-in-time，缩写为JIT）起源于20世纪20年代美国底特律福特汽车公司所推行的集成化生产装配线。后来传播到日本，由于日本丰田公司在70年代后期的成功应用而成为举世闻名的先进管理体系，随后又重新在美国推广使用。

JIT的核心思想可概括为"在需要的时候，按需要的量生产所需的产品"，也就是通过生产的计划和控制以及库存的管理，追求一种无库存，或库存达到最小的生产系统。这是JIT系统与传统存货管理存在差异的关键与根本所在。传统存货观念认为存货成本包括订货成本（或生产准备成本）和存货持有成本，持有存货是非常必要的。订货成本与持有成本权衡的结果即是经济批量模型，依据经济批量模型订货或生产产品即可使存货成本最低。在JIT系统中，存货则被看成是一种资源的浪费，它占用了资金空间以及劳动力等资源，掩盖了生产经营过程中的效率低下，并增加了公司信息系统的复杂程度。因此，JIT系统不承认存货成本存在的合理性，而是试图将其降为零。

JIT的成功取决于以下因素。

（1）计划要求

JIT要求企业具备一份完整而又协调的计划，通过仔细计划和规划，实施JIT可以使企业不必保存存货保险储备，从而节约成本。JIT完备的运行环境还可在其他方面产生节约的效果，如缩短存货在途时间、降低储存成本等。如果没有完整的计划和高度的协调，JIT也就无法发挥作用。

（2）与供应商建立紧密的联系

为保证JIT的有效运行，企业应与供应商签订长期供应合同，要求供应商严格按照外购材料订单的计划、数量、质量送货。签订长期合同可以明显地减少订货的次数并降低相关的订货成本。

（3）电子数据交换（electronic data interchange，简称EDI）

没有EDI，JIT就不可能实施，因为从采购到生产再到销售的过程中，许多环节都是通过电子系统来处理的。有了EDI系统，能使持续供给变得更加方便。通过EDI，供求双方相互交流，及时了解对方需求并最终促进交易的进行。EDI实行无纸化操作——不需要订货单或销售发票，极大地提高了工作效率，降低了存货成本。

（4）缩短生产准备时间

缩短生产准备时间可以缩短企业的生产周期，并最终降低存货成本。

练习题

一、简答题

1. 企业持有现金的动机有哪些?

2. 什么是最佳现金持有量? 现金持有量的确定与哪些因素有关?

3. 简述存货的功能? 存货成本由什么组成?

4. 最佳经济批量如何确定? 什么是再订货点?

5. ABC分类管理法如何对存货进行划分?

二、单选题

1. 持有过量现金可能的不利后果是 ( )。

 A. 财务风险加大 　 B. 收益水平下降 　 C. 偿债能力下降 　 D. 资产流动性下降

2. 企业应收账款周转期为45天，应付账款的平均付款期为30天，存货平均期限为60天，则该企业的现金周转期为 ( )。

 A. 135天 　 B. 90天 　 C. 75天 　 D. 15天

3. 下列各项中，不属于应收账款成本构成要素的是 ( )。

 A. 机会成本 　 B. 管理成本 　 C. 坏账成本 　 D. 短缺成本

4. 在对存货实行ABC分类管理的情况下，ABC三类存货的品种数量比重大致为 ( )。

 A. 0.7∶0.2∶0.1 　 B. 0.1∶0.2∶0.7 　 C. 0.5∶0.3∶0.2 　 D. 0.2∶0.3∶0.5

5. 在确定最佳现金持有量时，成本分析模式和存货模式均需要考虑的因素是 ( )。

 A. 现金短缺成本 　 　 B. 固定性转换成本

 C. 持有现金的机会成本 　 D. 现金保管费用

6. 在企业应收账款管理中，明确规定了信用期限、折扣期限和现金折扣率等内容的是 ( )。

 A. 客户资信程度 　 B. 收账政策 　 C. 信用等级 　 D. 信用条件

7. 采用ABC分类管理法对存货进行控制时，应当重点控制的是 ( )。

 A. 数量较多的存货 　 B. 占用资金较多的存货

 C. 品种较多的存货 　 D. 库存时间较长的存货

三、多选题

1. 企业持有现金是出于 ( ) 需求。

 A. 交易性需求 　 B. 预防性需求 　 C. 投机性需求 　 D. 提高收益的需求

2. 确定再订货点，需要考虑的因素有 ( )。

 A. 经济订货量 　 　 B. 每天消耗的原材料数量

 C. 原材料的在途时间 　 D. 每次订货成本

3. 通常，在基本模型下确定经济批量时，应考虑的成本是 ( )。

 A. 采购成本 　 B. 订货成本 　 C. 储存成本 　 D. 缺货成本

4. 企业增加赊销要付出的代价一般包括 ( )。

  A. 管理成本 B. 应收账款的机会成本 C. 坏账成本 D. 违约成本

5. 为了提高现金使用效率，企业应当（ ）。

  A. 加速收款并尽可能推迟付款 B. 尽可能使用支票付款

  C. 使用现金浮游量 D. 力争现金流入与现金流出同步

6. 信用标准过高的可能结果包括（ ）。

  A. 丧失很多投资市场 B. 降低违约风险

  C. 扩大市场占有率 D. 减少坏账损失

7. 应收账款周转率提高，则（ ）。

  A. 销售成本降低 B. 短期偿债能力增强

  C. 维持一定销售额所占用资金额较低 D. 赊账业务减少

四、计算分析题

  1. 某企业预测2010年现金需要量为180万元，每天货币资金需要量相对稳定，每次有价证券转换成本2 000元，有价证券年利率为8%。要求：

  （1）计算最佳现金持有量。

  （2）计算现金的持有成本、转换成本和持有总成本。

  （3）计算全年转换现金的交易次数。

  2. 某公司预计的年度赊销收入为6 000万元，信用条件是2/10，1/20，N/60，其变动成本率为65%，资本成本率为8%，收账费用为70万元，坏账损失率为4%。预计占赊销额70%的客户会利用2%的现金折扣，占赊销额10%的客户利用1%的现金折扣。一年按360天计算。要求计算：

  （1）信用成本前收益。

  （2）平均收账期。

  （3）应收账款机会成本。

  （4）现金折扣成本。

  （5）信用成本后收益。

  3. 资料：某企业每年需要耗用甲材料20 000千克，该材料的单位采购成本为7.5元，单位储存成本为1.5元，平均每次订货成本600元。要求根据上述资料计算：（1）经济订货批量；（2）最佳订货次数；（3）最佳订货周期；（4）经济订货批量的相关总成本；（5）经济进货批量平均占用的资金。

  4. 某企业每天需要甲材料100千克，单价为20元/千克，单位材料年储存成本为8元，每次订货成本为1 000元。要求：

  （1）计算甲材料经济订货批量与最低存货总成本？

  （2）若供货商提供每次订货量达到4 000千克，可给予2%的价格优惠，确定是否接受优惠政策？

  （3）若该厂甲材料保险储备量为300千克，且根据以往经验，自材料采购申请提出后8天才能到货。试计算甲材料的订货点？

第十三章

收益分配管理

第一节　收益分配管理概述

收益分配管理是对企业收益与分配的主要活动及其形成的财务关系的组织与调节，是企业将一定时期内所创造的经营成果合理地在企业内、外各利益相关者之间进行有效分配的过程。企业的收益分配有广义和狭义之分。广义的收益分配是指对企业的收入和净利润进行分配，即包括对收入的分配和对净利润的分配两部分内容。狭义的收益分配仅指对净利润的分配。本章所指的收益分配是狭义的收益分配。

一、利润分配的顺序

利润分配是对企业所实现的经营成果进行分割与派发的活动。利润分配既是对股东投资回报的一种形式，也是企业内部融资的一种方式。利润分配必须按法定程序进行，根据我国《公司法》等法律法规的规定，对实现的税前利润股份有限公司应依法缴纳所得税，税后净利润应当按以下基本程序进行分配。

1. 弥补以前年度亏损

根据现行法律法规的规定，公司发生年度亏损，可以用下一年度的税前利润弥补，下一纳税年度的所得不足以弥补的，可以在五年之内用税前利润连续弥补，连续五年未弥补的亏损则用税后利润弥补。其中，税后利润弥补可以用当年实现的净利润，也可以用盈余公积转入弥补。

2. 提取法定盈余公积金

根据公司法规定，法定盈余公积金的提取比例为当年税后利润（弥补亏损后）的10％，当年法定盈余公积金累计额达到公司注册资本的50％时，可以不再提取。法定盈余公积金提取后，根据企业的需要，可用于弥补公司亏损或转增公司资本，但盈余公积转增资本后不得低于转增前公司注册资本的25％。提取法定盈余公积金的目的是为了增加企业积累，以利于企业扩大再生产。

3. 提取任意盈余公积金

根据公司法规定，公司从税后利润中提取法定盈余公积金后，经股东会或股东大会决议，还可以从税后利润中提取任意盈余公积。这是为了满足企业经营管理的需要、控制向投资者分配利润的水平，以及调整各年度利润分配的波动。

4. 向股东（投资者）分配股利（利润）

公司按照上述程序弥补亏损、提取公积金之后，所余税后利润与以前年度的未分配利润构成可供分配的利润，公司可根据股利政策向股东分配股利。其中，有限责任公司股东按照实缴的出资比例分取红利，全体股东约定不按照出资比例分取红利的除外；股份有限公司按照持有股份比例分配，但股份公司章程规定不按照持股分配的除外。

按照现行制度规定，股份公司依法回购后暂未转让或者注销的股份，不得参与利润分配；公司弥补以前年度亏损和提取公积金后，当年没有可供分配的利润时，一般不得向股东分配股利。

二、股利支付的程序

股份有限公司分配股利必须遵循法定的程序，一般是先由董事会提出股利分配预案，然后提交股东大会，决议通过才能进行分配。股东大会决议通过股利分配预案后，要向股东宣布发放股利的方案，并确定股权登记日、除息日和股利发放日。

1. 股利宣告日

股利宣告日就是股东大会决议通过并由董事会宣布发放股利的日期。公司董事会应先提出分配预案，并提交股东大会表决，分配预案只有经股东大会表决通过之后，董事会才能对外公布。在宣告股利分配方案时，应明确股利分配的年度、分配的范围、股利支付的方式、分配现金股利的金额或股票股利的数量并公布股权登记日、除息日和股利发放日。

2. 股权登记日

股权登记日，即有权领取本期股利的股东资格登记的截止日期。公司规定股权登记日是为了划定股东能否领取本期股利的日期界线。只有在股权登记日这一天登记在册的股东才有资格领取本期股利，而没有在这一天登记，即使在股利发放日之前登记在册的股东，也无权领取本期股利。股权登记日一般是在股利宣告后的2~3周内。

3. 除息日

除息日也称除权日，是指领取股利的权利与股票分离的日期。在除息日之前，股利权从属于股票，持有股票者即享有领取股利的权利，而在除息日之后，股利权与股票分离，新购入股票的人不能享有股利。这是因为股票买卖的交接、过户需要一定的时间，如果股票交易日期离股权登记日太近，公司将无法在股权登记日得到更换股东的信息，只能以原股东为股利支付对象。为了避免可能发生的冲突，证券业一般规定股东登记日的前4天为除息日，自此日始，公司股票的交易称为无息交易。目前，先进的计算机结算登记系统为股票的交割过户提供了快捷的手段，股票买卖交易的当天即可办理完交割过户手续，在这种交易结算条件下，除息日可确定为股权登记日的下一个工作日。

4. 股利支付日

股利支付日也称股利发放日，是公司将股利正式支付给股东的日期。在这一天，公司应通过邮寄等方式将股利支付股东。目前公司可以通过中央结算登记系统将股利直接打入股东在证券公司开立的保证金账户。

[例13-1] A公司于2010年4月30日发布2009年度分配、转增股本的方案如下。

（1）发放年度：2009年度

（2）发放范围：截至2010年5月6日下午3：00上海证券交易所收市后，在中国证券登记结算有限责任公司上海分公司登记在册的全体股东。

（3）本次分配以375 287 548股为基数，向全体股东每10股派发现金红利1.50元（含税），送2股，转增4股，扣税后每10股派发现金红利1.15元，共计派发股利131 350 641.80元。实施后总股本为600 460 077股，增加225 172 529股。

（4）扣税情况：对于持有公司股份的个人股东和证券投资基金，公司对送股和现金红利均按照10%的税率代扣代缴个人所得税，扣税后实际发放现金红利为每股人民币0.115元。

（5）实施日期。

① 股权登记日：2010年5月6日；

② 除权（除息）日：2010年5月7日；

③ 新增可流通股份上市流通日：2010年5月10日；

④ 现金红利发放日：2010年5月12日。

三、股利支付的方式

股份有限公司分派股利的方式有现金股利、股票股利、财产股利和负债股利四种。我国有关法律规定，股份有限公司只能采用现金股利和股票股利两种。

1. 现金股利

现金股利是以支付现金的形式从公司净利润中分配给股东的投资报酬，也称"红利"或"股息"。现金股利是股利分派的主要方式。公司在支付现金股利前需要筹备充足的现金。支付现金股利，会减少公司的留存收益。不同的股东对现金股利的偏好是不同的，有的股东希望公司发放较多的现金股利，而有的股东则不愿意公司发放过多的现金股利。如果一个公司长期不分派现金股利，说明该公司无充足的现金或出现了经营困难，这将对投资者的投资信心造成阴影。

2. 股票股利

股票股利是股份有限公司以股票的形式从公司净利润中分配给股东的股利。股份公司发放股票股利，不会使得现金流出企业，也不会导致公司的财产减少，只是将公司的留存收益转化为股本。但股票股利会增加流通在外的股票数量，同时降低股票的每股价值。发放股票股利不会改变公司的股东权益总额，也不影响股东的持股比例，只是公司的股东权益结构发生了变化。

3. 财产股利

财产股利是以现金以外的其他资产支付的股利，主要是以公司所拥有的其他公司的有价证券，如债券（金融债券、企业债券或国债等）、股票，作为股利支付给股东（或投资人）。

4. 负债股利

负债股利是公司以负债方式支付的股利，通常以公司的应付票据支付给股东，也有发行公司债券来抵付股利的。财产股利和负债股利实际上是现金股利的替代，但在中国很少分派财产股利和负债股利。

第二节　股利政策

股利政策是关于公司是否发放股利、发放多少股利、何时发放股利等方面的政策和策略。长期以来，财务管理专家一直在探讨股利政策对企业发展有无影响的问题，并形成了不同的股利政策理论。

一、股利政策理论

股利分配作为财务管理的一部分，需要考虑其对公司的长远发展、股东财富或企业价值的影响。

（一）股利无关论

股利无关论认为，公司的股利分配政策对企业价值（表现为股票价格）不会产生影响。1961年美国财务专家米勒（Miller）和莫迪格莱尼（Modigliani）在他们的著名论文《股利政策、增长和股票价值》中首次提出股利无关论，指出在没有政府税收和完整市场的条件下，股利政策对公司价值不产生影响。这一理论是建立在有关假设基础上的：① 资本市场是完美无缺的；② 没有所得税的影响（不存在公司和个人所得税）；③ 没有股票筹资费用（不存在股票的发行和交易费用）；④ 公司的投资决策与股利决策彼此独立（即投资决策不受股利分配的影响）；⑤ 公司投资的报酬是确定的，且投资者和管理当局可等同地获得有关未来投资机会的信息。

股利无关论描述的是一种完美无缺的资本市场，又称为完全市场理论。股利无关论的观点包括以下几个。

第一，投资者不关心公司股利的分配。若公司留存较多的利润用于再投资，预期报酬率上升会导致公司股票价格上升，此时尽管股利较低，但投资者可以通过出售股票获得较多的资本利得（股票价差）。投资者宁愿公司不分或少分股利，以保留更多的盈余用于扩大再生产，实现投资者财富或企业价值的最大化。投资者关心的不是公司股利的分配，而是股票价格，股利高低可以通过股票资本利得予以补偿。

第二，股利的支付比率不影响公司的价值。投资者不关心公司股利的分配，公司的价值完全由投资的获利能力所决定。公司的盈余在股利和保留盈余之间的分配并不影响公司的价值（即使公司有理想的投资机会，且又支付了高额股利，也可以募集新股，新投资者会认可公司的投资机会）。

股利无关论是以严格的假设条件为前提的，在现实世界中，这些假设并不存在。在现实生活中，影响资本市场完美的因素主要有以下三个。① 不对称税率。在资本市场中，税率的差异是常见的，许多国家对现金股利和资本利得所征收的所得税税率是不同的，这种不对称不仅使投资者在股利与资本利得之间产生不同的偏好，也确定对股东财富产生不同的影响。② 不对称信息。尽管资本市场中的信息传递是公开和迅速的，但信息的获得并不是完全免费的，而且对于不同的市场参与者来说，信息仍然是不对称的。信息的不对称会降低市场效率，也会影响投资者对风险和收益的判断。③ 交易成本。现实中的资本市场都存在交易成本，如发行股票或债券要交发行费用，证券交易需要支付佣金和印花税等。

（二）股利相关论

股利相关论认为公司的股利分配政策对公司的市场价值并非无关而是相关的。公司的股利分配政策是在各种制约因素下进行的，公司不可能摆脱这些因素的影响。影响股利分配政策的因素包括以下几个。

1. 法律因素

为了保护债权人和股东的利益,《公司法》和有关财务制度对公司收益分配予以一定的限制,限制条款主要有以下几条。① 资本保全。规定公司不能用募集的资本发放股利,公司支付股利不能侵蚀公司的资本。② 留存收益。规定股利分配不能影响公司发展,要有一定的留存收益,如按税后利润的10%提取法定盈余公积金,并且鼓励股份公司在分配普通股股利之前提取任意盈余公积,只有当公积金累计额已达到注册资本的50%时才可不再提取。③ 净利润。规定公司年度累计净利润为正数时才可发放股利,以前年度亏损必须全部予以弥补,弥补完之后,若还有剩余才能用于分配股利。④ 超额累积利润。由于股东接受股利所交纳的所得税往往高于其股票交易的资本利得税,许多国家规定公司不得超额累积利润(超过法规的上限),否则将被加征税额。

2. 股东因素

公司的股利分配方案必须经过股东大会决议通过才能予以实施,股东对公司股利政策具有非常重要的影响作用。影响股利政策的股东因素主要有以下几个方面。① 收入的稳定和避税。依靠股利维持生计的股东,往往要求公司按时支付稳定的股利。若保留盈余过多,必将遭到这部分股东的反对。拥有多元化收入的股东,出于避税的考虑,愿意通过出售股票而放弃分得股利。② 控制权的稀释。公司发放高额的现金股利,会导致留存盈余减少,就可能造成未来经营所需的现金短缺,从而导致公司不得不通过发行新股来筹集生产经营所需的资本。发行新股必将影响原有股东对公司的控制权,除非他们愿意且有资金实力购买新股,原有股东宁愿保留较多的利润而放弃募集新股。

3. 公司的因素

就公司的经营需要分析,同样存在以下几个影响股利的因素。

(1)盈余的稳定性

公司是否能获得长期稳定的盈余,是其股利分配决策的重要基础。盈余相对稳定的公司能够较好地把握自己,有能力支付较高的股利;而盈余不稳定的公司一般选择低股利政策,这样可以避免因高股利分配而使企业大量现金外流,造成公司发展受阻而导致股票价格下跌,影响股东财富最大化,同时,低股利政策也可减少财务风险。

(2)资产的流动性

较多地支付现金股利,会减少公司的现金持有量,导致资产的流动性降低;保持资产具有一定的流动性是公司经营所必需的。

(3)资本成本

保留盈余与发行新股相比,筹资费用低、手续简便、容易实现。如果公司扩大再生产需要资金,从资本成本方面考虑,会选择低股利分配政策。

(4)债务需要

公司负债率高而使筹资途径受限时,需要较多的现金以应偿还债务之需,此时,公司会选择减少股利支付政策。

(5)举债能力

举债能力强的公司会比举债能力弱的公司采取更宽松的股利政策。

（6）投资机会.

有着良好投资机会的公司资金需求量大，留存较多的盈余将有利于公司价值最大化的实现，公司就会少发股利；缺乏良好投资机会的公司，保留大量现金无益，公司愿意支付较高的股利。一般来说，高成长的公司会选择低股利政策，成熟公司会选择较高的股利政策。

上述因素都会影响股利分配政策，可见，股利分配政策与公司价值是相关的，公司股票价格或公司价值不仅仅由获利能力决定，还受多种因素制约。

二、股利分配政策

支付给股东的股利与留存在公司的盈余，相互之间此消彼涨。如果公司支付较多的股利，留存盈余就少；反之，公司支付较少的股利，留存盈余就多。股利分配决策实际上也是内部筹资决策。在进行股利分配的实际工作中，公司经常采用的股利政策如下。

1. 剩余股利政策

股利政策受投资机会和资本成本的双重影响。采用剩余股利政策就是指在公司有良好投资机会时，根据确定的目标资本结构，测算出投资所需要的股权资本，先从盈余中予以留存，然后再将剩余的盈余作为股利予以分配。

采用剩余股利政策时，应遵循四个步骤：① 设定目标资本结构，即确定股权资本与债务资本的比率，在此资本结构下，加权平均资本成本将达到最低水平；② 确定目标资本结构下投资所需的股东权益数额；③ 最大限度地使用保留盈余来满足投资方案所需的股权资本数额；④ 若投资方案所需的股权资本已经满足后仍有剩余盈余，再将其作为股利发放给股东。

［例13-2］若A公司2009年实现的净利润，在提取盈余公积金后尚有可供分配的盈余800万元，2010年计划投资新项目需要资金1 000万元，现有A、B、C三个筹资方案可供选择，具体情况见表13-1。

表13-1　筹资方案

单位：%

项目	A方案		B方案		C方案	
	资本结构	资本成本	资本结构	资本成本	资本结构	资本成本
股权资本	40	10	50	10	60	10
债务资本	60	12	50	10	40	8
综合资本成本		11.2		10		9.2

从表13-1可知，C方案的综合资本成本最低，是目标资本结构。目标资本结构的股权资本占60%、债务资本占40%，所以：

C方案所需的股权资本=60%×1 000=600（万元）

公司当年可供分配的盈余为800万元，扣除投资需要的股权资本600万元，剩余盈余200万元可作为股利发放。假设2009年公司全部普通股为1 000万股，每股可分配的股利则为：

$$每股股利=\frac{200}{1\ 000}=0.20（元/股）$$

奉行剩余股利政策的理由：剩余股利政策意味着公司只将剩余的盈余用于发放股利，

其根本原因是为了保持目标资本结构，使加权平均资本成本最低。例13-2中，若将可供分配的盈余800万元全部用于投资或支付股利，将会破坏目标资本结构。

2. 固定股利政策

这一股利政策是将每年发放的股利固定在某一水平上，并在较长时间内保持不变，只有当公司认为未来盈余将会显著地、不可逆转地增长时，才提高年度的股利发放额。不过，在通货膨胀情况下，大多数公司的盈余会随之提高，且大多数投资者也希望公司能提供抵消通货膨胀不利影响的股利，因此在长期通货膨胀的年代里，也应将股利发放额提高。

采用这种股利政策的理由：① 稳定的股利可以向市场传递公司正常发展的信息，有利于树立公司的良好形象，增强投资者对公司的信心，有利于股价的稳定；② 稳定的股利额有利于投资者，尤其是那些对股利依赖严重的股东，安排股利收入和支出，而股利忽高忽低的股票，则不会受这些股东的欢迎，股价会因此而下跌；③ 稳定的股利政策可能会不符合剩余股利政策，但考虑到股市受多种因素影响，其中包括股东的心理状态和其他要求，因此为了将股利维持在稳定水平上，即使推迟某些投资方案或者暂时偏离目标资本结构，也可能比降低股利更为有利。

当然，该政策也有缺点：股利的支付与盈余相脱节，当盈余较低时仍要支付固定股利，这有可能导致企业资金缺乏，财务状况恶化；此外，它也不能像剩余股利政策那样使资本成本较低。

3. 稳定增长股利政策

稳定增长股利政策是指公司在一定时期内保持公司的每股股利额稳定增长的股利政策。采用这一股利政策的公司一般会随着公司盈利的增加，保持每股股利平稳地提高。公司确定一个稳定的股利增长率，实际上是给投资者传递了该公司经营业绩稳定增长的信息，这可以降低投资者对该公司风险的担心从而有利于股票价格上升。实施这一股利政策需要注意股利增长率应等于或略低于利润的增长率，这样才能保证股利增长的可持续发展。

4. 固定股利支付率政策

固定股利支付率政策是公司先确定好股利占盈余的一定比率，并长期按此比率支付股利的政策。在这一股利政策下，各年股利额随公司经营状况的好坏而上下波动，盈余多的年份股利额高，盈余少的年份股利额低。

采用固定股利支付率政策的原因是，这样安排能使股利与公司盈余紧密地配合，以体现多盈余多分，少盈余少分，不盈余不分的原则，公平地对待了每一位股东。但在这种政策下各年股利波动较大，极易造成公司不稳定的感觉，不利于树立良好的公司形象，对公司股票价格冲击较大，不利于股价的稳定。

5. 低正常股利加额外股利政策

低正常股利加额外股利政策是一种介于固定股利政策和固定股利支付率政策之间的折中的股利政策。在这一政策下，公司一般情况下每年只支付固定的、数额较低的股利，在盈余多的年份，再根据实际情况向股东发放额外股利，但额外股利并不固定化，不意味着公司永久地提高了固定的股利率。

采用低正常股利加额外股利政策的理由有以下两个方面。① 这种股利政策使公司具有较大的灵活性。当公司盈余较少或投资需用较多的资金时，可维持设定的较低但正常的股利，股东不会有股利跌落感；而当盈余有较大幅度增加时，则可适度增发股利，把经济繁荣的部分利益分配给股东，使他们增强对公司的信心，有利于稳定资本市场上的股价。② 这种股利政策可使那些依赖股利度日的股东每年至少得到虽然较低，但比较稳定的股利收入，从而吸引住这部分股东。

第三节　股票分割和股票回购

一、股票分割

股票分割也称拆股，是指将面值较高的股票分解为面值较低的股票的行为。例如，某公司股票面值为2元，每股市价为10元，若将股票一分为二，每股面值变为1元，每股市价变为5元，则每位股东所持有的股票数量将增加一倍。

股票分割与发放股票股利既有相同之处，又有不同之处。股票分割是在不增加股东权益的情况下增加了股份的数量，这点与发放股票股利相同。与股票股利不同的是，股票股利虽然不会引起股东权益总额的改变，但股东权益的内部结构会发生变化。股票分割后，股东权益及其内部结构都不会发生变化，变化的只是股票面值。

一般来说，股票分割的作用主要有两点。

① 通过股票分割使股票价格降低。面值较大的股票，其市场价格一般较高。公司股票价格过高，一些中小投资者由于资金量的限制而不愿意购买，从而使公司股票的流动性受到影响。股票分割降低了股票价格，投资者进入门槛降低，对于广大中小投资者来说就有了吸引力，可以满足他们的投资需求，股票的市场流通性就被激活，极大地促进了股票的流通和交易，这在一定程度上加大了对公司股票恶意收购的难度。

② 通过股票分割向投资者传递信息。股票分割可以向投资者传递公司未来经营业绩良好的信号，有助于提高投资者对公司股票的信心，进而引起股票价格的上涨。

［例13-3］某公司原发行面值2元的普通股1 000 000股，若将股票分割为2 000 000股，股票分割前后的股东权益项目如表13-2和表13-3所示。

表13-2　股票分割前的股东权益

单位：元

股东权益项目	金额（元）
普通股（面值2元，已发行1 000 000股）	2 000 000
资本公积	4 000 000
未分配利润	3 000 000
股东权益合计	9 000 000

表13-3　股票分割后的股东权益

单位：元

股东权益项目	金额（元）
普通股（面值1元，已发行2 000 000股）	2 000 000
资本公积	4 000 000
未分配利润	3 000 000
股东权益合计	9 000 000

假设公司本年度实现净利润为1 500 000元，那么

$$股票分割前的每股收益=\frac{1\,500\,000}{1\,000\,000}=1.50（元/股）$$

$$股票分割后的每股收益=\frac{1\,500\,000}{2\,000\,000}=0.75（元/股）$$

从股票分割前、后的每股收益可知，每股收益与股票分割成反方向变化。股票分割与股票股利非常接近，所以一般要根据证券管理部门的相关规定加以区分。例如，有的国家证券监管机构规定，发放25%以上的股票股利即属于股票分割。

在金融界，人们普遍认为股票存在着一个最优价格区域，"最优"意味着如果股票价格处于该区间，其价格与收益之比（价格/收益）将达到极大化，从而使公司的价值也达到最大化。当公司股票价格超过这个区域的上限达到某种程度时，公司就可能将股票按一定比例进行分割，使分割后的股票价格仍然回归到合理的区域之中。

尽管股票分割与发放股票股利都能达到降低公司股价的目的，但一般来说，只有在公司股价剧涨且预期难以下降时，才选择股票分割的办法降低股价；而在公司股价上涨幅度不大时，往往通过发放股票股利将股价维持在理想的范围之内。例如，某公司年收益率和红利以10%递增，若股票价格也同比例上升，公司可以每年派发10%的股票股利，将股票价格维持在最优区域。

相反，若公司认为自己股票的价格过低，为了提高股价，可以采取反分割（又称股票合并）的措施，反分割是将面值较低的股票按一定比例合并为面值较高的股票的行为。例如，某公司股票面值为1元，发行1 000 000股，股票市价5元/股，公司按4股折1股的比例进行反分割后，该公司股票面值为4元，发行股票数变为250 000股，股票市价20元/股。随着股票数量的减少，股价也同比例上升。

二、股票回购

（一）股票回购的含义及方式

股票回购是股份公司出资购回本公司发行在外的股票，将其作为库藏股或进行注销的行为。股票回购通常被看做是对股东的一种特殊回报方式。公司通过股票回购减少了流通在外的普通股股数，从而使每股收益增加，股票价格也随之上涨，可为股东带来资本利得收益。

股票回购的方式主要有公开市场回购、要约回购、协议回购和转换回购四种。公开市场回购是指股份公司在公开交易市场上按照股票的市场价格回购本公司股票；要约回购是指公司在特定期间向股东发出以高出当前市场价格的某一价格回购既定数量股票的要约；协议回购是指公司与特定的股东签订购买协议回购其所持有的公司股票；转换回购是指公司用债券或者优先股代替现金回购本公司普通股股票。

（二）股票回购的动机

公司回购股票的动机多种多样，主要有以下几种。

1. 传递公司信息

由于信息不对称和预期差异，证券市场上的公司股票价格可能被低估，而过低的价

格有损公司形象，也不利于进一步融资。一般情况下，投资者会认为股票回购意味着公司认为其股票价值被低估而采取的措施。

2. 防止被控制

当公司发现其股票有被大量收购的迹象时，可以将通过大量举债获得的资金用于回购其股票，这样既保持了一定的股票数量，又增加了大量债务，迫使有收购意愿的单位放弃收购计划，以达到消除被控制的威胁。

3. 调整资本结构

股权资本的筹资成本比债务资本的筹资成本相对要高，公司股权资本比率过高既不利于降低资本成本，也不利于发挥财务杠杆作用，采用股票回购措施，有利于资本结构的优化。

4. 现金股利的替代

现金股利政策会对公司产生未来的派现压力，而股票回购不会。当公司有富余资金时，通过购回股东所持股票将现金分配给股东，这样，股东就可以根据自己的需要选择继续持有股票或出售获得现金。

（三）股票回购的影响

股票回购对上市公司的影响主要表现在以下几个方面。

1. 股票回购需要大量资金支付回购成本，这容易造成资金紧张，降低资产流动性，影响公司的后续发展。

2. 股票回购无异于股东退股和公司资本减少，这也可能会使公司的发起人股东更注重创业利润的实现，从而不仅在一定程度上削弱了对债权人利益的保护，而且忽视了公司的长远发展，损害了公司的根本利益。

3. 股票回购容易导致公司操纵股价。公司回购自己的股票容易导致其利用内幕消息进行炒作，加剧公司行为的非规范化，损害投资者的利益。

📖 练习题

一、简答题

1. 什么是股利政策？主要的股利政策有哪些？

2. 公司如何选择股利政策？有何利弊？

3. 股利分配的方式有哪些？如何选择股利分配方式？

4. 股票股利和股票分割之间有何异同？

二、单选题

1. 下列哪种股利政策是基于股利无关论确立的（   ）。

A. 固定股利比例政策　　　B. 剩余股利政策

C. 固定股利政策　　　　　D. 正常股利加额外股利政策

2. 按照剩余股利政策，假定某公司资本结构是30%的债务资本，70%的股权资本，明年计划投资600万元，今年年末股利分配时，应从税后净利中保留（   ）万元用于投资需要。

A. 180　　B. 240　　C. 360　　D. 420

3. 公司采用固定或稳定增长股利政策发放股利的好处主要表现为（　　）。

　　A. 降低资本成本　　B. 维持股价稳定　　C. 提高支付能力　　D. 实现资本保全

4. 下列哪个项目不能用于分派股利（　　）。

　　A. 盈余公积金　　B. 税后利润　　C. 股本　　D. 上年未分配利润

5. 企业在分配收益时，必须按一定比例和基数提取法定公积金，这一要求体现的是（　　）。

　　A. 资本保全约束　　B. 资本积累约束

　　C. 偿债能力约束　　D. 超额累积利润约束

三、多选题

1. 公司在制定利润分配政策时应考虑的因素有（　　）。

　　A. 通货膨胀因素　　B. 股东因素　　C. 法律因素　　D. 公司因素

2. 收益分配的剩余股利政策的优点包括（　　）。

　　A. 保持理想的资本结构　　B. 充分利用资本成本最低的资金来源

　　C. 收益分配稳定　　　　　　D. 有利于公司股票价格的稳定

3. 影响股利政策的法律约束因素包括（　　）。

　　A. 资本保全约束　　B. 资本确定约束

　　C. 资本积累约束　　D. 超额累积利润约束

4. 股东从保护自身利益的角度出发，在确定股利分配政策时应考虑的因素有（　　）。

　　A. 投资机会　　B. 控制权　　C. 稳定收入　　D. 规避风险

四、计算分析题

某公司股票的现行市价为20元/股，年终收益分配前的股东权益合计2 000万元，其中：股本400万元（面值2元，200万股），资本公积160万元，留存收益1 440万元。公司计划按每10股送1股的方案发放股票股利，并按发放股票股利后的股数派发每股现金股利0.5元，股票股利的金额按股票面值计算。计算完成分配方案后的股东权益各项目数额。

第十四章

企业价值评估

第一节　企业价值评估概述

企业价值评估是财务管理的重要工具之一，具有广泛的用途，是现代财务管理的重要组成部分。

一、企业价值评估的含义

企业价值评估是对企业的全部或部分价值进行估价的过程。价值评估是将一个企业（或企业内部某个运营单位、分支机构）作为一个整体，依据其所拥有或占有的全部资产状况和整体获利能力，充分考虑影响企业的获利能力和各种因素，结合企业所处的宏观经济环境及行业背景，对企业整体公允价值进行综合性评估。

价值评估是一种定量分析，它并不是完全客观和科学的。一方面它使用了许多定量分析模型，具有一定的客观性和科学性；另一方面它又使用了许多主观估计的数据，带有一定的主观性质。评估的质量与评估人员的经验、责任心、投入的时间和精力等因素有关。评估不是随便找几个数据代入模型的计算工作。模型只是一种工具，并非模型越复杂评估结果就必然越好。

价值评估既然存在主观估计成分，其结论必然存在一定误差，不可能绝对正确。在进行评估时，由于认识能力和成本的限制，人们不可能获得完全的信息，总要对未来作出某些假设，从而导致结论的不确定。因此，即使评估进行得非常认真，合理的误差也是不可避免的。

二、价值评估的意义

价值评估作为企业评价的手段或方法，已被越来越多的人所接受或采用。价值评估的目的是帮助投资人和管理当局改善决策，其意义主要有以下三个方面。

（一）企业价值评估可以用于投资分析

价值评估是基础分析的核心内容。不同的投资者有着不同的投资理念，有的相信技术分析，有的人相信基础分析。相信基础分析的人认为企业价值与财务数据之间存在函数关系，这种关系在一定时期内是稳定的，证券价格与价值的偏离经过一段时间的调整会向价值回归。他们据此原理寻找并购进被市场低估的证券或企业，以期获得高于市场平均报酬率的收益。

（二）价值评估可以用于战略分析

战略是指一整套的决策和行动方式，包括刻意安排的有计划的战略和非计划的突发应变战略。战略管理是指涉及企业目标和方向、带有长期性、关系企业全局的重大决策和管理。战略分析是战略管理的重要组成部分，它应用定价模型清晰地说明经营设想并发现这些设想可能创造的价值，以评价企业目前和今后增加股东财富的关键因素是什么。价值评估在战略分析中起着核心作用。例如，在企业收购这一战略决策中，收购企业要估计目标企业的合理价格，在决定收购价格时要对目标企业合并前后的价值变动进行评估，以判断收购能否增加股东财富，以及依靠什么来增加股东财富。

（三）价值评估可用于以价值为基础的管理

企业财务管理的目标之一是企业价值最大化，企业决策正确性的根本标志是能否增加企业价值。如果不了解一项决策对企业价值的影响，就无法对决策进行评价。从这个意义上说，价值评估是改进企业一切重大决策的手段。为了搞清财务决策对企业价值的影响，需要清晰地描述财务决策、企业战略和企业价值之间的关系，在此基础上实行以价值为基础的管理。依据价值最大化原则制订和执行经营计划，通过度量价值增加来监控经营业绩并确定相应报酬。

三、价值评估的对象

（一）价值评估对象的含义

企业价值评估的一般对象是企业整体的经济价值。企业整体的经济价值是企业作为一个整体的公平市场价值。

资产负债表的"资产总计"是企业单项资产价值的合计。企业整体价值并不等于企业单项资产价值的总和。虽然企业作为整体是由各部分组成的，但企业的整体价值也不是各部分的简单相加，而是有机结合。这种有机结合使得企业总体具有它各部分所没有的整体功能。部分只有在整体中才能体现出它的价值，一旦离开整体，这个部分就失去了作为整体中一部分的意义，如同人的手臂离开人体就失去手臂的作用。企业整体能够具有价值在于它可以为投资人带来现金流量。这些现金流量是所有资产联合起来运用的结果，而不是资产分别出售获得的现金流量。

所谓"公平市场价值"是指在公平的交易中，熟悉情况的双方自愿进行资产交换或债务清偿的金额。作为交易对象的企业，通常没有完善的市场，也就没有现成的市场价格。非上市企业或者它的一个部门，由于没有在市场上出售，其价格也就不得而知。对于上市企业来说，每天参加交易的只是少数股权，多数股权不参加日常交易，因此市价只是少数股东认可的价格，未必代表公平价值。由于信息不对称的存在，人们对企业的预期会有很大的差距，成交价格也不一定是公平的。

（二）企业整体经济价值的类型

企业整体经济价值可分为以下几种类型。

1. 实体价值与股权价值

当一家企业收购另一家企业的时候，可以收购卖方的资产，而不承担其债务；或者购买它的股份，同时承担其债务。例如，甲企业以18亿元的价格买下乙企业的全部股份，并承担了乙企业6亿元的债务，收购的经济成本是24亿元。通常人们说甲企业以18亿元收购了乙企业，其实并不准确。对于甲企业的股东来说，他们不仅需要支付18亿元现金（或者以18亿元的股票换取乙企业的股票），而且要以书面契约的形式承担6亿元的债务。实际上他们需要支付24亿元，18亿元现在支付，另外6亿元将来支付，他们用24亿元购买了乙企业的全部资产。因此，企业的资产价值与股权价值是不同的。

企业全部资产的总体价值，称为"企业实体价值"。企业实体价值是股权价值与债务价值之和。用公式表示为：

企业实体价值=股权价值+债务价值

公式中的股权价值和债务价值均不是会计上的账面价值，而是股权和债务的公平市场价值。

大多数企业并购是以购买股份的形式进行的，因此评估的最终目标和双方谈判的焦点是卖方的股权价值。但是，买方的实际收购成本等于股权成本加上所承接的债务。

2. 持续经营价值与清算价值

企业能够给所有者提供价值的方式有两种：一种是由营业所产生的未来现金流量的现值，称为持续经营价值（简称续营价值）；另一种是停止经营，出售资产产生的现金流，称为清算价值。在大多数的情况下，企业价值评估的是企业的续营价值。一个企业持续经营的基本条件是，其续营价值超过清算价值。一个企业的公平市场价值，应是续营价值与清算价值中较高的一个。

3. 少数股权价值与控股权价值

企业的所有权和控制权是两个不同的概念。首先，持有少数股权的人基本上没有决策权，只有获取控制权的人才能决定企业的重大事务。其次，在股票市场上交易的只是少数股权，大多数股票并没有参加交易。掌握控制权的股东不参加日常交易，我们所看到的股价，通常只是少数已经交易的股票价格，它们衡量的只是少数股权的价值。

买入企业的少数股权和买入企业的控制权是完全不同的两回事。买入企业的少数股权，意味着承认企业现有的管理和经营战略，买入者只是一个旁观者。买入企业的控制权，投资者获得改变企业生产经营方式的充分自由，具有经营决策权。

这两者如此不同，以至于可以认为：同一个企业的股票在两个分割开来的市场上交易。一个是少数股权市场，它交易的是少数股权代表的未来现金流量；另一个是控制权市场，它交易的是企业控制权代表的现金流量。获得控股权，不仅意味着取得了现金流量的索取权，而且同时获得了改组企业的特权。在两个不同市场里交易的，实际上是不同的资产。

总之，在进行企业价值评估时，首先要明确拟评估的对象是什么，搞清楚是企业的实体价值还是股权价值，是续营价值还是清算价值，是少数股权价值还是控股价值。它们是不同的评估对象，有不同的用途，需要使用不同的方法进行评估。

第二节　企业价值评估模型

价值评估使用的模型通常称为定价模型，它的功能是把预测数据转换为企业价值。在实务中使用的模型大体上可以分为以下三种类型，即现金流量折现模型、经济利润模型和相对价值模型。

一、现金流量折现模型

（一）现金流量折现模型的基本思想

现金流量折现模型的基本思想是增量现金流量原则和时间价值原则，也就是任何资产（包括企业或股权）的价值都是其产生的未来现金流量的现值。现金流量折现模型是企业价值评估中使用最广泛、理论最健全的模型。任何资产都可以使用现金流量折现模型来估价，其价值都是预计现金流量、资本成本（折现率）和企业存续期三个变量的函数，用公式表示为：

$$价值 = \sum_{t=1}^{n} \frac{现金流量_t}{(1+资本成本_t)^t}$$

式中，t——企业的存续期（以下相同）。

（二）现金流量模型的种类

在企业价值评估中可供选择的现金流量有三种：股利现金流量、股权现金流量和实体现金流量。依据现金流量的不同种类，企业估价模型也分以下三种。

1. 股利现金流量模型

股利现金流量是企业分配给股权投资人的现金流量。其模型的基本公式为：

$$股权价值 = \sum_{t=1}^{n} \frac{股利现金流量_t}{(1+股权资本成本_t)^t}$$

2. 股权现金流量模型

股权现金流量是指一定期间企业可以提供给股权投资人的现金流量，它等于企业实体现金流量扣除对债权人支付后剩余的部分。有多少股权现金流量会作为股利分配给股东取决于企业的筹资和股利分配政策。如果把股权现金流量全部作为股利分配，则股利现金流量模型和股权现金流量模型相同。股权现金流量模型的基本公式为：

$$股权价值 = \sum_{t=1}^{n} \frac{股权现金流量_t}{(1+股权资本成本_t)^t}$$

3. 实体现金流量折现模型

企业实体现金流量是企业全部现金流入扣除成本费用和必要的投资后的剩余部分，它是企业一定时期可以提供给所有投资人（包括股权投资人和债权投资人）的税后现金流量。实体现金流量折现模型的基本公式为：

$$企业实体价值 = \sum_{t=1}^{n} \frac{实体现金流量_t}{(1+加权平均资本成本_t)^t}$$

$$债务价值 = \sum_{t=1}^{n} \frac{偿还债务现金流量_t}{(1+等风险债务利率_t)^t}$$

$$股权价值 = 企业实体价值 - 债务价值$$

在数据假设相同的情况下，三种模型的评估结果是相同的。由于股利分配政策有较大变动，股利现金流量很难预计，所以在实务中大多数企业估价使用股权现金流量和实体现金流量模型。

（三）现金流量的估计

预计现金流量表可以由预计资产负债表和预计利润表的数据转换得到。

[例14-1] 假定A公司根据预计资产负债表和预计利润表编制的预计现金流量表如表14-1所示。

表14-1　A公司预计现金流量表　　　　　　　　　　　单位：万元

年份 项目	基期	2009	2010	2011	2012	2013	2014
税后经营利润	36.96	41.40	45.53	49.18	52.13	54.73	54.47
+折旧与摊销	24.00	26.88	29.57	31.93	33.85	35.54	37.12
=经营现金毛流量	60.96	68.28	75.10	81.11	85.98	90.28	94.79
−经营营运资本增加		14.40	13.44	11.83	9.58	8.46	8.89
=经营现金净流量		53.88	61.66	69.28	76.40	81.81	85.90
−净经营长期资产增加		24.00	22.40	19.71	15.97	14.10	14.81
−折旧与摊销		26.88	29.57	31.93	33.85	35.54	37.32
=实体现金流量		3.00	9.69	17.64	26.58	32.17	33.78
融资流动：							
税后利息费用		4.77	5.24	5.66	6.00	6.30	6.62
−短期借款增加		7.68	7.17	6.31	5.11	4.51	4.74
−长期借款增加		3.84	3.58	3.15	2.55	2.26	2.37
−金融资产增加							
=债务融资净流量		−6.75	−5.51	−3.80	−1.66	−0.47	−0.49
+股利分配		9.75	15.20	21.44	28.24	32.64	34.27
−股权资本发行		0.00	0.00	0.00	0.00	0.00	0.00
=股权融资流量		9.75	15.20	21.44	28.24	32.64	34.27
融资流量合计		3.00	9.69	17.64	26.58	32.17	33.78

对表14-1中有关项目说明如下。

1. 实体现金流量

（1）税后经营利润

税后经营利润是由税前经营利润乘以（1−预计所得税税率）计算得到的。

其中，　　　　　**税前经营利润=营业收入−营业成本−销售与管理费用−折旧与摊销**

（2）经营现金毛流量

经营现金毛流量是指在没有资本支出和经营营运资本变动时，企业可提供给投资人的现金流量总和，它有时也被称为"常用现金流量"。

经营现金毛流量=税后经营利润+折旧与摊销

公式中的"折旧与摊销"是指在计算利润时已经扣减的固定资产折旧和长期资产的摊销数额。

以例14-1A公司2009年数据为例：

经营现金毛流量=41.40+26.88=68.28（万元）

（3）经营现金净流量

经营现金净流量是指经营现金毛流量扣除经营营运资本增加后的剩余现金流量。如果没有资本支出，经营现金净流量就是企业可以提供给投资人（包括股东和债权人）的现金流量。

经营现金净流量=经营现金毛流量−经营营运资本增加

以例14-1A公司2009年的数据为例：

经营现金净流量=68.28−14.40=53.88（万元）

（4）实体现金流量

实体现金流量是指企业在满足了经营活动和资本支出后，可以支付给债权人和股东的现金流量。

$$实体现金流量=经营现金净流量-资本支出$$

以例14-1A公司2009年数据为例：

实体现金流量=53.88-（24+26.88）=3.00（万元）

实体现金流量公式也可用下式进行计算。

$$实体现金流量=税后经营利润-本期净投资$$

以例14-1A公司2009年数据为例：

实体现金流量=41.40-38.40=3.00（万元）

其中，

$$本期净投资=本期总投资-折旧与摊销$$

$$=经营营运资本增加+资本支出-折旧与摊销$$

以例14-1A公司2009年数据为例：

本期净投资=14.40+（24+26.88）-26.88=38.40（万元）

2. 股权现金流量

股权现金流量与实体现金流量的区别在于前者需要再扣除与债务相联系的现金流量。

$$股权现金流量=实体现金流量-债权人现金流量$$

$$=实体现金流量-税后利息支出-偿还债务本金+新借债务$$

$$=实体现金流量-税后利息支出+债务净增加$$

以例14-1A公司2009年数据为例：

股权现金流量=3.00-4.77+7.68+3.84=9.75（万元）

3. 融资现金流量

（1）债务融资净流量

$$债务融资净流量=税后利息支出-偿还债务本金（或+债务增加）-超额金融资产增加$$

以例14-1A公司2009年数据为例：

债务融资净流量=4.77-7.68-3.84=-6.75（万元）

（2）股权融资净流量

$$股权融资净流量=股利分配-股权资本发行$$

以例14-1A公司2009年数据为例：

股权融资净流量=9.75-0=9.75（万元）

（3）融资流量合计

$$融资流量合计=债务融资净流量+股权融资净流量$$

以例14-1A公司2009年数据为例：

融资流量合计=-6.75+9.75=3.00（万元）

4. 现金流量的平衡关系

由于企业提供的现金流量就是投资人得到的现金流量，因此它们应当相等。"实体现金流量"是从企业的角度观察的，企业产生剩余现金用正数表示，企业吸收投资人的现金则用负数表示。"融资现金流量"是从投资人角度观察的实体现金流量，投资人得到的现金用正数表示，投资人提供的现金则用负数表示。实体现金流量应当等于融资现金流量。

现金流量的这种平衡关系，给我们提供了一种检验现金流量计算是否正确的方法。

（四）企业价值的计算

1. 实体现金流量模型

［**例14-2**］假定前例A公司的加权平均资本成本为12%，用它折现实体现金流量可以得出企业实体价值，接着扣除债务价值后可以得出其股权价值。有关计算过程如表14-2所示。

表14-2 A公司实体现金流量折现

单位：万元

年份 项目	基期	2009	2010	2011	2012	2013	2014
实体现金流量		3.00	9.69	17.64	26.58	32.17	33.78
平均资本成本		12%	12%	12%	12%	12%	12%
折现系数（12%）		0.8929	0.7972	0.7118	0.6355	0.5674	0.5066
预测期现金流量现值	75.21	2.68	7.72	12.56	16.89	18.25	17.11
后续期增长率							5%
期末现金流量现值	256.69						506.70
企业总价值	331.90						
债务价值	96.00						
股权价值	235.90						

表14-2中有关项目说明如下。

• 预测期现金流量现值=Σ各期现金流量现值=75.21（万元）

• 后续期终值=$\dfrac{现金流量_{t+1}}{资本成本-现金流量增长率}$=$\dfrac{33.78\times(1+5\%)}{12\%-5\%}$=506.70（万元）

• 后续期现值=后续期终值×折现系数=507.70×0.5066=256.69（万元）

• 企业实体价值=预测期现金流量+后续期现值=75.21+256.69=331.90（万元）

• 估计债务价值的标准方法是折现现金流量法，最简单的方法是账面价值法，本例采用账面价值法。

2. 股权现金流量模型

［**例14-3**］假定前例A公司的股权资本成本是15%，则企业价值的计算过程如表14-3所示。

表14-3 A公司股权现金流量折现

单位：万元

年份 项目	基期	2009	2010	2011	2012	2013	2014
股权现金流量		9.75	15.20	21.44	28.24	32.64	34.27
股权成本		15%	15%	15%	15%	15%	15%
折现系数（15%）		0.8696	0.7561	0.6575	0.5718	0.4972	0.4323
预测期现金流量现值	81.26	8.48	11.49	14.10	16.15	16.23	14.81

（续）

项目 \ 年份	基期	2009	2010	2011	2012	2013	2014
后续期增长率							5%
（+）期末现金流量现值	154.64						357.71
（=）股权价值	235.90						
（+）债务价值	96.00						
企业总价值	331.90						

（五）现金流量模型的应用

1. 实体现金流量模型的应用

实体现金流量模型分为三种类型：永续增长模型、两阶段增长模型和三阶段增长模型。

（1）永续增长模型

永续增长模型假设企业未来长期稳定、有可持续的增长。在保持永续增长的情况下，企业的价值是下期现金流量的函数。永续增长模型的计算公式为：

$$实体价值=\frac{下期实体现金流量}{加权平均资本成本-永续增长率}$$

永续增长模型的使用条件是：企业必须处于永续状态。所谓永续状态是指企业有永续的增长率和投资资本回报率。

（2）两阶段增长模型

两阶段增长模型的计算公式为：

$$实体价值=预测期实体现金流量现值+后续期价值的现值$$

$$实体价值=\sum_{t=1}^{n}\frac{实体现金流量}{(1+加权平均资本成本)^t}+\frac{实体现金流量_{n+1}\div(加权平均资本成本-永续增长率)}{(1+加权平均资本成本)^t}$$

式中n为预测期，下同。

两阶段增长模型适用于增长呈两个阶段的企业。第一个阶段为超常增长阶段，增长率明显快于永续增长阶段；第二阶段具有永续增长的特征，增长率较低，是正常的增长率。

（3）三阶段增长模型

三阶段增长模型包括一个高速增长阶段、一个增长率递减的转换阶段和一个永续增长的稳定阶段。假定转换期为m，则三阶段增长模型的计算公式为：

$$实体价值=增长期现金流量现值+转换期现金流量现值+后续期现金流量现值$$

$$实体价值=\sum_{t=1}^{n}\frac{增长期实体现金流量}{(1+加权平均资本成本)^t}+\sum_{t=n+1}^{n+m}\frac{转换期实体现金流量}{(1+加权平均资本成本)^t}$$
$$+\frac{后续期实体现金流量_{m+n+1}\div(加权平均资本成本-永续增长率)}{(1+加权平均资本成本)^{m+n}}$$

三阶段模型的使用条件是评估企业的增长率应当与模型假设的三个特征相符合。

实体现金流量模型是实务中应用较多的模型。其原因主要有两个：一是股权成本受资本结构的影响较大，较难估计。债务增加时，风险上升，股权成本会上升。而企业加权平均资本成本受资本结构的影响较小，较易估计。二是实体现金流量模型不仅提供了股权价值的信息，还可提供实体价值和债务价值的信息。

2. 股权现金流量模型的应用

股权现金流量模型与实体现金流量模型一样，也可分为三种类型：永续增长模型、两阶段增长模型和三阶段增长模型。三种模型的使用条件与实体现金流量模型的使用条件类似，只是输入参数不同，用股权现金流量替代实体现金流量，用股权资本成本替代加权平均资本成本。

［例14-4］B公司是一个规模较大的跨国公司，目前处于稳定增长状态。2009年每股净利润为13.70元。根据全球经济预测，长期增长率为8%。预计该公司的长期增长率与宏观经济相同。为维持每年8%的增长率，需要每股股权本年净投资为11.20元。据估计，该企业的股权资本成本率为10%。试计算该企业2009年每股股权现金流量和每股股权价值。

每股股权现金流量=13.70－11.20=2.50（元/股）

$$每股股权价值=\frac{2.5 \times 1.08}{10\%-6\%}=135（元/股）$$

二、经济利润模型

（一）经济利润的概念

经济利润是经济学家所持的利润概念，是经济收入减去经济成本后的差额。由于经济收入不同于会计收入，经济成本不同于会计成本，因此，经济利润不同于会计利润。

1. 经济收入

经济收入是指在期末和期初同样富有的情况下，一定期间的最大花费。这里的收入是按财产法计量的，如果没有任何花费，则期末财产市值超过期初财产市值的部分是本期收入。用计算公式为：

本期收入=期末财产－期初财产

例如，某企业年初资产为10万元，年末升值为12万元，本年营业收入5万元，则经济收入为7万元。而会计上认为总收入为5万元，2万元的资产升值不算收入。理由是它没有通过销售实现，缺乏记录收入的客观证据。如果把已经升值的资产出售得到12万元，会计上就确认2万元的财产升值。许多企业正是利用会计的这一缺点，通过虚假交易改变收入的做法，达到操纵利润的目的。

2. 经济成本

经济成本不仅包括会计上实际支付的成本，而且还包括机会成本。

例如，股东投入企业的资本也是有成本的，即经济成本包括股权资本的成本，是本期成本的一部分，在计算利润时应当扣除。这样做的理由是，股东投入的资本是生产经营不可缺少的条件之一，并且这笔钱也不是没有代价的。股东要求回报的正当性不亚于债权人的利息要求和雇员的工资要求。

在计算会计成本时，不包括股权资本的成本，计算利润时也不将其作为减项处理。其理由是，股权资本的成本不是实际支付的成本，没有证据表明应当支付给股东多少钱，会计核算中不作没有根据的估计。

3.经济利润

计算经济利润的一种最简单的办法是用息税前税后经营利润减去企业的全部资本费用。

[例14-5] B公司的期初投资资本为6 000万元，期初投资资本报酬率（税后经营利润/投资成本）为12%，加权平均资本成本为8%，则该公司的经济利润计算如下。

经济利润=税后经营利润−全部资本费用

$$=6\,000 \times 12\% - 6\,000 \times 8\% = 720 - 480 = 240（万元）$$

经济利润的计算也可用下式进行计算。

经济利润=期初投资资本 × （期初投资成本报酬率−加权平均资本成本）

$$=6\,000 \times （12\% - 8\%）= 240（万元）$$

（二）价值评估的经济利润模型

根据现金流量折现原理可知，如果某一年的投资资本回报率等于加权平均资本成本，则企业现金流量的净现值为零。此时，税后经营利润等于投资各方的期望报酬率，经济利润也必然为零，企业的价值与期初相同，既没有增加也没有减少。如果企业某一年的投资成本回报率超过加权平均资本成本，则企业现金流量有正的净现值。此时，税后利润大于投资各方期望的报酬，也就是经济利润大于零，企业的价值将增加。如果企业某一年的投资成本回报率小于加权平均资本成本，则企业现金流量有负的净现值。此时，息前税后营业利润不能满足投资各方的期望报酬，也就是经济利润小于零，企业的价值将减少。因此，企业的价值等于期初投资资本加上经济利润的现值。用公式表示为：

企业实体价值=期初投资资本+经济利润现值

式中的期初投资资本是指企业在经营中投入的现金，它等于企业所有者权益加上净债务。

[例14-6] C公司年初投资资本为2 000万元，预计今后每年可取得税后经营利润200万元，每年净投资为零，资本成本为8%，企业价值计算如下。

每年经济利润=200−2 000 × 8%=40（万元）

经济利润现值=40 ÷ 8%=500（万元）

企业价值=2 000+500=2 500（万元）

如果用现金流量折现法计算，可以得出相同的结果。

实体现金流量现值=200 ÷ 8%=2 500（万元）

经济利润模型与现金流量模型在本质上是一致的，但是经济利润具有可以计量单一年份价值增加的优点，而现金流量法却做不到。这是因为，任何一年的现金流量都受净投资的影响，加大投资会减少当年的现金流量，推迟投资可以增加当年的现金流量。投资不是业绩不良的表现，而找不到投资机会反而是不好的征兆。因此，某个年度的现金流量不能成为计量业绩的依据。管理层可以为了改善某一年的现金流量而推迟投资，从而使企业的长期价值创造受到损失。

经济利润之所以受到重视，关键是它把投资决策必需的现金流量法与业绩考核的权责发生制统一起来了。它的出现结束了投资决策用现金流量的净现值评价，而业绩考核用权责发生制的利润评价，决策与业绩考核的标准分离，甚至冲突、混乱的局面。

三、相对价值模型

（一）相对价值的含义

现金流量法和经济利润法在概念上很健全，但是在应用时会碰到较多的技术问题。有一种相对容易的估价方法，即相对价值法，它是利用类似企业的市场定价来估计目标企业价值的一种方法。

相对价值法的基本做法是：首先，寻找一个影响企业价值的关键变量（如净利）；其次，确定一组可以比较的类似企业，计算可比企业的市价除以关键变量的平均值；最后，用目标企业的关键变量乘以得到的平均值，计算目标企业的评估价值。将目标企业与可比企业对比，用可比企业的价值衡量目标企业的价值。如果可比企业的价值被高估了，则目标企业的价值也会被高估。实际上，所得结论是相对于可比企业来说的，是以可比企业为基准的，是一种相对价值，而非目标企业的内在价值。

例如，你准备购买商品住宅，出售者报价108万元，你如何评估这个报价呢？一个简单的办法就是寻找一个类似地段、类似质量的商品住宅，计算每平方米的价格（价格与面积的比率），假设是1万元/平方米，你拟购置的住宅是100平方米，利用相对价值法评估它的价值是100万元，于是你认为出售者的报价高了。你对报价高低的判断是相对于类似商品住宅来说的，它比类似住宅的价格高了，但也可能是类似住宅的价格偏低。

这种做法很简单，真正使用起来却并不简单，因为，类似住宅与你所购置的住宅总有"不类似"的地方，类似住宅的价格也不一定是公平市场价格。准确的评估还需要对计算结果进行另外的修正，而这种修正比一般人想象的要复杂，它涉及每平方米价格的决定因素。

（二）相对价值模型

相对价值模型分为两类，一类是以股权市价为基础的模型，包括股权市价/净利、股权市价/净资产、股权市价/销售额等比率模型；另一类是以企业实体价值为基础的模型，包括实体价值/息前税后营业利润、实体价值/实体现金流量、实体价值/投资资本、实体价值/销售额等比率模型。这里介绍三种最常用的股权市价比率模型。

1. 市价/净利比率模型

（1）基本模型

市价与净利的比率，通常称为市盈率。其计算公式为：

$$市盈率 = \frac{每股市价}{每股净利}$$

运用市盈率估价的模型如下：

$$目标企业每股价值 = 可比企业平均市盈率 \times 每股净利$$

该模型假设股票市价是每股净利的一定倍数。每股净利越大，则股票价值越大。同类企业有类似的市盈率，所以目标企业的股权价值可能用每股净利乘以可比企业的平均市盈率计算。

（2）模型的适用性

市盈率模型的优点：① 计算市盈率的数据容易取得，且计算简单；② 市盈率把价格和收益联系起来，直观地反映投入和产出的关系；③ 市盈率涵盖了风险补偿率、增长率、股利分配率的影响，具有很高的综合性。

市盈率模型的缺点：① 如果收益是负值，市盈率就失去了意义；② 市盈率除了受企业本身的影响以外，还受到整个经济景气程度的影响。

因此，市盈率模型最适合连续盈利，且β值接近于1的企业。

2. 市价/净资产比率模型

（1）基本模型

市价与净资产的比率，通常称为市净率。其计算公式为：

$$市净率 = \frac{市价}{净资产}$$

该模型假设股权价值是净资产的函数，类似企业有相同的市净率，净资产越大则股权价值越大。因此，股权价值是净资产的一定倍数，目标企业的价值可以用每股净资产乘以平均市净率计算。计算公式为：

股权价值=可比企业平均市净率×目标企业净资产

（2）模型的适用性

市净率模型的优点：① 净利为负值的企业不能用市盈率进行估价，而市净率极少为负值；② 净资产账面价值的数据容易取得，并且容易理解；③ 净资产的账面价值比净利稳定，也不像利润那样经常被人操作；④ 如果会计标准合理并且各企业会计政策一致，市净率的变化可以反映企业价值的变化。

市净率模型的缺点：① 账面价值受会计政策的影响，如果企业执行不同的会计标准或会计政策，市净率会失去可比性；② 对于固定资产很少的服务性企业和高科技企业来说，净资产与企业价值的关系不大，其市净率相对来说没有什么实际意义；③ 有一些企业的净资产是负值，市净率没有意义，无法用于比较。

因此，市净率模型主要适用于需要拥有大量资产，净资产为正值的企业。

3. 市价/收入比率模型

（1）基本模型

这种模型假设影响企业价值的关键变量是销售收入，企业价值是销售收入的函数，销售收入越大则企业价值越大。既然企业价值是销售收入的一定倍数，那么目标企业的价值可以用销售收入乘以平均收入乘数来估计。该模型的计算公式为：

$$收入乘数 = \frac{股权市价}{销售收入} = \frac{每股市价}{每股销售收入}$$

目标企业的价值=可比企业平均收入乘数×目标企业的销售收入

[**例14-7**] 某石油公司2009年每股销售收入为83.06元，每股净利润为3.82元。公司采用固定股利支付率政策，股利支付率为74%。预期利润和股利的长期增长率为6%。该公司的β值为0.75，该时期的无风险利率为7%，市场平均报酬率为12.5%，按收入乘数估价如下。

净利润率=3.82÷83.06=4.6%

股权资本成本=7%+0.75×（12.5%-7%）=11.125%

$$收入乘数 = \frac{4.6\% \times 7.4\% \times (1+6\%)}{11.125\% - 6\%} = 0.704$$

按收入乘数估价=83.06×0.704=58.47（元）

（2）模型的适用性

收入乘数估价模型的优点：① 它不会出现负值，亏损企业和资不抵债的企业也可以利用其计算出一个有意义的价值乘数；② 它比较稳定、可靠，不容易被操纵；③ 收入乘数对价格政策和企业战略变化敏感，可以反映这种变化的后果。

收入乘数估价模型的缺点：不能反映成本的变化，而成本是影响企业现金流量和价值的重要因素之一。

因此，这种模型主要适用于销售成本率较低的服务类企业，或者销售成本率趋同的传统行业的企业。

（三）相对价值模型的应用

相对价值模型应用的主要困难是选择可比企业。通常的做法是选择一组同业的上市企业，计算出它们的平均市价比率，作为估计目标企业价值的乘数。如果符合条件的企业较多，可根据规模的类似的增长率进一步筛选，以提高可比性的质量。如果找不到符合条件的可比企业，解决的办法之一就是采用修正的市价比率。

1. 修正市盈率

$$修正市盈率 = \frac{实际市盈率}{预期增长率 \times 100}$$

目标企业每股价值=平均修正市盈率×目标企业预期增长率×100×目标企业每股净利

2. 修正市净率

$$修正市净率 = \frac{实际市净率}{预期股东权益净利率 \times 100}$$

目标企业每股价值=平均修正市净率×目标企业股东权益净利率×100×目标企业每股净资产

3. 修正收入乘数

$$修正收入乘数 = \frac{实际收入乘数}{销售净利率 \times 100}$$

目标企业每股价值=平均修正收入乘数×目标企业销售净利率×100×目标企业每股收入

综上所述，由于认识价值是一切经济和管理决策的前提，增加企业价值是企业的根本目的，所以价值评估是财务管理的核心问题。价值评估是一个认识企业价值的过程，由于企业充满了个性化的差异，因此，不能把价值评估看成是履行某种规定的程序性工作，而应始终关注企业的真实价值，以及影响其价值变动的因素。

练习题

一、简答题

1. 企业价值评估有什么实际意义？

2. 企业整体经济价值可分为哪几种类型？

3. 在实务中使用的模型大体上可分为哪三种类型？

4. 经济利润与会计利润有何不同？

二、单选题

1. 企业价值评估与投资项目评价有许多类似之处，下列表述中错误的是（　　）。

　　A. 都能给投资主体带来现金流量　　　B. 它们的现金流量都具有可测算的确定性

　　C. 其价值计量都要使用现值概念　　　D. 其价值计量都要使用风险概念

2. 企业价值是企业的（　　）。

　　A. 公允价值　　　B. 账面价值　　　C. 公司市价　　　D. 清算价值

3. 企业价值评估的评估对象是（　　）。

　　A. 整体生产能力　　　B. 资产获利能力　　　C. 整体资产成本　　　D. 整体经济价值

4. 市净率模型主要适用于需要拥有大量资产且（　　）。

　　A. 净资产为负值的企业　　　　　B. 净资产为正值的企业

　　C. 固定资产少的服务性企业　　　D. $\beta<1$ 的企业

三、多选题

1. 下列有关价值评估的正确表述为（　　）。

　　A. 价值评估提供的是有关"公平市场价值"的信息

　　B. 价值评估不否认市场的有效性，但是不承认市场的完善性

　　C. 价值评估认为市场只在一定程度上有效，即并非完全有效

　　D. 在完善的市场中，市场价值与内在价值相等，价值评估没有什么实际意义

2. 企业价值评估与项目价值评估有明显区别，下列表述正确的有（　　）。

　　A. 它们的现金流分布有不同的特征

　　B. 投资项目的寿命期是有限的，而企业的寿命是无限的

　　C. 项目产生的现金流属于投资人，而企业产生的现金流仅在管理层决定分配时才流向所有者

　　D. 项目现金流具有确定性，而企业现金流具有明显的不确定性

3. 企业整体经济价值具有的特征是（　　）。

　　A. 整体价值是企业各项资产价值的汇总

　　B. 整体价值来源于各价值的有机结合

　　C. 可以单独存在的部分，其单独价值不同于整体价值一部分的价值

　　D. 如果企业停止运营，不再具有整体价值

4. 现金流量折现模型的基本思想是（　　）。

　　A. 增量现金流量　　　B. 双方交易原则　　　C. 现值原则　　　D. 自利行为原则

四、计算分析题

1. 某企业长期负债400万元，利息率5%，所有者权益600万元，投资收益率要求15%。试以加权平均资本成本模型计算企业评估的折现率。

2. 某公司2009年销售收入为2 000万元，净利润为250万元，留存收益比例为50%，预计2010年它们的增长率均为3%。该公司的 β 值为1.5，国库券利率为4%，市场平均风险股票的收益率为10%，计算公司的本期收入乘数。

第十五章

并购与重组

第一节　企业并购

一、企业兼并与收购的含义

一般来说，企业的成长和发展有两种途径，即内部扩充和外部扩展。内部扩充是指企业从其内部和外部筹集资金进行投资，以扩大生产经营规模的行为。采用这种途径具有投入多、时间长和风险大的特点。而外部扩展则是指企业以不同的方式直接与其他企业组合起来，利用其现成的设备、技术力量和其他外部条件，实现优势互补，以迅速扩大生产经营规模的行为。采用这种途径具有投入少、见效快和风险小的特点。兼并和收购是企业外部扩展的主要形式。

企业兼并是指由一家企业以现金、证券或其他形式购买取得其他企业的产权，使其他企业丧失法人资格，并取得对这些企业控制权的经济行为。企业收购是指一个企业用现金、有价证券等方式购买另一家企业部分或全部的资产或投权，以获得对该企业控制权的一种经济行为。

企业兼并与收购有许多相同或相似之处。① 两者都是一种在市场机制作用下，具有独立法人财产企业的经济行为，是企业对市场竞争的一种能动反应，而不是一种政府行为。② 两者都是一种产权交易活动，而且这种产权交易活动是一种有偿的交换，而不是一种无偿的调拨。两者在进行交易时都既可以通过购买资产的方式，也可以通过购买股票的方式，支付的手段既可以是现金，也可以是股票、债券或其他形式的回报。③ 两者的动因基本相同，如扩大企业的市场占有率、扩大企业的经营规模、扩大企业的经营范围等，总之，两者都是为了迅速增强企业实力而进行的外部扩张策略和途径。

企业兼并与收购也有差别。① 在兼并中，被兼并企业丧失法人资格，而在企业收购中，被收购企业的法人地位仍可继续存在。② 兼并后，兼并企业成为被兼并企业债权债务的承担者，在这种形式下，资产和债权、债务是一同被转让的；而在收购后，收购企业是被收购企业新的所有者，以收购出资的股本为限承担被收购企业的风险。③ 兼并多发生在被兼并企业财务状况不佳、生产经营停滞或半停滞之时，兼并后一般需要调整其生产经营、重新组合资产；而收购则一般发生在被收购企业正常经营的情况下。

由于在运作中它们的联系远远超过其区别，所以兼并、合并与收购常作为同义词一起使用，泛指在市场机制作用下企业为了取得其他企业的控制权而进行的产权交易活动。因此，我们在以下讨论中，将二者混用，统称"企业并购"。

二、企业并购的分类

企业并购的类型很多，按照不同的标准可以有不同的分类。

（一）按并购双方的业务性质划分

按并购双方的业务性质，企业并购可以分为横向并购、纵向并购和混合并购三种。

1. 横向并购

横向并购是指同一行业的两个或多个企业所进行的并购。例如，两家房地产开发企业的并购、两家石油公司的并购等。横向并购可以消除重复设施，提供系列产品，有效地实现规模经济。这种并购投资的目的主要是确立或巩固企业在行业内的优势地位，扩大企业规模。

2. 纵向并购

纵向并购是指同类产品不同产销阶段的两个或多个企业所进行的并购。纵向并购可以是向前并购，也可以是向后并购。向前并购即并购其最终客户，例如，一家显像管生产企业并购其产品客户——某电视机厂；向后并购即并购其供应商，例如，一家钢铁企业并购其原料供应商——某铁矿企业。纵向并购可以加强企业对销售和采购的控制，并带来交易成本的大量节约和生产经营计划的协调同步。

3. 混合并购

混合并购是对处于不同产业领域、产品属于不同市场，且与其产业部门之间不存在特别的生产技术联系的企业进行的并构。例如，房地产开发企业与百货零售企业之间的并购，由此产生多种经营企业。采取混合并购可通过分散投资、多元化经营降低企业经营风险，达到资源互补、优化组合、扩大市场活动范围的目的。

（二）按并购的实现方式划分

按并购的实现方式，企业并购可以分为承担债务式、现金购买式和股份交易式。

1. 承担债务式并购

在被并购企业资不抵债或资产债务相等的情况下，并购企业以承担被并购企业全部或部分债务为条件，取得被并购企业的资产所有权和经营权。承担债务式并购可以减少并购企业并购时的现金支出，但有可能影响并购企业的资本结构。

2. 现金购买式并购

现金购买式并购包括并购企业用现金购买被并购企业的资产或购买被并购企业的股票或股权两种情况。现金购买式并购将加重并购企业并购时的现金支出负担，但一般不会影响并购企业的资本结构。

3. 股权交易式并购

股权交易式并购包括以股权交换股权和以股权交换资产两种情况。股权交易式并购虽然可以减少企业并购的现金支出，但要稀释并购企业的股权结构。

（三）按涉及被并购企业的范围划分

按涉及被并购企业的范围，企业并购可以分为整体并购和部分并购。

1. 整体并购

整体并购是指资产和产权的整体转让，是产权的权益体系或资产不可分割的并购方式。整体并购有利于加快资金、资源集中的速度，迅速提高规模水平与规模效益。

2. 部分并购

部分并购是将被并购企业的资产和产权分割为若干部分进行交易而实现企业并购的行为。部分并购具体包括以下三种形式：① 对被并购企业部分实物资产进行并购；② 将被并购企业产权划分为若干部分进行并购；③ 将经营权分成几个部分进行并购。部分并购的优点在于可扩大企业并购的范围，弥补大规模整体并购的巨额资金缺口，有利于企业设备更新换代，使被并购企业将不需要的厂房设备转让给其他并购者，更容易调整存量资产结构。

（四）按企业并购双方是否友好协商划分

按企业并购双方是否友好协商划分，企业并购可以分为善意并购和敌意并购。

1. 善意并购

善意并购是指并购企业与被并购企业通过友好协商确定相关事宜的并购。善意并购有利于降低并购风险和额外支出，但不得不牺牲并购企业的部分利益，以换取被并购企业的合作。

2. 敌意并购

敌意并购是指并购企业不顾被并购企业的意愿而采取非协商性并购的手段，强行并购被并购企业。被并购企业在得知并购企业的并购企图之后，出于不愿接受较为苛刻的并购条件等原因，通常会做出拒不接受并购的反应，并可能采取一切反并购措施。

三、企业并购的经济动因

企业并购的经济动因主要体现在下列并购理论之中。

（一）无效率的管理者理论

无效率的管理者理论认为，通过企业并购来撤换不称职的管理者将会带来管理效率方面的提高。如果A企业的管理者比B企业的管理者更有效率，在A企业并购了B企业之后，B企业的管理效率将会提高到A企业的水平。

（二）经营协同效应理论

经营协同效应理论认为，通过并购可以使并购企业与被并购企业组成的企业整体产生经营协同效应。通过并购实现的经营协同效应主要表现在以下三个方面：① 并购可以扩大企业的经营规模，实现规模效益；② 并购可以消除竞争力量，提高企业的竞争优势；③ 并购可以实现并购双方的优势互补。因此，并购可以实现企业整体价值大于并购前个别企业价值之和的经营协同效果。

（三）财务协同效应理论

财务协同效应理论认为，通过并购可以降低企业的资本成本。通过并购实现的财务协同效应主要体现在以下三个方面。① 并购可以降低企业破产的可能性，也可以降低企业破产费用的现值。这是因为，如果并购企业与被并购企业的现金流量不是完全相关的，则其破产的可能性降低，破产费用的现值也会降低。② 并购可以提高企业的负债能力，因为并购可以使债务的共同担保成为可能，从而提高企业的负债能力。③ 并购可以寻求良好的投资机会，因为并购企业可能有多余的现金流量，但缺乏良好的投资机会。相反，被并购企业可能有良好的投资机会，但缺乏充足的现金流量。

（四）战略性重组理论

战略性重组理论认为，通过并购可以扩充其现有管理能力所需的管理技能。这是因为，战略性重组不仅仅是其自身的经营决策，更重要的是涉足与企业环境和顾客相关的领域。由于所涉足领域的拓宽，大大地扩充了其现有管理能力所需的管理技能。

（五）价值低估理论

价值低估理论认为，被并购企业的股票市场参与者，特别是机构投资者强调短期经营成果，忽视了企业的长远发展前景，从而导致其具有长期投资前景的企业价值被低估；通过并购价值低估的企业，可以迅速提高并购企业的发展前景和经营业绩。

（六）信号传递理论

信号传递理论认为，并购信息的宣布可能会给市场参与者传递下列信息：① 被并购企业"坐在金矿上"；② 被并购企业原管理者受到了来自新所有者的"背后鞭笞"；③ 并购企业双方未来的现金流量和未来估价可能会增加等。

（七）市场力量理论

市场力量理论认为，不断扩大的企业规模将导致新的市场力量出现。在同行业并购的情况下，企业数目的下降将会提高该行业剩余企业的相互依赖程度或有达到"共谋"的可能。

（八）税负利益理论

税负利益理论认为，并购在一定程度上可以降低企业税负，实现税负利益。如果被并购企业有较大数额的亏损，则利润高的企业通过并购可以以被并购企业的亏损额来抵减其应缴纳的所得税，从而使并购后的企业减少应纳税款。

（九）再分配理论

再分配理论认为，通过并购可以将债券持有者、企业工人和顾客的利益转移给企业股东。这一再分配形式，对债券持有者而言，表现为持有债券价值的降低；对企业员工而言，表现为工资的下降或就业率的降低；对企业顾客而言，则表现为供给方面的限制或更高的价格。

综合以上企业并购理论，企业并购的经济动因不外以下几个方面：① 谋求管理协同效应、经营协同效应和财务协同效应；② 实现战略重组，开展多元化经营；③ 进行低成本扩张；④ 消灭竞争对手，传递企业信息；⑤ 寻求税收优惠，增加股东财富等。

四、企业并购的财务分析

企业并购是一项复杂艰巨的工程，不仅需要企业投入巨大的成本，而且能否获得预期的收益还是一个未知数。因此，在企业并购决策中，需要对企业并购过程中的成本、风险、收益分别进行分析。

（一）企业并购的成本分析

企业并购的成本主要包括并购完成成本、并购整合成本、并购退出成本和并购机会成本等。

1. 并购完成成本

并购完成成本是指在并购过程中所发生的直接成本和间接成本。其中，直接成本是指并购过程中直接支付的费用，如为收购目标企业而支付的价格。间接成本是指并购过程中发生的除直接成本以外的其他支出，具体包括债务成本、交易成本和更名成本。

2. 并购整合成本

并购整合成本是并购后为使并购企业和被并购企业整合在一起，而需要支付的长期营运成本。这些成本包括以下几个方面。① 整合改制成本。取得对被并购企业的控制权后，必然需要对被并购企业进行重组或整合，小则调整人事结构，改善经营方式，大则整合经营战略和产业结构，重建销售网络，为此需要支付派遣人员、建立新的领导班子、安置原有领导班子、安置富余人员、进行人员培训等有关费用。② 注入资本成本。并购企业要向被并购企业注入优质资产，拨入启动资金，为被并购企业打开市场增加市场调研费、广告费和网点建设费等。

3. 并购退出成本

并购并不一定能成功，企业在通过并购实施外部扩张时，还必须考虑一旦扩张不成功如何以最低代价撤退的成本问题。

4. 并购机会成本

并购活动的机会成本是指将并购活动占用的资金投入到其他用途所可能获得的收益。如果并购活动的机会成本很高，就意味着并购获得的相对收益很小，甚至会是相对损失。

（二）企业并购的风险分析

企业并购是一项风险很大的活动，这些风险主要包括以下几个方面。

1. 营运风险

营运风险是指并购企业在并购完成后，可能无法使整个企业或企业集团产生管理协同效应、经营协同效应、财务协同效应以及市场份额效应，难以实现规模经济或管理知识共享。通过并购形成的新企业或企业集团因规模过于庞大而产生规模不经济的现象也时有发生，甚至整个企业或企业集团的经营业绩都可能为被并购企业所拖累。

2. 信息风险

在企业并购中，信息是非常重要的，信息的充分与否决定着企业并购成本的大小。及时与真实的信息可以降低企业的并购成本，从而大大提高企业并购的成功率。

3. 融资风险

企业并购需要大量的资金，所以并购决策会对企业资金规模和资本结构产生重大影响。与并购相关的融资风险主要包括：是否可以筹集到并购所需资金，融资后的财务风险是否可控，现金支付是否会影响企业正常的生产经营。

4. 反并购风险

并不是所有的并购活动都能得到目标企业的合作。特别是当目标企业不愿意被并购时，可能会不惜一切代价实施反并购策略，其反并购行动就会对并购企业造成相当大的风险。

5. 法律风险

各国关于并购的法律法规一般都通过增加并购成本而提高并购难度。例如，我国目前的收购法规就要求：收购企业持有一家上市企业5％的股票后即必须公告并暂停买卖，以后每增减5％，还要重复该过程；持有30％股票后还必须发出全面收购要约。这套程序给并购企业实现并购目标造成了相当大的风险。

6. 体制风险

尽管大规模的企业并购活动离不开政府的支持和引导，但是并购行为毕竟是一种市场行为。如果政府依靠行政手段对企业并购大包大揽，不仅背离市场原则，难以达到预期效果，而且往往还会给并购企业带来风险，使企业并购偏离资产最优组合目标。

（三）企业并购的收益分析

企业并购对并购企业股东的收益将产生重大影响。

1. 企业并购对每股净收益的影响

并购企业在评估一个可能的并购方案时，必须考虑并购对并购企业每股净收益的影响。

（1）企业并购对每股净收益的现实影响

为了阐述企业并购对每股净收益的现实影响，现举例加以说明。

[例15-1] 假设A企业计划以股票交换股票的方式并购B企业，并购时双方的有关财务资料如表15-1所示。

表15-1　并购前A、B企业的每股净收益

项目	A企业	B企业
净利润（万元）	2 000	500
普通股股数（万股）	400	200
每股净收益（元）	5	2.5
每股市价（元）	80	30
市盈率（倍）	16	12

若B企业同意其股票每股作价40元，由A企业以其股票进行交换，则交换比率为40/80，即A企业每0.5股相当于B企业1股。A企业为此需要发行100万股（200×0.5）股票才能收购B企业的全部股票。

由于并购后A企业的现实收益为原A、B企业之和，其并购后的每股净收益如表15-2所示。

表15-2　并购后A企业的每股净收益

项目	指标
净利润（万元）	2 500
普通股股数（万股）	500
每股净收益（元）	5

由表15-2可知：A企业的每股净收益未发生变化。但是，若B企业同意其股票每股作价48元，由A企业以其股票进行交换，则交换比率为48/80，即A企业每0.6股相当于B企业1股。A企业为此需要发行120万股（200×0.6）股票才能收购B企业的全部股票。此时，并购后A企业的每股净收益如表15-3所示。

表15-3　并购后A企业的每股净收益

项目	指标
净利润（万元）	2 500
普通股股数（万股）	520
每股净收益（元）	4.81

再假如B企业同意其股票每股作价32元，由A企业以其股票进行交换，则交换比率为32/80，即A企业每0.4股相当于B企业1股。A企业为此需要发行200×0.4=80万股股票才能收购B企业的全部股票。此时，并购后A企业的每股净收益如表15-4所示。

表15-4　并购后A企业的每股净收益

项目	指标
净利润（万元）	2 500
普通股股数（万股）	480
每股净收益（元）	5.21

分析以上三种情况。在第一种情况下，并购企业支付给被并购企业的市盈率等于并购企业的市盈率，即40÷2.5=16倍，不会影响并购企业的每股净收益；在第二种情况下，并购企业支付给被并购企业的市盈率高于并购企业的市盈率，即48÷2.5=19.2倍，就将稀释并购企业的每股净收益；在第三种情况下，并购企业支付给被并购企业的市盈率低于并购企业的市盈率，即32÷2.5=12.8倍，将增加并购企业的每股净收益。

（2）企业并购对每股净收益的未来影响

如果仅仅根据企业并购对每股净收益的现实影响而作出是否并购的决策，那么凡是对每股净收益的暂时稀释都会使并购企业不敢并购。然而，这种分析并没有考虑由于并购而使未来收益增加的可能性。这种未来收益增加的可能性来源于并购带来的管理协同效应、经营协同效应和财务协同效应等。图15-1列示了并购与不并购的两种收益曲线。

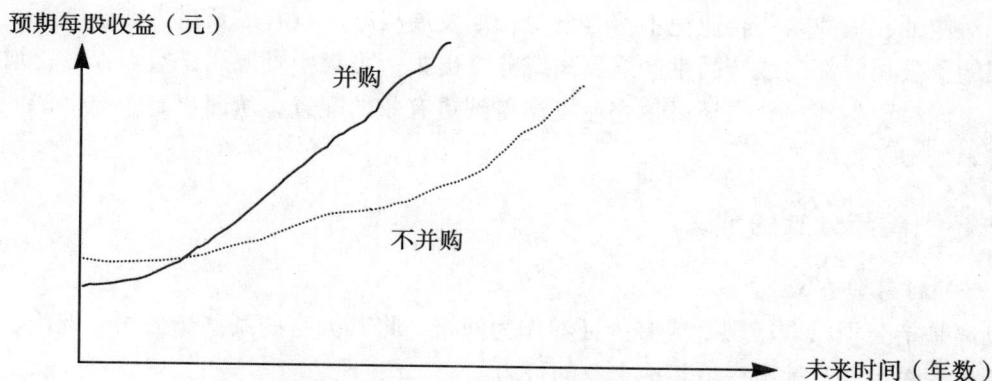

图15-1　并购与不并购的两种收益曲线

图15-1告诉我们每股净收益的暂时稀释将持续多长时间，每股净收益从何时开始增加，增加的幅度有多大等。由图15-1可知，若某企业并购方案对每股净收益造成了暂时稀释，并不一定说明该企业并购方案不可行。例如，上述第二种情况对现实的每股净收益造成了稀释，但只要该稀释是暂时的，并且未来一段相当长的时间内，其每股净收益将得到大幅度增加，该并购方案也是可行的。

［例15-2］续上例，假设A企业实施并购后能产生较好的协同效应，估计每年将增加净收益250万元。按每股48元的价格交换B企业股票的企业并购方案是否可行？

此时，并购后A企业的每股净收益如表15-5所示。

由表15-5可知，并购后A企业的每股净收益不仅没有稀释，反而增加了0.29元，故该并购方案可行。

表15-5　并购后A企业的每股净收益

项目	指标
净利润（万元）	2 750
普通股股数（万股）	520
每股净收益（元）	5.29

2. 企业并购对股东收益的影响

近年来，许多学者对企业并购进行了大量的实证研究。所有研究表明，在成功的企业并购活动中，相对于其并购前的市场价值而言，被并购企业的股东增加了可观的财富。其财富的增加来源于并购企业支付的溢价，溢价的幅度平均为30%，甚至还出现过80%的溢价。对并购企业来讲，其价值变化的迹象不是如此明显。当然，在不完全的资本市场中，每股收益的"皮靴"效应也是存在的，即如果并购企业股票的市盈率较高，被并购企业股票的市盈率较低，而且并购后企业股票的市盈率相对维持不变，那么并购方的股东将从中受益。

第二节　剥离与分立

剥离和分立并不一定意味着企业失败，它是企业发展战略的合理选择，属于与扩张战略相对应的收缩战略。企业把不符合自身长期发展战略、没有成长潜力或影响企业整体发展的子公司、部门或产品生产线剥离或分立出去，可集中资源用于重点经营，增强竞争力。同时，剥离与分立还可使企业资产得到更有效的配置，从而提高企业资产的质量和资本的市场价值。

一、剥离与分立的含义

（一）剥离的含义

剥离是指公司以取得现金或有价证券作为回报，将其拥有的某些子公司、部门、产品生产线、固定资产等出售给其他企业的行为。

剥离与并购之间存在一定的联系。例如，并购成功后并购企业可将目标企业的资产或业务进行出售，以获得现金回报；对于以前错误的并购活动可通过剥离予以纠正；在受到敌意收购威胁时，以要剥离企业的重要资产或业务为借口，来抵制并购方的收购意图。尽管如此，剥离绝不仅仅是并购的相反过程，它有着自身的动机和目的，需要采用不同的分析方法和实施措施。

（二）分立的含义

分立是指母公司把其在子公司所拥有的股份，按比例分配给母公司的股东，形成与母公司股东相同的新公司，从而在法律上和组织上将子公司从母公司分立出去的行为。

分立可看做是一种特殊形式的剥离，但纯粹的分立与剥离是有区别的。分立后的新公司拥有独立的法人地位，股东持有新公司（原来的子公司）的股票，可直接参与有关管理事项，从而拥有更大的控制权，分立中一般不发生各利益主体之间的现金或证券交易。

二、剥离与分立的类型

（一）剥离的类型

根据不同的标准，剥离可划分为不同的类型。

1. 根据是否符合公司意愿，可分为自愿剥离和强迫剥离

自愿剥离是指公司管理部门认为剥离有利于提高自己的竞争力和资本的市场价值而主动进行的剥离。强迫剥离是指政府主管部门或司法机关依据反垄断法等法律法规，迫使公司剥离其部分资产或业务。

2. 根据出售资产的形式，可分为出售资产、出售子公司、分立和清算等形式

出售资产是指仅出售公司的部分场地、设备等固定资产；出售子公司是指将独立、持续经营的子公司整体（包括产品生产线、相关的职能部门和人员）出售给其他公司；分立是指在法律上和组织上将一个公司划分为两个或两个以上独立的实体，在此可将其看做剥离的一种特殊形式；清算是指将公司的全部资产化整为零进行出售，并将所取得的现金分配给股东。

3. 根据交易方身份不同，可分为出售给非关联方、管理层收购和职工收购

出售给非关联方，是指原股东退出有关行业领域的经营，将剥离的资产出售给与本公司不存在关联的他方；管理层收购是指公司管理人员自己买入被剥离资产并经营管理；职工收购的典型方式是职工持股计划，公司职工通过一系列操作取得被剥离资产的股份。

（二）分立的类型

1. 根据被分立公司是否存续，可划分为派生分立和新设分立

派生分立是指公司以其部分财产设立另一个新公司的行为。新设立的公司需要进行注册登记，原公司存续，但需办理减少注册资本的变更登记；新设分立是指将公司全部财产分解为若干份，重新设立两个或两个以上的新公司，原公司解散。

2. 根据公司所有权结构变化的形式，可划分为并股和拆股

并股是指母公司以其在子公司中占用的股份向部分股东交换其在母公司中的股份。并股会导致母公司和子公司的所有权结构发生变化。进行并股的前提是母公司的部分股东愿意放弃其在母公司的权益，转向投资子公司。在实务中并股形式的分立活动不太常见。

拆股是指母公司将子公司的控制权移交给其他股东。拆股后，母公司所有的子公司都分立出来，母公司自身不复存在。

三、剥离与分立的动机

（一）经营环境变化，调整经营战略

国家有关法规、税收政策、产业发展趋势、经济周期的变化、技术进步等因素形成了公司的外部经营环境，公司的经营方向与战略目标要适应经营环境的变化，作出相应的调整和改变。例如，改变经营重点，退出竞争过于激烈的市场等，而剥离与分立正是

实现这些改变的有效手段。从这个意义上讲，公司分立与并购一样，都是公司为努力适应经营环境的不断变化所采取的经营战略。

（二）提高效率

剥离与分立常常能创造出简洁、高效、分权化的公司组织。对那些规模过于庞大的公司来说，在剥离或分立后，可以消除官僚主义和各种繁文缛节，实行更有效的组织和指挥，从而提高企业的管理效率；有时公司的某些部门或单位经营业绩不佳，公司又无力加以彻底改造，从而成为公司正常经营的包袱，将他们剥离或分立出去，可提高公司的经营效率；而剥离或分立公司内某些具有较强特殊性的部门，可以使这些部门更好地按照其自身的特点进行经营管理，充分发挥资源利用效率。

（三）弥补并购决策失误

企业出于各种动机进行兼并收购，但不明智的并购决策会导致灾难性的后果。尽管目标企业具有盈利机会，但并购企业可能由于管理或实力上的原因，无法有效地利用这些盈利机会。这时，将其剥离给其他有能力发掘该潜力的公司，无论对买方还是卖方来说，都可能是最为明智的。

（四）法律限制

为保证市场经济的正常运行，维护公平竞争，很多国家的法律对企业的规模、实力有一定的限制，以防止垄断或其他妨碍竞争的现象发生。如果公司的规模违反了法律的限制，就会被迫实行剥离或分立。

（五）获取税收或管制方面的收益

不同国家出于调节经济的需要制定了不同的税收政策。例如，美国对于自然资源特权信托和不动产投资信托公司作了相关规定，如果他们把投资收益的90%分配给股东，公司就无须缴纳所得税。因此，综合性公司若将其经营房地产的部门独立出来，就有可能享受税收方面的减免。所以母公司可以借此进行合法避税并且给分立出的子公司的股东带来利益，而这些股东最初也正是母公司的股东。

如果子公司从事受管制行业的经营，而母公司从事不受管制行业的经营，则一方面母公司常常会受到管制性检查的"连累"；另一方面，如果管制当局在评级时以母公司的利润为依据，受管制子公司可能会因与盈利的母公司联系处于不利地位。而如果让子公司独立出来，就既可使从事不受管制行业经营的母公司不再受到规章的约束与审查，又可使子公司得以有更多的机会提高评级水平。

综上所述，企业剥离或分立的动机既有经济方面的，也有法律方面的。实际上，企业的剥离决策很少是由单个原因引起的，而通常都会涉及相关的多个因素，所以企业管理部门在作剥离与分立的决策时，应综合考虑这些因素。

四、剥离与分立的决策分析

从本质上讲，剥离与分立决策和并购决策并无本质的不同，即都要本着股东财富最大化的目标。常用的分析方法是净现值法，即要分析剥离或分立后的收益现值是否大于继续经营的收益现值。

下面以出售部门为例，简要介绍剥离决策分析。

该项决策一般包括以下步骤。

第一步，估算待出售部门若继续经营所能获得的各期税后利润，同时要考虑为该部门继续经营所需发生的投资支出。

第二步，按确定的折现率，将继续经营所获得的各期税后利润折算成现值。

第三步，计算继续经营该部门预期收益的净现值，其计算公式为：

净现值=继续经营所得各期税后利润的现值-待出售部门债务的市场价值

第四步，将继续经营该部门预期收益的净现值与出售该部门的所得收益进行比较：若前者大于后者，保留该部门并继续经营；若前者小于后者，出售该部门；若前者等于后者，保留与出售均可。

[例15-3] 某公司拟出售下属经营部门H，预计可获得净收益（税后）1 200万元，但该公司还需承担H部门所欠200万元债务。若该公司继续保留H部门，需要在第2、第3两年分别投资80万元和40万元以购买固定资产；第1~5年每年可实现税后利润120万元，从第6年起税后利润每年将递增2%，折现率为12%。要求作出公司是否应出售该部门的决策。

根据以上资料计算如表15-6所示。

表15-6 某公司H部门现金流量及现值计算

单位：万元

年份	现金流入 （1）	投资支出 （2）	净现金流量 （3）=（1）-（2）	现值系数 （∠）	现值 （5）=（3）×（4）
第1年	120	0	120	0.8929	107
第2年	120	80	40	0.7972	32
第3年	120	40	80	0.7118	57
第4年	120	0	120	0.6355	76
第5年	120	0	120	0.5674	68
第5年后	按2%递增	0	1 224	0.5674	694

第5年后各期收益在第5年时的现值按下式计算：

$$P_s=120 \times \frac{1+2\%}{12\%-2\%}=1\ 224$$

净现值=（107+32+57+76+68+694）-200=834（万元）

由表15-6计算结果可知，如果公司继续经营该部门，预计实现净现值为834万元，但如果出售该部门可得1 000万元（1 200-200）的净收益，从收益现值的角度看，出售该部门的收益高于继续经营该部门的收益。所以，依据净现值分析的结果，公司应该出售该部门。

第三节　公司重组

一、公司重组的含义

公司重组是指公司为了实现其战略目标对公司的资源进行重新组合和优化配置的

活动。公司重组的根本目的是实现公司的战略目标，属于战略层面的问题，而不是具体的经营层面的问题。公司重组有广义和狭义之分。广义的公司重组包括扩张重组、收缩重组和破产重组三种类型。扩张重组是指扩大公司经营规模和资产规模的重组活动，主要是通过公司并购实现规模的扩张；收缩重组是指对公司现有的经营业务或资产规模进行缩减的重组活动，主要包括资产剥离、公司分立、股权出售、股份置换等形式；破产重组是指对于濒临破产的公司进行债务重整，使其恢复正常的经营状况的重组活动。

二、股权出售

股权出售是指公司将持有的子公司的股份出售给其他投资者。与资产剥离相比，资产剥离出售的是公司的资产或部门而非股份；而股权出售则是出售公司所持有的子公司的全部或部分股份。如果只出售部分股份，则公司将继续留在子公司所处的行业当中。20世纪80年代，美国的公开发行市场比较低迷，股权出售成为一些公司的融资方式。例如，1987~1989年，尽管公开发行市场不景气，但美国10宗最大的股权出售交易金额之和仍达到139.2亿美元。股权出售后，母公司可能不再拥有对子公司的控制权，子公司的股东发生变化，一般会组建新的管理团队来独立经营公司。

股权出售的动机与资产剥离交易基本相同，所产生的效应也相近。有关研究表明，股权出售能够给母公司股价带来正面影响，从而为股东带来正的财富效应。

三、股权置换

（一）股权置换的含义

股权置换，也称为股权交换或换股，实际操作中主要有如下两种方式：① 并购方以其自身的股票作为支付方式交换目标公司股东所持的股票，从而实现并购；② 公司向股东提供新的证券、权证或选择权以换取股东手中拥有的公司证券、权证或选择权。

（二）股权置换对公司财务和股东的影响

从实证分析结果来看，凡是通过换股增加了公司的杠杆效率，或者提高了未来收益，或者使管理者对公司控制力加强的，均会引起公司股价提高。这对股东是有利的。通过换股，公司可以灵活地调整公司的资本结构。例如，为了降低资本成本，公司可在利率较低时发行股票交换原利率较高的旧债券。

📖练习题

一、简答题

1. 什么是兼并与收购？它们的经济动因有哪些？
2. 如何进行企业并购的财务分析和决策？
3. 什么是剥离，什么是分立？
4. 剥离与分立的动机有哪些？
5. 广义的公司重组有哪些种类？

二、不定项选择题

1. 通过并购可以降低企业的资本成本，是（ ）并购理论的主要论点。

　　A. 经营协同效应理论　　　B. 财务协同效应理论

　　C. 价值低估理论　　　　　D. 信号传递理论

2. 根据被分立公司是否存续，分立可划分为（ ）。

　　A. 派生　　　B. 新设　　　C. 并股　　　D. 拆股

3. 下列（ ）属于企业并购活动中可能存在的风险。

　　A. 营运风险　　　B. 信息风险　　　C. 融资风险　　　D. 反并购风险

4. 剥离与分立的动机有（ ）。

　　A. 提高效率　　　B. 弥补并购决策失误

　　C. 法律限制　　　D. 获取税收或管制方面的收益

5. 股权出售属于（ ）。

　　A. 扩张重组　　　B. 收缩重组　　　C. 破产重组　　　D. 股票回购

第十六章

企业重整与清算

第一节　企业重整

一、财务危机与财务失败

财务危机是指企业财务状况恶化、长期出现财务亏损，无力偿还到期债务，虽然尚未达到破产地步，但它不断引起企业价值的贬值，从而最终导致企业破产。企业发生财务危机往往与经营失败密切相关。企业经营失败主要可分为两种：经济失败和财务失败。经济失败是指企业发生经营亏损或者盈利低于预期水平的情况，例如，投资报酬率低于资本成本。财务失败是指企业无法偿还到期债务的情况。当企业发生财务失败时，企业的现金流量状况恶化，没有足够的流动性，不能履行偿还债务的义务。即使企业没有发生亏损，也可能出现财务失败。财务危机指的不是经济失败，而是指企业的财务失败。导致企业财务失败的原因既有外部经济环境的原因，也有内部管理不善的原因，既有主观原因，也有客观原因。无论什么原因导致企业失败，当管理人员意识到企业面临财务危机和不能偿还到期债务时，应采取各种补救措施挽救企业。处理企业财务失败，可以采取重整、清算或破产的方式。

二、企业重整的含义和目的

企业重整是指不对无偿付能力债务人的财产立即进行清算，而是在法院的主持下由债务人与债权人达成协议，制订重整计划，规定在一定的期限内，债务人按一定的方式全部或部分地清偿债务，同时债务人可以继续经营其业务的制度。重整是对已经达到破产界限的企业进行的抢救措施。通过这种抢救，濒临破产企业中的一部分，甚至大部分能够重新振作起来，摆脱破产厄运，走上继续发展之路。

企业重整的财务目的有三个：① 重新改变企业的资本结构，以便降低其必须支付的固定利息费用；② 保证增加企业的营运资本；③ 发现和改正经营管理上导致企业财务困难的根本原因。

三、企业重整方式

重整按是否通过法律程序分为非正式重整和正式重整。

（一）非正式重整

企业只是面临暂时性的财务困难，复苏和偿还债务的前景比较乐观时，债权人通常更愿意直接同企业联系，私下和解，帮助企业恢复和重新建立较坚实的财务基础，而不通过法律程序来进行处理。因此，非正式财务重整也称自愿和解与整顿。

1. 非正式重整的条件

非正式重整一般不通过法律程序，因此，采用这种方式清偿债务，债务人和债权人通常都需要具备一定的条件。

（1）债务人应具备的条件

债务人应具备的条件主要包括以下几个。① 债务人必须有良好的道德风尚。这就要求债务人在和解与整顿过程中，不能欺骗债权人，不得非法变卖企业财产而损坏债权人的利益；当重整初见成效时，应按和解协议的规定，及时清偿债务。② 债务人能取得成功的可能性较大。这就要求债务人在和解协议签订之前，必须提供其和解整顿期间的营业计划，以表明其有足够的把握使重整成功。如果债务人没有充分的理由，自愿和解方式则行不通。③ 客观经济情况对企业整顿比较有利，便于企业摆脱困境，取得成功。

（2）债权人应具备的条件

债权人应具备的条件主要包括：① 债权人必须同意进行自愿和解，这一般要经债权人会议讨论通过；② 债权人必须为债务人摆脱困境提供有力的帮助，例如，在自愿和解与整顿的过程中，主动地实行展期和债权减免，使债务人摆脱暂时财务困难，继续进行正常的生产经营并取得成功。

2. 非正式重整的方式

非正式重整的主要方式主要有债务展期与债务和解。

（1）债务展期

所谓债务展期，是指债权人同意债务人延长已经到期债务的偿还时间，以使债务人有喘息的机会。这是因为，有些企业的财务危机可能仅仅是暂时的，若能借入资金周转，企业就有可能从困境中解脱出来，偿还全部债务。对债权人来说，他们也比较喜欢采用债务的展期，因为这种解决办法能使他们获得全部债权额。但这必须以债权人相信债务人能够自己解决其面临的问题为前提，债务展期必须得到所有债权人的同意。

（2）债务和解

债务和解也称债务重组，是指债权人自愿同意减少债务人的债务，包括同意减少债务人偿还的本金数额，或同意降低利息率，或同意将一部分债权转为股权，或将上述几种方式混合使用。只要债权人认为债务减免所收回的款项高于或接近于其在清算中支付法律费用后的所得，债权人一般愿意接受债务减免。对债务人而言，这种解决方法不仅减免了债务，还可以节约破产清算相关的各种费用。最重要的是债务人还获得了免于破产所带来的种种好处。债务和解也必须得到所有债务人的同意。

3. 非正式重整的程序

非正式重整虽然不像经过法律程序所进行的正式重整那样正规，但也必须遵循必要的程序，一般要经过如下几个步骤。

（1）提出申请

当企业决定采用债务展期或债务和解措施解决财务困难时，首先由企业即债务人向有关部门提出申请，召开由企业和其债权人参加的会议。

（2）组成重整委员会

由债权人任命1~5人组成重整委员会，负责调查企业的资产、负债等情况。

（3）制订重整计划

由重整委员会制订一项债权调整计划，就债务展期或债务和解作出具体安排。

（4）组织实施

召开债权人、债务人会议，对委员会提出的债务展期、和解或两者兼而有之的财务安排进行商讨，并取得一致意见，达成最终协议，以便债权人、债务人共同遵循。

4. 非正式重整的优缺点

（1）非正式重整的优点

主要表现在以下几个方面。① 这种做法避免了履行正式手续所需发生的大量费用，所需要的律师、会计师的人数也比正式手续要少得多，能使重整费用降至最低点。② 非正式重整可以减少重整所需的时间，使企业在较短的时间内重新进入正常经营的状态，避免了因冗长的正式程序使企业迟迟不能进行正常经营而造成的企业资产闲置和资金回收推迟等浪费现象。③ 非正式重整使谈判有更大的灵活性，有时更容易达成协议。④ 一旦债务人从暂时的财务困境中恢复过来，债权人不仅能如数收取账款，还能给企业带来长远利益。

（2）非正式重整的缺点

主要表现在：① 当债权人人数比较多或债务结构复杂时，可能难于达成一致；② 没有法院的参与，协议的执行缺乏法律保障；③ 如果债务人缺乏较高的道德水准，常会导致债务人侵蚀资产，损害债权人的合法权益。

（二）正式重整

企业在其正常的经营活动中，有时会由于企业自身的经营条件或外部的各种原因无法如期偿还债务，从而陷入暂时的财务困难。这时，便可通过与其债权人协商达成协议、按照法定的程序对企业进行重整。正式重整是在法院受理债权人申请破产案件的一定时期内，经债务人及其委托人申请，与债权人会议达成和解协议，对企业进行整顿、重组的一种制度。

1. 正式重整的程序

（1）向法院提出重整申请

根据我国《破产法》规定，债务人不能清偿到期债务，并且资产不足以清偿全部债务或者明显缺乏清偿能力，或者有明显丧失清偿能力可能的，债务人或者债权人可以直接向法院申请对债务人进行重整；债权人申请对债务人进行破产清算的，在法院受理破产申请后，宣告债务人破产前，债务人或者出资额占债务人注册资本1/10以上的出资人，也可以向法院申请重整。法院经审查认为重整申请符合法律规定的，应当裁定债务人重整，并予以公告。

（2）法院指定受托人

为保护企业原有债权人的利益，企业权利机构的权利在重整期内被终止，由法院指定的管理人接管债务企业并处理重整事务。

（3）制订企业重整计划

管理人应经常与债务企业的股东和债权人举行会议，了解其要求的大小和合法性，并结合企业的经营和财务状况，制订重整计划，并提交法院审批。债务人或管理人未按期提出重整计划草案的，法院应当裁定终止重整程序，并宣告债务人破产。

（4）法院对重整计划进行审批

法院在正式重整中起着重要作用。法院受理了重整计划后，要对该计划的公平合理性和切实可行性进行审批，并作出批复。在法院批准重整计划后，要将计划提交债权人和股东，并得到他们的认可。经法院批准并由债权人和股东认可后的重整计划对企业本身、全体债权人及股东均有约束力。

（5）执行重整计划

也就是逐项落实重整计划的具体措施，整顿原有企业。管理人应监督重整计划的执行，债务人应当向管理人报告重整计划执行情况和债务人的财务状况。监督期满，管理人应当向法院提交监督报告。

（6）重整程序的终止

重整程序的终止分为正常终止和失败终止两种。正常终止是指重整计划经过债权人会议通过，并经法院批准后，债务人成功执行了重整计划，债务问题得以解决，重整程序正常终止。失败终止是指在重整期间，发生下列情形之一的，法院宣告终止重整，并宣告债务人破产：① 债务人的经营状况和财产状况持续恶化，缺乏挽救的可能性；② 债务人有欺诈、恶意减少债务人财产或者其他显著不利于债权人的行为；③ 由于债务人的行为致使管理人无法执行职务；④ 债务人或管理人未按期提出重整计划草案；⑤ 重整计划草案未获得债权人会议通过，或者已获得债权人会议通过的重整计划未获得法院的批准；⑥ 债权人不能执行或者不执行重整计划的。

2. 正式重整的优缺点

正式重整具有如下几个优点。① 能尽量减少社会财富的浪费。达到破产界限的企业，往往都是管理不善、连年亏损的，如果任其继续亏损下去，便会进一步吞噬社会财富。直接宣告破产也可能会造成财富的浪费。一般而言，企业经过整顿后，多数都能中止亏损，并逐步走向繁荣。② 对债务人企业而言，重整计划中所规定的债务减免和展期为企业提供了较为宽松的外部环境，这些都有利于企业摆脱困境走向成功。③ 一旦企业重整成功，可以使债权人收回较破产清算更多的债权。④ 由于有法院的参与，和解协议的实施更有法律保障，对债务人的行为更有约束力。

正式重整的缺点主要有：需要较长的诉讼时间；发生大量的手续费；如果整顿不成功，债权人的利益将受到更大程度的损害。

第二节　企业清算

一、企业清算的含义及原因

（一）企业清算的含义

企业清算，是指在企业终止过程中，为保护债权人、所有者等利益相关者的合法权益，依法对企业财产进行清查、估价和变卖，清理债权和债务，分配剩余财产的行为。任何企业不论出于何种原因终止，都应当进行清算工作。清算是企业终止阶段的主要工作，企业的经济法律关系只有通过清算才能了结。

（二）企业清算的原因

企业清算的原因有多种，主要有以下几个。

① 企业合约期限届满，各方无意继续经营。

② 企业发生严重亏损或因不可抗拒的灾害造成严重损失，企业无力继续经营。

③ 投资一方未履行协议、合同、章程规定的义务，致使企业无法继续经营。

④ 未达到预定的经营目的又无发展前途，或企业设立时确定的宗旨已实现，无继续存在的必要。

⑤ 企业合并或分立，调整布局。

⑥ 企业违反国家有关法律规定，危害社会公共利益，法院或政府机关发布命令或决定，强制企业解散。

⑦ 企业不能偿还到期债务，被依法宣告破产。

⑧ 有关法律、章程所规定的其他解散原因。

企业遇到以上情况，应申报审批机构批准，组织清算。

二、企业清算的类型

（一）根据清算的原因可分为解散清算和破产清算

导致企业解散清算的原因主要有：公司章程规定的营业期限届满或公司章程规定的其他解散事由出现（例如，经营目的已达到而不需继续经营，或目的无法达到且公司无发展前途等）；公司的股东大会决定解散；企业合并或者分立需要解散；公司违反法律或者从事其他危害社会公众利益的活动而被依法撤销；发生严重亏损，或投资一方不履行合同、章程规定的义务，或因外部经营环境变化而无法继续经营。

破产清算是因经营管理不善造成严重亏损，不能偿还到期债务而进行的清算。具体有两种情形：一是企业的负债总额大于其资产总额，事实上已不能支付到期债务；二是虽然企业的资产总额大于其负债总额，但因缺少偿付到期债务的现金资产，未能偿还到期债务，被迫依法宣告破产。

（二）依据清算是否自行组织可以分为普通清算和特别清算

普通清算，是指公司自行组织的清算，按法律规定的一般程序进行，法院和债权人不直接干预。特别清算，是指不能由企业自行组织，而由法院出面直接干预并进行监督的清算，此种清算依法院的命令开始，并且自始至终都在法院的严格监督之下进行。如果企业不能清偿到期债务，企业有资产不足清偿到期债务的嫌疑，企业无力自行组织清算工作，企业董事会对清算事务达不成一致意见，或者由债权人、股东、董事会中的任何一方申请等情况发生，就应采用特别清算程序。

（三）根据债权人和债务人的意愿可分为自愿清算和非自愿清算

自愿清算，是指由债权人与债务人之间通过协商私下进行的清算。在某些情况下，债权人通过对负债企业的全面调查和分析后发现，该企业已无继续存在的必要，企业清算是唯一可供选择的出路。为避免冗长耗时的法律程序和昂贵的费用，自愿清算可能更为有效，且可使债权人更多地收回自己的资金。由于企业的全部资产一旦被清算，企业即可宣告解散。因此，债权人不可能从负债企业得到进一步的偿还，由此决定了债权人利益所得的保护将会更少。另外，由于自愿清算必须得到所有债权人的同意，因此，它通常仅适用于债权人人数较少且债券不是公开发行的企业。非自愿清算是通过正规的法律程序进行的清算。

三、企业清算的程序

破产清算进入破产清算程序，而解散清算进入一般清算程序。关于破产清算的程序将在下一节介绍，这里先介绍解散清算的一般程序。

（一）确定清算人或成立清算组

根据《公司法》的有关规定，公司应在解散事由出现之日起15天内成立清算小组，有限责任公司的清算组由股东组成，股份有限公司的清算组则由董事或股东大会确定的人员组成。逾期不成立清算组的，由法院根据债权人的指定成立清算组。

清算组应当自成立之日起10天内通知债权人，并于60天内在报纸上公告。债权人应当自接到通知书之日起30天内，未接到通知书的自公告之日起45天内，向清算组申报其债权。

在清算组成立或者聘请受托人的一定期限内通知债权人进行债权申报，要求其应在规定期限内对其债权的数额及其有无财产担保进行申请，并提供证明材料，以便清算组或受托人进行债权登记。

（二）债权人进行债权登记

债权人申报债权，应当说明债权的有关事项，并提供证明材料。清算组应当对债权进行登记。在申报债权期间，清算组不得对债权人进行清偿。

（三）清理公司财产，编制资产负债表及财产清单

清算组在清理公司财产、编制资产负债表和财产清单后，发现公司财产不足清偿债务的，应当依法向人民法院申请宣告破产。

（四）在对公司资产进行估价的基础上，制定清算方案

清算方案包括清算的程序和步骤、财产定价方法和估价结果、债权收回和财产变卖的具体方案、债务的清偿顺序、剩余财产的分配以及公司遗留问题的处理等。

（五）执行清算方案

1.清算财产的范围及作价

清算财产包括宣布清算时企业的全部财产以及清算期间取得的资产。清算财产作价一般以账面净值为依据，也可能以重估价值或者变现收入等为依据。

2.确定清算损益

企业清算中发生的财产盘盈、财产变价净收入、因债权人原因确定无法归还的债务，以及清算期间的经营收益为清算收益；发生的财产盘亏、确定无法收回的债权，以及清算期间的经营损失等为清算损失；发生的清算费用优先从现有财产中支付；清算终了，清算收益大于清算损失和清算费用的部分依法缴纳所得税。

3.债务清偿及其顺序

企业财产支付清算费用后，按照下列顺序清偿债务：应付未付的职工工资、劳动保险等；应缴未缴的国家税费；尚未偿付的债务。同一顺序不足清偿的，按照比例清偿。

4.分配剩余财产

企业清偿债务后的剩余财产分配，一般应按照合同、章程的有关条款处理，充分体现公平、对等、照顾各方利益原则。其中，除合同章程另有规定者外，有限责任公司按投资各方出资比例分配；股份有限公司，按照优先股份面值向优先股股东进行分配，剩余部分按照普通股股东的股份比例进行分配；国有企业的剩余财产要上缴财政。

（六）办理清算的法律手续

企业清算结束后，由清算机构提出清算报告连同清算期间内的收支报表和各种财务账册，经注册会计师审计后，一并报主管财政机关，并向工商行政管理部门办理公司注销手续，向税务部门注销税务登记。

四、企业清算中的若干财务问题

（一）清算接管管理

清算接管是破产企业与清算组之间各有关事项的移交工作，是破产清算的基础性工作。各移交事项办理得是否真实、完整、顺利，手续是否完备，责任是否分明，直接关系到清算工作的有效性和成败。清算接管主要包括以下几个方面。

1.资产接管

接管资产时，主要核对破产企业账实是否相符，是否按会计制度的要求进行了核算。例如，接管银行存款时，应根据银行存款日记账和银行对账单核对相符后的金额接管；存货和固定资产接管中应注意存货与固定资产的数量、计价、质量、归属等问题；对股票投资、债券投资等长期投资接管时，应特别注意投资成本的计价以及持有期间的会计核算问题。

2.权益接管

接管负债时应注意将各有关明细科目的记录与债权人清册核对，并对有关合同、债务凭证进行接管；对权益的接管相对而言比较简单，由于企业清算时一般已终止其经营活动，所有者权益也变成一种凝固化的权益，接管时按账面记录核实后计入清算账目中即可。

3.其他接管

清算组也应注意对未结事项的接管，并按对清算企业有利的原则进行处理。另外，对有关会计档案、人事档案、文件档案等，应依据移交清册逐项核对后接管。

（二）清算财产的界定和变现

1.清算财产的界定

清算财产包括企业在清算程序终结前拥有的全部财产以及应当由企业行使的其他财产权利。企业下列财产计入清算财产：宣告清算时企业经营管理的全部财产，包括各种流动资产、固定资产、对外投资以及无形资产；企业宣告清算后至清算程序终结前所取得的财产，包括债权人放弃优先受偿权利、清算财产转让价值超过其账面净值的差额部分；投资方认缴的出资额未实际投入而应补足的部分；清算期间分回的投资收益和取得的其他收益等；应当由破产企业行使的其他财产权利，如专利权、著作权等。

企业下列财产应根据情况区别处理。① 担保财产。依法生效的担保或抵押标的不属于清算财产，担保物的价款超过其所担保的债务数额的，超过部分属于清算财产。② 公益福利性设施。企业的职工住房、学校、托儿园（所）、医院等福利性设施，原则上不计入清算财产，但无须续办并能整体出让的，可计入清算财产。③ 职工集资款。属于借款性质的视为清算企业所欠职工工资，利息按中国人民银行同期存款利率计算；属于投资性质的视为清算财产，依法处理。④ 党、团、工会等组织占用的清算企业的财产，属于清算财产。⑤ 他人财产。清算企业里归他人所有的财产由该财产的权利人通过清算组行使取回权取回。

人民法院受理清算案件前6个月至破产宣告之日的期间内，清算企业的下列行为无效：清算组有权向人民法院申请追回财产，并入清算财产；隐匿、私分或者无偿转让财产；非正常压价出售财产；对原来没有财产担保的债务提供担保；对未到期的债务提前清偿；放弃自己的债权。

2. 清算财产的变现

清算财产的变现是指清算企业清算财产由非货币形态向货币形态的转化，以便偿还债务、分配剩余财产。

如果企业合同或章程规定或投资各方协商决定，企业解散时需对现存财产物资、债权债务进行重新估价，并按重估价转移给某个投资方时，则清算组应按重估价值对企业财产作价。因不同类型财产的估价特点不同，其估价方法也应有所区别，如表16-1所示。

表16-1　估计方法

财产类别	估价方法	财产类别	估价方法
担保财产	现行市价估价法 协商估价法	其他物资	现行市价估价法 协商估价法 以质论价估价法 招标估价法
取回财产	账面价值估价法	其他应收款	调查分析估价法
抵消财产	账面价值估价法	无形资产	协商估价法

表16-1所列各种方法适用范围并非绝对，在实际中进行财产估价时，往往要考虑综合因素，交叉使用各种估价方法，才能取得较好的效果。

（三）清算债务的界定和清偿

1. 清算债务的界定

清算债务是指经清算组确认的至企业宣告破产或解散终止时清算企业的各项债务。企业清算债务主要包括下列各项：破产或解散宣告前设立的无财产担保债务；宣告时未到期的债务，视为已到期的债务减去未到期利息后的债务；债权人放弃优先受偿权利的有财产担保债务；有财产担保债务其数额超过担保物价款未受偿部分的债务；保证人代替企业偿还债务后，其代替偿还款为企业清算债务；清算组解除企业未履行合同致使其他当事人受到损害的，其损害赔偿款为企业清算债务；在破产案件受理前或解散宣告前，企业非法处置了他人财产，则该财产所有者要求的赔偿为企业清算债务等。但下列费用不得作为企业清算债务：宣告日后的债务；债权人参加清算程序按规定应自行负担的费用；债权人逾期未申报的债权；超过诉讼时效的债务。

2. 债务的清偿

企业财产支付清算费用后，按下列顺序清偿债务：① 清算企业所欠职工工资、劳动保险费等；② 清算企业应缴未缴国家的税费；③ 尚未偿付的债务。清算财产不足以清偿同一顺序的清偿要求时，按照同一比例向债权人清偿。

（四）清算费用和清算损益的确认与管理

1. 清算费用

清算费用是指企业清算过程中所发生的各项支出。清算费用应当从清算财产中优先拨付，一般随时发生随时支付。清算财产不足以支付清算费用的，清算程序相应终结，未清偿的债务不再清偿。

清算费用的开支范围包括：清算期间职工生活费；清算财产管理、变卖和分配所需的费用；破产案件诉讼费用；清算期间企业设施和设备维护费用、审计评估费用；为债权人共同利益而支付的其他费用，包括债权人会议会务费、破产企业催收债务差旅费及其他费用。企业清算组应严格按照经债权人会议审核的开支范围和标准拨付清算费用。

2. 清算损益

企业清算中发生的财产盘盈、财产变价净收入、因债权人原因确实无法归还的债务，以及清算期间的经营收益等计入企业清算收益。

企业清算终了，清算收益大于清算损失、清算费用的部分，依法缴纳所得税。

（五）剩余财产的分配

企业清偿债务后剩余财产的分配，一般应按合同、章程的有关条款处理，充分体现公平、对等原则，均衡各方利益。清算后各项剩余财产的净值，不论实物或现金，均应按投资各方的出资比例或者合同、章程的规定分配。其中，有限责任公司除公司章程另有规定外，按投资各方出资比例分配；股份有限公司按照优先股份面值对优先股股东优先分配，剩余部分再按照普通股股东的股份比例进行分配。如果企业剩余财产尚不足全额偿还优先股股金，则按照各优先股股东所持比例分配。如果是国有企业，则其剩余财产应全部上缴财政。

[例16-1] 某"优化资本结构"试点城市内的一家国有企业因经营管理不善，无力偿还到期债务，依法被宣告破产。清算小组对该企业资产、负债等相关财务情况整理如下。

（1）企业全部财产变现价值为9 285万元。其中包含第1号房产1 000万元，第2号房产800万元，土地使用权转让收入1 250万元，临时为他人代管财产价值300万元，党、团、工会经费85万元。

（2）企业全部债务共11 760万元，其中包括欠工商银行贷款本息630万元，建设银行贷款本息570万元，欠A公司货款900万元，欠职工集资借款1 030万元，欠职工工资及劳动保险费用共620万元，欠缴税款850万元。

（3）以上债务不包括发生的应支付的下列费用或损失：破产费用50万元，职工安置费用支出1 450万元，因丢失临时租用的设备应赔偿的损失100万元。

（4）企业的第1号房产先后用于工商银行、建设银行抵押贷款，贷款本息尚未偿还。企业第2号房产用于对欠A公司货款的抵押担保，款尚未支付。

由上述情况可知如下结果。

（1）下列财产不属于破产财产：① 用于抵押贷款的第1号房产1 000万元；② 用于对A公司债务抵押担保的第2号房产价值800万元；③ 应优先用于职工安置支出的土地使用权转让所得1 250万元；④ 代为他人保管的财产价值300万元；⑤ 党、团、工会经费计85万元。①~⑤共计3 435万元，所以破产财产金额实际为5 850万元（9 285-3 435）。

（2）破产财产应按下列顺序分配：① 支付破产费用计50万元；② 支付职工安置支出不足部分共200万元（1 450-1 250）；③ 支付所欠职工集资借款及职工工资等计1 650万元（1 030+620）；④ 支付所欠税款计850万元；⑤ 支付破产债权计3 100万元（5 850-50-200-1 650-850），不足以全部清偿破产债权7 560万元（11 760+100-1 000-800-1 650-850），应按同一比例向各债权人清偿。

第三节 企业破产

一、破产与破产界限

（一）破产的定义

广义上讲，企业破产是指因经营管理不善等原因而造成不能清偿到期债务时，按照一定程序，采取一定方式，使其债务得以解脱的经济事件。以此定义为基础，在财务管理中，企业破产可分为以下几种。

1. 技术性的破产

技术性的破产又称技术性的无力偿债，是指由于财务管理技术的失误而造成企业不能偿还到期债务的现象。此时，企业资产主要表现为缺乏流动性，变现能力差，但盈利能力可能还比较好，财务基础也比较健全。无力偿债可能主要是由于企业财务政策上的某些偏差造成的，如债务利用过多、债务结构欠合理等。此时若能采取有效的补救措施，企业会很快渡过难关，但如果处理不好就会造成法律上的破产。

2. 事实性的破产

事实性的破产又称破产性的无力偿债，是指企业因经营管理不善等原因而造成连年亏损、资不抵债的现象。这种性质破产企业的全部债务都难以偿还，如果不设法进行挽救，就只能转入清算。

3. 法律性的破产

法律性的破产，是指债务人因不能偿还到期债务而被法院宣告破产。这种性质的破产强调对债务人破产宣告是由法院依据法律标准进行的，而对企业破产前的财务基础以及破产清算后债务人实际能否清偿全部到期债务则不加考虑。

狭义的破产只是指法律性的破产，即债务人企业不能清偿到期债务，经破产申请人申请，由法院依法强制执行其全部财产，公平清偿所欠全体债权人债务的经济事件。本节中未作特殊说明的破产均指法律上的破产。

在我国经济法中，破产是在债务人不能清偿到期债务时，由法院强制执行其全部财产，公平清偿全体债权人，或者在法院监督下，由债务人与债权人会议（或债权人委员会）达成和解协议，整顿、复苏企业，清偿债务，避免倒闭清算的法律制度。显然，经济法将破产定义为一套在一定条件下有法院参与、强制性地规范债务人与债权人债务关系的法律制度。

（二）破产界限

所谓破产界限，即法院据以宣告债务人破产的法律标准，在国际上又通称为法律破产原因。《中华人民共和国企业破产法》（以下简称《破产法》）第三条规定"企业因经营管理不善造成严重亏损，无力清偿到期债务的，依照本法规定宣告破产。"《中华人民共和国民事诉讼法》（以下简称《民事诉讼法》）第一百九十九条规定"企业法人因严重亏损，无力清偿到期债务"，即达到破产界限。从上述规定可以看出，破产界限的标准是不能清偿到期债务，即"不能清偿或无力支付"。

在理解法定企业破产界限时，应注意以下几点。

① 对于造成亏损原因的理解各国有所不同。世界上许多国家不管企业亏损原因如何，只要不能清偿到期债务便依法宣告破产。我国则对只有因经营管理不善造成严重亏损的企业，在不能清偿到期债务时才予以宣告破产；因其他原因导致不能清偿债务时，则不能采用破产方式解决。

② 债务到期不能偿还，指债务人明显丧失清偿能力，即不能以财产、信用或能力等任何方法偿还清偿期限已经届满的债务。如果债务人能及时筹措到新债来偿还到期债务，即使债务人的债务已超过了其资产，也不能认定其已到破产界限。

③ 不能清偿债务，通常是指债务人对全部或部分主要债务在可以预见的一定时期内不能清偿，而不是因一时资金周转不灵而暂时停止支付。

二、破产制度的功能

所谓破产制度，是指债务人在不能清偿全部到期债务时，经债权人或债务人向有管辖权的法院提出申请，法院经过审理依法宣告债务人破产，并将债务人的全部财产公平清偿给所有债权人的程序制度。《破产法》是构成破产制度的最主要和最基本的法律，是调整破产程序中破产债权人、破产债务人、法院、清算组以及其他破产参加人相互之间在破产过程中各种关系的法律。但破产制度的所有内容并没有全部容纳在破产法之中。其他有关法律也规定有破产内容，有关企业、公司、民事诉讼立法中常常含有破产制度的内容。

破产制度的功能，归纳起来主要表现在以下几点。

（一）保护债权人

破产制度的首要作用体现在对债权人的保护上，即保护债权人的债权得到公正清偿。由于破产债务人处于"经济恶化"的状态，如果债权人通过民事诉讼的执行程序个别清偿，那会使一部分债权人的债权获得满足，而另一部分债权人的债权得不到满足。因此，根据"债权人平等"的原则，为了保证所有债权人的债权都能得到公正的处理，就需要在民事诉讼的审判、执行程序之外，设立破产程序来处理债务人的资产。在破产程序中，所有债权人的债权都成了破产债权，而不论其债权额的大小、清偿期限的先后，都平等地通过破产程序按比例地受清偿。换言之，也就是将债务人不能清偿的部分债务风险按债权额的比例公平地分配给所有的债权人。这样既保护了各债权人的债权，又避免了债权人与债务人之间可能发生的纠纷。

破产制度对债权的保护体现在以下四个方面。

① 破产终止了债务的拖延，促使债务人即时清偿债务，使债权人部分或全部地获得对这部分债权利益的现实支配。

② 破产制度使各种不同性质的债权获得不同的清偿效果，从而使债务清偿与债权的性质、地位相适应。破产制度根据不同债权的性质、地位规定了破产财产的清偿顺序，实行区别对待，从而体现了对不同债权的完善保护。

③ 破产制度迫使债务企业以其最大偿债能力满足债权人的债权。在正常情况下，企业实际偿债量一般局限于企业自有流动资金的一定比例，并且对于负债过多的企业来说，通常都有规避债务以赢得喘息之机，或首先满足自我消费的趋向。虽然在现实中，

一切破产企业都不可能满足债权人的全部债权，但破产这种偿债形式毕竟为债权人创造了相对理想的结局。

④ 破产制度使得同一性质的若干债权按相应比例得到满足，从而避免了因债权请求提出的先后，或因债权人的社会地位不同而获得不同清偿的现象，使债权人得到公正的对待。

（二）淘汰作用

随着市场竞争的不断加剧，不断提高经济效益，获得超额利润才是企业在市场竞争中立于不败之地的唯一保障。从人类经济发展的客观规律来看，在商品经济社会中，企业自身的经营成效低下、市场竞争能力弱小，由于经营性亏损造成企业债务无力偿还，企业失去作为经济实体的基本品质和能力，这应当是企业消亡的最根本、最主要的原因。而破产则是企业在竞争中消亡的外在形式。

破产无情地体现着商品生产社会中优胜劣汰的竞争规律。破产通过法律强制手段，取消已经丧失存在意义的亏损企业的主体资格，将之淘汰出经济主体的范围，同时，破产从另一种角度肯定经营成效好的企业的存在意义。从外表看，破产淘汰是一种无意识的随机现象，然而，从本质上说，破产淘汰却是富有理性、具有一定规律的社会行为。这一点可以从破产淘汰的积极效果上得到证明。

（三）救济债务人

破产法不单是对债权人有利，对债务人也是一种法律上的救济。实行破产程序后，一方面，债务人可以免去债权人的个别追诉和个别执行的烦恼与费用；另一方面，由于执行破产程序后，债务人的财产成为破产财产而由清算组管理，债务人除履行说明义务外，不再有管理自己财产的义务。这样，债务人可集中精力，抓住机会，另谋发展，以图"东山再起"。而且，在破产程序终结后，债务人对剩余债务不再负清偿责任，这样便为债务人的发展免除了后顾之忧和负担。

（四）约束作用

破产制度的约束作用也是十分明显的。破产既是对破产企业和其他债务企业的约束，同时也是对全社会各企业的约束，并且后一种约束更富有实际意义。

破产制度为债务企业设计了关闭解体的致命后果，这就大大提高了企业经营的风险度，增加了企业行为的选择机制。因此，对于各企业来说，破产都是一种实感性的预警，它提醒企业慎重地抉择自己的行为，努力提高企业行为的合理性和有效性，竭尽一切可能增加经营效益，以避免"倾家荡产"的结果发生。如果说破产宣告对破产企业是一次无情的制裁和惩罚的话，那么，这种宣告对全社会各企业则是具有促进作用的提示和训导，促使各企业努力搞好经营管理，不断奋进。

（五）终结债权债务关系

破产制度使原本资不抵债的企业在法律人格上得以消失，从而可遏制其债务膨胀的趋势，避免社会承受重大的损害。

三、企业宣告破产的程序

根据我国《破产法》的有关规定，破产清算的基本程序大致可分为三个阶段：一是破产申请阶段；二是和解整顿阶段；三是破产清算阶段。和解整顿阶段已在前面作了介绍，这里主要介绍破产申请阶段和破产清算阶段的主要操作程序。

（一）提出破产申请

《破产法》规定，提出破产申请的既可以是债权人，也可以是债务人。

债权人的到期债权未能收回，又获知企业达到破产界限时，便可向法院申请债务人破产。债权人提出破产申请时，应当有债权存在、债权数额以及有无财产担保的证明；同时应当提供债务人不能清偿到期债务的有关证明。

债务人提出破产申请时，应当有能够说明企业亏损情况和财务状况的报告书、上级主管部门同意破产申请的意见书、企业的财务报表、债务清册和债权清册、法定代表人的资格证明文件以及申请人委托代理人的代理证明书。在企业亏损情况与财产报告书中，除应当说明亏损原因外，还应当分析财务状况。此项报告书是综合性的分析报告。在债务清册和债权清册中，应当说明债权人、债务人的姓名、住所（营业所）、数额和债权、债务关系产生的原因。

（二）法院接受申请

法院接到破产申请后应进行受理与否的审查。一般说来，法院应当自收到破产申请之日起15天内裁定是否受理。债权人提出破产申请的，法院应当自收到申请之日起5天内通知债务人。债务人对申请有异议的，应当自收到法院的通知之日起7天内向法院提出。法院应当自异议期满之日起10天内裁定是否受理，裁定受理破产申请的，应当同时指定管理人。管理人可以由有关部门、机构的人员组成的清算组或者依法设立的律师事务所、会计师事务所、破产清算事务所等社会中介机构担任。

（三）破产宣告

法院对破产申请进行审理，对符合破产条件的企业下发破产宣告裁定书，正式宣告债务人破产。宣告债务人破产后，应当自裁定书下达之日起5日内送达债务人和管理人。自裁定书下达之日起10日内通知已知债权人，并予取予以公告。

（四）组建清算组

法院裁定企业破产后，企业原来的管理者就失去了管理权。破产企业的法定管理者为清算组。按照《破产法》的规定，人民法院应当自宣告企业破产之日起15日内成立清算组，接管破产企业。清算组的职责有：全面接管破产企业，负责保管破产企业的全部财产、账册、文件、资料和印章等；清理企业财产，编制资产负债表和财产目录；处理企业未了结的业务；追收企业债权；结缴纳税事宜；偿还企业债务（在企业债权申报期内不得对债权人进行清偿）；处理企业剩余财产；代表企业进行民事诉讼活动；进行企业章程规定的其他事宜。

（五）分配破产财产

破产财产分配时，首先要剔除已作为担保物的财产，用以偿还有担保的债权，然后在优先支付清算费用后，按照法定程序清偿。

（六）注销破产企业

清算组在接到法院终结破产程序的裁定后，应及时办理破产企业注销登记手续。至此，破产清算工作宣告结束。

📖**练习题**

一、简答题

1. 什么是财务失败?

2. 什么是财务重整? 财务重整的目的有哪些?

3. 分别阐述非正式重整和正式重整的优缺点。

4. 清算费用可用于哪些方面的开支?

5. 什么是破产? 企业破产制度的功能有哪些?

二、不定项选择题

1. 下列哪一种情况是属于人民法院应当自异议期满之日起10日内裁定是否受理的 (　　)。

　　A. 债务人提出破产申请

　　B. 债权人提出破产申请

　　C. 依法负有清算责任的人提出破产申请

　　D. 债权人人数众多时债务人提出破产申请

2. 根据《企业破产法》的规定, 自人民法院裁定批准重整计划之日起, 在重整计划规定的监督期内, 负责监督重整计划执行的主体为 (　　)。

　　A. 人民法院　　　B. 债权人会议　　　C. 管理人　　　D. 债权人委员会

3. 甲企业因经营管理不善, 长期无法清偿到期债务。甲企业的债权人乙公司向法院申请宣告甲企业破产。乙公司提出破产申请时, 应提交的材料有 (　　)。

　　A. 甲企业和乙公司的基本情况　　　B. 申请目的

　　C. 债务财产状况　　　D. 申请事实和理由

4. 破产程序终结后, 负责向破产企业原登记机关办理注销登记的机构是 (　　)。

　　A. 人民法院　　　B. 企业上级主管部门　　　C. 债权人会议　　　D. 管理人

5. 挽救企业财务失败的措施中属于非法律措施的是 (　　)。

　　A. 企业重组　　　B. 破产清算　　　C. 企业合并　　　D. 债务展期和债务和解

6. 若国有企业清算后尚有剩余财产, 对剩余财产应 (　　)。

　　A. 全部上交财政　　　B. 按投资各方的出资比例进行分配

　　C. 按企业合同或章程的规定进行分配　　　D. 依法缴纳所得税

7. 下列情况属于企业财务失败表现的有 (　　)。

　　A. 企业无力偿还银行借款　　　B. 企业延期支付债券利息

　　C. 企业未能支付预期的普通股股利　　　D. 企业推迟偿还债券本金

8. 清算企业的财产在拨付了清算费用后, 用以清偿各项债务顺序是 (　　)。

　　A. 应付未付的职工工资、劳动保险、应缴未缴的税金、尚未偿付的债务

　　B. 应付未付的职工工资、应缴未缴的税金、劳动保险、尚未偿付的债务

　　C. 应缴未缴的税金、应付未付的职工工资、劳动保险、尚未偿付的债务

　　D. 劳动保险、应缴未缴的税金、应付未付的职工工资、尚未偿付的债务

复利终值系数表

附表一:

利率 / 期数	1%	2%	3%	4%	5%	6%	7%	8%	9%	10%	12%	14%	15%	16%	18%	20%	24%	28%	32%	36%
1	1.0100	1.0200	1.0300	1.0400	1.0500	1.0600	1.0700	1.0800	1.0900	1.1000	1.1200	1.1400	1.1500	1.1600	1.1800	1.2000	1.2400	1.2800	1.3200	1.3600
2	1.0201	1.0404	1.0609	1.0816	1.1025	1.1236	1.1449	1.1664	1.1881	1.2100	1.2544	1.2996	1.3225	1.3456	1.3924	1.4400	1.5376	1.6384	1.7424	1.8496
3	1.0303	1.0612	1.0927	1.1249	1.1576	1.1910	1.2250	1.2597	1.2950	1.3310	1.4049	1.4815	1.5209	1.5609	1.6430	1.7280	1.9066	2.0872	2.3000	2.5155
4	1.0406	1.0824	1.1255	1.1699	1.2155	1.2625	1.3108	1.3605	1.4116	1.4641	1.5735	1.6890	1.7490	1.8106	1.9388	2.0736	2.3642	2.6844	3.0360	3.4210
5	1.0510	1.1041	1.1593	1.2167	1.2763	1.3382	1.4026	1.4693	1.5386	1.6105	1.7623	1.9254	2.0114	2.1003	2.2878	2.4883	2.9316	3.4360	4.0075	4.6526
6	1.0615	1.1262	1.1941	1.2653	1.3401	1.4185	1.5007	1.5809	1.6771	1.7716	1.9738	2.1950	2.3131	2.4364	2.6996	2.9860	3.6352	4.3980	5.2899	6.3275
7	1.0721	1.1487	1.2299	1.3159	1.4071	1.5036	1.6058	1.7138	1.8280	1.9487	2.2107	2.5023	2.6600	2.8262	3.1855	3.5832	4.5077	5.6295	6.9826	8.6054
8	1.0829	1.1717	1.2668	1.3686	1.4775	1.5938	1.7182	1.8509	1.9926	2.1436	2.4760	2.8526	3.0590	3.2784	3.7589	4.2998	5.5895	7.2508	9.2170	11.703
9	1.0937	1.1951	1.3048	1.4233	1.5513	1.6895	1.8385	1.9990	2.1719	2.3579	2.7731	3.2519	3.5179	3.8030	4.4355	5.1598	6.9310	9.2234	12.166	15.917
10	1.1046	1.2190	1.3439	1.4802	1.6289	1.7908	1.9672	2.1589	2.3674	2.5937	3.1058	3.7072	4.0456	4.4114	5.2338	6.1917	8.5944	11.806	16.060	21.647
11	1.1157	1.2434	1.3842	1.5395	1.7103	1.8983	2.1049	2.3316	2.5804	2.8531	3.4785	4.2262	4.6524	5.1173	6.1759	7.4301	10.657	15.112	21.119	29.439
12	1.1268	1.2682	1.4258	1.6010	1.7959	2.0122	2.2522	2.5182	2.8127	3.1384	3.8960	4.8179	5.3503	5.9360	7.2876	8.9161	13.215	19.343	27.983	40.037
13	1.1381	1.2936	1.4685	1.6651	1.8856	2.1329	2.4098	2.7196	3.0658	3.4523	4.3635	5.4924	6.1528	6.8858	8.5994	10.699	16.386	24.759	36.937	54.451
14	1.1495	1.3195	1.5126	1.7317	1.9799	2.2609	2.5785	2.9372	3.3417	3.7975	4.8871	6.2613	7.0757	7.9875	10.147	12.839	20.319	31.691	48.757	74.053
15	1.1610	1.3459	1.5580	1.8009	2.0789	2.3966	2.7590	3.1722	3.6425	4.1772	5.4736	7.1379	8.1371	9.2655	11.974	15.407	25.196	40.565	64.359	100.71
16	1.1726	1.3728	1.6047	1.8730	2.1829	2.5404	2.9522	3.4259	3.9703	4.5950	6.1304	8.1372	9.3576	10.748	14.129	18.488	31.243	51.923	84.954	136.97
17	1.1843	1.4002	1.6528	1.9479	2.2920	2.6928	3.1588	3.7000	4.3276	5.0545	6.8660	9.2765	10.761	12.468	16.672	22.186	38.741	66.461	112.14	186.28
18	1.1961	1.4282	1.7024	2.0258	2.4066	2.8543	3.3799	3.9960	4.7171	5.5599	7.6900	10.575	12.375	14.463	19.673	26.623	48.039	86.071	148.02	253.34
19	1.2081	1.4568	1.7535	2.1068	2.5270	3.0256	3.6165	4.3157	5.1417	6.1159	8.6128	12.056	14.232	16.777	23.214	31.948	59.568	108.89	195.39	344.54
20	1.2202	1.4859	1.8061	2.1911	2.6533	3.2071	3.8697	4.6610	5.6044	6.7275	9.6463	13.743	16.367	19.461	27.393	38.338	73.864	139.38	257.92	468.57
21	1.2324	1.5157	1.8603	2.2788	2.7860	3.3996	4.1406	5.0338	6.1088	7.4002	10.804	15.668	18.822	22.574	32.324	46.005	91.592	178.41	340.45	637.26
22	1.2447	1.5460	1.9161	2.3699	2.9253	3.6035	4.4304	5.4365	6.6586	8.1403	12.100	17.861	21.645	26.186	38.142	55.206	113.57	228.36	449.39	866.67
23	1.2572	1.5769	1.9736	2.4647	3.0715	3.8197	4.7405	5.8715	7.2579	8.9543	13.552	20.362	24.891	30.376	45.008	66.247	140.83	292.30	593.20	1 178.7
24	1.2697	1.6084	2.0328	2.5633	3.2251	4.0489	5.0724	6.3412	7.9111	9.8497	15.179	23.212	28.625	35.236	53.109	79.497	174.63	374.14	783.02	1 603.0
25	1.2824	1.6406	2.0938	2.6658	3.3864	4.2919	5.4274	6.8485	8.6231	10.835	17.000	26.462	32.919	40.874	62.669	95.396	216.54	478.90	1 033.6	2 180.1
26	1.2953	1.6734	2.1566	2.7725	3.5557	4.5494	5.8076	7.3964	9.3992	11.918	19.040	30.167	37.857	47.414	73.949	114.48	268.51	613.00	1 364.3	2 964.9
27	1.3082	1.7069	2.2213	2.8834	3.7335	4.8223	6.2139	7.9881	10.245	13.110	21.325	34.390	43.535	55.000	87.260	137.37	332.95	784.64	1 800.9	4 032.3
28	1.3213	1.7410	2.2879	2.9987	3.9201	5.1117	6.6488	8.6271	11.167	14.421	23.884	39.204	50.066	63.800	102.97	164.84	412.86	1 004.3	2 377.2	5 483.9
29	1.3345	1.7758	2.3566	3.1187	4.1161	5.4184	7.1143	9.3173	12.172	15.863	26.750	44.693	57.575	74.009	121.50	197.81	511.95	1 285.6	3 137.9	7 458.1
30	1.3478	1.8114	2.4273	3.2434	4.3219	5.7435	7.6123	10.063	13.268	17.449	29.960	50.950	66.212	85.850	143.37	237.38	634.82	1 645.5	4 142.1	10 143
40	1.4889	2.2080	3.2620	4.8010	7.0400	10.286	14.794	21.725	31.408	45.259	93.051	188.83	267.86	378.72	750.38	1 469.8	5 455.9	19 427	66 521	*
50	1.6446	2.6916	4.3839	7.1067	11.467	18.420	29.457	46.902	74.358	117.39	289.00	700.23	1 083.7	1 670.7	3 927.4	9 100.4	46 890	*	*	*
60	1.8167	3.2810	5.8916	10.520	18.679	32.988	57.946	101.26	176.03	304.48	897.60	2 595.9	4 384.0	7 370.2	20 555	56 348	*	*	*	*

*:>99999

附表二: 复利现值系数表

期数\利率	1%	2%	3%	4%	5%	6%	7%	8%	9%	10%	12%	14%	15%	16%	18%	20%	24%	28%	32%	36%
1	0.9901	0.9804	0.9709	0.9615	0.9524	0.9434	0.9346	0.9259	0.9174	0.9091	0.8929	0.8772	0.8696	0.8621	0.8475	0.8333	0.8065	0.7813	0.7576	0.7353
2	0.9803	0.9712	0.9426	0.9246	0.9070	0.8900	0.8734	0.8573	0.8417	0.8264	0.7972	0.7695	0.7561	0.7432	0.7182	0.6944	0.6504	0.6104	0.5739	0.5407
3	0.9706	0.9423	0.9151	0.8890	0.8638	0.8396	0.8163	0.7938	0.7722	0.7513	0.7118	0.6750	0.6575	0.6407	0.6086	0.5787	0.5245	0.4768	0.4348	0.3975
4	0.9610	0.9238	0.8885	0.8548	0.8227	0.7921	0.7629	0.7350	0.7084	0.6830	0.6355	0.5921	0.5718	0.5523	0.5158	0.4823	0.4230	0.3725	0.3294	0.2923
5	0.9515	0.9057	0.8626	0.8219	0.7835	0.7473	0.7130	0.6806	0.6499	0.6209	0.5674	0.5194	0.4972	0.4762	0.4371	0.4019	0.3411	0.2910	0.2495	0.2149
6	0.9420	0.8880	0.8375	0.7903	0.7462	0.7050	0.6663	0.6302	0.5963	0.5645	0.5066	0.4556	0.4323	0.4104	0.3704	0.3349	0.2751	0.2274	0.1890	0.1580
7	0.9327	0.8606	0.8131	0.7599	0.7107	0.6651	0.6227	0.5835	0.5470	0.5132	0.4523	0.3996	0.3759	0.3538	0.3139	0.2791	0.2218	0.1776	0.1432	0.1162
8	0.9235	0.8535	0.7874	0.7307	0.6768	0.6274	0.5820	0.5403	0.5019	0.4665	0.4039	0.3506	0.3269	0.3050	0.2660	0.2326	0.1789	0.1388	0.1085	0.0854
9	0.9143	0.8368	0.7664	0.7026	0.6446	0.5919	0.5439	0.5002	0.4604	0.4241	0.3606	0.3075	0.2843	0.2630	0.2255	0.1938	0.1443	0.1084	0.0822	0.0628
10	0.9053	0.8203	0.7441	0.6756	0.6139	0.5584	0.5083	0.4632	0.4224	0.3855	0.3220	0.2697	0.2472	0.2267	0.1911	0.1615	0.1164	0.0847	0.0623	0.0462
11	0.8963	0.8043	0.7224	0.6496	0.5847	0.5268	0.4751	0.4289	0.3875	0.3505	0.2875	0.2366	0.2149	0.1954	0.1619	0.1346	0.0938	0.0662	0.0472	0.0340
12	0.8874	0.7885	0.7014	0.6246	0.5568	0.4970	0.4440	0.3971	0.3555	0.3186	0.2567	0.2076	0.1869	0.1685	0.1373	0.1122	0.0757	0.0517	0.0357	0.0250
13	0.8787	0.7730	0.6810	0.6006	0.5303	0.4688	0.4150	0.3677	0.3262	0.2897	0.2292	0.1821	0.1625	0.1452	0.1163	0.0935	0.0610	0.0404	0.0271	0.0184
14	0.8700	0.7579	0.6611	0.5775	0.5051	0.4423	0.3878	0.3405	0.2992	0.2633	0.2046	0.1597	0.1413	0.1252	0.0985	0.0779	0.0492	0.0316	0.0205	0.0135
15	0.8613	0.7430	0.6419	0.5553	0.4810	0.4173	0.3624	0.3152	0.2745	0.2394	0.1827	0.1401	0.1229	0.1079	0.0835	0.0649	0.0397	0.0247	0.0155	0.0099
16	0.8528	0.7284	0.6232	0.5339	0.4581	0.3936	0.3387	0.2919	0.2519	0.2176	0.1631	0.1229	0.1069	0.0930	0.0709	0.0541	0.0320	0.0193	0.0118	0.0073
17	0.8444	0.7142	0.6050	0.5134	0.4363	0.3714	0.3166	0.2703	0.2311	0.1978	0.1456	0.1078	0.0929	0.0802	0.0600	0.0451	0.0259	0.0150	0.0089	0.0054
18	0.8360	0.7002	0.5874	0.4936	0.4155	0.3503	0.2959	0.2502	0.2120	0.1799	0.1300	0.0946	0.0808	0.0691	0.0508	0.0376	0.0208	0.0118	0.0068	0.0039
19	0.8277	0.6864	0.5703	0.4746	0.3957	0.3305	0.2765	0.2317	0.1945	0.1635	0.1161	0.0829	0.0703	0.0596	0.0431	0.0313	0.0168	0.0092	0.0051	0.0029
20	0.8195	0.6730	0.5537	0.4564	0.3769	0.3118	0.2584	0.2145	0.1784	0.1486	0.1037	0.0728	0.0611	0.0514	0.0365	0.0261	0.0135	0.0072	0.0039	0.0021
21	0.8114	0.6598	0.5375	0.4388	0.3589	0.2942	0.2415	0.1987	0.1637	0.1351	0.0926	0.0638	0.0531	0.0443	0.0309	0.0217	0.0109	0.0056	0.0029	0.0016
22	0.8034	0.6468	0.5219	0.4220	0.3418	0.2775	0.2257	0.1839	0.1502	0.1228	0.0826	0.0560	0.0462	0.0382	0.0262	0.0181	0.0088	0.0044	0.0022	0.0012
23	0.7954	0.6342	0.5067	0.4057	0.3256	0.2618	0.2109	0.1703	0.1378	0.1117	0.0738	0.0491	0.0402	0.0329	0.0222	0.0151	0.0071	0.0034	0.0017	0.0008
24	0.7876	0.6217	0.4919	0.3901	0.3101	0.2470	0.1971	0.1577	0.1264	0.1015	0.0659	0.0431	0.0349	0.0284	0.0188	0.0126	0.0057	0.0027	0.0013	0.0006
25	0.7798	0.6095	0.4776	0.3751	0.2953	0.2330	0.1842	0.1460	0.1160	0.0923	0.0588	0.0378	0.0304	0.0245	0.0160	0.0105	0.0046	0.0021	0.0010	0.0005
26	0.7720	0.5976	0.4637	0.3604	0.2812	0.2198	0.1722	0.1352	0.1064	0.0839	0.0525	0.0331	0.0264	0.0211	0.0135	0.0087	0.0037	0.0016	0.0007	0.0003
27	0.7644	0.5859	0.4502	0.3468	0.2678	0.2074	0.1609	0.1252	0.0976	0.0763	0.0469	0.0291	0.0230	0.0182	0.0115	0.0073	0.0030	0.0013	0.0006	0.0002
28	0.7568	0.5744	0.4371	0.3335	0.2551	0.1956	0.1504	0.1159	0.0895	0.0693	0.0419	0.0255	0.0200	0.0157	0.0097	0.0061	0.0024	0.0010	0.0004	0.0002
29	0.7493	0.5631	0.4243	0.3207	0.2429	0.1846	0.1406	0.1073	0.0822	0.0630	0.0374	0.0224	0.0174	0.0135	0.0082	0.0051	0.0020	0.0008	0.0003	0.0001
30	0.7419	0.5521	0.4120	0.3083	0.2314	0.1741	0.1314	0.0994	0.0754	0.0573	0.0334	0.0196	0.0151	0.0116	0.0070	0.0042	0.0016	0.0006	0.0002	0.0001
35	0.7059	0.5000	0.3554	0.2534	0.1813	0.1301	0.0937	0.0676	0.0490	0.0356	0.0189	0.0102	0.0075	0.0055	0.0030	0.0017	0.0005	0.0002	0.0001	*
40	0.6717	0.4529	0.3066	0.2083	0.1420	0.0972	0.0668	0.0460	0.0318	0.0221	0.0107	0.0053	0.0037	0.0026	0.0013	0.0007	0.0002	0.0001	*	*
45	0.6391	0.4102	0.2644	0.1712	0.1113	0.0727	0.0476	0.0313	0.0207	0.0137	0.0061	0.0027	0.0019	0.0013	0.0006	0.0003	0.0001	*	*	*
50	0.6080	0.3715	0.2281	0.1407	0.0872	0.0543	0.0339	0.0213	0.0134	0.0085	0.0035	0.0014	0.0009	0.0006	0.0003	0.0001	*	*	*	*
55	0.5785	0.3365	0.1968	0.1157	0.0683	0.0406	0.0242	0.0145	0.0087	0.0053	0.0020	0.0007	0.0005	0.0003	0.0001	*	*	*	*	*

*:<0.0001

附表三：年金终值系数表

期数＼利率	1%	2%	3%	4%	5%	6%	7%	8%	9%	10%	12%	14%	15%	16%	18%	20%	24%	28%	32%	36%
1	1.0000	1.0000	1.0000	1.0000	1.0000	1.0000	1.0000	1.0000	1.0000	1.0000	1.0000	1.0000	1.0000	1.0000	1.0000	1.0000	1.0000	1.0000	1.0000	1.0000
2	2.0100	2.0200	2.0300	2.0400	2.0500	2.0600	2.0700	2.0800	2.0900	2.1000	2.1200	2.1400	2.1500	2.1600	2.1800	2.2000	2.2400	2.2800	2.3200	2.3600
3	3.0301	3.0604	3.0909	3.1216	3.1525	3.1836	3.2149	3.2464	3.2781	3.3100	3.3744	3.4396	3.4725	3.5056	3.5724	3.6400	3.7776	3.9184	3.0624	3.2096
4	4.0604	4.1216	4.1836	4.2465	4.3101	4.3746	4.4399	4.5061	4.5731	4.6410	4.7793	4.9211	4.9934	5.0665	5.2154	5.3680	5.6842	6.0156	6.3624	6.7251
5	5.1010	5.2040	5.3091	5.4163	5.5256	5.6371	5.7507	5.8666	5.9847	6.1051	6.3528	6.6101	6.7424	6.8771	7.1542	7.4416	8.0484	8.6999	9.3983	10.146
6	6.1520	6.3081	6.4684	6.6330	6.8019	6.9753	7.1533	7.3359	7.5233	7.7156	8.1152	8.5355	8.7537	8.9775	9.4420	9.9299	10.980	12.136	13.406	14.799
7	7.2135	7.4343	7.6625	7.8983	8.1420	8.3938	8.6540	8.9228	9.2004	9.4872	10.089	10.730	11.067	11.414	12.142	12.916	14.615	16.534	18.696	21.126
8	8.2857	8.5830	8.8923	9.2142	9.5491	9.8975	10.260	10.637	11.028	11.436	12.300	13.233	13.727	14.240	15.327	16.499	19.123	22.163	25.678	29.732
9	9.3685	9.7546	10.159	10.583	11.027	11.491	11.978	12.488	13.021	13.579	14.776	16.085	16.786	17.519	19.086	20.799	24.712	29.369	34.895	41.435
10	10.462	10.950	11.464	12.006	12.578	13.181	13.816	14.487	15.193	15.937	17.549	19.337	20.304	21.321	23.521	25.959	31.643	38.593	47.062	57.352
11	11.567	12.169	12.808	13.486	14.207	14.972	15.784	16.645	17.560	18.531	20.655	23.045	24.349	25.733	28.755	32.150	40.238	50.398	63.122	78.998
12	12.683	13.412	14.192	15.026	15.917	16.870	17.888	18.977	20.141	21.384	24.133	27.271	29.002	30.850	34.931	39.581	50.895	65.510	84.320	108.44
13	13.809	14.680	15.618	16.627	17.713	18.882	20.141	21.495	22.953	24.523	28.029	32.089	34.352	36.786	42.219	48.497	64.110	84.853	112.30	148.47
14	14.947	15.974	17.086	18.292	19.599	21.015	22.550	24.214	26.019	27.975	32.393	37.581	40.505	43.672	50.818	59.196	80.496	109.61	149.24	202.93
15	16.097	17.293	18.599	20.024	21.579	23.276	25.129	27.152	29.361	31.772	37.280	43.842	47.580	51.660	60.965	72.035	100.82	141.30	198.00	276.98
16	17.258	18.639	20.157	21.825	23.657	25.673	27.888	30.324	33.003	35.950	42.753	50.980	55.717	60.925	72.939	87.442	126.01	181.87	262.36	377.69
17	18.430	20.012	21.762	23.698	25.840	28.213	30.840	33.750	36.974	40.545	48.884	59.118	65.075	71.673	87.068	105.93	157.25	233.79	347.31	514.66
18	19.615	21.412	23.414	25.645	28.132	30.906	33.999	37.450	41.301	45.599	55.750	68.394	75.836	84.141	103.74	128.12	195.99	300.25	459.45	770.94
19	20.811	22.841	25.117	27.671	30.539	33.760	37.379	41.446	46.018	51.159	63.440	78.969	88.212	98.603	123.41	154.74	244.03	385.32	607.47	954.28
20	22.019	24.297	26.870	29.778	33.066	36.786	40.995	45.762	51.160	57.275	72.052	91.025	102.44	115.38	146.63	186.69	303.60	494.21	802.86	1298.8
21	23.239	25.783	28.676	31.969	35.719	39.993	44.865	50.423	56.765	64.002	81.699	104.77	118.81	134.84	174.02	225.03	377.46	633.59	1060.8	1767.4
22	24.472	27.299	30.537	34.248	38.505	43.392	49.006	55.457	62.873	71.403	92.503	120.44	137.63	157.41	206.34	271.03	469.06	812.00	1401.2	2404.7
23	25.716	28.845	32.453	36.618	41.430	46.996	53.436	60.893	69.532	79.543	104.60	138.30	159.28	183.60	244.49	326.24	582.63	1040.4	1850.6	3271.3
24	26.973	30.422	34.426	39.083	44.502	50.816	58.177	66.765	76.790	88.497	118.16	158.66	184.17	213.98	289.49	392.48	723.46	1332.7	2443.8	4450.0
25	28.243	32.030	36.459	41.646	47.727	54.863	63.294	73.106	84.701	98.347	133.33	181.87	212.79	249.21	342.60	471.98	898.09	1706.8	3226.8	6053.0
26	29.536	33.671	38.553	44.312	51.113	59.156	68.676	79.954	93.324	109.18	150.33	208.33	245.71	290.09	405.27	567.38	1114.6	2185.7	4260.4	8233.1
27	30.821	35.344	40.710	47.084	54.669	63.706	74.484	87.351	102.72	121.10	169.37	238.50	283.57	337.50	479.22	681.85	1383.1	2798.7	5624.8	11198.0
28	32.129	37.051	42.931	49.968	58.403	68.528	80.698	95.339	112.97	134.21	190.70	272.89	327.10	392.50	566.48	819.22	1716.1	3583.3	7425.7	15230.3
29	33.450	38.792	45.219	52.966	62.323	73.640	87.347	103.97	124.14	148.63	214.58	312.09	377.17	456.30	669.45	984.07	2129.0	4587.7	9802.9	20714.2
30	34.785	40.568	47.575	56.085	66.439	79.058	94.461	113.28	136.31	164.49	241.33	356.79	434.75	530.31	790.95	1181.9	2640.9	5873.2	12941	28172.3
40	48.886	60.402	75.401	95.026	120.80	154.76	199.64	259.06	337.88	442.59	767.09	1342.0	1779.1	2360.8	4163.2	7343.2	27290	69377	*	*
50	64.463	84.579	112.80	152.67	209.35	290.34	406.53	573.77	815.08	1163.9	2400.0	4994.5	7217.7	10436	21813	45497	*	*	*	*
60	81.670	114.05	163.05	237.99	353.58	533.13	813.52	1253.2	1944.8	3034.8	7471.6	18535	29220	46058	*	*	*	*	*	*

*>99999

附表四：年金现值系数表

期数\利率	1%	2%	3%	4%	5%	6%	7%	8%	9%	10%	12%	14%	15%	16%	18%	20%	24%	28%	32%
1	0.9901	0.9804	0.9709	0.9615	0.9524	0.9434	0.9346	0.9259	0.9174	0.9091	0.8929	0.8772	0.8696	0.8621	0.8475	0.8333	0.8065	0.7813	0.7576
2	1.9704	1.9416	1.9135	1.8861	1.8594	1.8334	1.8080	1.7833	1.7591	1.7355	1.6901	1.6467	1.6257	1.6052	1.5656	1.5278	1.4568	1.3916	1.3315
3	2.9410	2.8839	2.8286	2.7751	2.7232	2.6730	2.6243	2.5771	2.5313	2.4869	2.4018	2.3216	2.2832	2.2459	2.1743	2.1065	1.9813	1.8684	1.7663
4	3.9020	3.8077	3.7171	3.6299	3.5460	3.4651	3.3872	3.3121	3.2397	3.1699	3.0373	2.9173	2.8550	2.7982	2.6901	2.5887	2.4043	2.2410	2.0957
5	4.8534	4.7135	4.5797	4.4518	4.3295	4.2124	4.1002	3.9927	3.8897	3.7908	3.6048	3.4331	3.3522	3.2743	3.1272	2.9906	2.7454	2.5320	2.3452
6	5.7955	5.6014	5.4172	5.2421	5.0757	4.9173	4.7665	4.6229	4.4859	4.3553	4.1114	3.8887	3.7845	3.6847	3.4976	3.3255	3.0205	2.7594	2.5342
7	6.7282	6.4720	6.2303	6.0021	5.7864	5.5824	5.3893	5.2064	5.0330	4.8684	4.5638	4.2882	4.1604	4.0386	3.8115	3.6046	3.2423	2.9370	2.6775
8	7.6517	7.3255	7.0197	6.7327	6.4632	6.2098	5.9713	5.7466	5.5348	5.3349	4.9676	4.6389	4.4873	4.3436	4.0776	3.8372	3.4212	3.0758	2.7860
9	8.5660	8.1622	7.7861	7.4353	7.1078	6.8017	6.5152	6.2469	5.9952	5.7590	5.3282	4.9164	4.7716	4.6065	4.3030	4.0310	3.5655	3.1842	2.8681
10	9.4713	8.9826	8.5302	8.1109	7.7217	7.3601	7.0236	6.7101	6.4177	6.1446	5.6502	5.2161	5.0188	4.8332	4.4941	4.1925	3.6819	3.2689	2.9304
11	10.3676	9.7868	9.2526	8.7605	8.3064	7.8869	7.4987	7.1390	6.8052	6.4951	5.9377	5.4527	5.2337	5.0286	4.6560	4.3271	3.7757	3.3351	2.9776
12	11.2551	10.5753	9.9540	9.3851	8.8633	8.3838	7.9427	7.5361	7.1607	6.8137	6.1944	5.6603	5.4206	5.1971	4.7932	4.4392	3.8514	3.3868	3.0133
13	12.1337	11.3484	10.6350	9.9856	9.3936	8.8527	8.3577	7.9038	7.4869	7.1034	6.4235	5.8424	5.5831	5.3423	4.9095	4.5327	3.9124	3.4272	3.0404
14	13.0037	12.1062	11.2961	10.5631	9.8986	9.2950	8.7455	8.2442	7.7862	7.3667	6.6282	6.0021	5.7245	5.4675	5.0081	4.6106	3.9616	3.4587	3.0609
15	13.8651	12.8493	11.9379	11.1184	10.3797	9.7122	9.1079	8.5595	8.0607	7.6061	6.8109	6.1422	5.8474	5.5755	5.0916	4.6755	4.0013	3.4834	3.0764
16	14.7179	13.5777	12.5611	11.6523	10.8378	10.1059	9.4466	8.8514	8.3126	7.8237	6.9740	6.2651	5.9542	5.6685	5.1624	4.7296	4.0333	3.5026	3.0882
17	15.5623	14.2919	13.1661	12.1657	11.2741	10.4773	9.7632	9.1216	8.5436	8.0216	7.1196	6.3729	6.0472	5.7487	5.2223	4.7746	4.0591	3.5177	3.0971
18	16.3983	14.9920	13.7535	12.6896	11.6896	10.8276	10.0591	9.3719	8.7556	8.2014	7.2497	6.4674	6.1280	5.8178	5.2732	4.8122	4.0799	3.5294	3.1039
19	17.2260	15.6785	14.3238	13.1339	12.0853	11.1581	10.3356	9.6036	8.9501	8.3649	7.3658	6.5504	6.1982	5.8775	5.3162	4.8435	4.0967	3.5386	3.1090
20	18.0456	16.3514	14.8775	13.5903	12.4622	11.4699	10.5940	9.8181	9.1285	8.5136	7.4694	6.6231	6.2593	5.9288	5.3527	4.8696	4.1103	3.5458	3.1129
21	18.8570	17.0112	15.4150	14.0292	12.8212	11.7641	10.8355	10.0168	9.2922	8.6487	7.5620	6.6870	6.3125	5.9731	5.3837	4.8913	4.1212	3.5514	3.1158
22	19.6604	17.6580	15.9369	14.4511	13.1630	12.0416	11.0612	10.2007	9.4424	8.7715	7.6446	6.7429	6.3587	6.0113	5.4099	4.9094	4.1300	3.5558	3.1180
23	20.4558	18.2922	16.4436	14.8568	13.4886	12.3034	11.2722	10.3711	9.5802	8.8832	7.7184	6.7921	6.3988	6.0442	5.4321	4.9245	4.1371	3.5592	3.1197
24	21.2434	18.9139	16.9355	15.2470	13.7986	12.5504	11.4693	10.5288	9.7066	8.9847	7.7843	6.8351	6.4338	6.0726	5.4509	4.9371	4.1428	3.5619	3.1210
25	22.0232	19.5235	17.4131	15.6221	14.0939	12.7834	11.6536	10.6748	9.8226	9.0770	7.8431	6.8729	6.4641	6.0971	5.4669	4.9476	4.1474	3.5640	3.1220
26	22.7952	20.1210	17.8768	15.9828	14.3752	13.0032	11.8258	10.8100	9.9290	9.1609	7.8957	6.9061	6.4906	6.1182	5.4804	4.9563	4.1511	3.5656	3.1227
27	23.5596	20.7059	18.3270	16.3296	14.6430	13.2105	11.9867	10.9352	10.0266	9.2372	7.9426	6.9352	6.5135	6.1364	5.4919	4.9636	4.1542	3.5669	3.1233
28	24.3164	21.2813	18.7641	16.6631	14.8981	13.4062	12.1371	11.0511	10.1161	9.3066	7.9844	6.9607	6.5335	6.1520	5.5016	4.9697	4.1566	3.5679	3.1237
29	25.0658	21.8444	19.1885	16.9837	15.1411	13.5907	12.2777	11.1584	10.1983	9.3696	8.0218	6.9830	6.5509	6.1656	5.5098	4.9747	4.1585	3.5687	3.1240
30	25.8077	22.3965	19.6004	17.2920	15.3725	13.7648	12.4090	11.2578	10.2737	9.4269	8.0552	7.0027	6.5660	6.1772	5.5168	4.9789	4.1601	3.5693	3.1242
35	29.4086	24.9986	21.4872	18.6646	16.3742	14.4982	12.9477	11.6546	10.5668	9.6442	8.1755	7.0700	6.6166	6.2153	5.5386	4.9915	4.1644	3.5708	3.1248
40	32.8347	27.3555	23.1148	19.7928	17.1591	15.0463	13.3317	11.9246	10.7574	9.7791	8.2438	7.1050	6.6418	6.2335	5.5482	4.9966	4.1659	3.5712	3.1250
45	36.0945	29.4902	24.5187	20.7200	17.7741	15.4558	13.6055	12.1084	10.8812	9.8626	8.2825	7.1232	6.6543	6.2421	5.5523	4.9986	4.1664	3.5714	3.1250
50	39.1961	31.4236	25.7298	21.4822	18.2559	15.7619	13.8007	12.2335	10.9617	9.9148	8.3045	7.1327	6.6605	6.2463	5.5541	4.9995	4.1666	3.5714	3.1250
55	42.1472	33.1748	26.7744	22.1086	18.6335	15.9905	13.9399	12.3186	11.0140	9.9471	8.3170	7.1376	6.6636	6.2482	5.5549	4.9998	4.1666	3.5714	3.1250

练习题参考答案

第一章　财务管理总论

一、简答题

略，参见教材。

二、单选题

三、多选题

1. D　2. B　3. A　4. C　5. C

1. ABCD　2. AC　3. AC　4. ABC　5. ABC　6. ABCD

第二章　财务管理的价值观念

一、简答题

略。

二、单选题

1. D　2. D　3. D　4. A　5. B

三、多选题

1. ABCD　2. ABCD　3. AD　4. BC　5. ACD

四、计算分析题

1. $60\,000 \times (P/F, 8\%, 5) = 60\,000 \times 0.6806 = 40\,836$（元）

2. $2\,000 \times (F/A, 5\%, 20) = 2\,000 \times 33.066 = 66\,132$（元）

3. $2\,000 \times [(F/A, 5\%, 20+1) - 1] = 2\,000 \times (35.719 - 1) = 69\,438$（元）

4. $106\,800 = 20\,000 \times (P/A, 10\%, n)$

　　$(P/A, 10\%, n) = 106\,700 \div 20\,000 = 5.34$

查年金现值系数表得：$(P/A, 10\%, 8) = 5.3349$

　　　　　　　　　　$(P/A, 10\%, 9) = 5.7590$

$$n = 8 + \frac{5.34 - 5.3349}{5.7590 - 5.3349} \times (9 - 8) = 8.012 \text{（年）}$$

5. $P = 10\,000 \times [(P/A, 10\%, 10) - (P/A, 10\%, n)5] = 10\,000 \times (6.1446 - 3.7908) = 23\,538$（元）

　$P = 10\,000 \times (P/A, 10\%, 5) \times (P/F, 10\%, 5) = 10\,000 \times 3.7908 \times 0.6209 = 23\,538$（元）

6. 投资组合的 β 系数 $= 40\% \times 1.5 + 40\% \times 0.6 + 20\% \times 0.5 = 0.94$

投资组合的风险报酬率 $= 0.94 \times (12\% - 5\%) = 6.58\%$

第三章　财务分析

一、简答题

略。

二、单选题

1. C　2. A　3. D　4. B　5. C

三、多选题

1. ABCD　2. ABCD　3. CD　4. AD　5. BC　6. ABCD

四、计算分析题

1．（1）流动资产期初数=5 850元　流动资产期末数=7 200元

　　（2）本期营业收入=21 600元

　　（3）流动资产平均余额=6 525元　流动资产周转次数=3.31

2．（1）本年营业成本=60 600元

　　（2）应收账款周转天数=45.75天

3．（1）流动比率=2.1　速动比率=0.9　资产负债率=50%　权益乘数=2

　　（2）总资产周转率=0.5　营业净利率=18%　净资产收益率=18%

　　（3）营业净利率对净资产收益率的影响为2.5%

总资产周转率对净资产收益率的影响为0

权益乘数变动对净资产收益率的影响为−4.5%

第四章　财务战略与预算

一、简答题

略，参见教材。

二、单选题

1．B　2．C　3．D　4．B

三、多选题

1．ABCD　2．ABC　3．ABC　4．AB

四、计算分析题

1．（1）上年11月份销售收入=4 000÷10%=40 000元

　　　上年12月份销售收入=18 000÷40%=45 000元

　　（2）第一季度销售预算如下表。

项目	一月	二月	三月	全年
销售量/件	2 000	3 000	3 600	8 600
预计单价/元/件	50	50	50	50
销售收入/元	100 000	150 000	180 000	430 000
期初应收账款/元	17 500	4 500		22 000
一月销售收现/元	60 000	30 000	10 000	100 000
二月销售收现/元		90 000	45 000	135 000
三月销售收现/元			108 000	108 000
合计/元	77 500	124 500	163 000	365 000

2．12 168元。

第五章　筹资概论

一、简答题

略，参见教材。

二、单选题

1．C　2．A　3．B　4．B

三、多选题

1. ABC　2. AD　3. BD　4. BC

四、计算分析题

1. 敏感资产与营业收入的比例=$\dfrac{30\,000+75\,000+120\,000}{500\,000}$=0.45

敏感负债与营业收入的比例=$\dfrac{40\,000+20\,000}{500\,000}$=0.12

计划年度需要追加资金需要量=150 000×(0.45−0.12)−650 000×$\dfrac{20\,000}{500\,000}$×(1×$\dfrac{10\,000}{20\,000}$)

=36 500（元）

2.（1）银行借款资本成本7.58%

（2）优先股资本成本=12.37%

（3）普通股资本成本=16.63%

（4）综合资本成本=7.58%×$\dfrac{2\,000}{5\,000}$+12.37%×$\dfrac{500}{5\,000}$+16.63%×$\dfrac{2\,500}{5\,000}$

=12.58%

第六章　股权资本筹资

一、简答题

略，参见教材。

二、单选题

1. D　2. B　3. A　4. B　5. C

三、多选题

1. ABC　2. ABD　3. CD　4. CD

第七章　债务资本筹资

一、简答题

略，参见教材。

二、单选题

1. C　2. D　3. B　4. A　5. C

三、多选题

1. BCD　2. AB　3. ABCD　4. BCD　5. AC

第八章　混合性筹资

一、简答题

略，参见教材。

二、单选题

1. D　2. C　3. A　4. D　5. B

三、多选题

1. BD　2. AB　3. CD　4. BC

第九章 资本结构决策

一、简答题

略，参见教材。

二、单选题

1. C 2. A 3. D 4. D 5. B 6. A

三、多选题

1. AD 2. ABC 3. ABD 4. ABCD 5. ABCD

四、计算分析题

1. 综合资本成本率 $=20\%\times6\%+35\%\times10\%+15\%\times12\%+30\%\times15\%=11\%$

2. $\dfrac{(EBIT-2\,000\times8\%)(1-25\%)}{600}=\dfrac{(EBIT-5\,000\times8\%)(1-25\%)}{300}$

   $EBIT=640$万元

应选择增加债务筹资方案。

3. $DOL=\dfrac{10\,000\times(1\,200-1\,200\times30\%)}{10\,000\times(1\,200-1\,200\times30\%)-4\,000\,000}=1.91$

   $DOL=\dfrac{10\,000\times(1\,200-1\,200\times30\%)-4\,000\,000}{10\,000\times(1\,200-1\,200\times30\%)-4\,000\,000-5\,000\,000\times10\%}=1.13$

   $DTL=DOL\times DFL=1.91\times1.13=2.158$

第十章 项目投资管理

一、简答题

略，参见教材。

二、单选题

1. C 2. D 3. C 4. B 5. C

三、多选题

1. BCD 2. ABC 3. AD 4. ABC 5. ABC

四、计算分析题

1.

时间	0	1	2	3	4	5
甲方案						
固定资产投资	−200 000					
营业现金流量		47 500	47 500	47 500	47 500	47 500
现金流量合计	−200 000	47 500	47 500	47 500	47 500	47 500
乙方案						
固定资产投资	−240 000					
流动资金投资	−30 000					
营业现金流量		55 000	53 500	52 000	50 500	49 000
固定资产残值						40 000
流动资金投资						30 000
现金流量合计	−270 00	55 000	53 500	52 000	50 500	119 000

2.（1）方案A=2.97年　方案B=2.95年

（2）方案A投资收益率=38.9%　方案B投资收益率=38.4%

（3）方案A净现值=53 176元　方案B净现值=52 179元

（4）方案A内部收益率=23.90%　方案B内部收益率=24.11%

3.（1）当投资总额不受限制或限制大于700万元时，上述所列投资方案组合最优；

（2）当投资总额为300万元时，最优组合方案为丁+乙；当投资总额为500万元时，最优组合方案为丁+甲+丙。

第十一章　证券投资管理

一、简答题

略，参见教材。

二、单选题

1. A　2. A　3. B　4. C

三、多选题

1. ABCD　2. ABD　3. ABC　4. ABCD

四、计算分析题

1.（1）票面收益率=（1 000×10%）÷1 000×100%=10%

（2）本期收益率=（1 000×10%）÷1 030×100%=9.71%

（3）持有期收益率={（1 060–1 030）÷0.5×10%）÷1 030}×100%=5.83%

2.

$$普通股价值=\frac{6\times(1+6\%)}{1+15\%}+\frac{6\times(1+6\%)^2}{(1+15\%)^2}+\frac{30}{(1+15\%)^2}$$

$$=6.36\times0.8696+6.7416\times0.7561+30\times0.7561$$

$$=33.31（元）$$

第十二章　营运资本管理

一、简答题

略，参见教材。

二、单选题

1. B　2. C　3. D　4. B　5. C　6. D　7. B

三、多选题

1. ABC　2. BC　3. BC　4. ABC　5. ACD　6. ABD　7. BC

四、计算分析题

1.（1）最佳现金持有量=$Q^*=\sqrt{\dfrac{2\times T\times F}{K}}=\sqrt{\dfrac{2\times1\,800\,000\times2\,000}{8\%}}=300\,000$（元）

（2）现金持有成本=$\dfrac{Q'}{2}\times8\%=\dfrac{300\,000}{2}\times8\%=12\,000$（元）

转换成本=$\dfrac{1\,800\,000}{300\,000}\times2\,000=12\,000$（元）

持有总成本$=\sqrt{2TKF}=\sqrt{2\times1\,800\,000\times2\,000\times8\%}=24\,000$（元）

（3）全年转换次数$=1\,800\,000\div300\,000=6$次

2.（1）信用成本前收益$=6\,000-6\,000\times65\%=2\,100$（万元）

（2）平均收账期$=70\%\times10+10\%\times20+20\%\times60=21$（天）

（3）应收账款机会成本$=6\,000/360\times21\times65\%\times8\%=18.2$（万元）

（4）现金折扣成本$=6\,000\times（70\%\times2\%+10\%\times1\%）=90$（万元）

（5）信用成本后收益$=2\,100-（18.2+90+70+6\,000\times4\%）=1\,681.8$（万元）

3.根据资料计算的各项指标如下：

（1）经济进货批量$=\sqrt{2\times20\,000\times600/1.5}=4\,000$（千克）

（2）最佳订货次数$=20\,000/4\,000=5$（次）

（3）最佳订货周期$=360/5=72$（天）

（4）经济订货批量的相关总成本$=\sqrt{2\times20\,000\times600\times1.5}=6\,000$（元）

（5）经济进货批量平均占用的资金$=(4\,000/2)\times7.5=15\,000$（元）。

4.（1）甲材料的最佳经济批量

$$Q'=\sqrt{\frac{2KM}{C}}=\sqrt{\frac{2\times36\,000\times1\,000}{8}}=3\,000\text{（千克）}$$

$$TC(Q')=\sqrt{2KMC}=\sqrt{2\times36\,000\times1\,000\times8}=24\,000\text{（元）}$$

（2）存在折扣情况下的进货总成本$=24\,000+36\,000\times20=744\,000$

为获得进货折扣，按4 000千克进货，总成本为：

全年采购成本$=36\,000\times20\times（1-2\%）=705\,600$（元）

全年订货成本$=1\,000\times36\,000/4\,000=90\,000$（元）

全年储存成本$=8\times4\,000/2=16\,000$（元）

$TC=705\,600+90\,000+16\,000=811\,000$（元）

不应接受优惠政策。

（3）保险储备量$=300+8\times100=1\,100$千克。

第十三章　收益分配管理

一、简答题

略，参见教材。

二、单选题

1.B　2.D　3.B　4.C　5.B

三、多选题

1.ABCD　2.AB　3.ACD　4.ABCD

四、计算分析题

发放股票股利后的普通股股数$=200\times（1+10\%）=220$（万股）

发放股票股利后的股本$=2\times220=440$（万元）

发放股票股利后的资本公积$=160$（万元）

现金股利=0.5×220=110（万元）

分配后的留存收益=1 440-2×20-110=1 290（万元）

第十四章　企业价值评估

一、简答题

略，参见教材。

二、单选题

1. B　2. A　3. D　4. B

三、多选题

1. ABCD　2. ABC　3. BCD　4. AC

四、计算分析题

1. 40%×5%+60%×15%=11%

2. 销售净利率=250/2 000=12.5%；

　　股利支付率=1-50%=50%；

　　股权资本成本=4%+1.5×（10%-4%）=13%；

　　本期收入乘数=12.5%×50%×（1+3%）/（13%-3%）=0.64

第十五章　并购与重组

一、简答题

略，参见教材。

二、不定项选择题

1. B　2. AB　3. ABCD　4. ABCD　5. B

第十六章　企业重整与清算

一、简答题

略，参见教材。

二、不定项选择题

1. C　2. ABD　3. D　4. D　5. A　6. ABD

参考资料

1. 郭复初. 财务管理. 北京：首都经济贸易大学出版社，2003
2. 孙福明. 企业理财学. 北京：清华大学出版社，2008
3. 中国注册会计师协会. 财务成本管理. 北京：经济科学出版社，2008
4. 荆新等. 财务管理学（第5版）. 北京：中国人民大学出版社，2009
5. 财政部会计资格评价中心. 中级会计资格：财务管理. 北京：中国财政经济出版社，2009
6. 财政部会计资格评价中心. 中级会计资格：财务管理. 北京：中国财政经济出版社，2007
7. 陈玉菁，宋良荣. 财务管理（第2版）. 北京：清华大学出版社，2008
8. 张先治等. 财务分析. 大连：东北财经大学出版社，2010
9. 王志坚. 财务管理学. 上海：立信会计出版社，2003
10. 樊进科等. 财务管理学. 北京：经济管理出版社，2002
11. 宋秋萍. 财务管理. 北京：高等教育出版社，2008
12. 李清华. 财务管理. 北京：经济科学出版社，2002
13. 张阳华等. 现代财务管理. 上海：复旦大学出版社，2002
14. 陈祖英等. 财务管理. 北京：中国经济出版社，2002
15. 袁建国. 财务管理. 大连：东北财经大学出版社，2002
16. 陈小平. 财务管理教程. 上海：华东理工大学出版社，2007
17. 财政部会计资格评价中心. 初级会计实务. 北京：中国财政经济出版社，2009

教辅产品及教师会员申请表

申请教师姓名			
所在学校		所在院系	
联系电话		电子邮件地址	
通信地址			
教授课程名称		学生人数	
您的授课对象	本科□ 研究生□ MBA□ EMBA□ 高职高专□ 其他□		
教材名称		作者	
书号		订购册数	
您对该教材的评价			
您教授的其他课程名称		学生人数	
准备选用或正在使用的教材 （教材名称　出版社）			
您的研究方向		是否对教材翻译或改编有兴趣？	是□　否□
您是否对编写教材感兴趣？		是□　否□	
您推荐的教材是：_____			
推荐理由：_____			

为确保教辅资料仅为教师获得，请将此申请表加盖院系公章后传真或寄回给我们，谢谢！

教师签名：

院/系办公室公章

地　　址：北京市崇文区龙潭路甲3号翔龙大厦B06室
　　　　　北京普华文化发展有限公司
邮　　编：100061
传　　真：（010）67120121
咨询热线：（010）67129879　67129872-201
网　　址：http://www.ptpress.com.cn
邮购电话：（010）67129872-818
编辑信箱：puhuabook810@126.com